中国科学院科学出版基金资助出版

我们认识的光召同志

周光召科学思想科学精神论集

徐冠华 主编

科学出版社
北京

内 容 简 介

本书从不同角度记述了周光召先生在理论物理、核武器及科技管理领域所做的杰出贡献，特别是在上述工作中所充分体现出的科学思想和科学精神。

本书适合广大科技工作者、管理者及青少年阅读。

图书在版编目（CIP）数据

我们认识的光召同志：周光召科学思想科学精神论集 / 徐冠华主编. —北京：科学出版社，2010

ISBN 978-7-03-027220-1

Ⅰ. 我… Ⅱ. 徐… Ⅲ. 周光召-人物研究-文集 Ⅳ. K826.1-53

中国版本图书馆CIP数据核字（2010）第063694号

责任编辑：杨柳春 李晓华 卜 新 / 责任校对：钟 洋
责任印制：吴兆东 / 封面设计：北京华路天然图文设计工作室
封面图片摄影：戴明华

科学出版社 出版
北京东黄城根北街 16 号
邮政编码：100717
http://www.sciencep.com
北京厚诚则铭印刷科技有限公司印刷
科学出版社发行 各地新华书店经销
*
2010 年 8 月第 一 版 开本：720 × 1000 1/16
2026 年 1 月第四次印刷 印张：29 3/4 插页：7
字数：561 000

定价：198.00 元

（如有印装质量问题，我社负责调换）

周光召院士

周光召（中）荣获 1998 年度吉安卡罗威克金奖，在典礼仪式上与李政道（右）等合影

2008 年周光召（右）会见 DNA 双螺旋结构发现者之一、诺贝尔奖得主 James D. Watson 教授（左）

周光召（右一）夫妇与李政道（左二）夫妇、陈省生（右四）夫妇等合影

周光召（前排右二）、杨振宁（前排左二）、朱洪元（前排左一）等参加学术会议

周光召（中）与外籍科学家讨论

2002 年周光召在“科学与中国”院士专家巡讲活动中做首场报告

周光召（前左一）在黄淮海地区考察工作

1982 年周光召（前排右五）在计算物理学会的会议上与参会者合影

周光召（右二）、白春礼（右一）、诺贝尔物理学奖获得者格罗斯（左一）和卡弗里基金会主席卡弗里先生（左二）就在中国科学院设立亚洲首个卡弗里冠名研究所事宜进行会谈

在中国科学院理论物理研究所成立30周年庆典仪式上（前排左起：黄祖洽、杨振宁、周光召、李政道、詹文龙）

周光召（右一）在研究生答辩会上

周光召（左一）与科学家进行讨论

1998 年周光召（前右二）视察中国科学院自动化研究所开放实验室

周光召（前右二）参观九所

20 世纪 80 年代周光召重回九所

1999 年周光召（前右二）在云南澄江古生物化石区考察

周光召（前排中）视察中国科学院兰州沙漠研究所沙坡头野外工作站

周光召（右）和青年科研人员在一起

周光召为驻港部队题词

周光召和少先队员一起植树

周光召（左）与徐冠华（右）亲切交谈

周光召 80 寿辰时与中国科学院部分老领导合影（第一排左起：余志华、张玉台、周光召、郑爱琴、胡启恒，第二排左起：许智宏、王德顺、陈瑜宜、郭传杰，第三排左起：刘乃全、钱文藻）

周光召（后左）、彭桓武（前）、吴岳良（后右）在彭先生 90 寿辰时合影

周光召和夫人郑爱琴女士

周光召与夫人郑爱琴、外孙女、女儿周莹在一起

周光召与女儿小周莹

周光召（右）与黄祖洽（左）在彭桓武铜像揭幕仪式上合影

贺周光召院士八十华诞

黄祖洽*

功参研核武，
名署小行星。
合阁逾二纪，
绩效在人心。

---

* 中国科学院院士，北京师范大学教授

“天行健，君子以自强不息；地势坤，君子以厚德载物。”

——《周易》

“第一流人物对于时代和历史进程的意义，在其道德品质方面，也许比单纯的才智成就方面还要大。”

——爱因斯坦

《我们认识的光召同志》
编 委 会

致周光召院士八十华诞

路甬祥*

尊敬的周光召院士：

欣逢您八十华诞，我谨代表中科院和中科院学部主席团，并以我个人的名义，向您致以最诚挚的祝贺和最崇高的敬意！祝您生日快乐、身体健康、万事如意！

您是一位深受大家敬仰的著名理论物理学家，主要从事高能物理、核武器理论等方面的研究并取得突出成就。在我国第一颗原子弹、第一颗氢弹和战略核武器的研究设计方面做了大量重要工作。为我国物理学研究和科技事业的发展，特别是国防科技事业的发展做出了杰出贡献。您首先在国际上提出了粒子的相对论螺旋态振幅，并建立了相应的数学方法，简明地推导出赝矢量流部分守恒定理（PCAC），被国际公认为是 PCAC 的奠基者之一。您曾荣获国家自然科学奖二等奖等多项重要奖励；先后被美国等 12 个国家和地区的科学院选为外籍院士，1999 年被中共中央、国务院、中央军委授予“两弹一星功勋奖章”。

您既是一位富于开拓与创新精神的科学家，也是一位卓越的科技领导

* 全国人大常委会副委员长，中国科学院院长，中国科学院学部主席团主席

者，为推动我国科学技术事业的发展，促进科技体制改革殚精竭虑，做了大量卓有成效的工作。您曾长期担任中科院院长，领导实施了中科院的科研体制改革，积极推进研究所对外开放与人才流动，扩大国际交流与合作，倡导有条件的研究所创办高新技术企业，改革完善管理机制，使中科院在改革中进一步蓬勃发展。

您还是一位富有远见卓识的战略科学家，在制订和实施国家科学技术发展规划、支持和创新新兴学科、交叉学科以及建设大科学装置方面发挥了极其重要的作用。您以卓越的社会活动能力和在学术界的重要影响，积极推动和促进我国科技界与国际科技界的合作与交流，对提高我国科技水平和在国际科技界的地位具有深远意义。

您多年担任中科院学部主席团主席，为学部的建设与发展倾注了大量心血，使学部工作逐步走向制度化和规范化。学部积极组织开展咨询评价活动，为国家科技发展与经济建设出谋划策，充分发挥了国家科学思想库的重要作用。

您十分重视科技队伍建设，非常关心年轻人才的培养，特别是杰出人才的发现与培养。几十年来，在您的言传身教和关心支持下，一大批优秀人才得以成长并成为国家的栋梁。您大力倡导学术民主，鼓励学术争论，这些重要思想影响深刻，在今天仍具有重要的现实意义。

您爱国奉献的高尚情操、求真务实的科学精神、统揽全局的战略眼光、严谨细致的工作作风、谦虚谨慎的为人态度、深厚渊博的学识功底，为年轻后学树立了光辉榜样。

衷心感谢您为我国科学与教育事业所做出的重要贡献，再次祝您健康长寿、工作顺利、生活幸福！

序　一

周光召是世界著名的理论物理学家。20 世纪 70 年代在和他见面之前，我就已经知道他在 1957～1960 年所做的重要研究工作。他的工作得到了国际科学界的高度评价。他在 1959 年严格证明了电荷共轭宇称（CP）对称性破坏的一个重要定理，即在电荷共轭宇称时间（CPT）对称性联合反演不变的情况下，尽管粒子和反粒子的衰变总宽度相同，但时间（T）反演不守恒，它们在不同过程的衰变分支比仍可以不相同。他在 1960 年简明地推导出赝矢量流部分守恒定理，这是他在强子物理研究中做出的出色成果，对弱相互作用理论起了重大推进作用，因此世界公认他是 PCAC 的奠基人之一。为了适应分析高能散射振幅和当时雷杰（Regge）理论的需要，他第一次引入相对论性螺旋散射振幅的概念和相应的数学描述。他最先提出用不变质量方法寻找共振态和用核吸收方法探测弱相互作用中弱磁效应等实验的建议。他还用色散关系理论对非常重要的光核反应做了大量理论研究工作。

他指导和带领国内许多中青年理论物理学家对相互作用大统一理论、CP 破坏、非线性 σ 模型、有效拉氏量理论、超对称性破缺、量子场论的大范围拓扑性质及其与反常的联系等等方面做了许多很有意义的研究工作。

其中，许多结果（如关于量子场论的大范围拓扑性质及其与反常的联系）引起了国内外学者的普遍重视。在统计物理和凝聚态物理方面，他与合作者一起系统地发展了非平衡态统计的闭路格林函数方法，并尝试把所发展的方法应用到激光、等离子体、临界力学、随机淬火系统等方面。

除了在理论物理、场论、粒子物理、核物理、统计物理和凝聚态物理做出的杰出成就以外，周光召对中国的科技事业的发展、国际科学交流与合作方面做出了巨大的贡献。周光召是中科院、美国科学院、第三世界科学院、苏联科学院和欧洲科学院的院士，他曾担任中科院理论物理所所长、清华大学理学院院长、中科院院长、中国科协主席、中国人民争取和平与裁军协会副会长。

李政道*

* 诺贝尔物理学奖获得者，中国科学院外籍院士

序　二

周光召的科学生涯分为几个时期：

1. 早期（1955～1957）。在中国工作。

2. 苏联杜布纳联合核子研究所（Dubna）时期（1957～1961）。这段时间里在 *JETP* 发表了许多论文。当时我在美国研究了他的这些论文，尤其是他关于 PCAC 的论文。他在美国被认为是杜布纳联合核子研究所最杰出的年轻科学家。

3. 国防时期（1961～1979）。周光召回国，并停止在科学期刊上发表论文。但是，我在青海省举办的中国第一颗原子弹展览的设计报告封面上看到了周光召和邓稼先的名字。据说，周光召在不用计算机的情况下，用许多分析方法为原子弹的设计做出了巨大贡献。

4. 后期（1979～1987）。周光召首先在 CERN 工作，随后几年来到了美国 VPI，然后回到祖国。在这段时期，他继续了他感兴趣的专业研究领域，并且和他的年轻合作者在理论物理交叉领域非常活跃。

5. 近期（1987 年至今）。80 年代后，周光召忙于中国科学院的领导事务，但是他仍然保持着对物理研究的兴趣。

20 世纪 70 年代初，我在周恩来总理主持的宴会上认识了周光召，至今差不多 40 年。在这近 40 年中，我们成为了挚友。给我印象最深的是，80 年代，他由一个理论物理学家转变为有影响力并深受尊重的政策制定者和领导人。当然，他的成功一部分在于他的天赋，但是，我坚信有很大一部分在于他所具有的中国文化背景。

周光召是一位顶尖的物理学家。他视野宽阔，影响力深远，并且能够快速地洞悉新思想。他做物理研究的风格让我想起了 Landau、Salam 和 Teller。但是从我个人角度来看，周光召是一个完美的儒家思想践行者，而不像美国、西欧和俄罗斯的许多物理学家那样咄咄逼人。

楊振宁*

C. N. Yang

---

* 诺贝尔物理学奖获得者，中国科学院外籍院士

前　言

周光召——我国科技界的一代楷模

徐冠华*

2009 年恰逢周光召同志 80 华诞。算起来，新中国成立那一年，光召同志正好 20 岁。20 岁，恰是人生之船起航的年龄。60 年来，光召同志绚丽多彩的人生经历与共和国波澜壮阔的历史进程交织在一起，为中国科技事业的发展做出了不可磨灭的贡献，成为我国科技界的一代楷模。

在庆祝光召同志 80 华诞的时刻，我们不仅仅要向光召同志祝贺和祝福，同时更要向他致敬和学习。

我特别敬重光召同志满腔热忱的爱国情怀

回顾过去，在历史的转折点，他总是把自己人生道路选择和祖国的需要紧密地联系在一起。1957 年春天，光召同志被国家派往苏联杜布纳联合核子研究所从事粒子物理方面的基础研究工作。他在那里取得的杰出成就

* 中国科学院院士，全国政协教科文卫体委员会主任，曾任科技部部长

使他成为备受国际同行关注的青年学者。1961 年 5 月，在祖国最需要的时刻，光召同志放弃了自己充满兴趣并可能很快取得重要成果的研究方向，义无反顾地回到祖国，在核武器设计研究院和邓稼先同志负责原子弹的理论设计工作。他们和其他科学家一起，甘于默默无闻，甘于艰苦生活，为中国第一颗原子弹和氢弹的研制成功，做出了历史性的贡献。

20 世纪 80 年代，科技体制改革刚刚起步，各方面意见分歧，甚至尖锐冲突，中科院的改革与发展举步维艰。在十分困难的条件下，光召同志毅然决然离开自己的专业，承担起中科院领导的重担，走上科技管理岗位。10 年的辛劳，为中科院的生存、改革与发展做出了新的历史性贡献。

十几年来，光召同志位居全国人大、中国科协和中科院的领导岗位，时时刻刻想到的还是祖国和人民。他用自己的爱国主义精神感染了一大批青年科学家。光召同志鼓励青年科学家出国，但出国后不要忘记报效祖国，他反复教诲学业有成的青年科学家回到祖国更能有所作为，更能做出有价值的事业。在他的鼓励下，一批批杰出科技人才陆续回到祖国。他也曾一再充满感情地号召，科学家要与贫困地区的人民站在一起，动员了许多科技人员、科技副职人员走向老少边穷地区，帮助当地群众脱贫致富。

我十分敬重光召同志的科学精神

光召同志在不同的工作岗位始终坚持实事求是；在不同历史时期顶住不同的压力，坚持实事求是；在不同的条件下不畏权威，不顾个人利益得失，坚持实事求是。他是实事求是精神的忠实践行者。光召同志特别注重理论联系实际，强调“按客观规律办事”，总是从中国的实际出发，从中科院的实际出发，进行深刻和严谨的思考，并上升到理论，再用理论指导实践。他系统性、创造性地提出了科学发展二动力论，结合中国国情阐明了基础研究以科学家的自由探索为重要驱动力、应用研究以国家意志和社会需求为主要导向的观点。他把这一观点运用到科技体制改革和科技管理的实践中，推动了中国科技体制的改革与发展。

光召同志总是充满活力地投身和支持创新活动。他每时每刻都在进行创新思考，同时他总是鼓励、启发别人进行创新。他认为“基础研究只有第一，没有第二”，强调科学前沿的概念，指出科学前沿永无止境的特点，继而提出并以重大科学发现的历史经验论证了科学研究原始创新的概念，强调科学原始创新在新时代国际竞争中的关键地位。光召同志不断强调，立足科学前沿研究就必须要有破除迷信、解放思想，敢于怀疑、勇于猎奇，安于寂寞、大胆创新、无私奉献的科学精神，要继承、发扬中科院老一辈科学家业已形成的“三老”“四严”的科学作风，务必要弘扬、遵循科学道德。他十分重视科学思想与科学精神的传播扩散。在他领导下，中科院采取了提倡科学文化建设、支持学术上百家争鸣、促进多学科的交叉与融合、鼓励自主立题自由探索、为科学原创提供条件等许多卓有成效的措施。

我十分敬重光召同志的人文精神

在光召同志的科技战略思想中，人才问题居于最突出、最核心的位置。他以理论家的深邃和战略家的远见，探寻人才问题的规律，部署人才工作的全局。他经常强调“人才是关键”，并在特殊的历史关头做出了“广大科技人员是值得信赖”的科学判断。他特别重视青年科技队伍建设，一贯对优秀青年科技人员关爱有加。对优秀年轻人才，他在工作上大胆放手，“给位子、压担子”，从思想上严格要求，强调德才兼备，并在感情和生活等各方面给予无微不至的关怀，在中国科学院留下了许多感人的故事。光召同志处处以身作则，严于律己，宽厚待人，尊重他人。榜样的力量是无穷的，他的精神带动了一批科技人员在德才兼备的道路上迅速成长，他的身边围拢了一批中青年科学家“粉丝”，凸显了光召同志的人格魅力。

我十分敬重光召同志开拓务实的工作作风

光召同志在工作中特别善于从实际出发，勇于开拓，注重实效。他是中国科技体制改革的一位开拓者和先行者。20 世纪 80 年代，光召同志在中科院适时提出了新时期的办院方针，并相继提出“一院两种运行机制”的办院模式，指引中科院走出了历史低谷，并使之由此走向了光明的征途。他在基础研究领域提出了“开放、流动、联合、竞争”的方针，并在中科院首先建立了开放实验室，由此促进了国家重点实验室和国家实验室布局的形成。在高技术领域，他鼓励、爱护、帮助一批高技术企业创办和成长，涌现了今天在国际舞台上大有作为的联想等优秀的高技术企业。

风风雨雨 80 载，光召同志阅尽人间沧桑和世事变迁。严于律己，宽厚待人，这些既是光召同志个人的人生“积蓄”，也是科技界所有同仁取之不尽的精神财富。学习周光召同志的精神和品德，对于加强自主创新和建设创新型国家，具有现实意义和历史意义。

目录

致周光召院士八十华诞（路甬祥）

序一（李政道）

序二（杨振宁）

前言　周光召——我国科技界的一代楷模（徐冠华）

一、竭心尽智——光召的强国情怀

周光召的三个重大贡献 …… 杨振宁　3

谦逊真诚的大师风范 …… 赵宪庚　6

两弹功勋　良师益友 …… 胡思得　朱建士　10

杰出的学者　亲切的师长 …… 杜祥琬　16

周光召先生与我国核武器事业 …… 贺贤土　22

科学巨匠　国防功臣 …… 朱少平　31

我所知道周光召同志的一些事 …… 柳怀祖　37

在周光召同志领导下工作的难忘岁月 …… 李怀智　49

二、深谋远瞩——光召与科技战略

周光召同志与中国科学院学部 …… 张玉台　郭传杰　葛能全　钱文藻　何仁甫　孟　辉　陈　丹　59

我国科学繁荣发展的一位杰出领路人…………………………陈佳洱 69
中国科学院农业科技“黄淮海战役”的决策人——光召同志
……………………………………………………………………李振声 76
感悟周光召先生对我国科学基金制的关心和支持………………汲培文 81
周光召同志与“973”计划……………………………………………………
……………………林 泉 张先恩 彭以祺 刘燕美 郭 哲 87
周光召的科技战略思路……………………………………………王玉民 98
周光召同志领导北京正负电子对撞机工程建设二三事…………方守贤 116
周光召先生和中国物理学会………………………………杨国桢 聂玉昕 123
中国不可能按西方模式实现现代化……………何传启（记录、整理） 128
周光召的科技管理思想……………………………………孙 平 孟 辉 134

三、锐意创新——光召与科技改革

周光召领导我们进行科技体制改革…………………………………胡启恒 155
周光召院长与联想的成长…………………………………………柳传志 168
周光召在中国科学院的改革探索…………………………………曹效业 174
周光召与《中国科学》和《科学通报》…………………………朱作言 185
周光召开辟了中国科学院的一个新时代…………………………李致洁 189
我国开放实验室建设的开拓者和奠基人…………………………龚望生 198
与周光召同志有关的几件事………………………………………张 焘 202
周光召院长引我走新路……………………………………………王震西 209
周光召与深圳科技工业园…………………………………………吴保祖 212

分类定位——周光召改革思想的闪光点 …………………… 周先路 216
周光召先生与研究所评价 ……………………………………… 朱　斌 222

四、良师益友——光召与科技人才

周光召同志与青年人才培养 …………………………………… 白春礼 227
体现光召同志人才思想的二三事 ……………………………… 郭传杰 232
我所知道的周光召先生 ………………………………………… 邝宇平 243
往事与祝福……………………………………………………… 苏肇冰 245
周光召先生给我的一封信 ……………………………………… 吴　可 256
我的恩师周光召 ………………………………………………… 吴岳良 259
拔尖创新人才的成长之道 ……………………………………… 朱邦芬 273
大家风范——最幸福的爱国者 ………………………………… 潘建伟 278
周光召与中国科学院青年创新联合会 ……………… 吴乐斌　吴建国 280
周光召院长与中国科学院人才队伍建设 …………………… 张志林 288

五、求真唯实——光召的科学精神

以科学精神促进经济社会发展的倡导者和践行者 …………… 张玉台 299
周光召治学点滴 ………………………………………………… 于　渌 314
我跟随周光召先生进行科学研究 ……………………………… 高崇寿 318
周光召从事物理工作 55 周年及对中国科学院理论物理研究
　所的卓越贡献 ……………………………………………… 欧阳钟灿 321
第三陈类、“量子逻辑”及新文化 …………………………… 郭汉英 343

周光召——践行科学精神的典范……郭传杰 359
智识分子：周光召……饶 毅 375
弘扬科学精神的一面旗帜……郭曰方 380
周光召是坚持科学精神的楷模……李喜先 384
感佩周光召同志的科学精神与高尚品格……张 杉 388

六、德厚光照——光召的学格人品

周光召同志的科学精神与人格魅力……孟 辉 393
胸襟坦荡的科学家……李依依 413
周光召同志的学风……郝柏林 416
周光召先生八十华诞感言……闵乃本 424
“973”计划专家顾问组组长周光召……汪成为 425
周光召院长——科学家的楷模……林其谁 428
高风亮节 学者楷模……孙锦山 431
科学巨星 良师益友……曾先才 435
我所了解的周光召先生……李云玲 443
周光召先生与闭路格林函数……李定平 449
在周光召院长身边工作的日子里……刘克里 452

一、竭心尽智——光召的强国情怀

“作为新中国培养的一代科学家，我愿意放弃自己搞了多年的基础理论研究工作，改行从事国家急需的工作，我们随时听从祖国的召唤。”

（1959 年自苏联致二机部负责人的信）

“在当代，爱国主义就是把个人的理想和价值融汇于祖国的现代化事业之中。”

（1997 年 3 月在第五届青年科技奖颁奖会上的讲话）

“一个民族要在精神上站立起来，必须要有自信，必须要有伟大的科学家和重大的发明来提升整个民族的精神和自信心。”

（在 2004 年度中科院工作会议开幕会议上的讲话）

周光召的三个重大贡献*

杨振宁**

我非常非常高兴参加今天这个会议。一方面，我要讲一下我跟周光召这许多年交往的经过；另一方面也想借此机会见一下自己在国内的不同年纪的很多老朋友，很多都好几年没看见了。

我第一次知道周光召这个名字是在20世纪50年代末，那时候美国所有高能物理领域的人都知道他是一位中国年轻的研究员，是当时最杰出的、最有新思想的一个物理学家。我记得很清楚，周光召那时候发表过的好几篇文章我都曾经仔细研究过，而且在一些学术讨论会上，也都是大家热烈讨论的题目。

后来，到了60年代，中国爆了原子弹以后，美国报纸就陆陆续续有种种报道，说中国搞原子弹的主要是哪些人物，于是周光召的名字屡屡在《纽约时报》上出现。1971年我回国参观访问，周总理请我吃饭，那次周总理请了二三十位学者，但没有周光召，我就问了一下周总理，周总理说

* 本文为在周光召从事物理工作55周年学术思想与科学精神研讨会上的讲话

** 诺贝尔物理学奖获得者，中国科学院外籍院士

今天没有请他，结果第二年我再来的时候，周总理又请我吃饭，这次也把周光召请来了，所以我当面认识了周光召。那次以后我跟他有过很多次交往，尤其是最近十几年。

我记得非常清晰的一件事情是，1978 年，我住在北京饭店，有一天被通知，邓小平副总理要请我吃饭。我当时已经知道要讨论的事情是关于造大加速器的问题。大家都知道我当时对中国造大加速器是不赞成的，可是我又知道这是中国的一个很强的愿望，希望做这个。

就在那天早晨，我特意请周光召和邓稼先在北京饭店吃饭征求意见，我就问他们，我说我对于造大加速器的事情是不赞成的，可是我知道国内有很强的声音希望做这个加速器，我该怎么跟邓小平讲？我印象非常深的是周光召慢慢地讲，他说你就应该照直讲，你有什么意见你就如实道来，这是最正确的政策，给了我很深的印象。

改革开放以后，在美国 VPI，我又与周光召接触过很多次。今天在周光召 80 岁时，如果我们要总结的话，我认为他有 3 个重大的贡献。

第一个重大的贡献当然是在物理方面，在他的论文集里我们可以看到他有很多创新的思想，我想这是做科学研究最重要，也是最困难的事情。这些文章影响了很多年轻人，而且有些文章就是跟年轻人合写的，而这些年轻人很多都是在国内获得学位的。

第二个重大的贡献，他是 1999 年中国政府公布的 23 个对国防工作有重大贡献功臣中的一位，这件事情的重要性，很多在国内的年轻人还没有完全了解，没有他们这 23 个人，当然也包括他们所领导的庞大队伍，中国就不可能在世界上有今天的地位。

除了这两点以外，周光召在 80 年代开始先后做了中科院的副院长、院长，这个经过，是我亲眼所见。他在中国改革开放以后，在科学界对中国经济成长所做的贡献，在其中发挥的关键性的作用，是很难做的成功事业。

另外，在 1989 年“风波”之后，周光召以中科院院长身份保护科学家、稳定中科院所讲的话，让中科院的同仁们都非常感激，非常佩服。我想这些都代表了他的人品与他做事对人的态度，这也是周光召一个非常了不起的地方。

谦逊真诚的大师风范

赵宪庚*

周光召院士是我国著名的理论物理学家，在高能物理、核武器理论研究等方面造诣很深，建树卓著，对我国当代物理学的发展发挥了重要作用，对我国第一颗原子弹、第一颗氢弹和战略核武器的研究设计做出了突出贡献。

作为我国核武器科技事业开创者之一，周光召院士1961年就到中国工程物理研究院（简称中物院）工作，一干就是19年，把人生最美好的时光献给了我国核武器事业。后来他虽然因工作需要离开了中物院，但他却一直默默关注着我国核武器事业的发展，给予我们无微不至的关怀和大力支持，并多次回到中物院指导工作。

周先生始终怀着满腔爱国热忱，表现出强烈的赤子情怀。1957年，周先生被国家派往莫斯科杜布纳联合核子研究所，从事高能物理方面的研究工作。1959年9月，正当我国第一颗原子弹研究紧张推进之时，苏联单方面撕毁援华合同，撤走技术专家，封锁一切技术资料，当时正在莫斯科深

* 中国工程物理研究院院长

造的周先生得知这一情况后，当即联系杜布纳联合核子研究所工作的20多位中国专家，联名请缨，主动要求回国参战。他说，科学无国界，但科学家却有自己的祖国。1961年，周先生克服重重困难，毅然回国，投身到我国第一颗原子弹的设计攻关。至今，周先生与于敏、朱光亚、陈能宽、程开甲、彭桓武、王淦昌、邓稼先、钱三强、郭永怀等著名核科技专家在中物院工作的情景依然历历在目，他们的精神薪火相传，激励着一代代中物院人接力前行，奋进不止。

周先生始终秉持科学报国的人生理念，表现出献身科学的优秀品质。在科学的大道上，周先生几十年如一日，孜孜以求，永不满足，永不停留，做出了一系列具有开创性和里程碑意义的工作。在我国第一颗原子弹设计过程中，由于受帝国主义的封锁和制约，我们的研究工作一度陷入困境。当时唯一可供参考的内部资料是苏联专家对原子弹教学模型的简要介绍。由于一个关键物理量的错误，在当时引起了一场激烈的争论。周先生以他特有的敏锐和智慧，仔细分析了9次计算的全过程，1961年夏天，他巧妙地以“最大功原理”，从理论上证明了这个物理量不可能达到苏联专家谈到的数值，支持了我们自己的计算结果。这是我国第一颗原子弹理论设计中的一个里程碑式的进展。原子弹突破后，周先生又直接参与了对氢弹原理的多路探索，在没有任何资料可供参考的情况下，他与于敏、黄祖洽等专家一道，大力提倡集体攻关，发扬民主，集思广益，不断进行学术思想交流和碰撞，形成浓厚的学术氛围，充分调动了广大研制人员的积极性、主动性和创造性。1965年夏天，周先生还举办了一系列报告会，阐述对氢弹结构和爆炸原理的思考和认识，吸引了许多科研人员参与和讨论。正是靠着这种民主的氛围、严谨的学风，使得研制小组不断获得了一个个有价值的设想，在突破原子弹后的短短两年多时间里，我们又突破了氢弹原理，取得了我国核武器研制中的又一个里程碑式的成果。周先生为此突破做出了重要贡献。原子弹、氢弹突破后，武器装备部队成为重要任务，周先生又往返奔走于北京和西北核试验场，组织理论研究、参加核试验任务、指导试验后结果分析、开展设计改进。我国装备部队的第一代核武器的理论设计工作主要是在周先生领导下完成的。周先生对核武器科技事业的贡献，不仅表现在技术攻关、技术指导上，而且反映在他对核武器事业长远发展的关注和思考上。早在他担任核武器理论研究所所长期间，周先生就清醒地认识到，我国的核武器还需要进一步发展，要不断努力追赶国际先进水平。基于这样的认识和思考，他组织核武器理论研究人员开展了一次大规模的调研与规划工作，追踪和研究国际核武器发展状况和趋势，论证与规划我们下一步工作的方向与重点。这次调研和规划为我国核武器研究第二阶段的发展目标奠定了基础，具有十分重要而深远的意义。

周先生始终为人师表，表现出谦逊真诚的大师风范。我国第一颗原子弹爆炸成功后，有人称赞周先生的成就，他却笑着说："科学的事业是集体的事业。制造原子弹，好比写一篇惊心动魄的文章。这文章，是工人、解放军战士、工程和科学技术人员不下十万人谱写出来的！我只不过是十万分之一而已。"周先生做事认真，做人真诚，他不仅在学术上给我们树立起了一座丰碑，而且在做人上堪称楷模，教会了我们许多东西。早在第一颗原子弹攻关时期，周先生就同邓稼先先生一道，身体力行，对理论部科研人员进行了"做老实人、说老实话、办老实事，工作严谨、态度严肃、要求严格、措施严密"的"三老四严"工作作风教育，培育良好的工作氛围和学术风气，大力倡导民主宽容的学术氛围，鼓励年轻人敢于讲真话，说实话，敢于发表不同的见解和观点。2005年，周先生应邀回到核武器理论研究所做学术报告，在深情回忆原子弹与氢弹突破时期的学术气氛时，他还特别嘱咐青年科技工作者，学术民主、自由讨论是最宝贵的精神财富；没有科学民主的精神追求，我们的原子弹与氢弹不会如此迅速地突破；没有自由争鸣的风气涵养，新中国自己的核武器人才队伍不会如此迅速地成长。周先生谦逊真诚的大师风范，直接影响和教育着每一位中物院人，中物院人正是在这种精神的感召下，战胜了一个又一个困难和挑战，取得了一系列重大成就。

周先生在我院工作的不平凡岁月，恰似一本厚重的书，开启我们的智慧和心灵，给我们太多的启迪和思考。他报效祖国和人民的精神追求、科学民主的治学精神、虚怀若谷的人生态度、心系国防科技事业的宽广胸怀，永远都是我们学习的楷模。

两弹功勋　良师益友

胡思得*　朱建士**

1958年，我们大学毕业，被分配到核武器研究所①工作，在邓稼先的领导下，从事理论研究和设计。我们原先的任务是学点基础理论，提高俄文的听、说能力，为迎接和消化苏联的原子弹设计资料做好准备。但在1959年6月，苏联单方面撕毁协议，撤走专家，收回图纸，停止援助。党中央决定自力更生、发愤图强，依靠自己的力量把原子弹搞出来。1960年初，研究工作正式全面启动。

正在苏联杜布纳联合核子研究所工作的周光召、吕敏、何祚庥等中国青年学者，获悉苏联单方面撕毁协议，撤走专家的消息，义愤填膺，主动请缨，要求立即回国，参加原子弹的研究。他们的要求得到我有关部门领导的支持和批准，1961年，核武器研究所就增添了好几位才华横溢的年轻专家。

* 中国工程院院士，曾任中国工程物理研究院院长

** 中国工程院院士，北京应用物理与计算数学研究所研究员

① 第二机械工业部中国工程物理研究院核武器研究所即二机部九院九所。1964年2月25日，二机部党组批复，将九局、九所机构撤销后成立第九研究院

上大学的时候，在一本从俄文翻译过来的杂志《知识就是力量》上，看到过对在杜布纳联合核子研究所工作的中国青年学者周光召的报道，称赞他年轻有为，才华出众。真是未见其人，先闻其名，就这么一个偶然的机会，知道了周光召的大名，对他十分敬仰。当我们获悉周光召将来我所工作，当然是欣喜万分。

周光召来到研究所，立即被任命为理论部第一副主任，辅佐邓稼先突破原子弹原理，领导原子弹的理论设计。当时理论部的科研人员正在消化苏联专家给二机部领导讲解原子弹用的一个教学模型。领导认为应该先得把这个教学模型计算对了，理解其中的物理过程和规律，真正熟悉和掌握设计技术，才能设计自己的原子弹。我们仅有的资料只是领导们听讲时记录下来的一些零星数据。但是计算出这些物理量的运动方程、计算方法、材料的物理参数等等，都得靠自己去从头摸索和建立。邓稼先领导一批刚从大学毕业的年轻人，利用电动计算机、手摇计算机、计算尺等简单工具，夜以继日地进行着计算工作。开始，一切进展得很顺利，计算结果与专家给出的数据非常吻合，但是当深入计算到一个关键步骤时，我们的结果比专家给的低了一半，计算不得不暂停，必须要弄清出问题的原因。这时候，研究所已陆续从中科院、各大学等调集了一批物理学家、力学家、数学家，专家们和青年人经常围在一起讨论出现差异的原因，当然还是先怀疑我们在计算中有什么环节出了毛病。物理学家、力学家、数学家从各自熟悉的专业对结果进行审议，提出不同的分析和质疑；青年人则尽量详细地解释自己计算结果的正确性和合理性。辩论经常进行得很激烈，有时甚至争得面红耳赤，每个人的智慧和创造性都被高度激发出来。这种讨论有时要持续几天。最后在提出一些改进条件之后，决定再进行新一轮计算，这样的计算，前后一共进行了 9 轮。周光召来到研究所时，计算和讨论正在紧张地进行之中。一接触工作，他就卷入了这场大讨论。

光召认真听取了年轻人的汇报和专家们的意见，仔细地核对了计算所用的公式和参数，仔细审阅和分析了繁杂的计算结果，觉得问题似乎不在我们的计算中，他怀疑苏联专家给的数据有误。这是一个非常大胆而具有挑战性的判断！因为包括所有的专家在内，我们都没有搞过原子弹，要能令人信服，必须有严格的论证。果然，光召以他深厚的物理功底，利用最大功原理，论证即使炸药做了最大功也达不到苏联专家的数据，从而证实了他的判断。

光召的论证和判断，立刻获得所有人的赞同和支持，使计算得以继续进行，由此结束了长达几个月的争论和徘徊，扫清了理论设计的障碍，大大加速了我国自行研制原子弹的步伐。这就是在突破原子弹原理阶段有名的“九次计算”。通过 9 次反复计算，倒使我们比较深入地认识了原子弹的内爆过程，熟练地掌握了特征线计算方法，也培训了技术骨干力量；更重要的是树立了依靠我国自己的专家和大学生，能自力更生搞出原子弹的信心。

在开始设计我国自己的原子弹时，光召和专家们特别重视相关基础理论的武装。炸药中的爆轰理论和介质中的冲击波理论对绝大多数专家都是陌生的，大家每周要集中 1～2 次集体学习这些基础理论，光召很快就站到了这些理论的前沿，并指导年轻人结合设计、分解问题、巧妙简化、广泛调研，要求大家创造性地解决难点。他编写了多份有关冲击波传播、整形、相互作用理论等讲义；结合产品实际，发展了一整套公差与聚焦理论，为完成产品设计发挥了重要的作用。1962 年年底前后，他协助邓稼先完成并提交了我国第一颗原子弹的理论设计方案。

就在第一颗原子弹的理论方案已接近完成时，所里成立一个专门小组负责联系实验和生产。这个小组由邓稼先和周光召亲自指导。为了在理论上有充分的武装，老邓和周光召分别给这个小组吃“小灶”，每星期讲课2～3次。周光召讲课从不用讲稿，依靠他深厚的理论功底，推导复杂的公式时在黑板上一边讲一边写，由近及远，一气呵成，每每令大家赞叹不已。

周光召比我们年长6～7岁，在他指导下工作，他既是我们的导师，更像我们的兄长。时常给大家精神上的鼓励和物质上的帮助。在这个小组出发去实验基地之前，周光召曾语重心长地对大家作临别赠言，他说：“一个有作为的科学家，不仅要重视理论，而且一定要重视实验；理论和实验结果一致当然值得高兴；但有作为的科学家特别要抓住理论与实验结果不一致的地方，因为从这种地方会发现理论或实验的不足，有可能产生新的突破。”这一席话，大家一直牢记在心，使我们获益匪浅。在此后的工作中，每当实验结果与理论不一致时，我们既不沮丧更不轻易放过，会敏感地意识到这是出现了新的机遇和挑战，既思考理论上可能存在的毛病，也仔细推敲实验数据的真伪和精度，努力寻找产生问题的原因。不仅要求这些原因能解释当前的问题，而且还要与以前的结果不相矛盾，在科学的征途上经常出现“山重水复疑无路，柳暗花明又一村”的“诗情画意”，每当我们解开一个又一个的疑团，越来越多的现象为我们所探明所理解时，心中不禁泛起一股难以名状的兴奋和喜悦。

我国第一颗原子弹爆炸成功之后，理论部的工作重心转移到突破氢弹原理。在彭桓武、邓稼先的领导下，科技人员兵分三路，领队分别是黄祖洽、周光召、于敏3位大将。突破氢弹是一场充分发扬学术民主、激励群体智慧和创新精神的过程。当时理论部里经常举行氢弹突破途径（时称牵“牛鼻子”）的学术“鸣放会”，谁有点新意的计算结果，都会在第一时间拿到“鸣放会”上来讨论。专家们也经常结合典型的计算结果，给大家做详尽的分析报告。“鸣放会”报告厅里常常被听众挤得水泄不通。人们不断讨论，不断改进，夜以继日地在计算机上进行计算，从堆积如山的纸带中寻找规律。群体的智慧，激发了专家们的灵感，再加上专家清晰的物理观念，透彻的分析能力，严密的推理本领，使这些概念得到了升华。与此同时，周光召等学术领导非常重视科技人员素质的培训和提高，他们分别撰写了《辐射流体动力学》、《等离子体物理》、《中子输运理论》等讲义，每周抽时间给年轻人讲课。终于在这场热火朝天的群体攻坚战中，于敏同志率领的小分队，在上海率先牵到了氢弹的“牛鼻子”，形成了一套基本完整的物理方案。邓稼先、周光召等立即集中力量，组织理论部反复讨论验算，集思广益，使氢弹方案更趋于完善。其后，又在设计、实验、生产、试验基地等各方面通力合作下，以最快的速度完成了氢弹的核试验。

在突破氢弹之后，周光召协助邓稼先领导完成了几个战略武器的理论设计；与于敏等所领导决策进行中子弹的探索并指导开展前期的准备工作。作为主要的所领导，他在建立严格科研程序，培训科研人员，提高研究工作的系统性、严密性等方面，做了大量的组织工作，为核武器理论设计工作健康发展奠定了坚实的基础。特别是他在担任研究所所长重任之后，为清除“文革”后遗症，为稳定科技队伍，排除干扰，保证核武器研制的持续发展，做了大量的工作。

光召调离研究所担任中科院领导之后，仍然对我院的发展给予关心和指导。他积极促进和支持我院与中科院在高科技领域的研究合作，也十分关怀我院年轻科技人员的成长，几次来院视察指导并给广大科研人员做学术报告，他那精彩的、对我院事业充满深厚感情的报告，受到大家的热烈欢迎。

在庆贺光召 80 华诞之际，我们衷心祝愿他健康长寿！

杰出的学者　亲切的师长

杜祥琬*

我最早知道周光召这个名字，是在 1960 年前后。当时我在莫斯科学习，苏联物理学界最权威的俄文期刊是《实验与理论物理》，我在阅读这份杂志时，注意到周光召发表的多篇基本粒子理论方面的论文。当时他是苏联杜布纳联合核子研究所的青年研究员，他的成果已得到高度评价，这位杰出的青年学者引起了国际物理学界的重视。

20 世纪 60 年代初，光召回国，即投入中国核武器的理论研究工作，是突破原子弹的主要带头人之一。我毕业回国后，被分配到九院理论部工作，理论部主要负责人有邓稼先、周光召、于敏、黄祖洽等，当时他们也就三四十岁，带着一批更年轻的人，正着手突破氢弹原理的工作。我有幸在他们领导下工作，他们的学术功底、平易近人和严谨的学风使我们深受陶冶。他们提倡学术民主，经常就如何突破氢弹，开“鸣放会”，让大家广开思路，建言献策。我们一参加工作就受到“三老四严”（做老实人、说老实话、办老实事，严谨、严格……）的学风教育。为探索氢弹原理，去上

* 中国工程院院士，中国工程院副院长，中国工程物理研究院研究员

海出差算题，他们和大家一起坐火车去。1966 年底进行氢弹原理试验，零前（试验前），光召、于敏和我们一起住帐篷，坐在地铺上用计算尺、手摇机反复推敲理论预估的数据。核武器可以说是应用性很强的研究工作，但中国自主地突破核武器的原理，解决其中一系列的物理和技术问题，却有赖于各基础学科的知识和方法的硬功夫，光召在数理方法方面的深厚功底和勤于思考，在原子弹和氢弹的突破过程中发挥了重要的作用。例如，在我国研制第一颗原子弹的过程中，苏联提供的一份资料上的个别数据的可信性，引起了大家激烈的争论。周光召以他特有的敏锐和智慧，做了一个“最大功”的计算，确认那份资料上的数据有误，从而结束了争论。后来的试验结果也证明了他计算的正确性。这是基础学科功底深厚的人在应用研究中发挥关键作用的典型例子。同时，这也是一位科学家不唯书、不唯上、不唯洋人，而是唯真求实，坚持科学真理的勇气和品格的表现。他还带头编写讲义，为大家讲授爆炸物理、二维流体力学等，培养青年研究人员，让大家边干边学并干成学会。

光召和理论部的同事们一起度过了“文革”十年浩劫的困难时期。受着批判还得坚持“业余抓生产”。1969 年，根据“一号命令”，军管下的理论部被一锅端地搬迁四川“三线”，光召和我们一起坐着货运的闷罐子车，走走停停地历经几十个小时来到曹家沟。在沟里，每顿饭是 4 分钱的熬白菜或煮萝卜，一会儿就饿了，大家周日只好到梓潼县的小餐馆去改善一次生活。由于完全不具备工作条件，几个月后我们不得不陆续“出差”回北京九所原址工作。1974～1975 年，邓小平同志短期复出工作，强调恢复生产。当时光召已是理论部（已改称九所）的业务负责人，他采取的措施之一就是成立了“规划组”，由李怀智任组长，我任副组长，在部主任的领导下，负责制定“发展规划”。上级为九所干部办的“搬迁学习班”，最后也变成了恢复科研生产的学习班。光召、于敏等决定重建“中子物理室”，要我担任室主任，我在工作中一直感受到他们高水平的指导和强有力的支持。

这支核武器队伍对周恩来总理怀有很深的感情，1976 年 1 月 8 日周总理逝世，清明节前夕，九所各室的同志们扎了 14 个花圈，光召和大家一起到人民英雄纪念碑前去献了花。此事竟引起了“四人帮”的追查，所里贴出的悼念总理的诗词，也被打成“反革命诗词”受到批判，我也在被批判之列。不久，又发生了唐山大地震，大家都住进了抗震棚。精神和体力的重负，又正值炎热夏日，我得了一次很重的痢疾，不得不住进危楼养病。光召特意赶来看我，他坐在我的床边，话语不多，但他的种种心意，我都深深领会了。

后来，光召走上了中国科技界的领导岗位，为推动中国科技事业的发展做出了不懈的努力。1984 年，在李政道先生的斡旋下，他作为中国物理学会的负责人，与我国台北的物理学会进行了越洋谈判，签署了协议，使中国物理学会恢复了在国际纯粹与应用物理联合会（IUPAP）中的席位，而将台湾的物理学会称为“位于中国台北的物理学会”，这一模式后来为许多国际非政府组织所采用。同年 8 月，光召率中国物理学会代表团赴意大利底里亚斯特参加 IUPAP 大会，这样，新中国的物理学会正式成了 IUPAP 的成员。光召随后当选为 IUPAP 的副主席，代表团成员还有杨国桢、赵凯华和我等几个人。这次随光召出访，也是改革开放后我第一次出国，目睹光召从容不迫地处理各方面的问题，是很好的学习机会。他还在会间散步时对我说：“做国防科研时，不放弃基础研究，这样才能适应国际学术交流的需要。”这句话给我留下深刻记忆，实际上，他正是这样做的榜样（他和苏肇冰关于闭路格林函数方法的研究工作，正是他在九所工作期间进行的）。那次出访前，他还对我们几个人说：“意大利会后，我就不管你们了，谁要去哪里访问自己联系。”我于是联系了意大利、瑞士和法国从事中子物理学研究的同行，进行了几天学术交流、访问，这也是光召给我的一个锻炼的机会。

光召在担任中国科协主席期间，曾有过多次讲话，每次讲话都含有基于深思的独到的思想。他强调要从国家战略高度，在国际竞争的大背景下，认识科学技术的地位和科技工作者的历史使命。他说：“中国要实现可持续发展和自立于世界民族之林，就必须掌握和参与发现最新的科学技术知识，从中国的国情出发，对中国经济和社会面临的重大问题给出科学的回答，发展相应的理论和技术，帮助政府制定科学的对策，这是中国科技界的历史责任。”并强调科技工作者要从国家全局出发考虑和处理问题，他多次提到钱三强先生是很好的榜样，他总是超脱部门和单位的利益，从国家全局利益出发，组织领导科学技术事业和选用、培养人才。光召对“科协是科技工作者之家”作了独到而深刻的阐述，他说：“每个家庭都有自己的遗传因子，有自己的DNA，我们这个家的DNA是什么呢？那就是‘唯真求实’四个字！”他强调科技工作者要重视思想品德素养，确立崇高的价值观。在世界物理年的讲话中，当讲到爱因斯坦时，他说：“我们纪念这位伟人，不仅要了解他在科学上做出的重要贡献，更要学习他在任何困难条件都一心为科学而献身的精神，学习他为实现社会公正而无私无畏的奋斗精神。”对科技评价体系，他强调：要避免评价体系的急功近利，提倡十年磨一剑的精神，引导科学家从事更有长远影响的工作；他强调要重视科学技术的各个层次和各种类型的人才，对基础研究、应用研究（工程技术）、科学普及等层次都应给予应有的重视。在大力培养、关心青年人才成长的同时，也要注意发挥中、老年知识分子的作用，使得“人尽其才”。他希望领导者、管理者要首先做好管理工作，要为第一线的科技人员创造好的环境和条件。

光召虽然担任了高层领导工作，直到全国人大常委会副委员长，但仍同第一线的科技工作者保持着密切的联系，也保持着科学家的习惯和风格。他多次回到工作过的单位做学术报告并与大家交谈。他给大家讲国际上 DNA 双螺旋结构发现的故事，说明学科交叉对科学发现和技术创新的重要性。有一次他回九所的研究室去看望大家，有同志问到：“参加工作后需要的知识与学校学的不一致怎么办？”他回答说：“学用不完全一致甚至用非所学是常有的情况，只有在工作中继续学习，适应工作的需要。”他对各个研究院所和企业的新进展，十分敏感，经常亲自下基层了解情况，仔细询问。特别鼓励青年科技工作者要扎实工作、求实创新。同时，也尽他之所能沟通学、研和产业的结合，促进成果的转化应用。在科协评选“求是奖”时，他特别关照国防科技领域的“无名英雄”。在周光召基金会研究奖励工作的指导思想时，他特别强调“要雪中送炭，不锦上添花”。

在王淦昌、彭桓武、朱光亚、邓稼先和周光召等一批物理学家负责核武器研究、突破的年代里，他们培养了一支事业心强、团队精神强、学术民主、团结和谐的队伍。大家都不习惯称呼头衔、职务，而是以“老”，“小”相称。光召虽然威望很高，后来并身居高位，但和他一起工作过的同志，见面还是不习惯称他“周院长”、“周主席”或“周委员长”，仍习惯地称他为“老周”，这也和他待人平和、亲切有关。他的夫人郑爱琴原是化学专业的，为了支持光召的工作，放弃了自己的专业，到光召所在的九所，发挥她英语好的优势，专门做科技情报的调研工作，不仅是光召的贤内助，也对我们全所的工作很有帮助。他们生活俭朴，很不讲究，直到20世纪80年代中期，他们还和女儿住在一套只有50多平方米的两居室房子里。

光召通晓多国语言，有着广泛的国际学术交往，他勤于学习、善于思考、工作高效、才能出众。他为国家和科学事业做出的卓越贡献将永载史册，他的优秀品格永远值得我们学习。

周光召先生与我国核武器事业

贺贤士*

我第一次在报纸上看到有关周光召先生的报道大约是在1951年，党中央发出“学习成为中国青年特别突出任务”的号召，当时周先生是北大学生，报道说他又红又专，要青年学生向他学习。我那时正在初中读书，是学生会干部，学习了那篇报道，对他的名字印象很深。大学时，在一本从俄文翻译过来的《知识就是力量》杂志中读到他的事迹，心里很钦佩。1962年，我从浙江大学物理系理论物理专业毕业后留校，11月重新被分配到北京的核武器研究所，1963年初进所一室（理论室）工作。进所的第一天，我意外地发现接见我们几位新来大学生的领导就是周光召先生，他当时是一室的常务副主任（主任是邓稼先）。他向我们介绍了理论室的任务，勉励我们为国家做贡献。从我进所，直到他调往中科院，在长达16年的时间里，我一直在他的领导与帮助下工作，亲身感受他对我国核武器事业发展的贡献，他对研究所发展付出的努力，以及他对年轻人工作和成长的关心。下面只就我接触和了解到的一些事例，谈一些感受。

* 中国科学院院士，北京应用物理与计算数学研究所研究员

周光召先生为我国核武器事业做出了卓越贡献。20 世纪 50 年代末，周先生在苏联杜布纳联合核子研究所从事基本粒子物理研究，做出了出色的成绩，受到国际同行的重视。1961 年当得知苏联突然撤走所有在华专家的消息时，他毅然抛弃了自己熟悉的专业，主动请缨，要求立即回国，参加他从未接触过的原子弹研制工作。

据老同志告诉我，1961 年至 1962 年初，在原子弹研究设计过程中，曾一度陷入困境。理论计算表明，炸药爆炸后在内爆过程中产生的压力总是小于苏联专家给我方的一个数据。力学方面的专家担心我们的计算结果有错，于是科研人员进行了一次又一次的计算（著名的“九次计算”）。周光召先生当时刚进九所不久，他仔细检查了 9 次计算结果，认为计算没有问题，怀疑苏联人的数据的可靠性。经过仔细研究，最后他巧妙地用最大功原理证明了不可能达到这样大的压力，数据显然是错的。这样，周先生以他的聪明才智结束了近一年的争论，扫清了原子弹研制过程的障碍。这是周先生为我国第一颗原子弹的突破做出的重要贡献。随后，大家全力以赴计算，获得了原子弹爆炸过程的清楚物理规律，原子弹设计工作得以全面展开，于 1963 年底交出了包括结构、尺寸和材料的理论设计模型，然后经过工程设计、部件加工、实验室中各种冷试验、装置组装，核装置运往试验场进行热试验。1964 年 10 月 16 日我国成功地爆炸了第一颗原子弹装置。

突破第一颗原子弹研制后，理论部在邓稼先主任和周光召常务副主任（1964 年起原一室扩展为理论部）等科学家的领导下，开展对氢弹原理的攻关。他们充分发扬学术民主，发动全理论部专家和研究人员进行学术上的“大鸣大放”，每个人都可以畅想和探讨氢弹的结构、材料和作用原理，刚工作的大学毕业生也积极参加。周先生和年轻人一起讨论和争论，大家有时争得面红耳赤。那时，理论部的领导丝毫没有领导和科学家的架子，与年轻人打成一片，我们亲切地称周先生和邓先生为老周、老邓。我现在仍然留恋和回忆当时的学术讨论氛围。我想这大概是中国发展核武器理论的独一无二的环境，它事实上也为我国大科学工程的发展提供了十分宝贵的经验。正是在这样的环境下，有关氢弹的很多想法、甚至不完整的方案朦朦胧胧地被提出来。

氢弹突破的关键是热核点火和自持燃烧问题。据说当时周先生还亲自从玻尔兹曼方程出发推导了流体力学方程组，研究在切断过程舍去项中由于非线性效应的敏感性可能给氢弹的点火和热核反应带来的影响。在大家充分“鸣”、“放”的基础上，彭桓武、邓稼先、周光召、于敏等科学家综合归纳后，彭桓武先生提出兵分三路进行探索。作为常务副主任，周先生在协助邓稼先主任负责整个理论部探索工作的同时，又具体指导一路人马进行攻关。实际上，早在原子弹理论设计方案完成后，周先生已在一个研究室中组织了一个 4 人小组，探索研制氢弹的途径。他提出了用原子弹爆炸的爆轰波进行点火的新思想，并领导这路人马进行细致的点火物理研究和数值计算。虽然最后否定了这条途径，但在大科学工程研究中，在多条道路的探索中，宣告此路不通，也是重要的贡献。他们当时研究的物理成果和发展的新的二维计算方法，为以后氢弹理论设计提供了物理基础和计算参考。

这里还得提一下，在我们探索氢弹原理的同时，了解到法国人也正在探索氢弹。他们爆炸第一颗原子弹比我们早好几年，如果我们抢在他们前面爆炸氢弹，这将大长中国人的志气。周先生鼓励大家咬紧牙关，攻克难关。在他和其他领导带动和影响下，理论部大楼每天晚上都是灯火辉煌。在这样的气氛下，我国终于在 1966 年底成功地进行了突破氢弹原理的核试验，1967年上半年进行了大当量氢弹试验，实现了赶在法国人之前爆炸氢弹的愿望。从爆炸第一颗原子弹装置到爆炸第一颗氢弹装置，美国用了7年5个月，苏联用了4年，法国用了8年6个月，而我国突破了原理只用了2年零2个月。这是中国人的骄傲，是中国科技工作者的骄傲。

氢弹装置试验成功以后，型号化装备部队成为重要任务。20世纪70年代初，周先生身负二机部九院九所所长重任，领导全所完成了装备部队多项型号研制任务，并奔走于北京和新疆核武器试验场，亲自参加核试验任务，指导试验后实验分析，了解理论设计当量与试验数据的差别，以寻求改进理论设计。我国装备部队的第一代核武器理论设计主要是在周先生领导下完成的。在当年的“文化大革命”环境下，工宣队和军宣队控制了九所，规定白天闹革命、晚上抓生产。周先生等所领导就是在这样艰难的环境下，带领大家完成重大科研任务。现在回想起来，十分后怕。在当时这种动乱年代，如果没有热爱祖国、不顾个人安危、无私奉献的精神，没有周先生等一批科学大家领导我们咬紧牙关工作，这么快突破核武器研制恐怕是困难的。

周先生在组织管理方面的果断决策、敢于管理的作风，给我们留下了深刻印象。为了早日突破氢弹研制，完成党和国家交给的这一重大任务，在当年的环境下，他冒着被戴上“冲击政治”帽子的风险，为政治活动挤占科研时间而做出过抗争，限制政工部门太多的政治活动，甚至下令取消我们理论部同志参加二机部为庆祝一个政治活动的歌咏练习和比赛。20世纪90年代他来九所看望大家时，提到往事，说自己年轻气盛，向当年从事政工的老同志们表示抱歉。在场的老同志听到老领导讲话，十分感动，他们心里很明白，没有老所长这种勇敢果断的精神，我们怎能这么快实现我国核武器的突破。

突破氢弹研制后，周先生在领导进行核武器型号物理设计的同时，开始考虑研究所下一步的发展问题。他组织了几次规划，探索核武器设计是否还有新的原理，提高设计水平是否还有更多的余量。我有幸作为规划小组的成员之一，参加了他亲自领导的发展规划的研讨。周先生强调，为了更好地完成装备部队的任务，使核武器物理设计达到更高水平，必须掌握核武器更深层次的物理规律。因此他认为，加强与核武器物理有关的基础研究、提高研究者的水平，是至关重要的。他还认为，即使这些基础研究一时看不出与核武器的关系，但对于开拓研究者思路、培养研究能力也是十分有意义的。他切身体会到，我国核武器物理原理为什么突破这么快，重要原因之一是当年国家抽调了彭桓武、邓稼先以及包括他本人和于敏先生在内的多位在基础研究上已做出了高水平成果的科学家。虽然大家都没接触过核武器，但他们领导一批年轻人，从基础研究开始逐步探索，最终搞清楚了作用过程，才较快攻克了核武器原理。我国从原子弹到氢弹所花的时间比其他有核国家都短，这是我们重视基础研究的结果。

在周先生心中有一套怎样进一步发展研究所的完整的设想和计划，可惜这些想法和计划却不合当时二机部某些领导的心意，他们一心想要我们搬往四川“三线”。尽管那边缺乏进行理论研究的条件，对当时核武器发展十分不利。当周先生向他们汇报我们所今后怎样发展的规划时，他们听不进去，反而认为周先生是在阻拦搬迁。最终在1978年底把周先生调离我们所，到当时的二机部九局挂个总工程师之名。

1977年7月，美国人公布了他们研制成功中子弹的消息。中子弹是核武器家族中除原子弹、氢弹外又一个重要成员。周先生在讨论规划时果断提出，为了应对他国的核讹诈，我国也要抓紧研制中子弹。为了取得军方的支持，他安排我和规划组其他两位成员王继海和郑爱琴先后到总参和当时的国防科委去讲解中子弹的特点和杀伤作用。我和王继海还到二机部去了解有关材料的生产情况。当时我正在领导一个研究组探索一种不同于描述普通氢弹作用过程的新理论，周先生敏锐地意识到它可能对于中子弹研究有意义，要我们直接瞄准中子弹原理进行探索。为了了解可能与中子弹研制有关的某种材料的特性，他亲自带领我和研究组部分同志到北京郊区中科院的一个天体观察站，了解他们储存特殊材料的设备和条件。我们经过几年研究，克服了大量困难，最后终于在这一探索的基础上找到了不同于普通氢弹的中子弹点火和自持燃烧新途径，并获得了核试验证实，突破了中子弹原理。因此，我们深深感到周先生敏锐的战略眼光和他对我国中子弹研究的决策和推动作用。

由于周先生在核武器发展上的卓越贡献，他是国家自然科学奖一等奖获得者之一，并且成为“两弹一星”功勋奖章获得者。

周先生十分重视年轻人的培养，鼓励年轻人的任何进步。他多次在不同场合强调年轻人是国家和事业的希望，年轻人应当超过他们这一代。他亲自传授知识，鼓励大家精通业务，送业务骨干出国进修，表现出他对年轻人的期望和对国家发展的关心。

20 世纪 60 年代前后，核武器研究所分配来一大批大学毕业生，在大学里谁也没学过与核武器有关的知识。为了弥补这些大学生的知识不足，在突破氢弹前后，周先生系统地给大学生讲课。周先生来所前是研究基本粒子的，与核武器物理专业完全不一样，但由于他深厚的基本功，很快深入新的领域，大家都很佩服他的才能。周先生讲课特点是不用讲稿，在黑板上推导公式，使大家能沿着他的思路走，物理概念讲得很清楚，使人能很快抓住要点。他喜欢你随时提问和跟他讨论。他思路很敏捷，善于抽象思维，有时我们问题提得不够清楚，他也能很快抓住你的要点给予回答。

他结合核武器反应过程的具体事例，讲中子在物质中的输运过程理论，讲中子与裂变物质作用的增殖特性、与氘化锂反应造氚作用，讲怎样解燃耗方程，等等。同时也给我们讲辐射流体力学，特别是讲辐射激波（头为辐射波，背为激波）和等温激波的特性以及它们的近似解。他的报告都是自己的研究结果。在讲辐射激波时，不同于当时的 Marshak 解，他推导得到了辐射波波头轨迹方程，在波头后附近级数展开，获得了只依赖于波头位置一个自由度的波的各个物理量，同样也可获得只依赖激波位置一个自由度的物理量，从两个波的位置获得了辐射激波的厚度，使大家清楚地了解了辐射激波的物理的特性。他的这项研究在今天来看仍然十分有意义。他给大家讲爆轰物理课，对爆轰力学也研究得非常深入。前面已提到他巧妙地应用爆轰过程最大功原理计算证明了苏联专家数据的错误，就是在深入了解爆轰物理基础上获得的。他的讲课对提高我们研究工作水平帮助很大，讲课的内容经大家笔记整理后刻印成讲义，成为当年我们学习的主要资料之一。目前，所科技档案库内还保存有这些讲义，它不仅见证了当年我们怎样从无到有、自力更生突破核武器研制，而且也见证了周先生从知识上对年轻人的培养和帮助。最近我已把我保存的一部分资料转给现在的年轻人，供他们参考和学习。

1978 年，开放政策一公布，周先生就选拔了所内 6 位青年业务骨干（其中 4 人后来成为中科院院士）出国进修，我荣幸地成为其中之一，可惜当时国防科委以保密为由，不予批准。但周先生感到，为了核武器研究事业的发展，需要有一支视野开阔、了解国际状态的队伍，应该利用国家改革开放政策，送一些年轻同志出国进修。1980年他应邀到美国讲学，特地通过李政道先生联系得克萨斯大学（奥斯汀）的国际著名核聚变等离子体物理学家 M. Rosenbluth（李政道研究生时的同学），安排我到他那里作访问学者，并把我的个人简历委托到得克萨斯大学参加学术会议的何祚庥先生带去。1983年当我准备出国的时候，发生了网球运动员胡娜参加比赛后留在美国的事件，中美文化交流受到影响。在这样的背景下，我出国的计划又一次被取消。1999年，我在法国的一次学术会议上遇到 Rosenbluth，跟他谈起此事时，他的印象还很深，问我后来为什么没去他那里。随着中央改革开放政策的深入实施，国家很多部门和大学纷纷选拔年轻人出国深造。周先生虽然于1982年正式调离我们系统，但仍关心此事。1984年初，我们所李德元所长请求已是中科院副院长的周先生再一次帮助我出国进修。1984年9月29日下午，我突然接到周先生夫人郑爱琴的电话，要我赶紧把简历和部分发表的论文抽印本送到友谊宾馆工字楼交给周先生，周先生准备在第二天中科院建院35周年冷餐会上将这些材料转给一位华人科学家——美国马里兰大学的吴京生教授。吴教授是国际著名的空间等离子体物理学家。第三天，10月1日，中华人民共和国成立35周年国庆，上午我突然接到吴先生电话，要我去友谊宾馆面谈，吴先生当场决定要我做准备去他那里访问。之后，研究所就向上级部门打报告，请求批准我出国访问。但是由于我从事工作的性质，核工业部一直不敢批，并向上级多个部门询问像我这样的人能否出国。最后，因为周先生、李所长等力挺，加之国家开放政策已十分深入，1986年5月，历时一年半以后，我终于获得批准出国访问。6月，我作为北京应用物理与计算数学研究所派出的第一名出访学者飞向美国。由于周先生和李所长的努力，终于打开了我所派人出国进修的大门。在美国一年半多的进修过程中，我不仅学到了当时最新的等离子体物理知识，完成了几篇论文，而且亲身感受了美国的发达和在科学技术方面的高水平，开阔了视野，对我回国后从事新的研究任务和科研组织管理工作十分有帮助。我非常感谢周先生对我的培养与帮助。从他大力帮助我出国进修的过程中，我更深刻体到他对培养和提携年轻人的重视。

周先生到中科院任职后，仍然十分关心他亲自领导了近20年并贡献了宝贵青春年华的这个所，多次来我所与当年的同事重叙旧情，更勉励现在的年轻人奋发向上。2005年1月18日他再次来所访问，向年轻科技人员做了《创造性和知识管理》报告。周先生深情回顾了在我所工作的岁月，称那十几年是他一生中最重要的经历，称赞我所的科技队伍是一支具备高尚理想、爱国热忱、团结协作精神的优秀团队。他特别以DNA双螺旋结构的发现为例，鼓励现在的科研人员要努力培养创新能力所必需的个人素质。他希望年轻人要树立远大抱负，增强自信心，扩大研究的视野，有意识地与人文学科融合，既要扎实地工作，也要敢于有敏锐的发现；希望领导者做好科研管理，促进创新意识的树立，鼓励创造性的探索，真诚关心年轻人的成长。

周先生是一位杰出的科学家，在他所研究的领域中，无论是核武器物理还是基础科学，都做出了重要的贡献；同时他又是一位杰出的组织领导者，他敏锐的观察力、独特的见解和果断的决策，赢得很多人由衷的钦佩。他对发展我国核武器事业的贡献和在任所领导期间积累的治所经验，是我们所后来发展的宝贵财富。值此他80大寿到来之际，谨祝他健康长寿。

本文部分回忆资料得到北京应用物理与计算数学研究所原所长李德元先生和吴明静同志的帮助，特表感谢！

科学巨匠　国防功臣

朱少平*

从1961年5月至1980年4月，从32岁到51岁，周光召先生在北京应用物理与计算数学研究所工作了19年，把人生最富于创造力的一段时间献给了祖国的核武器事业，与一批杰出的科学家一起，为我国第一颗原子弹与氢弹的突破立下了丰功伟绩，为中国核武器事业的发展做出了卓越贡献。

1958年，党中央和毛泽东主席英明决策，决心发展新中国自己的核武器。于是，在北京近郊的一片高粱地旁，在这个鲜为人知的、寂静的建筑里，荟萃了一批著名的科学家、一批批刚毕业的大学高才生以及陆续从国外归来的留学生。这些中华民族的优秀儿女，为了我国的核武器事业，隐姓埋名，勤奋工作，为国家和民族奉献出了忠诚、青春乃至生命。50年前我们的国家，国民经济百废待举，科学技术欠发达，工业基础很薄弱。在这样困难的条件下，要探索、攻克核武器这个极为复杂系统的科学规律、工作原理，要对核装置进行理论研究和设计，难度之大可以想象。

1959年，中苏交恶，刚刚起步的我国核武器研制事业彻底走上了自力

* 北京应用物理与计算数学研究所所长

更生的道路。当时，周先生正在苏联杜布纳联合核子研究所工作，并已在高能物理方面取得了杰出的成就，但他毅然要求立即回国。周先生在致二机部负责人的信中表示："作为新中国培养的一代科学家，我愿意放弃自己搞了多年的基础理论研究工作，改行从事国家急需的工作，我们随时听从祖国的召唤。"

1961 年 5 月，周先生加入到我国核武器研制队伍，被任命为核武器研究所理论部第一副主任，和彭桓武、王淦昌、邓稼先等一批知名科学家一起工作。在我国核武器研制工作起步时，苏联专家曾给当时的二机部领导做过原子弹教学模型的介绍，谈到了若干关键物理量的数值。为了掌握原子弹的设计技术，理论部对这个教学模型进行了复算。周先生来到核武器研究所理论部时，复算工作正进入一个非常紧张的阶段。其中有一个关键物理量，理论部几十人夜以继日地用手摇计算机历时约 9 个月进行了 9 次计算，但是与苏联专家谈到的数值相差很多。为此，理论部内部激烈争论，但莫衷一是。周先生来到理论部后，仔细地分析了 9 次计算的全过程，1961 年夏天，他巧妙地用"最大功原理"，从理论上证明了这个物理量不可能达到苏联专家谈到的数值，支持了我们自己的计算结果。这是我国第一颗原子弹理论设计中的一个里程碑式的进展。此后，又经过约两年的工作，我国第一颗原子弹理论设计方案基本形成。这个理论设计方案由邓稼先和周光召两位先生共同执笔完成。该方案详尽论述了原子弹起爆的各个阶段，长达一百多页，上报中央专委，是一份弥足珍贵的文献。1964 年 10 月 16 日，我国第一颗原子弹爆炸成功。

突破原子弹后，周先生又深入到氢弹原理的探索中去。在彭桓武先生的安排下，周光召、于敏与黄祖洽 3 位先生分别带领研究小组对氢弹原理进行多路探索。如果说原子弹的突破，早期还曾得到过苏联的一点启发，那么氢弹的突破，完完全全是依靠我们自己的智慧和勤奋。在攻克氢弹原理的岁月里，以邓稼先、周光召为首的学术领导，为核武器研究者创造了人人能够畅所欲言、鼓励创新的学术环境，真正做到了群策群力，全力以赴，充分民主，集思广益。研究人员定期在会议室召开学术鸣放会，大家各抒己见，畅所欲言，任何人都可以到小黑板前提出自己的思考和意见，一个又一个很有价值的设想不断将工作推向深入。1965 年夏，周先生举办了一系列报告会，阐述对氢弹结构和爆炸原理的思考和认识，吸引了理论部许多科研人员参与讨论。后来，于敏先生带领的研究小组率先提出了氢弹设计原理。在明确氢弹设计原理之后，理论部的科研人员很快地融合在一起，在邓稼先、周光召等组织领导下，投入到氢弹理论模型的完善与细致物理设计工作中。于是，在突破原子弹后的短短两年两个月的时间内，我们又突破了氢弹原理，取得了我国核武器研制中的又一个里程碑式的成果。周先生为此突破做出了重要贡献。

从事业开始之初，我国核武器研制就在自力更生、大力协同的方针指引下，坚持“理论先行探索、理论联系实际、理论精心设计”，“一次试验多方收效”的指导思想。这一指导思想必然要求核武器理论研究和核装置理论设计在整个核武器研制中与其他方面密切配合，并发挥指导性的作用。1972 年 8 月至 1980 年 3 月，周先生担任核武器理论研究所的所长，承担起核武器理论研究与理论设计的主要组织与领导工作。氢弹突破后，武器化装备部队成为重要任务。周先生往返奔走于北京和西北核试验场，组织理论研究，参加核试验任务，指导试验后结果分析，开展设计改进。我国装备部队的第一代核武器的理论设计工作主要就是在周先生领导下完成的。

20 世纪 70 年代初期，我们的国家处于非正常状态，核武器研究工作不可避免地受到极大冲击，而国际上核武器研制工作进展很快。在当时极为困难的条件下，作为所长，周先生承担的压力是旁人难以体会的。作为一名具有远见卓识的管理者，作为一名具有博大胸襟和气度的科学家，周先生清醒地认识到：我国的核武器还需要进一步发展，要不断努力追赶国际先进水平。面对困难的环境，顶着巨大的压力，周先生从战略的角度组织核武器理论研究人员开展了一次大规模的调研与规划工作，追踪和研究国际核武器发展状况和趋势，论证与规划我们下一步工作的方向与重点。这次调研和规划在核武器理论研究所的历史上具有十分重要与深远的意义，它为确定原子弹与氢弹突破后我国核武器研究第二阶段的发展目标奠定了基础。原子弹与氢弹突破后，我国于 20 世纪八九十年代先后掌握了中子弹和核武器小型化设计技术，完成了核武器从第一代向第二代的过渡，保证了核武器研制水平达到国际先进水平。

1980 年，周先生离开了核武器理论研究所到中科院工作。在核武器理论研究所的 19 年，周先生不仅为我国核武器的科学技术进步做出了杰出的贡献，同时在学科建设、人才培养与科研管理等方面留下了宝贵的财富。

早在第一颗原子弹攻关时期，为使科研活动有序进行，周先生协助理论部主任邓稼先先生，对科研人员进行“做老实人、说老实话、办老实事，工作严谨、态度严肃、要求严格、措施严密”的“三老四严”工作作风教育，制定了一系列科研管理制度，保障了科研工作按计划有序进行。事业起步阶段的作风建设，形成和影响了核武器理论研究所的科研风气。严谨、严肃、严格、认真的要求，始终贯彻在工作的各个方面。今天，核武器理论研究所新人入所教育的重要内容之一就是“三老四严”的工作作风。

在我国核武器研制事业开始之初，无论是年轻科研人员，还是像邓稼先先生和周先生这样的领导者，对爆轰理论、冲击波理论等基础理论都还比较陌生，因此当时的理论部经常安排集体学习。周先生以一个理论物理学家的敏感，认识到在应用研究中基础研究的重要性，特别重视相关基础理论的学习。与邓稼先先生等人一起，周先生带领一批刚走出校门的青年学生，边干边学，逐步深入到爆炸理论、辐射流体力学、计算力学、中子物理等领域的理论研究中去，获得了许多重要的研究成果，培养了一批优秀的人才。在开展核武器理论研究与物理设计过程中，彭桓武、王淦昌、周光召、于敏等科学家经常开设讲座，与科研人员共同探询未知的新领域。周先生就曾讲授等离子体物理方面的知识，这是核武器研究所的科研人员第一次接触等离子体物理方面的知识。要讲课就得撰写讲稿。如同做科研一样严谨细致，周先生撰写讲稿时总是反复推敲，在授课过程中还不断删改添加，最后形成讲义。讲义整理好后科研人员自己刻蜡板油印，用作学习和工作参考。在北京应用物理与计算数学研究所的所史展览馆里，至今还保存着周先生撰写的一份讲义。在做好应用研究的同时，深入开展基础研究，培养了高水平的人才，提升了研究团队的科学素质，为后来的我国核武器理论研究与物理设计工作的高水平开展奠定了重要的学科与人才基础。

周先生注重培养和锻炼研究骨干，特别重视通过指导科研人员完成研究工作来帮助其成长。周先生主张核武器研究者要加强学术交流，并积极支持科研人员参加学术交流。到中科院工作后，周先生利用其影响力，多次推荐我所科研人员参加国际学术会议。在他的积极举荐与引导下，贺贤土等人于 20 世纪 80 年代先后出国留学、访问，开阔了视野与思路，他们回国后成为了国家重大科学工程的组织者与领导者。周先生一直大力提倡学术民主。2005 年，周先生应邀回到核武器理论研究所做学术报告，深情地回忆起原子弹与氢弹突破时期的学术气氛，嘱咐青年科技工作者：学术民主，自由讨论，是最宝贵的精神财富；没有科学民主的精神追求，我们的原子弹与氢弹不会如此迅速地突破，没有自由争鸣的风气涵养，新中国自己的核武器人才队伍不会如此迅速地成长。

虽然周先生离开了核武器理论研究所，但他对核武器事业始终怀有一份特殊的感情，并密切关注着我国核武器事业的发展，关心着核武器研制人才队伍的成长。2008 年，核武器理论研究所庆祝建所 50 周年，周先生应邀回所参加纪念大会。会议期间，周先生认真地询问了研究所的总体发展情况及主要学科的研究现状，勉励大家继续为推进我国核武器事业持续发展做出新贡献，为我国科学技术的进步贡献聪明才智。

今年是周先生 80 华诞。值此之际，撰此短文以表达我对周先生衷心的祝福。

致谢：北京应用物理与计算数学研究所吴明静同志帮助收集与整理了有关资料，特此致谢。

我所知道周光召同志的一些事

柳怀祖*

20世纪60年代后期，那时我还不认识光召同志，就听说他是位年轻而十分优秀的理论物理学家。还听说当年他以极高的爱国热情请缨投入了我国原子弹和氢弹的研制工作，很让人敬佩。但直到20世纪70年代末他从核工业部调到中科院理论物理所工作，我才认识他。80年代初他担任中科院领导后，无论我在中科院计划局，或是在北京正负电子对撞机工程领导小组办公室，还是在中科院办公厅，都一直在他领导下工作，与他有了较多的接触，记忆犹新。

一、紧急关头，顶住压力、沉着对应、夺取最后成功

20世纪80年代初，当时对中国建造北京正负电子对撞机，国内外都有些不同意见，国内科学界几位很有影响的人更是强烈反对。1983年中央最终决定工程上马，由谷羽及国家计委的张寿、国家经委的林宗棠、北京

* 曾任北京正负电子对撞机工程领导小组办公室主任、中国高等科学技术中心秘书长等

市的张百发等负责同志组成的工程领导小组实施全面领导，直接向中央和国务院报告。光召同志作为建设单位中科院分管此事的副院长，一直很关心、支持、帮助和配合谷羽同志及工程领导小组的工作。他对谷羽同志十分尊敬，有事常与谷羽同志商量。1986 年中，谷羽同志离休后，中央决定光召同志兼任北京正负电子对撞机工程领导小组组长，他与工程领导小组的张寿、林宗棠、张百发等同志一起认真按工程既定的进度抓好每一设备的研制、生产、验收和安装，与他们三位有着很好的关系。他经常听取我和工程领导小组办公室的汇报，并到现场了解情况，解决问题，确保了工程提前、不超投资、保质完成。

1988 年 8 月上旬，就在北京正负电子对撞机工程整体调试进入最后关头时，从北戴河传来了当时主持中央工作的领导人在中央的会议上对建造北京正负电子对撞机提出了强烈的反对意见，甚至点名指责小平同志和其他支持这件事的中央领导同志。一时间，工程领导小组特别是光召同志感到了巨大的压力。他和领导小组同志及我一起商量认为，鉴于中央没有要求传达北戴河会上这位领导反对北京正负电子对撞机工程的意见，所以决定不向下传达此事，以免在工程调机的关键时刻扰乱和动摇军心，同时决定工程按计划认真抓紧进行。他还嘱咐我和领导小组办公室随时注意各方面反映，又特别叮咛我不要急躁，要谨慎行事，以免引起不必要的麻烦，干扰工程的进行。正是他的沉着应对，确保了工程整体调试的最后关头的顺利进行。

也算是老天不负苦心人，在党中央、国务院和小平同志直接关怀下，成千上万参加这个工程建设的科技人员、工人和干部没有辜负党中央、国务院和小平同志的期望，经过近 1500 个日日夜夜的顽强拼搏，中国科学家们梦寐以求的北京正负电子对撞机终于如期在 1988 年 10 月实现了正负电子束的对撞。在改革开放的环境下，我国主要依靠自己的力量，仅用了 4 年就完成了世界先进水平的高科技设施，它标志着我国第一台具有世界先进水平的高能加速器的建成。它的建造质量是国际一流的，对撞机和谱仪的主要指标和性能参数均达到或超过了设计指标，跨入了国际先进行列。它的建设投资只有国外的几分之一，不仅是当时国内大中型项目中惟一不超投资并提前完成的工程建设项目，而且在国际加速器建设中，能这样如期建成并达到设计指标的也是极少有的。这在国际高能物理界引起了很大震动，认为："这是中国科学发展的伟大进步，是中国高能物理发展的里程碑。"

实现正负电子对撞后，光召同志立即要我向领导小组其他三位同志及谷羽同志通报，并马上起草了给小平同志的报告。报告经他两次修改后，急件报送给小平同志处。很快中央办公厅通知我去中南海开会，研究小平同志和其他中央领导同志前往视察的有关问题。我开会回来即向光召同志做了汇报，他十分高兴，嘱我认真安排好视察线路和议程及安全、卫生等等各项准备工作。两天后他又亲自听取了汇报，还到现场做了检查。

1988 年 10 月 24 日，小平同志又到了 4 年前他亲自奠基的地方。这里已是一个现代化的建筑群，地上地下安装着我国自己研制的具有世界先进水平的、国内最大的加速器和探测器。小平同志和其他领导同志在工程领导小组光召、谷羽、张寿、宗棠、百发等同志陪同下，边走边看，十分高兴。在接待厅里，小平等中央领导同志听取了光召同志的汇报。光召同志汇报后，随即请小平同志做指示。小平同志即席发表了著名的"中国必须在世界高科技领域占有一席之地"的重要讲话。

二、对外合作，只重有利于祖国科学发展，不重个人级别

小平同志1979年初访问美国时，与卡特总统一起主持签署了中美两国在高能物理研究领域合作的议定书。按照协议规定，中美高能物理联合委员会每年轮流在中美两国召开。1986年后，光召同志每次都担任中方主席并亲自出席，直到1997年他离开中科院。因那时他是中科院的院长，而对方主席则仅是能源部主管基础研究部门中高能方面的负责人。外事部门有些同志认为我方级别太高了。但光召同志表示，这是一个科学性很强的、又很重要的中美科学方面的合作，不能用级别高低来对待。表明他对自己个人级别不那么看重，而看重的是对我国科学发展的实际作用。

三、给我的一次特别使命

20世纪80年代中，我国的改革开放正在如火如荼地展开。当然也涉及科学研究方面的改革。这时有些人，甚至高层的个别领导人，对科学技术发展的规律和基础科学对国家长远发展的重要性认识不足，急于求成，并支持有关部门酝酿，向中央提出了一个对中科院改革方案的汇报提纲，其中很重要的内容是取消中科院实体，一些应用性强的研究所并入或转入工业部门去，而一些基础科学研究则转入高等院校，中科院只保留为一个名誉性的学术机构。此消息已有所传闻，引起了科技界的一些混乱。包括光召同志在内的中科院几位主要领导听到此方案后，完全不同意这个酝酿中的“改革方案”。事关祖国科学的发展和中科院的前途，他们都十分焦

虑。我当时不但是北京正负电子对撞机工程领导小组办公室主任，也是中科院计划局办公室负责人。一天，当时作为副院长的光召同志叫我去他的办公室，说有急事。我到他办公室后，他十分严肃地把有关部门向中央提出的中科院的改革方案汇报提纲的事告诉了我，并问我听说了没有？我答，小道听到了一些。他说，卢嘉锡院长等几位院领导也都很着急，卢院长和他商量要找我谈一下，然后他就带我去了卢嘉锡院长那里。两位院领导问了一些对撞机工程进展情况后，接着就与我谈了那个酝酿中的中科院“改革方案”的汇报提纲对中国科学事业长远发展的危害性和严重性。他们强调说，事情很急了，如拿到中央讨论就复杂了。他们两位都很尊重和信任谷羽同志，要我尽快去向谷羽同志反映，请她能尽快设法向上反映中科院对此“改革方案”的强烈反对意见。我表示正打算近期去向谷羽同志汇报北京正负电子对撞机工程的进展情况。此时，谷羽同志正随乔木同志在杭州调查研究。我第二天就飞去了杭州。一到驻地，我立即把光召同志和卢院长谈的有关部门酝酿中对中科院的“改革方案”之事向谷羽同志报告。谷羽同志听了也十分着急，很快设法向上反映了中科院的意见。此时，不少科学家听到了这个方案的传言后，也都强烈不满，引起了中央领导同志的关注和过问。因此，这个取消中科院实体的“改革方案”没能正式出台讨论。

四、为两岸参加国际物理学会，费尽心血

在海峡两岸关系上，1984 年 9 月，光召同志当时以中国物理学会会长身份，处理海峡两岸物理学会加入国际物理学会（IUPAP）这个十分敏感

而又政策性很强的问题，花费了很大精力。他在李政道教授的促进、配合和帮助下，通过李政道教授不断与台湾的沈君山教授谈判，以找出海峡两边都能接受的方案。因为时间很紧迫，北京与纽约两边又有 12 小时的时差，因此光召同志几次彻夜不眠，既要与纽约的李政道教授通电话和传真，又要与国内有关部门讨论，最终在小平同志亲自过问下获得了解决，这事的顺利解决也开创了两岸物理学界的交流。

五、协助李政道教授创办中国高等科学技术中心

20 世纪 70 年代早期，李政道教授开始回国访问，那时光召同志作为年轻学者参加了周恩来总理等党和国家领导人会见李政道教授的活动，与李政道教授有了交往，改革开放后更是频繁接触。他俩又都是理论物理学家，有很多共同语言。30 多年来李政道教授为祖国的科学和教育事业做了很多有益的工作，如建立中美联合招考物理研究生项目，设立国家自然科学基金，建立博士后制度，中美高能物理领域的合作，中国高等科学技术中心的建立，萏政基金的设立，等等，其中很多事都是在光召同志协助和配合下做成的。光召同志每次都是尽力协助和配合，使李政道教授的这些工作得以成功。创办中国高等科学技术中心只是其中的一项。

1986 年夏，光召同志在瑞士欧洲核子研究中心（CERN）访问，与李政道教授相遇，两人经常在一起讨论怎样让严重落后于世界先进水平的中国基础科学研究尽快赶上去。当时中国科学院处于“文化大革命”之后的复苏阶段。要使中国的基础科学研究尽快赶上去，需要解决的问题和应该做的事情很多，其中最重要且马上可以做的事情之一，就是要让中国的学

者能及时得到国际上基础科学研究的最新发展信息。信息不畅，激励机制不力，是当时影响国内基础科学研究发展的一个重要因素，也是他们心中急切思考的问题。

此时正好世界实验室（World Laboratory）在日内瓦成立。它是为了实现由世界知名科学家狄拉克（Paul A. M. Dirac）等提出的埃里切宣言（Erice Statement）而成立的科学组织，受到意大利政府的资助，并得到万余名世界科学家和联合国的支持。

“世界实验室”的宗旨是：提倡科技信息的自由交流；不论地理、政治、意识、宗教和人种的差异，促进发展中国家的科学技术人员与发达国家的同行进行合作研究，即促进东-西、南-北的科技合作；开展对发展中国家特别有帮助的科学、技术和医疗领域的发展研究项目，特别是支持他们参加旨在解决发展中国家特殊的问题以及科学和人文整体发展的工作。

光召同志和李政道教授设想，是否可以与他们合作，借助世界实验室的帮助，在国内组建一个学术机构，来促进中国科学界与世界科学界的交流，加快最新信息的获得，建立相应的激励机制，促进基础科学研究的恢复以至快速发展。经过慎重讨论达成共识后，光召同志请李政道教授出面组织。于是，在光召同志的支持下，李政道教授正式向中国领导人建议，由中科院和世界实验室合作，在中国成立一个民间学术机构，名为“中国高等科学技术中心”（China Center of Advanced Science and Technology，简称 CCAST）。作为世界实验室的分支机构，受世界实验室和中国政府的双重资助。实验室的任务是在中国创造一个具有世界水平的、较宽松的、不受行政和学术流派干涉的、面向科学新发展的研究环境，资助国内科学家进行前沿性的基础研究，促进国内外研究机构和科学家之间的联系和交流，鼓励中国科学家在国内做出有世界水平的研究成果。光召同志亲自撰写了“中心”的章程，其中规定了由李政道教授任该中心的主任，而且是终身主任。还规定中心一切事务，包括副主任人选都由主任决定，以让李政道教授充分发挥作用。光召同志自己则担任副主任①。

这项建议很快得到了世界实验室的赞同，也得到了中国国家计委、中科院等部门的大力支持，并经邓小平同志等领导人批准。

1986 年 10 月，中国高等科学技术中心（以下简称“中心”）正式成立。“中心”是一个中外合作的民间学术组织，挂靠在中科院。当时，刚刚改革开放不久。国家对外汇和进口等都还有很多限制。光召同志就亲自一次次去外汇管理局、海关等部门沟通，使得世界实验室资助的外汇和设备顺利到位，保证了“中心”的顺利运转。

“中心”成立后，许多科学研究人员和科研单位，从“中心”不断举办的高水平的国际、国内学术研讨会上得到了国内外最新的科研信息，开阔了眼界，促进了自己的研究工作，也推进了国内有关领域的科学研究。

1986 年“中心”成立时，国内大学和研究所的计算机设备很不理想，大容量的高速计算机被西方禁运，研究工作受到很大限制。光召同志与李政道教授研究后，李政道教授与世界实验室协商，1988 年由世界实验室出资订购了 DEC 公司当时新推出的 VAX 8550 机及其附属设备。“中心”无偿地向全国科学研究和教学工作人员开放，受到了广大研究人员和研究生

① 在中国高等科学技术中心的英文介绍中，李政道是 director，周光召是 co-director。在英文中，direcotor 和 co-director 是平等的职位，但是在中文中，co-director 没有确当的相应的中文名词，只好译成副主任

的欢迎，对国内各科研单位的研究起了重要作用。

20世纪80年代，国内科研人员收入很低，经济比较困难，很难安心在国内从事科学研究，不少人都想出国工作，这对当时已经十分落后的中国基础科研十分不利。但是，由于当时国家的经济状况，使这个问题一时难于全面解决。光召同志与李政道教授商量，设法从世界实验室提供给中国高等科学技术中心的资助中，在有限的范围里，局部解决一些问题。于是就对那些在相关学术领域里有成就而又留在国内工作的科研人员，提供了一些经济上资助，从而大大改善了一些有成就的国内中青年研究人员的工作和生活条件。后来，这些人中有人回忆说，当年他们“脱贫”靠的就是来自“中心”的资助，家里的电冰箱、洗衣机等设备都是依靠“中心”的资助添置的，他们家庭的生活水平有显著的提高，使他们更安心在国内认真做研究。

1989年夏，北京那场“风波”后，部分西方国家对中国实行制裁，使得中国对外学术交流遇到了极大阻力。同时，海外一些别有用心的宣传，使我国在国外工作、学习的一些学者、研究生不明真相，对回国工作或访问有顾虑。面对这一特殊情势，光召同志和李政道教授认为必须采取相应措施，通过邀请海外的中国学者，特别是其中年轻有成就的学者回国进行学术交流或短期工作，这样，既可以事实澄清那些欺骗性的宣传，也可以继续国际学术交流，减少对国内基础科学研究的影响。

在光召同志的支持和协助下，李政道教授向中央提出了实施“海外青年学者归国访问计划”的建议，邀请中国在海外学有成就的青年学者回国，进行几个星期的学术访问，确保他们来去自由。请他们将国外最新的科技发展和他们本人的成果介绍给国内学者并与国内同行进行学术研讨，直接帮助国内研究生和博士后以及有关学者了解国际前沿研究工作的情况，使国内的研究人员仍可以及时获得国外科学前沿发展的信息，保持了国际学术交流。同时这些海外学者回国访问，了解到了国内的真实情况，返回到国外后再把亲身见闻告诉那里的同事、朋友，大大消除了当时国外对国内情况的种种误解。此时，光召同志又亲自与边防等部门沟通，确保了回国交流学者的来去自由。在当时的国际环境下，“海外青年学者归国访问计划”的实施，无论对祖国的科技发展还是在国外的形象都起了很好的作用。

六、十分重视和关心吴大猷的大陆行

20 世纪 90 年代初，海峡两岸刚刚有些来往，但仅限于无任何官方身份的人员交往。在李政道教授和光召同志的努力下，时任台湾“中央研究院”院长的吴大猷先生于 1992 年 5 月 17 日在李政道教授和夫人陪同下，从台北经香港来北京访问。这是当时台湾来大陆访问的在任最高级领导人，也是吴老时隔 46 年后第一次重返祖国大陆。由于当时他是海峡对岸来访者职务最高的人，十分敏感，备受两岸领导的重视和媒体的关注。中科院作为接待方，在吴老来京前，光召同志亲自对日程及接待工作做了周密细致的安排，还亲自选定国务院机关事务管理局的内部宾馆达园作为吴老在京的下榻处，那里十分清静。又帮我向中央党校请假，专门负责吴老的接待工作，并要我全程陪同。他向我特别交待此事的重要性，反复说这是政策性很强的事，千万不能大意。我了解到吴老不仅是台方来访的第一位在任高级领导，还是一位患病的 87 岁老人，更感到压力很大，生怕有闪失。那天光召同志亲往机场迎接。在机舱口，光召同志上前与坐在轮椅上的吴老紧握双手，这是两岸科学界最高级领导人的第一次握手。

吴老的北京之行李政道教授花了很大精力，才使台湾最高当局同意他参加在北京举行的“首届东亚和太平洋地区的超导超级对撞机的物理实验和技术研讨会”。李政道教授夫妇也在达园下榻，亲自照料他的恩师的起居，无微不至，十分周到。

那段时间，光召同志几乎每天都与我通电话，了解吴老身体等情况，安排吴老活动，极为关心。吴老不但认真参加了研讨会，还与与会的科学家进行了讨论。会议期间他还特地参观了“北京正负电子对撞机”，亲眼见到了祖国大陆科技人员主要依靠自己的科技和工业力量，在短短 4 年里建成了这样一个世界一流水平的高科技设备，兴奋不已，感慨万分。他对比了台湾的同步辐射装置主要靠外国的设备和技术后说：“大陆在高能物理方面已取得了世界水准的成就，太了不起了。”他还坦诚地讲：台湾没有这方面的科学人才，所以只能靠买。

在京期间，吴老参加了李政道教授和光召同志积极组织推动的在钓鱼台国宾馆举行的“中国物理学家联谊会”，有 300 位中国物理学家参加了会议。这是中国物理学界空前的盛会。中国物理学的几代学者共聚一堂，江泽民、杨尚昆、李鹏等领导人亲临祝贺，并与包括吴老在内的老一代中国物理学者们亲切会晤，共庆中国科学的繁荣昌盛。

由于吴老当时是台湾来大陆职别最高级的官员，引起了人们极大的关注。很多人都认为他带有政治任务，来与大陆最高领导人接触。海峡两边的媒体尤其注意，不少记者从台湾赶来，对吴老紧紧跟从。光召同志特别担心交通安全，多次嘱我要关照司机注意车距和速度，不要太快。

吴老回台后，在医院里还一再努力，最终促成谈家桢、吴阶平、赵忠尧、邹承鲁、汤佩松、黄汲清、张存浩、李林等大陆第一批科学家顺利访台，开创了两岸科技界的交流。

从20世纪70年代末与光召同志相识，至今已过去了30年，我与他工作交往中的一些事仍历历在目。

在周光召同志领导下工作的难忘岁月

李怀智*

无论在九院理论部时期还是在九院九所时期，一般科技人员对专家或领导都称呼老邓、老周、老于等，很少有人以主任、所长等头衔称呼。在此，我将按老习惯用老周称呼周光召同志，用老邓称呼邓稼先同志。

一

我 1961 年底从苏联哈尔科夫大学毕业回国，1 月初被分配到九所工作。理论部成立之前，我主要是在老邓直接指导下工作。自从 1964 年成立九院理论部，老周任理论部第一副主任兼一室主任开始，我就是老周的部下。当时我是原子弹设计反应后理论粗估方法组副组长。1969 年战略搬迁到绵阳地区建立九院九所，我被调入老周任组长的科生组，1975 年 5 月进入所业务领导班子任副组长，老周是所长兼组长。直到 1979 年 10 月九所领导班子大换血，前后 10 年，我一直在老周的直接领导下工作，可以说得

* 曾任核工业部第九研究院第九研究所业务领导班子副组长

上是老周在科研组织管理方面的一个得力助手吧。我们两个人坐一个办公室长达 10 年之久，老周在科研、工作、学习和思想各个方面对我的指导、帮助和影响太多、太大了。老周对我来说，他不仅是大专家领导，他确实是我永远都会牢记的楷模和良师益友。

老周在爆炸物理、辐射流体力学、高温高压物理、计算数学等与核武器有关的学术领域都有很深的造诣，对中国核武器的理论研究、设计、发展和武器化各方面都做出了重要贡献，特别是在原子弹突破阶段和氢弹原理探索及促进首次氢弹试验成功等一些关键性问题上，都有特别突出的贡献。

大多数老同志都会记得，在原子弹试验成功后，除了少部分人员继续进行原子弹的武器化和小型化工作外，理论部三分之二以上的人员都转入了氢弹原理的探索和研究工作。起初大家都把希望寄托于已经由老于（于敏）和老黄（黄祖洽）领导的小部队先行开发的“放光”原理上。大部队上阵后，经过大量计算工作后发现，在现有条件下，放光模型无法把光放走，核燃料的温度上不去，不能实现自持的热核反应，致使正在奋勇向前的千军万马，突然失去了方向。上自部、院和理论部专家领导，下至科室领导和广大科研人员，没有不着急的，有些彷徨，自然难免。核燃料温度上不去，主要因为核聚变释放的能量主要被光辐射吃掉而不是用于加热参与聚变的原子核，致使能量释放和能量损失两条曲线不能相交。光输运参数是用蒙特卡罗方法计算的。由于当时只有每秒万次的计算机（104），算很长时间才出结果。怀疑蒙特卡罗计算程序有问题了；怀疑计算时间太长，机器可能不稳定了；机器有效位数不够长结果失真了……一时人心惶惶，犹豫不决……总之，不甘心承认放光是一条走不通的路。在这种情况下，最需要有人能够提出快刀斩乱麻的办法，对遇到的情况做出正确的判断，把有所散乱的军心凝聚起来去寻找新的突破方向。老周挺身而出，果敢地挑起了这个重担。他亲自出马从吴翔那个蒙特卡罗组抽出一些骨干，又从我们理论粗估组抽出八九个人组成一个临时联合课题组，任务是判断蒙特卡罗方法计算结果的可靠性。他要求蒙特卡罗组的同志把计算所用的方程组、差分格式、程序、参数、计算结果等分别仔仔细细地多检查几遍。要我们粗估组的同志把光输运中的康普顿散射项积分进行展开近似处理，用得到的解析粗估公式估算辐射耗能，以定性判断蒙特卡罗方法计算结果的可靠性。其实，我们组的同志没有人接触过光输运问题，只能从书本上去找。但是，老周头天晚上给我们布置任务，第二天一上班就把已经推导出来的粗估公式交给了我们，并要求我们每一个人都要把公式从头到尾推导一遍，弄懂以后再计算。我们临时联合组，经过 10 多天的紧张工作，得出的粗估结果和蒙特卡罗方法计算结果完全吻合，蒙特卡罗组的同志经过精心细致地检查未发现任何错误和问题。据此对蒙特卡罗方法计算结果的正确性给出了肯定的答案。领导上也就正式宣布："放光之路走不通。"人们从茫然中解脱了出来，"丢掉幻想，准备斗争，曙光总会出现"。从此，理论部大军在探索氢弹原理的征途上又迈开了新的步伐。这次工作总共只有一个多星期，在老周的指导下，我们组的同志都对热核聚变系统中的原子核、电子和光子之间的能量交换机制和能量传递链有了比较全面深刻的了解，为新的探索工作打下了基础。

二

老周，是一个很有政治头脑、非常关注大局和国家长远利益的人。他身为九所所长，对九所的核武器理论研究工作的领导，远不限于型号、任务等计划内科研项目。他既考虑如何带领九所这个队伍保质保量地完成当前的型号任务，又高瞻远瞩地超前谋划未来发展规划和为国家培养大批高水平的科研人才。

20 世纪 70 年代初，第一代核武器的理论研究、设计和试验基本完成，正在进行武器化，科研工作在各方面都进展顺利并取得了巨大成绩。但是在突防性能、小型化、系列化等方面和美国等核大国仍有很大差距。一旦全面禁止核试验，我们的核武器事业必然会受到很大的限制。根据以上情况，在 1973 年底，虽然国防科委、二机部和九院都还未下达规划任务，老周就主动在九所成立了一个“第二代核武器理论研究设计规划组”。规划组成员都是从各研究室抽出的业务骨干，有王济海、郑爱琴、徐乃新、彭先觉、杜祥琬、李维新等 10 多个同志，我被任命为组长。老周要求规划组，要全面调研分析国外核武器的现状、发展趋势和动向，分析我国在核武器方面与国外先进核大国的主要差距；了解我国的国情，包括核武器方针政策，核材料资源，计算机情况，各军兵种发展设想和期望；提出我国第二代核武器的主要目标和基本框架，争取在全面禁试之前完成第二代核武器的研究、设计和试验，并尽可能走得更远些；规划中要列出必要的措施和保障条件，特别是计算机条件。

规划组经过近一年的工作，全面调研基本完成，积累了大量资料，也做了很多讨论分析，但尚未形成基本框架和总体文件。不料，部、院领导为了搬迁，把九所行政组长和党小组长以上干部全部集中到香山饭店办学习班，并且明令：学习班要统一搬迁思想，不许讨论科研业务，不许讨论科研规划，只讨论搬迁计划。规划工作停下来了。当时，领导已经决定把我调部军工局，没让我去学习班，留在所里守摊，处理日常事务。老周以国家利益为重，决心要把规划搞出来。为了抢时间，他不顾限令，要求我在离开九所之前一定要写出一个规划的初稿。

学习班刚办一个礼拜，刘西尧同志被任命为二机部新部长。据说，他一接到任命马上就给学习班打电话指示（大意）：学习班要充分听取群众意见，要讨论规划，要根据规划和“三线”建设情况制定搬迁计划。老周马上打电话告诉我，学习班可能要讨论规划，要我赶快写个规划初稿。好在，我和老周在一个办公室，规划组调研的情况和分析讨论的情况，我都及时向他汇报并同他讨论，对规划的指导思想和基本框架我们两人有比较一致的认识和想法。我用一整天和两个晚上的时间写了一个初稿，定名为“核武器理论研究设计发展规划纲要”。没来得及请老周和其他所领导审查，也未经规划组同志讨论，我就被叫到学习班大会上做规划报告了。参加会议的领导同志有刘西尧部长、朱光亚副主任、李觉副部长、牛书申副部长、郭英会院长、邓稼先副院长等。我在报告开头还真出了不少汗。刘西尧部长对报告的评价大意是，这个规划很全面，符合我们的实际情况，目标明确，措施也很具体，基本可行。就是计算机条件短期比较难以满足要求，你们再研究研究。大家好好讨论讨论，有什么问题，怎么实现……后来，这个初稿经过修改后上报了。1987 年 8 月，九院副院长于敏同志在对我的鉴定意见里写道：“他组织规划组的同志调研了国外大量资料，分析了我国与美苏等核大国在技术上的主要差距，并结合我国的实际情况，提出了我国研制第二代核武器的主要目标及其相应措施。这一纲要对我国第二代核武器的研制具有指导意义。”九所所长符鸿源同志也写道：这一纲要“明确了核武器理论研究工作的指导思想，提出了我国研制第二代核武器的主要目标，制定了预研和基础研究项目。这一纲要明确的战略目标经过国防科委的批准，一直是我国研制第二代核武器的主要依据。”为纲要的制订，我们规划组的全体同志做了大量的工作，都是有贡献的。但是，最主要的应当归功于老周的高瞻远瞩提前部署和他对我国核武器事业的全局主导思想。是他在九所所长任期内为我国核武器事业做的一件非常重要的大事。同时也是刘西尧部长的英明决策。

三

老周和老邓等九所老专家、老领导，对年轻同志的成长是非常关心、爱护的。他们不光是在业务上指导和有意识地培养年轻人，而且在关键时刻敢于设法保护他们。1970 年初，我被怀疑是 1979 年三、四季度二二一厂发生的“三大反革命案件”的重大嫌疑犯（最后查明，根本就不是什么“反革命案件”，而是三件事故，并且我与那些“案件”毫无关联）。当时，军管第一次找我谈话就说，根据他们已掌握的材料，我的问题非常严重，比李井平、陈景玉（此二人当时已经被关进监狱）的问题还严重。要我老实交待，可以从轻处理。我当时心中有数，并且还年轻，所以态度很不好，直顶他们说：“那你们还不把我抓起来？”他们说是给我一个机会，是为了挽救我。第二次找我谈话，说有揭发材料，说我是李井平、陈景玉等幕后摇羽毛扇的邓小平式人物。当时，老邓、老周给我很多工作，每天都很忙。我还经常到七机部、二机部、国防科委等处参加计划会、协调会，制定核材料标准会等。我自己明白，这表示他们信任我，尽量不让我“停止工作交代问题”。还是躲不过去，1971 年 8 月初，一天早上一上班，军管就让我停止一切工作，老实交待自己的问题。非常可笑，下午一上班，军管又找我，说国防科委朱光亚副主任让我当晚就坐火车出差去二零二厂处理试验产品部件加工中出现的问题。军管还要求我，出差时也要考虑问题写交代材料，并且在一个星期内返回和交材料。我对他们说，我现在还不知道出了什么问题，多长时间能完成任务，我也不知道，反正我听你们的，一个星期内一定回来，向你们报到。他们马上改口说，你听朱副主任的，他让你什么时候回来你什么时候回来。我在二零二厂呆了 42 天才完事。回来的第二天军管又让我停止工作，交代问题，并说：“快要党员重新登记了，不老实交代问题，就不能恢复组织。现在就可以告诉你，第一批恢复组织的，肯定没有你。”凑巧，那天，龚幼卿副院长（军管）点名让老周马上去二二一厂现场领导 3 个试验产品的理论联系实际工作。老周提出，他需要带一个能协助他工作的同志一道去，并点了我的名。这使我又一次躲过了“停止工作交代问题”。我向军管直接提出，这次出差的时间可能会很长，恢复组织问题怎么办？这一次，他们没再提“老实交代问题”，变得很客气，说据他们进驻前掌握的材料，我的问题非常严重，全所大抄家，后来又想去抄我的家，我住在新华社宿舍，当地派出所看不到正式文件，没同意，没抄成。由于老邓、老周等几个老专家都比较信任我，我承担了好多重要任务，很忙，他们决定先不动我。现在，他们已经弄清楚，我确实与“三大反革命案件”没有关系，可以放心陪老周去出差，他们保证第一批给我恢复组织。

看似天方夜谭。可是，千百万冤假错案不就是这样产生的吗，李井平、陈景玉就是这样被冤枉坐牢的。没有老邓、老周的保护，我也有可能遭受同样的迫害。我一直都非常衷心地感谢老周和老邓，我终生不会忘掉这段历史。

回顾在老周领导下工作的岁月，我不仅亲眼看到，而且深深体会到老周对中国核事业发展倾注的大量心血和不懈的追求，为使中国巍然屹立在世界核大国之列做出的重大和突出的贡献。

二、深谋远嘱——光召与科技战略

“我们必须走出一条自己的道路，把其他国家科技发展模式的优点都拿过来。只有这样，中国科学院才能生存与发展，才有可能在世界非常激烈的竞争中为发展中国的科学技术做出新的贡献。”

（1985 年 1 月在中科院工作会议上的讲话）

“‘把全院的主要力量动员和组织到为国民经济服务的主战场，同时保持一支精干力量进行基础研究和高技术创新’的方针，是积极的方针，不是权宜之计。”

（1988 年 11 月在中科院 1989 年度工作会议上的讲话）

“只有正确的战略和建立与之相适应的体制，后来者才有可能居上；而缺乏创新能力、固步自封，则难免失败。”

（1988 年 11 月在中科院 1989 年度工作会议上的讲话）

周光召同志与中国科学院学部

张玉台* 郭传杰** 葛能全*** 钱文藻****
何仁甫 孟 辉 陈 丹

周光召院长不仅是国内外著名的理论物理学家，为我国核技术的发展做出了杰出贡献的共和国功臣，而且是我国科学事业发展和科技体制改革的积极推动者和引路人。在他担任中科院院长期间，为全院的发展殚精竭虑、运筹帷幄，在深刻地洞察院科研实体多年积弊、深谋远虑地设计改革方案和长远发展模式的同时，为中科院学部的制度化、规范化建设也做出了开拓性贡献。

一、推进制度建设，实现学部工作的正常化

中科院学部是中科院的两大组成部分之一，中科院的院士制度（1994

---

* 国务院发展研究中心主任，曾任中国科学院副秘书长、中国科协党组书记

** 曾任中国科学院党组副书记、中国科学技术大学党委书记

*** 曾任中国工程院秘书长、中国科学院副秘书长

**** 曾任中国科学院副秘书长

年以前为学部委员制度）是我国的最高学术制度。学部的发展与院士（学部委员）制度的建立经历了相当漫长而曲折的过程。

中科院建院初期，就派团赴苏对苏联科学院的学部机构进行过考察。1954年春，政务院批准中科院的建议，决定在中科院按学科设置学部，选聘学部委员，待时机成熟后再发展到院士制。随后，经中科院、高等院校和产业部门按照“学术成就，对学科的推动作用和忠于人民事业”的标准和条件进行推荐和遴选，并经国务院批准，选聘了自然科学领域172位学部委员，分属数学物理化学部、生物学地学部和技术科学部，另有哲学社会科学部61位学部委员。1955年6月1日，第一次学部委员大会在北京隆重召开，宣告中科院学部正式成立。正如郭沫若院长在大会开幕词中所指出的：“中科院各学部的成立，标志着我国科学事业发展中一个新阶段的开始。……学部的任务是极其光荣而重大的，它对我国科技事业的发展与繁荣负有重要责任。”大会向中央提出了制订科技规划的建议，立即受到重视并采纳；随着《1956—1967年科学技术发展远景规划纲要》及“四大紧急措施”的制定和付诸实施，为我国国民经济和国防建设、科学技术特别是高技术的发展，也为基础研究的系统布局奠定了良好基础。

然而，学部此后的发展很不顺利。直至“文化大革命”爆发前的10年间，只是在1957年和1960年各召开了一次学部委员大会；而学部委员增选，也只是在1957年的第二次学部委员大会上增聘了钱学森、郭永怀、张文裕、汪德昭、吴文俊、吴仲华、汤飞凡等18位学部委员。“文化大革命”“十年浩劫”，学部和学部工作遭受严重破坏，学部活动被完全废止，学部委员们经历了空前磨难。“文化大革命”后在世的学部委员117位，平均年龄已超过73岁。虽然1979年春党中央、国务院批准学部恢复活动，

1980年在中断了23年之后又增选了283位学部委员，于1981年召开了第四次学部委员大会；并在1984年第五次学部委员大会上，中央重新规定学部是“国家在科学技术方面的最高咨询机构”，学部委员是“国家在科学技术方面的最高荣誉称号”，但由于种种原因，最高科技咨询机构的作用并没有得到重视和发挥，甚至连学部委员的增选也再次中断了近10年。

就是在这样的背景下光召同志于1987年初担任了中科院院长。时值社会上中科院“不冒泡”的怪论不时出现，科学家和中科院的地位和作用遭受质疑，光召同志由此开始了艰难的学部工作正常化探索。1989年7月，光召同志发表谈话，指出中国科学家历来与党同心同德，为我国科技事业的发展做出了重要贡献。同年12月，为加强学部工作，在院机关原来学术秘书处的基础上，组建了由时任院副秘书长张玉台直接领导的学部联合办公室，负责学部的具体工作。

1990年初，光召同志借时任全国政协副主席钱正英同志率调研组对中科院的知识分子待遇和人才政策问题进行调研之机，请院特邀顾问钱三强同志一起向钱正英同志说明中科院学部的情况，指出由于10年没有进行增选，学部委员队伍面临断层危机。钱正英副主席一向十分关心中科院的工作和科研人员，她很快向李鹏总理反映了中科院急需增选学部委员的情况。1991年6月2日，光召院长在张玉台同志陪同下，专门向李鹏总理汇报了中科院学部的情况。这次汇报后，决定由中科院向中央提出关于增选学部委员的正式报告以便审批。

在光召同志的主持下，文件起草小组全面研究了学部委员制度的发展历程，提出了学部委员的标准与条件以及增选制度化的建议。根据中科院的请示，国务院于同年11月批复：中科院学部是国家在科学技术方面的最高咨询机构，中科院学部委员是国家设立的科学技术方面的最高学术称号，具有崇高的荣誉和学术上的权威性，代表我国科技队伍的水平和声誉；学部委员增选每两年进行一次，增选结果报国务院备案；学部委员大会每两年召开一次。1991年，增选了210位学部委员，自此以后，增选工作每两年进行一次，从未间断。1993年10月国务院决定，将中科院学部委员改称为院士。中科院学部从此走上了正常化、制度化发展的道路。回顾往事，我们可以毫不夸张地说，如果没有光召同志对我国科技事业和国家发展的高度责任感，没有他对中国科学技术和中国科学家的深刻了解，没有他统观全局和把握转瞬即逝机遇的能力，学部工作的正常化不知要待到何时才能开始、学部的制度化建设不知要待到何时才得以逐步完善。

在学部委员增选工作正常化之后，光召同志便着手学部各项工作的规范化进程。在光召同志领导下，学部主席团制定了《中国科学院学部委员章程》，对学部委员的职责、标准和选举程序、学部的领导体制等进行了制度化设计，并在1992年召开的第六次学部委员大会上获得通过。此后，学部主席团陆续制定了《中国科学院学部委员增选工作实施细则》、《中国科学院学部咨询评议工作暂行规定》和《中国科学院学部“九五”工作规划纲要》等一系列规章制度和发展规划，中科院学部进入了新的历史发展时期。

二、立足国家全局，组织筹建中国工程院

工程科学技术对于一个国家的经济建设是至关重要的，许多发达国家从20世纪初开始便先后成立了国家工程院，1978年国际工程与技术科学

院委员会（CAETS）亦宣告成立。随着我国的改革开放和经济发展，工程科学技术的重要性也越来越得到科技和社会各界的广泛重视，中科院技术科学部多次参加了 CAETS 的有关活动，但由于技术科学部不是一个独立机构，几次提出加入申请均未能获得通过。在中国科技界，虽对于成立独立的工程科学技术最高学术机构的呼声日益强烈，但也还存在一些不同的意见：一种意见认为中科院学部设立有技术科学部，一些在工程技术科学方面做出重大贡献的科学家已当选为学部委员了；另一种意见认为中科院学部委员的标准更强调学术水平，而这并不能完全反映对国家重大工程和工程技术发展的贡献；还有人则担心理工分家不是方向，是否应吸取 20 世纪 50 年代初理工分家的教训。光召同志担任院长后，及时了解全面情况，特别是科技界的不同意见，始终以全局和未来发展需要为重，审时度势、恰当地予以推动，并指示学部联合办公室密切关注和研究这个问题。

1992 年张光斗、王大珩等 6 位学部委员提出了《关于早日建立中国工程与技术科学院的建议》，根据江泽民、温家宝等领导同志的重要批示，由光召同志牵头进行内外协商，在广泛听取意见的基础上，主持拟定了组建中国工程院的五条原则性意见，其主要内容是：中国工程院应当是由在工程技术方面做出了重大贡献的科学家和工程师组成的学术团体，而不是一个行政机构；建立中国工程院方案的酝酿和提出，应主要依靠在工程技术领域中工作的科学家和技术专家来进行；它只设有院士（学部委员），不设立不管辖研究、开发之类的实体；考虑到学科交叉、渗透，理工不应截然分割，中国工程院和中科院应通过多种方式建立起密不可分的有机联系等。这些意见得到了中央领导同志的批准。这五条原则符合国情，反映了我国科技界的主流认识，因而成为后来筹建中国工程院的基本指导思想。

尽管筹建后期改由国家科委牵头，但光召同志仍是工程院筹备领导小组副组长，为主要决策者之一，特别在协调科技界不同意见、两院之间的协同合作以及扩大工程院的国内外影响等方面，他从全局出发、正确引导，发挥了重要作用。

1993 年 11 月，光召同志亲自审定并签发的国家科委、中科院《关于建立中国工程院有关问题的请示》正式报送国务院。报告提出了建立中国工程院的必要性，并就中国工程院的名称、性质、成员的称谓、院士的标准和条件、增选制度和学部设置等提出了具体建议。1994 年 2 月，文件《国务院批转国家科委、中国科学院关于建立中国工程院请示的通知》正式下发。同年 6 月 1 日，中国工程院成立大会与中科院第七次院士大会同时举行，从此开启了我国科技界两院并肩、联袂发展的新局面。

中国工程院的首批院士中有一小部分（30 位）是从工程技术背景比较强、具有一定代表性的中科院院士中产生的，这部分院士是由中科院各学部常委会推荐候选人，经学部主席团审议通过。光召同志由于对“两弹一星”的重要贡献而被推荐在列，但他主动向主席团推荐另一位著名科学家，而将自己的名字撤出。“两院院士”名单中少了周光召的名字，但他的大局观却得到了大家的高度赞扬。

三、加强咨询评议工作，促进决策科学化、民主化进程

中科院学部在成立后的 50 多年发展历程中，虽然经历了从中科院的学术领导机构到国家最高科技咨询机构的定位转换，但它的规定功能一直没有得到重视，学部对于国家重大决策的科技咨询作用没有得到充分的发挥。

如何实现最高科技咨询机构的功能，始终是摆在学部面前的重要问题。

学部咨询工作在早期都是以学部委员个人或联名提出建议以及各学部常委会自主选题的方式进行的。学部成立之初提出的关于制定远景科学规划的建议、“两弹一星”的研制、“863”计划的产生、自然科学基金制度的建立以及中国工程院的成立等都是在学部委员建议的基础上才得以实现的。光召同志充分肯定这种主动行为的咨询工作方式，在院经费十分紧张的情况下，仍然给学部拨发咨询活动经费，使“主动咨询”得以保持充分的活力。他组织引导并亲自参与有关的主动咨询活动，积极支持周立三院士领导的国情分析小组开展研究，多次听取小组的研究进展汇报，并提出了很多指导性的建议。国情小组先后提出了多份国情分析报告，在社会各界引起很大反响，他们的工作也为咨询活动提供了极具参考价值的分析方法。光召同志参与的其他咨询工作很多，有的项目还是由他直接提出或策划的。

为了进一步发挥学部的最高学术机构的功能，光召同志支持学部主席团从中科院内部做起，委请学部对中科院所属研究所进行学术评议，并亲自参加了评议活动。各个学部的学部委员们就各研究所的学术方向、研究课题提出了许多很好的意见和建议，这些评议意见成为研究所长远工作的指导性文件。光召同志还决定将陈嘉庚科学奖的评奖工作转到学部，以提高该奖的学术水平层次。

学部委员增选工作逐步制度化之后，咨询评议随即成为学部工作的重点，光召同志多次强调，咨询评议工作要为国家重大决策提供科技支撑，促进决策的科学化和民主化进程，并最终实现学部作为国家最高科技咨询机构的目标。作为规范化的举措，学部成立了咨询评议工作委员会，制定了咨询评议工作暂行规定，师昌绪院士担任首任主任，各学部的咨询活动也日益增多。通过各种努力，特别是主动咨询的实际成效，使得咨询项目受国家有关部门委托的比例逐步增加，学部先后完成了国家“九五”科技攻关计划立项、国家大科学工程项目遴选；“863”项目中期评估以及国家“973”计划立项等国家重大科技决策的咨询评议工作，朝着学部的功能定位目标前进了一大步。

在第八次院士大会上，光召同志明确提出：我国“正处于快速发展和两个转变的历史时期。在此阶段，有许多理论和实践问题，需要作出深入系统的分析，需要科技界的积极参与，进行超前的研究。一个现代社会，应该有科学界经过深思发出的声音。科学界的声音越受尊重，越是宏大，社会就越能保持健康发展。”1995年，在他的主持下学部制订了“九五”工作规划纲要（历史上学部第一个工作规划），进一步明确了咨询工作的重点，即科学发展的前沿和趋势预测；根据有所为、有所不为的原则，研究学科发展战略，为国家“十五”计划的科学部署提供依据；可持续发展的理论和中国社会发展过程中可能出现的问题；若干重要地区的生产力合理布局；中国粮食问题与大农业发展战略；高技术创新及提高我国知识产权获取能力的措施；我国高技术产业发展的关键领域选择；科技教育中的若干问题与对策等。所有这些问题，都是事关国家发展、与科技相关的重大战略性问题，此后学部就此提交的一系列报告，都引起了中央有关领导部门的高度重视，促使他们陆续制定了将院士咨询纳入重大科技决策程序的规定。

四、传承优良学风，率先加强科学道德建设

光召同志始终认为院士应该成为科学道德建设的积极推动者和全国科

技工作者的表率，从 1991 年学部委员增选工作开始，他在历次增选评审会议上反复强调院士评选条件中关于学风问题的重要性。

在 1994 年学部联合办公室的工作会议上，光召同志指出：加强院士队伍自身建设，发挥表率作用，应该成为学部工作的重要内容。学部也要有自己的约束机制，院士要成为科技界坚持严谨、严肃、严格的科学态度和实事求是作风的榜样，只有这样才能不辜负全社会对科学家的期望。1995 年，学部召开了“科学道德建设座谈会”，邹承鲁、张存浩等数十位与会院士一致赞同院士要严格自律，带头抵制不正之风，支持主席团关于加强学部科学道德建设的意见。

在 1996 年院士大会上，光召同志大声疾呼：“社会上的欺诈、虚伪之风，已经波及科技界。近年来，在课题立项、成果评价、职称评审等工作中，不严谨、不严肃，甚至无视科学规范，不讲科学道德，浮夸吹牛，弄虚作假现象，也时有滋生……中科院学部和院士是科技界最高学术机构和最高学术称号，具有崇高的权威和荣誉，因此理应是这样的群体，要永远纤尘不染，正气凛然。任何一位科学家，从成为院士那刻起，就接受了国家赋予的崇高荣誉，与此同时，也就承担了神圣的社会义务和责任。我们要继承前辈科学家的优良传统，坚持真理，实事求是，严谨治学，一丝不苟，严以律己，无私奉献，真正以渊博的学识和崇高的品德垂范于社会，推动社会健康发展。”就在这一年，党的十四届六中全会发表了《关于加强社会主义精神文明建设若干重要问题的决议》，经光召同志和光亚同志倡导，中国科学院学部主席团和中国工程院学部主席团联合发出《做物质文明建设的先锋，当精神文明建设的表率》的倡议书。随后，中科院率先设立了科学道德建设委员会，制定了在院士增选工作中院士行为规范的规定。这些举措是中国科技界第一个自我约束机制的建立，也是学部科学道德建设的里程碑。

光召同志以身作则，始终以院士行为规范严格要求自己，不仅在治学中作风严谨，而且在院士增选中严格按照标准、不徇私情，在他主持中科院工作期间，从不向学部联合办公室示意特别关照中科院系统内部的院士候选人，而是要求面向全国、一视同仁。在 1991 年的中科院工作会议上，光召同志指出，中科院是代表国家具体组织学部委员增选工作的，因此，它也是对我们是不是真正作为全国科学家的科学院的一次考验。把中科院办成全国人民的科学院是他在担任院长期间始终坚持的基本原则，在 1996 年召开的第八次院士大会上，光召同志明确提出："在科学院的改革发展进程中，有一项贯彻始终的任务，就是要打破计划经济体制时期形成的封闭状态，重建面向全社会、扎根全社会的全国科学家、全国人民的科学院。"

以上我们采撷了光召同志开拓、推动学部工作制度化、规范化发展的若干方面和片断。除此之外，光召同志也十分关注院士们的生活。在 80 年代，学部委员的生活并不宽裕，光召同志从十分拮据的院财政经费中挤出资金，并指示学部联合办公室积极争取经费渠道，专门设立了特别经费，解决了一些学部委员的特殊困难。在他的主持下，"蔡冠深中科院院士荣誉基金会"得以设立，为高龄院士颁发荣誉奖金，既倡导了尊老敬贤的社会风尚，又解决了一些老年院士的生活难题。

光召同志为学部的发展所做出的重大贡献，将永远铭刻在学部发展的历史中。

我国科学繁荣发展的一位杰出领路人

陈佳洱*

一、杰出的理论物理学家

光召同志在 1952～1957 年间曾在北京大学学习和工作。我于 1955 年调来北大参与我国第一个核科学教育基地——北京大学物理研究室的建设。那时，因单位保密的原因，虽然同在一个学校，同在一个学科，但只是听说物理系有一位非常优秀的年轻教师周光召，却没有机会见面认识一下，更谈不上向他请教治学之道。后来不断传来他在杜布纳联合核子研究所在粒子物理上做出了杰出的理论研究成果的消息，听说他两次受到该所的奖励，并得到了国际上的高度评价，成为新中国自己培育出来的一位杰出的理论物理学家，我对他钦佩之心不禁油然而生。我第一次见到他是在“文化大革命”之后，当时，我有幸参加了一次核科技界的会议，大家聚在一起讨论改革开放之后中国的科学应该怎样发展、走什么样的路。他的一席讲话给我留下了十分深刻的印象，觉得他思维敏捷，眼界宽广，卓有远见。后来，听到九院同志介绍他在我国第一颗原子弹研制中，从最基本的

* 中国科学院院士，曾任北京大学校长、国家自然科学基金委主任

物理原理出发，反复计算9次，奠定了总体设计的科学基础，为我国“两弹”的成功定型做出了不可磨灭的重大贡献，更是让我对他学术造诣的高深敬佩不已！

二、卓有远见的领导人

1987年起光召同志担任中科院的院长。那时我在北大任分管理科研和外事的副校长，因而十分关注中科院的治院方针。当时他提出来要在中科院“形成民主、团结、融洽、活泼的学术气氛，为科学家们创造一个身心舒畅的环境”，“决不允许用行政手段干涉学术自由”以及“学术民主和自由是繁荣科学的惟一途径”等方针。对此，我非常赞赏，认为这是一个真正调动科学家积极性，让科技人员潜心研究、各自发挥所长的好方针，不仅值得我们北大借鉴，而且与北大长期以来形成的“爱国、进步、民主、科学”的优良传统和在学术上“兼容并包”的文化相一致。他还积极倡导中科院与大学之间在科研上的联合，以此作为迅速改变研究与教育分离的体制的重大举措，并联合高校领导共同上书中央，为实现这样的联合建言献策，成为我国实施“科教兴国”战略的舆论先声。显然这是一个极有远见之举，因为无论从国际上或从我国的历史经验来看，实现研究与教育的有机结合，始终是出重大学术成果和造就将帅人才的必不可少的重要基础。正是出于对光召同志的治院方针的共鸣与赞赏，我不仅在自己的岗位上努力实践他所倡导的精神，更在后来酝酿北大校长换届之际，当领导多次找我谈话时，我竭力推选光召同志担任，认为只有他才有智慧和能力把北京大学办成世界一流大学。可惜，当时我并不知道，已有更重要的岗位等待着他去就任，结果不仅我的心愿没有能够实现，反而把我这样一介书生推上了北大校长的岗位。1998 年，在人民大会堂举行的北京大学百年庆祝盛典上，我在讲话中发自内心地讲到周光召院士和于敏院士等北大校友中的杰出代表，是北大人的学习榜样，以此表达我对光召同志的由衷敬佩！

三、科学家的良师益友

光召同志除了在学术造诣、领导能力上使我敬佩之外，他的精神魅力更使我仰慕不止。我非常喜欢听他的发言或讲话。因为虽然他位居国家领导人之列，而且是一位具有高度爱国主义精神的科学大师，他经常思考着国家科学繁荣振兴之道，但在他的讲话里没有一点官话、套话，而完全是他根据内心的思考和推理所道出的活生生的符合科学规律的、生动的语言和道理。正是他这种充满爱国激情和科学魅力的讲话，激励着广大科学家克服时弊，为民族和国家的长远需求而努力工作。他平易近人，为人诚恳，平等待人。他和科技工作者之间的交往亲如战友，没有任何一点官味或架子。每当我有问题要向他请教时，他时常拉着我的手仔细倾听和了解我的问题之所在以及我曾经考虑过的一些想法，并通过自由、平等的讨论，以他特有的智慧为我指点迷津。由于他长期领导着中科院各个研究所及与之相关的各个学科领域的研究，加上他看问题总是喜欢寻根究底地搞清基本事实和基本规律，所以不仅他的眼界十分宽广，而且讲求实事求是，能够很快地抓住各种事物的基本要害。所以我特别喜欢找他请教、讨论各种问题。在我脑海里，他是我的一位热情、诚挚的良师益友。

四、我国基础科学的杰出领路人

1999年底，我从北大调任国家自然科学基金委员会主任之后，由于刚从基层转为面向全国的岗位，对于诸如怎样通过基金工作把我国的基础研究搞上去等重大问题，虽然听取了不少科学家的意见，形成了若干想法和思路，但心里总是觉得不踏实。我就以这些问题向他请教，他不仅给了我许多鼓励和指导，还允诺亲自来基金委给全体同志做一次报告。我现在还记得，那是一场十分精彩的报告。那一次他从基础科学的战略使命和目标、产生重大科学发现或做出重大基础研究成果的条件和环境等一直谈到如何进入世界一流的战略举措。他在报告中明确提出：对于基础研究，要树立在中国土地上出现开拓全新研究领域，领导世界科技潮流的一流成果的伟大目标。必须瞄准新的生长点，探索新的研究方向和实现途径，不能在别人后面以跟踪为目标。为此，首先要解放思想，在哲学思想的指导上和数学上实现领先，这也是历史上国际科学中心从英国转移到德国的决定性因素；还要形成一个理论与实际紧密结合、“百家争鸣”、各种学术观点碰撞、竞争和不同学科的交叉融合的良好的发展科学的“生态环境”。他着重指出在提倡竞争的同时，要保持宽松的学术氛围。不要急于求成或施加过大的行政压力，而要强调科研集体内部的压力和动力，创造学术思想活跃与创新的氛围。让科学家有强烈的好奇心、对新事物非常敏感，敢想敢干，失败不怕别人笑话。还要鼓励和引导科学家的爱国心和使命感，以及由此而来的献身精神和高度的责任心。在战略举措上要集聚优势人才和破格选拔优秀青年人才，以形成相关学科人才的临界数量和质量。建立创新思维得以萌发和实现的学术集体；要研究那种以弱胜强的范例，从中吸取经验，建立信心，充分调动中国人的智慧、组织力量和协作精神，完成历史赋予的使命！我觉得他的报告，不仅是他长期在科技领导岗位上工作经验的总结，也是他长期思考中国科学发展道路的思想结晶。他的报告及时地帮助和启发了我们第四届基金委在实施国家“科教兴国”战略中制定发展改革的思路。正是基于这种思路，我们提出了基金工作要为科学家创造良好的“源头创新”的环境、为广大科学家服务的目标；并在项目板块上增加了重大研究计划和非共识项目，促进学术思想碰撞和学科之间的交叉；进一步强调了人才板块的重要性并增设了创新群体等新举措，这些后来都得到了科学界的广泛认同。

2003 年国务院决定启动制订“国家中长期科学和技术发展规划”的战略研究。这是我国为应对世界科技日新月异的挑战和全面建设惠及十几亿人口的更高水平的小康社会所做出的一项重大决策。当时领导上让我担任基础研究专题第 14 专题组的组长。我深感责任重大，于是带着专题研究组的几个同志再次向光召同志求教。他热情地接待了我们，并阐述了他的一些重要的思想观点。他鲜明地指出：规划中第一位的，是基础科学的战略定位。一定要把它放得高一点！中国要在经济和科技还比较落后的情况下实现超越式的发展，为全面实现小康社会的建设目标，基础科学应该走在前面。他又进一步指出基础科学研究的过程，就是了解真相、探寻规律、追求真理的过程。但我国从古以来就缺少一种怀疑和探索的精神，在科学技术方面过于实用化，不是为了了解真理而献身，结果中国古代有很多很好的发明，因为不能追根究底，而往往止步于应用，现代化的、系统的科学理论体系，始终没有在中国发展起来。这是中国落后的一个很重要的层面。现在，如果我们还是只讲实用，不先将基础科学搞上去，那么要实现超越式的发展恐怕是很难的！在谈到科学的驱动力的问题时，他又向我们指出，人们最初考虑的，肯定都是吃饭问题，实用驱动肯定是对的。但是，只有一个驱动，就不会平衡地发展，要能够超越生活，思考科学问题，这需要精神、文化层面的引导与影响。把这个问题搞透了，科学发展的驱动力的问题就清楚了。我们的科研人员，要有一种为探索真理而献身的精神，这种精神不是“发一篇论文给多少钱”的激励可以培养出来的。在中国，的确有少数科研人员是有献身精神的，但是并未形成风气。战国时代我们有很多思想家，但后来却没有了，只能把他们的话翻来覆去地“说明”，这显然是缺少一种质疑权威和追根究底的精神。接着他又和我们讨论基础研究的战略目标、学科布局和学科前沿等问题。对于基础研究的目标，他说主要是培养出人来，这些人今后大多数并不做基础研究而要从事其他的工作，但是有了基础科学的训练以后，他们可以更好地适应迅速地变化着的技术。今天的科学成果，10～15 年后也许就变成了技术，如果你现在只是学技术，那么十几年后，很可能就落后了。所以基础研究，应该成为超前培养未来人才的一个主要方面，要让他们的眼界开阔一点，能接受跨学科的东西。关于学科布局，他说学科的协调发展问题，实际上是一个资源分配的大致比例问题。有些“冷”的东西，还是要有一些人坚持下去。一窝蜂地追“重点”，那是水平低的表现。比例关系大体把握好了，再稳定一段时间，局面就会好起来。所以在基础研究和战略性研究之间，应该有一个适度的比例。一般说来，肯定是后者大于前者，但前者究竟占多少，比如 10%？要有个说法。要了解一下其他国家在不同的发展阶段这个比例是多少。那一天，他花了近两个小时的宝贵时间和我们讨论。他对工作非常投入，谈话一结束，未等我们走出门，他就直奔电脑，开始了他自己的工作，这也是在以“身教”的方式，告诉我们应该怎样搞基础科学。光召同志的一席话，启迪了我们如何理清基础科学战略研究的思路，帮助我们确定研究的框架。后来，经过大家的一年多的努力，我们14专题组提出了基础研究是“高新技术发展的重要源头，培育创新人才的摇篮，实现可持续发展的基本保障，建设先进文化的重要基础”的战略定位，和“求真探源，厚积薄发，人才优先，投入超前，全面布局，协调发展”的指导思想，以及实施“学科发展推动与任务需求牵引”的“双力”驱动战略以及超前发展、开放合作等3大发展战略等，得到了规划领导小组的充分肯定，顺利地完成了任务。这不能不归功于光召同志和光亚老师等科学大家的悉心指导。

光召同志从一位杰出的理论物理学家、“两弹元勋”走上领导岗位，虽然职位不断上升，从中科院院长、中国科协主席一直到全国人大常委会副委员长，但他始终保持了一个科学大师的品格。他热爱祖国、献身科学、谦虚好学、追求真理、实事求是、朴实真诚。不管在哪一个岗位上，他都始终惦念着国家基础科学的发展和繁荣，思考着国家发展的战略目标、发展的道路和政策环境。所以无论大到国家规划或小到一个领域的课题研究，他都能提出前瞻性的、卓有远见的见解。光召同志不愧是我国科学技术界的一位杰出的领路人！

中国科学院农业科技“黄淮海战役”的决策人——光召同志

李振声*

我于1987～1992年在中科院协助光召同志管理生物局与农业项目办公室，参加了中科院农业科技“黄淮海战役”的工作。农业科技“黄淮海战役”这个名字是1988年2月22日《人民日报》在头版头条的报道中提出的，报道的题目是“中科院决定投入精兵强将打翻身仗——农业科技‘黄淮海战役’将揭序幕”。这篇报道的由来是，1988年1月15～18日，在北京由周光召院长主持召开了“黄淮海平原中低产地区综合治理开发工作会议”，决定组织中科院25个研究所的400多名科技人员深入黄淮海地区的主要省份——山东、河南、河北和安徽4省与地方政府及有关农业科技部门、单位合作，开展大面积中低产田治理工作。这同时也是科技人员下乡前的一次动员大会。《人民日报》等新闻单位参加了这次会议，会后记者又对光召同志和我进行了专访，随后写了这篇报道。在大标题的下边，还以摘要的形式写了这样一段话：“今年起用5～8年

* 中国科学院院士，曾任中国科学院副院长

时间与地方联合承包综合治理低产田，生产水平将有大幅度提高，粮食年总产可增加 50 亿公斤。”这篇报道，当时产生了轰动效应，对以中低产田治理为突破口，打破全国粮食生产 3 年徘徊的局面，产生了引导和带动作用。

中科院这项前所未有的重大行动的决策人，就是院长周光召同志。我和当时的农业项目办公室刘安国等同志是具体的执行者。

饮水不忘掘井人。当时中科院能组织农业科技“黄淮海战役”，它的工作基础是中科院的老领导和老专家打下的。南京土壤所建所 50 周年的报告说：“60 年代初，中国科学院在竺可桢副院长的领导下，组织了以著名土壤学家熊毅教授为首的多学科科技队伍，针对华北地区次生盐渍化严重问题，奔赴生产第一线进行治盐治碱。位于黄河北岸的盐碱窝——河南省封丘县作为中国科学院的一个主要试验示范区，组织了中国科学院南京土壤所、植物所、遗传所、微生物所、上海植生所等，开辟了多个基点，从水利、农学、生物等方面研究治盐治碱的技术与方法。由我所刘文政负责的盛水源基点，在熊毅教授的指导下，采用“井灌井排”技术取得了治盐治碱的显著效果。原国家科委副主任范长江在总结了封丘的研究成果后，决定在河南省封丘县和山东省禹城县各建立 10 万亩以“井灌井排”为核心的盐碱土综合治理试验区，开创了华北平原利用“井灌井排”技术改良盐碱地的新局面。这些研究成果为 80 年代黄淮海平原的综合治理与开发提供了宝贵经验。”没有过去 20 年的科研成果积累，我们就不可能有当时的农业科技“黄淮海战役”。

自 1988 年启动中科院农业科技“黄淮海战役”，到现在，又是 20 年过去了。回顾这前后两个 20 年的历程，我们真是感慨万千！如果作为经验来总结，我们又能从中吸取一些什么有益的历史经验或教训，用以指导我们当前的工作呢？

很显然，前20年的经验，就是要有远见，也就是我们今天所说的“前瞻性”，要有超前的部署和实实在在的科研工作，才能逐步形成雄厚的科学积累；后20年的经验，就是要抓住能使我们的科学积累发挥作用的机遇，在国家最急需的时候，组织力量进入主战场，为国家分忧解困，做出卓有成效的贡献。光召同志以极大的决心做出决定，鼎力支持这项工作，才形成了全院上下齐心协力、真抓实干、生动活泼的局面，获得了群众、政府都满意的效果。

在我们的科技人员进入黄淮海农业主战场，实战3个月之后，1988年5月23～25日，国务院秘书长陈俊生同志亲临山东中科院禹城试验站和“一片三洼”实验区进行视察。视察后他说：“你们创造了科研与生产相结合的典范，为黄淮海中低产田改造和荒洼地开发治理提供了科技与生产相结合的宝贵经验。”禹城站程维新同志还记得当时我与秘书长的一段对话：我问：“秘书长，你看了‘一片三洼’后觉得怎么样？”他说：“我看的比你讲的好。”我说：“有你这句话，那我就放心了。”

陈俊生秘书长回到北京后，给中央写了一份报告，总结了禹城的4点成功经验，其中之一就是科技投入是关键。“大家看到，来自兰州、南京、北京的中国科学院治理沙荒、涝洼、盐碱地的科技人员，在荒郊野外的沙滩上、鱼池旁、盐碱窝建房为家，辛苦工作，无不令人感叹敬佩。”这就是后来大家所说的“黄淮海精神”！

紧接着，6月17～18日，李鹏总理、陈俊生秘书长和国务院11个部委的领导到禹城试验区视察。光召院长、启恒副院长在禹城接待视察。在李鹏总理看了沙河洼粮丰林茂的情景后，挥笔题词“沙漠变绿洲，科技夺丰收”。为禹城试验站的题词是“治碱、治沙、治涝，为发展农业生产做出新贡献”。最后，李鹏总理在总结大会上说：“这里取得的成绩，对整个黄淮海平原开发，乃至对全国农业的发展都提供了有益的经验。”

9月3日，国务院成立国家土地开发建设基金管理领导小组（后更名为农业综合开发领导小组），启动了全国中低产田治理计划。到1993年，全国粮食总产从5年前的8000亿斤增长到9000亿斤。在增长的1000亿斤粮食中，黄淮海地区占504.8亿斤。与原来我们预测的黄淮海地区的增产潜力（500亿斤），十分吻合。

1988年7月27日国务院做出了“关于表彰奖励参加黄淮海平原农业开发实验的科技人员的决定”，中科院21位同志分获一级、二级和荣誉奖，这对几十年在黄淮海地区艰苦奋斗、无私奉献的老同志无疑是极大的鼓舞，同时也为青年农业科技工作者树立了学习的榜样。

现在，新一代的接班人已经成长起来，继承了“黄淮海精神”，做出了新的成绩和贡献。光召对这一代年轻同志，仍十分关心，给以厚爱！2007年周光召基金会设立了周光召农业科技奖，对坚持在农业第一线工作10年以上、为发展农业生产做出优异成绩的科技人员，进行了奖励。获奖的7位同志包括：中科院3位——山东禹城试区欧阳竹、河南封丘试区张佳宝、陕西安塞试区刘国彬；中国农科院两位——河南洛阳试区蔡典雄、湖南祁阳试区徐明岗；中国农大两位——河北曲州试区郝晋民、河北吴桥试区王璞，奖金每人25万元，金质奖章（重1千克）一枚。这项奖励不仅获奖人受到极大的鼓励，而且在社会上也产生了很大的反响，为“黄淮海精神”代代相传又树立了新的榜样。

光召同志是享誉国际的物理学家，我国的“两弹元勋”，但他的贡献已远远超过了他的专业范畴，他想国家之所想，急国家之所急，为我国科技事业的全面发展，包括农业科技的发展做出了巨大贡献！我受中科院在农业科技第一线工作同志的委托，向光召同志表示由衷的感谢，祝他健康长寿！

感悟周光召先生对我国科学基金制的关心和支持

汲培文*

周先生是一名享誉国际物理学界的著名学者、科学家、两弹元勋，他爱国奉献、淡泊名利，品德高尚、成就卓著，为推动物理学的发展做出了卓越的贡献。

周先生的学术思想、学术成就、科学精神以及他的战略眼光、远见卓识，作为一名晚辈，我是没有资格、没有能力、也没有水准能进行阐述的。对周先生我一直是在仰视、在学习、研究和理解。

一

周先生作为中国物理界的著名代表，不但在粒子物理、核物理、凝聚态和统计物理、中子物理、爆炸力学、计算物理等许多领域做出了重要贡献，对推动、领导、规划中国科学的发展、特别是科学研究体制的改革与

* 国家自然科学基金委数理科学部常务副主任

发展做出了卓越贡献。他特别支持、关心中国科学基金制的建立和发展，关心和支持国家自然科学基金委员会的发展。

1986年2月14日，国务院发文决定成立国家自然科学基金委员会，暂挂靠在中科院，与国家教育委员会、中科院密切联系，独立开展工作，并充分发挥科学家、专家在管理中的作用。

中科院给国家自然科学基金委员会的组建工作提供了力所能及的支持，中科院基金局人员整建制地转入国家自然科学基金委员会，为国家自然科学基金委员会的成立从组织、干部、原则、方针等方面做了充分准备。当时周光召先生任中科院副院长，他亲自为我们基金局的同志送行，勉励、要求和鼓励大家到基金委工作后要继续发扬在基金局工作的精神，站在全国的角度思考问题、开展工作，并表示：支持国家科学基金会所需的人员和工作条件，是中科院应尽的义务。

周先生不但从人员、条件等物质方面关心支持科学基金事业的发展，而且对科学基金制的内涵、精神一直给予关注和提升。他对科学基金制给予高度评价：不断呼吁给科学基金增加经费；希望在其他科学管理方面实行以专家同行评议为主体的科学基金制。他在一些重要场合和重要文章中关于基础研究发展、学科发展、人才培养，关于科学精神、科学发展、科学评审方式、评审体制、评审机制的论述和思想，无不成为科学基金发展的主体。可以说，他的这些论述、观念和思想，为科学基金制的健康发展奠定了重要的基础。科学基金“依靠专家、发扬民主、择优支持、公正合理”的评审原则和“尊重科学、发扬民主、提倡竞争、促进合作、激励创新、引领未来”的工作方针是周先生一直倡导的思想的一种体现。

2006年，时值国家自然科学基金委员会成立20周年，周先生亲自撰文给予评价：①通过改革开放，在经济快速发展和社会不断进步的环境下，科学基金才能获得如此快速的发展！仅从资助的经费来看，1982 年初创时的基金总额是 3000 万元，到 2005 年这个数字已增长到 27 亿元，24 年中增长了 90 倍！在某种意义上讲，科学基金是一个国家科学事业发展的标尺之一。因此，从科学基金角度也折射出，改革开放以来，我国科技事业的快速进步和整个经济社会的巨大发展。②经验证明，科学基金这种制度设计，是适合科学发展规律的。科学的原始创新活动必须在宽松的百家争鸣的学术环境下，尊重科学家的好奇心、自由选题和自主创新的积极性，广泛开展学术争论和学科交叉，通过公正、公平和公开的良性竞争，建立专家库和组织同行评议，加强团队协作才能实现。科学基金制的核心价值理念就在于此。因此，它是促进科学发展的有活力、有生命力的长效机制。当前，我国发展科学的环境还有许多不尽如人意的地方，科学基金的这种机制将发挥越来越大的作用。③一个国家科学事业的发展，要依靠科学家的智慧与政府领导人的战略眼光的有效结合，我国基金制的诞生就是个明证。

二

周先生不但关心国家自然科学基金的发展，同样也关心理论物理的发展，我想从两方面做一简要说明。

关心理论物理专款的建立发展

根据理论物理学家的建议，基金委数理学部于 1992 年 9 月 9 日向委领导提交了报告，申请增加资助理论物理学科的研究经费。在报告中汇报了我国理论物理的研究情况，请求基金委拨专款资助理论物理研究，并将中科院理论物理所提供的材料“理论物理学科发展急需解决的一些问题”作为报告的附件。基金委于1993年2月11日在张存浩主任主持的1993年度第4次委务会议上研究了加强理论物理学科支持的问题。委务会认为“理论物理是要的基础研究，科学基金是其研究经费的重要来源，我国理论物理学科队伍强，工作也不错，又有获得诺贝尔奖的华裔科学家的关心支持，加强支持是必要的，同意自1993年始（暂定3年）增拨100万元设立理论物理‘专款’。同时建立理论物理专款学术领导小组，以加强对这项专款的管理。”

1993年2月26日，召开了第一届理论物理专款学术领导小组成立暨第一次全体会议。彭桓武先生任第一届学术领导小组组长，于敏先生和何祚庥先生任副组长，成员有胡济民先生、苏肇冰先生等知名学者和教授。国家基金委张存浩主任、陈佳洱副主任和时任中科院院长的周光召先生等领导同志亲自参加学术领导小组的成立会议，对推动理论物理发展的举措表示了感谢。

理论物理专款自设立以来，在学术领导小组的统筹下、在理论物理界的努力下，特别是周先生的关心、支持下，取得了显著成效：

支持对国民经济、国家安全和技术发展在战略上有重要决策意义的理论物理课题，针对国民经济和高科技领域提出的重要问题，从理论物理的角度做软科学的研究，对技术路线的战略性决策以及技术途径的可行性提供理论依据；

支持具有原始创新性的理论物理课题；

支持有利于培养具有创新思想的优秀青年人才的课题；

独立或联合（和教育部、中科院）举办各种类型的讲习班，聘请国内外优秀的科学家，系统讲授有关主要课程，介绍理论物理各前沿领域的最新进展和理论方法，使广大青年研究工作者和研究生能更快地进入该领域。

在2004年举行理论物理专款纪念学术报告会上，周先生就理论物理的发展做了重要演讲。他指出理论物理发展的几个重要的条件：第一，要有青年理论物理学家队伍；第二，要有真正学术争论的环境，理论物理学家要毫无保留地交换意见，才有创新性的科学行为；第三，国际国内理论物理学需要有一些帅才，需要有一些能够做出带领某个方向的理论物理队伍，要允许有各种风格的理论物理学家、青年科学家，并讲了爱因斯坦、泡利、海森伯等的故事。

关心理论物理重大研究计划的实施

2001年启动重大研究计划《理论物理及其交叉前沿科学问题》。当时“攀登计划”结束没能进入“973”计划，也未能进入基金委重大研究计划试点。苏肇冰、黄涛、夏建白先生等很着急，与我们共同商量如何努力推动这项工作。在这一重要时刻周先生发挥了其影响，呼吁基金委应支持推动这方面的工作。在多方面的努力下，《理论物理及其交叉前沿科学问题》在基金委首批试点重大研究计划中得以支持。这个项目的启动，其意义不仅在于通过基金委的支持，而是表明国家层面重视理论物理的研究和发展，树起了旗帜，稳定了人心，保持了队伍。

理论物理专款和理论物理重大研究计划的实施，为我国理论物理的发展起了重要和关键作用，周先生的作用和贡献是巨大的，功不可没。正是由于理论物理专款发挥的重要作用，从2009年起我委决定将理论物理专款经费由300万元增加到800万元。希望大家在研讨周先生学术思想的过程中能凝练、感悟到更深层次的精神，以进一步引导和帮助理论物理专款的发展和效能的发挥。

三

周先生对中国科技体制发展做出的贡献，不仅体现在机制、方式、方法和经费方面，他所倡导的理念、思想更起到了启迪、开拓、解放我们思想观念的作用。他给科学基金、理论物理赋予的是一种精神——创新精神；赋予的是一种使命——为国家战略需求服务；赋予的是一种意志、一种理念。

周先生和蔼可亲、平易近人，他热爱科学、献身科学、严谨治学的精神时刻感动着我们、教育着我们、启迪着我们。在周先生身上体现的中华民族历代科学巨匠的治学精神和风范，他的学术修养、个人魅力、渊博知识和崇高的境界堪称科学界楷模。

周先生作为一名科学家，一位科学界的组织者、领导者，以他博大的胸怀关心促进着科学的发展。他作为中国科技界的杰出代表，其学术贡献、思想、理念无不影响、激励着我们一代又一代年轻学者的成长。现在科技界正在广泛讨论如何改善我们的学术评价体系，而不是简单地看文章、看引用。我曾经在一个理论物理发展研讨会上说过，评价中国理论物理的发展，其中的一个重要指标是看我们什么时候再出彭桓武、周光召式的人物。

我们在周先生 80 华诞之际举行周先生学术思想与科学精神研讨会，一方面表达对先生的敬仰之情，另一方面是要学习、继承发扬这种精神，以周先生为楷模，共同努力，为推动中国物理学和科学的发展做出新的努力和贡献。

周光召同志与“973”计划

林　泉*　张先恩**　彭以祺　刘燕美　郭　哲

周光召同志是享誉国际的理论物理学家、我国两弹功勋科学家为中国科学事业的发展做出了杰出贡献。光召同志不仅是一位长期活跃在科学前沿的科学家，还是我国基础研究工作的卓越领导者。1997 年 6 月，国家正式启动国家重点基础研究发展计划（“973”计划），并于次年成立专家顾问组，以加强计划的组织实施和顶层设计。光召同志领衔担任顾问组组长的 10 多年间，始终以一位战略科学家的视野，敏锐注视着世界科学前沿发展态势，从国家长远利益出发，先后提出了一系列具有远见的战略思想，更加系统地形成了他关于基础研究发展的思想体系。

基于对基础科学自身发展规律的深邃洞察，光召同志把充分发挥科学家的创造性作为基础研究突破的重要前提，使得基础研究在战略政策制定、计划实施等方面始终体现了以人为本、尊重人才、尊重创造的理念；基于对基础研究在人类文明进步中的重要作用及中国独特国情的深刻理

* 曾任科技部秘书长、党组成员

** 科技部基础研究司司长

解，光召同志鲜明地指出，破解中国经济社会发展中的难题，必须发挥基础研究特别是战略性基础研究的独特作用；这一作用发挥的主体，是富有成效工作着的中国科学家集体。对于至关重要的动力问题，光召同志创造性地提出了“双驱动”的战略思想，即基础研究既要依赖科学家在探索自然现象和规律方面的好奇心，又要基于他们对国家和人民的高度责任感和历史使命感，而且后者常常更为重要，这一见解为实现科学探索与国家目标的高度统一提供了坚实的思想理论基础；基于对国家创新体系建设的全面把握和丰富的大科学工程管理经验，光召同志以统揽全局的战略眼光，强调要高度重视基础研究的体制和机制设计，统筹资源，处理好重大和基础的关系，发挥“973”计划的平台作用，把全国的优势基础研究力量凝聚起来，把产学研力量结合起来，打破部门、行业界限，增强国家不同科技计划间的协调，围绕国家目标，协同攻关；作为一位长期从事前沿探索的科学家，光召同志深谙科学精神的养成和优越创新环境的营造对基础研究健康发展的重要性，针对基础研究发展的科学评价、学风建设、人才培养等重大问题，光召同志都有深刻的分析和系统的见解。更加可贵并为我们深深敬佩的是，对以上所有思想，光召同志总是率先垂范，不懈推动，以对国家和人民高度负责的精神，践行着“求真”、“唯实”的科学精神，以强大的感召力为我们树立了光辉典范……光召同志的这一系列战略思想连同他的榜样作用，不仅为“973”计划的成功实践提供了有力地指导，更为我国基础科学事业的繁荣发展提供了丰富的理论和方法源泉。

我们多年跟随光召同志工作，深受教诲和影响。在基础科学日新月异、快速发展的今天，我们重温光召同志这一思想体系，仍深刻感受到蕴藏其中的历久弥新的智慧之光，深刻感受到光召同志对国家和人民矢志不渝的热爱、忠诚和执着。

一、立足科学前沿，面向国家需求大力发展战略性基础研究

20 世纪 90 年代中后期，我国经济社会在快速发展的同时，能源、资源、生态环境等瓶颈性制约日益显现。面临日趋激烈的国际竞争，自主创新能力薄弱，特别是原始性创新匮乏，以及建立在引进技术和跟踪模仿基础上的产业发展模式，成为制约我国经济结构战略性调整和国家整体竞争力提升的突出问题。经济、科技全球化的加快，无疑为我们在更高的水平上充分借鉴发达国家的经验，加快创新，谋求发展提供了重要机遇。但作为最大的发展中国家，解决中国发展中的这些重大问题，既无现成模式可以借鉴，也不可能依赖国外的力量。加强原始性创新能力，为经济社会发展提供有力支撑，给中国科技界特别是基础科学领域的科技工作者提出了重大历史任务。

然而，当时我国基础研究面临着相当多的困境：国内从事基础研究的老一辈科学家逐渐离开科研一线，稳定发展的优秀基础研究人才队伍尚未形成，基础研究经费严重不足，科研体制中基础研究与应用严重脱节等。针对我国基础研究的现状和未来的发展，光召同志和一批科学家进行了深入的研究和思考，前瞻性地提出了面向新世纪加强我国基础研究工作的重大新课题，为中央做出启动“973”计划的战略部署奠定了基础。

——“973”计划要在促进基础研究密切联系国家需求方面树立导向。光召同志从国家长远竞争力提高的战略高度，深刻阐明了新时期基础研究肩负的历史任务。他指出，对中国这样的发展中大国，在相对落后、国际竞争力还不强的情况下，面临人口、资源、环境等多方面的问题，需要鼓

励科学家从国家深层发展需要出发，为了提高国家的生存能力和竞争能力选择课题。他强调推动中国基础研究的发展，要发挥科学家的好奇心驱动和责任心驱动两大动力。“973”计划体现了国家对科学家的充分信任，是科学家能够为国家做出重大贡献的平台。光召同志对“973”计划的实施寄予厚望，殷切鼓励科学家针对社会和产业的重大需求，解决经济发展的瓶颈问题，着力解决经济社会发展中的关键科学问题，通过基础研究为未来中国经济社会发展提供动力和储备，走出具有中国特色的科技发展道路。

——体现重大和基础要成为“973”计划的鲜明特色。光召同志多次强调，“973”计划应坚持重大（国家目标）和基础（科学前沿）的结合，要把是否属于国民经济和社会发展中的重大问题，能否形成未来重大新技术的科学基础，是否属于基础研究，能否体现学科前沿发展趋势或在国际科学前沿占有一席之地作为“973”计划立项的关键指标和重要依据。光召同志所倡导的重大和基础的结合，确保了“973”计划在立项之初就始终围绕学科前沿和国家需求，从而调动了基础研究领域的科学家服务于国家战略目标的积极性和主动性。实践证明，通过一批批“973”计划项目的部署和实施，促进了我国高校和科研单位之间的强强联合，推动了科技界和产业界的大力协作，增强了学科的交叉和融合，加速了大批关键科学问题的解决，从而为我国农业、能源、信息、材料、生物、制造和环境技术的创新和产业化提供了源源不断的知识源泉。

二、基础研究应注重与创新链下游的有机结合和互动

作为科学巨匠光召同志，不仅具有深厚理论修养，更具有对经济、科

技和社会发展的相互作用进行系统认识和准确判断的广阔视野。他多次强调，现代社会的创新模式不再是线性的，它应是能把侧重学习、创造、创新和需求的学校、研究单位、企业和市场紧密联系在一起，以形成多方参与并互动的网络体系。基于这一重要战略判断，光召同志在促进“973”计划的学科交叉，发挥企业开展基础研究的积极性，促进“973”计划与其他科技计划的衔接等方面进行了辛勤而卓越的工作，为我国的国家创新体系建设做出了重要贡献。

——促进学科在综合交叉中创新。基于对国际学科发展和创新前沿的深刻洞察，光召同志敏锐而具有先见地指出，促进学科交叉和渗透已经成为当今基础研究取得重要进展的必要条件。面对越来越复杂的系统，也需要多学科的综合研究。2002 年，光召同志主持专家顾问组会议，研究设立综合交叉领域的可行性并首先围绕物理与生命科学的交叉开始试行。综合交叉领域的设置，推动了我国战略性、探索性综合交叉项目的研究，也进一步促进了数学、自然科学、工程技术科学、社会人文科学之间的综合交叉，由此体现出新条件下引领科学发展的重要国家需求，在“973”计划的发展历史上留下了浓重的一笔。

——充分调动企业开展基础研究的积极性。光召同志指出，加强基础研究与产业界的结合是重要的发展方向。产业界希望提高核心技术竞争力，但自身的研发力量薄弱。没有基础研究，就不可能有原始创新的核心技术。同时，基础研究如果不了解国家和产业的需求，就不知道应该发展什么样的技术。“973”计划应该更多地为产业主战场做贡献，多吸收企业参加“973”计划项目，以便为企业培养研发力量，尽快将研究成果用于产业发展，并促成企业成为技术研发的主力军。他的这一思想鼓励了相当一批在企业工作过并有组织重大项目经验的科技专家担任“973”计划项目的首席科学家，为了有更大的力度，他还有意识地促进部分做出过重大和创造性贡献的科技专家直接进入“973”计划顾问组发挥作用。

——加强“973”计划与“863”计划、支撑计划等的衔接。光召同志以整体的眼光，从经济科技发展的深层次结合的高度，深刻阐明了加强“973”计划与国家其他科技计划联系的重要意义。他明确指出，不仅要强调产学研结合，还应该包括金融和政府部门的广泛合作，要努力把相关各方面的力量通过网络联结起来，使得互相之间能够迅速了解，有利于互相协作、相互促进。“973”、“863”和支撑计划、国家自然科学基金各有侧重，很多成功的项目都是这些方面先后支持、共同促进而产生的结果。在人才培养、成果转移和规划制定等方面要更加有效地加强协调，共同促进我国科学技术的发展，促进经济和社会的全面进步。这里面凝聚着光召同志的心力与智慧。

——加强“973”计划内部的协同。针对部分项目立项之后就开始分道扬镳，各行其是的问题，光召同志指出，项目必须是一个有机的整体，由首席科学家统一领导负责，集中精力和资源完成项目的任务。提倡协作和强强联合，提倡团队精神，但不能仅为争取项目经费而达成联合。他把项目首席科学家形象地比作多种部门联合作战的指挥官，要有战略考虑，要带领一支大的部队，选择打击的方向和突破口，组织各种不同部队从不同的方向开展进攻，协同作战。不要用强制的办法勉强一部分科学家和另外一部分科学家协作，在某些条件许可的情况下，允许他们分开，开展竞争，在竞争中择优；在更多情况下，要提倡优势力量互补，鼓励协作；对于一些特殊的情况，或者是一些个性很强、创造力也很强的科学家，要尊重他们的选择，对于他们独特见解的发挥，要注意留有存在和发展的空间。

三、建立以自主创新为导向的科学评价体系

光召同志十分重视科学评价问题，尤其是基础研究成果的评价。针对我国科技界一度出现的盲目追求被收录论文数，期刊影响因子被不适当地用于跨学科的比较等现象，光召同志多次疾呼，要避免评价体系的急功近利，要提倡十年磨一剑的精神，要引导科学家从事更具有长远影响和有重大科学意义的工作。他强调把原始性创新能力作为评价的重要指标，评价成果要紧紧扣住解决相关科学问题的深度以及由此可能产生的实际贡献和社会效益，在这个意义下，高质量的论文仅仅是某一重大科学问题解决深度的表现和反映，他还强调，在论文评价中，应更加注重科研论文的生命周期。

光召同志指出，学术评价要通过充分的学术争论达到认识上的一致。应不断完善评价体系，使得最有创造性的想法能够得到及时的支持。交叉学科中间最有可能产生突破性发现和创新。评价体系要促进交叉学科研究的发展，使科技界自觉地把其作为追求创新探索的一个指导思想或行动。他经常勉励科学工作者要善于学习和鉴别，掌握前人发展的全部关键知识，同时又能做到不盲从，站在巨人的肩膀上，抓住机遇，实现突破。光召同志倡导的评价原则，深刻地影响着中国的科技界，有力地保证了我国基础研究的健康发展。

四、基础研究要成为培养和造就优秀创新人才的摇篮

光召同志高度重视对人才特别是年轻人才的培养，充分体现了他远见卓识的眼光。面对国家基础科学人才匮乏的状况，光召同志突出强调要大力培养高层次青年科技人才，尤其应重视稳定基础研究队伍。他多次强调创新要以人为本，要由掌握知识和富于创造性的人来实现。建设创新型国家，就必须造就一大批掌握现代科技和人文知识、又富有创造性的各类专家、熟练工人和领导干部，形成有战略指导，有远景激励，凝聚力和创造力强的创新团队，在学科交叉、学术交流、自由争鸣、思想活跃的创新环境中团结奋斗。光召同志的人才观，不仅对于基础研究人才的全面发展，而且对于我国科技人才队伍建设，都产生了重大深远的影响。

针对科研工作中存在的热衷跟踪和模仿现象，光召同志一针见血地指出，缺乏自信又急于求成的心态是制约创造性的重大障碍之一。善于学习和高度自信是富于创造力人才的重要品质。要大力培养人才的创造性思维，增强他们迅速发现问题，指明探索方向的敏感性；多方吸收有用知识，提供多种解决方案的开拓性；不墨守成规，发展与常人完全不同的认识问题和处理问题的灵活性；提出新颖独特解决方案的原创性。这些重要观点与见地已经成为我们发现人才和培养人才的重要方针。

爱护人才，奖掖后进，促进大批年轻人才的成长，一直是光召同志孜孜以求的目标。针对项目评价体系对一些年轻人提出的创新性项目常常很难得到共识的情况，光召同志总是鼓励他们再接再厉，并为他们出谋划策，为中青年优秀人才开拓视野、开展高水平研究工作和提高组织协调能

力创造条件。他时常勉励青年人才，取得重大发现的路途不会一帆风顺，中间会出现挫折和失败。进入新领域的青年科学家必须充满自信，不要急于求成；要不畏艰险、不怕失败、不怕嘲笑，以坚定不移的努力去实现认定的目标。青年科研人员不但要敢于争论，而且更要善于合作，集聚创新团队和创新网络，发挥团队精神去承担重大科研项目，以集体智慧去攻克难关、实现超越。

十多年来，在“973”计划平台上，凝聚和成长起一批又一批优秀中青年人才，他们不仅在科学素质和创新能力方面得到全面提高，而且在战略思维和把握学术方向的能力上不断增强，逐渐成长为活跃在各自学科领域的将才帅才，在引领经济社会发展的科技创新活动中发挥了重要作用，这些中青年人才的成长与光召同志的辛勤耕耘密不可分。

五、遵循科研规律，瞄准国家需求，统筹基础研究资源配置

面对大科学和小科学的争论，光召同志指出，大、小科学之间没有截然的界限，在一定条件下，它们会互相转化。基础研究面对未知的领域，如同作战一样，需要知己知彼。面上广泛探索的小科学对新兴的、快速发展的科学领域常常会起到重要的开路作用。当一个科学领域达到一定的成熟度以后，就会出现若干具有重大科学意义或应用价值的目标和方向，需要大规模的投资和大批科学家的参与方能完成。在不同的经济和科技发展阶段，国家应根据具体国力和战略需求，按照有所为、有所不为的原则，有选择地安排适量的大科学项目。应特别注意面上各领域大量小科学项目的安排和布局，不能顾此失彼，要相对稳定地保持二者恰当的比例，促使

二者都以创新的精神，围绕重大科学问题和国家战略需求开展工作，成为互补的关系，共同做出原创性的突破。

六、大力弘扬科学精神

对科学事业半个世纪不懈求索和反思，使光召同志对科学精神内涵有着更为深刻的理解。他把“求真”、“唯实”，即“追求真理、实事求是”作为科学精神中两个最根本的方面，强调科学精神就是唯物主义精神。他学风严谨，其科学精神和高尚境界令人折服，为学界树立了典范。

在“973”计划的历次总结会上，光召同志总是强调以科学精神为标准不断寻找“973”计划的弱点和问题，在解决问题中对“973”计划的工作进行优化和完善。他多次强调“973”计划应有更大的力度纠正学术上的不正之风，倡导科技界应革除陋习，不急于求成，不为名利所惑，不盲从潮流，不迷信权威，放下包袱，解除一切思想上的束缚，定下心来，求真唯实，艰苦奋斗，把自身的创造力充分发挥出来，群策群力，使中国科学成为世界科学发展的一支重要力量，使中国科学家在中国土地上对人类做出更大贡献。

光阴荏苒，光召同志担纲领导“973”计划专家顾问组工作已10年有余。作为一位顶尖的理论物理学家，他以丰硕的创新成就为科技进步和国家发展创建了杰出功勋；作为一位有影响力并深受尊重的政策制定者和领导人，他以强烈的历史责任感和充满智慧的工作，推动了国家基础研究和科技事业的健康发展，在科技界和人民心中树立了一座不朽的丰碑。虽已进入耄耋之年，光召同志仍以极大的热情关注着基础研究事业的发展。他对基础科学前沿的敏锐洞察和睿智判断，心系国家和人民福祉的爱国情怀，科学求真的态度，关爱扶植后进的用心和淡泊名利的胸襟，使我们得益匪浅，深受鼓舞。光召同志对“973”计划和国家科技事业的贡献，将永载史册，激励着一代代科技工作者为了国家的繁荣昌盛和人民幸福，奋力创新前行。

在成文的过程中，得到了张延东、张峰和闫金定的大力协助，谨此致谢！

周光召的科技战略思路

王玉民*

“两弹元勋”周光召院士，既是享誉世界的著名理论物理学家，也是难得的科技战略家。他自 1984 年任中科院副院长、1987 年任中科院院长期间，创造性地引领中科院经历科技体制改革的成功实践，充分显示了他科技战略决断才能与应急调控的超常魄力。周光召在他担负中科院领导期间做出的重大贡献，特别体现在明晰科技发展的战略方向、透析科技发展战略性问题、选择科技发展战略方针以及创新发展模式上，做出了开创性、引导性的业绩。

一、明晰中科院的价值导向

明晰中科院科技价值导向的难点。正确明晰中科院的价值导向是思考中科院发展战略的前提。明晰中科院价值导向的难点在于，如何处理多重利益主体的价值矛盾，如何以科技社会整体观扭转侧重科技价值推动力而

* 曾任中国科学院副秘书长、中国科学院科技政策局局长

忽视社会拉动力观念的思想偏差，如何将科学的春天所焕发出来的科技工作者的爱国情怀引导到国家战略转移的新方向上去。这是科技发展战略方向选择中的最主要矛盾。早在1979年中央就提出了以经济建设为战略中心的战略性转移，1982年进一步提出“经济建设必须依靠科学技术，科学技术必须面向经济建设”的方针。这为中科院的发展提出了新的方向。正确处理此类矛盾，明晰科技价值方向，完全取决于战略决策者的价值观念、思想情怀与科学的思想方法。

周光召对科技价值观的升华。赴任之后的周光召院士，以科学家的系统思想与忧国忧民的情怀，立足科技与社会大系统的角度，始终强调要重视科学技术和整个社会的关系、中科院与社会整体的关系。认为关键是要站在国家的大局了解整个社会、经济，为什么办中科院、需要什么样的中科院，而不应站在中科院自身的角度分析中科院，更不应当以中科院编制的科学家视角认识中科院。脱离国家的大局、脱离整个社会、经济发展的需求认识中科院的发展问题，是有悖于社会发展而没有希望的。周光召院士还将其总结为中科院存在与发展的普遍规律。强调要依据这一基本规律，从社会需求明确中科院的应有社会价值，再依据应有的社会价值确定中科院的发展模式，依据中科院的发展模式解决科技自身所遇的问题。在战略发展过程中，中科院不应怨天尤人，而应从符合社会价值标准的角度优化自身功能，以奉献社会发展的成就取得社会的支持。要用中科院的发展业绩证明中科院的存在价值。他认为这就是中科院的价值观。中科院要牢固树立、大力弘扬这种价值观；坚持以正确的价值观抓好科技工作，服务社会经济发展。

周光召院士还进一步运用排比方式归纳了中科院的价值导向：中科院

不只是在编科学家的中科院，而是全国科学家的中科院，科技界的中科院，中科院一定要面向科技界开放；中科院不只是科研机构的中科院，而是人民的科学院，是国家的科学院，中科院不应当有自我利益与独立目标，应当以国家发展战略目标为方向，要站到国家发展战略的前沿；中科院不仅是我国的科学院，应当是国际科技合作竞争的组成部分，要以国际眼光参与国际科技发展的合作与竞争。

周光召科技价值观引领发展思路的转变。周光召院长所提出的中科院发展的价值导向，扭转了以往的以科技体系为基础、侧重科技价值论科技布局的思路，引申出中科院发展模式创新思路的 3 大转变：①从中科院的独立系统向国家大系统的系统观念转变，强化国家战略对科技发展的引导、制约地位；②从等待国家扶持到主动站到国家层面以国家战略意图审视中科院发展问题的转变，自觉进行中科院功能的优化，强化中科院的价值贡献；③从强调中科院在各路科技大军中的地位向面向科技教育实行开放的转变，主张打破部门界限，建立科技界的紧密联系，积极推动国家科技资源的交流、整合。同时，也为中科院打破封闭的科研方式，大力探索国际科技合作机制，逐步走向国际科技舞台打开了大门。

二、透析科技发展的战略性问题

依据价值导向选择发展模式是战略管理重点，其核心是选择发展路径，这需要把握其发展的战略性问题。所谓发展的战略性问题，除了发展战略方向、价值准则以及战略目标的科学、合理性等常规因素之外，最为重要而易于忽略的则是如何处理好发展方式与价值目标实现的必要关系。

解决的基础是透析阻碍发展的内在原因或根本障碍。周光召提出了思考科技发展问题的原则：依据整体的系统观，一要尊重科技发展的规律与趋势，二要立足我国发展现实与需求，三要从中科院自身的实际出发。

1. 基本趋势是科技经济网络化

科技经济价值链的网络化是基本趋势。在科技发展宏观层次上，科技发展的规律主要指科技发展的价值形态规律。特别是自 20 世纪 70 年代以来，科技革命引发了新的经济浪潮，显现出科学、技术向经济转化速度越来越快、科技与经济的连接越来越紧密、科学技术对经济发展的贡献日益占据主导地位的新趋势，并引导经济发展逐步从依赖资本、资源与劳力的传统工业经济模式向依托知识、人才与信息的创新发展模式转变。与此相应，创新发展宏观形态体系化，也被称为创新体系，其基础形式则为科技经济关系的网络化。对此，发展理论已经将科技经济的线性关系模型提升为网络化模型。构建网络化的科技经济链支撑创新体系建设，已被列入诸多发达国家的战略措施。

科技经济价值网络模式具有多样性。科技经济网络化的实现形式取决于国家的历史、文化、经济、政治等因素的发展水平与制约关系，因而是具体的、多样化的。采用科技全面领先策略、号称引领国际科技发展潮流的美国，20 世纪 70～80 年代，却因科技成果传播、扩散、转移不力，科技实力不能变成企业的市场竞争力而遭遇了市场竞争不敌日本的挑战。美国政府接受了重研究弱运用科技经济价值链模式的教训，在继续保持科技全面领先的同时，采取了重点强化技术转移与高新技术产业的扶持政策，实现了美国科技经济网络化发展，并以信息、网络、生物等高新技术产业的崛起，引领了新的产业革命，实现了美国 20 世纪 90 年代的再次超越。与美国不同，在 20 世纪 70～80 年代采取了重在技术传播、转化、运用策略的日本，建立了可将成果迅速转化为企业生产竞争能力的制度、文化以及官产学研结合的科技经济关系，形成侧重运用与市场竞争的日本式科技经济链模式，成就了日本借助美欧等技术实现产业崛起的梦想。但在美国等国家科技经济链网络化发展推动新技术变革的同时，日本却发生了经济泡沫化现象。究其失误原因之一就是日本的科学研究基础薄弱，科技原创成果过少。就此，日本在继续保持技术运用能力的同时，重点加强科学基础研究的措施，从而逐步完善日本的科技经济网络化结构。另外，即使同一个国家，其发展阶段不同，科技经济价值链的模式选择也处在不断调整变化过程中。如日本的科技经济链的选择，50 年代是贸易立国，60～70 年代是技术立国，80 年代末是科技立国，新世纪实行知识产权战略立国。显然，我国科技经济价值模式特色化是我国科技发展的最基本的战略性问题。

2. 我国科技经济价值模式特色化的选择

我国现实基础决定了经济主导的科技经济价值模式的选择。对于 20 世纪 80～90 年代我国科技经济发展所面临的巨大挑战，论述较多，周光召院士有过无数次的讲话。在后来的《国家中长期科学和技术发展规划纲要（2006—2020 年）》中，更为全面地回顾与总结了这个问题，在此就无需赘述了。有一个结论是十分显然的：我国科技经济发展的基础薄弱，差距巨大。总体而言，80～90 年代处于工业化初级阶段，我国还没有走出日本当时技术立国的阶段，某种程度上贸易立国的成分至今仍占据重要地位；与此相应，我国应当构建以经济发展为战略目标、重在传播、扩散与运用的科技布局与科技经济价值链模式。

时代趋势决定不能缺失科学的文化功能。在现代，科学的人才价值、文化价值以及潜在的技术经济价值越来越明显。科学作为精神动力与产业革命源头，已经成为第一生产力中不可或缺的重要组成部分。我国强调发挥科技第一生产力作用，自然不能缺失科学的因素。因而，在强调将经济主导、技术发展作为重点的同时，我国不能忽视科学的精神作用与远期经济价值。从我国的现实基础分析，作为发展中的大国，既有科学基础薄弱的缺憾，又有发达国家制造的国际壁垒的制约，也无法采用日、韩等国家依赖外部输入技术起步实现发展的策略。可以说，适度的发展科学事业，应当成为我国科技经济价值网络化的一个基本因素。

我国特色的科技经济价值模式选择。综合上述分析，不难归结出我国的科技经济价值网络，既有日韩等国家工业经济发展时期的以经济为主导、技术为重点的特征，又有发达国家重视科学发展的内容。统筹安排而成为以经济发展为导向、技术发展为战略重点、以科学研究为战略补充的科技经济价值网络。这是我国特有的价值模式的选择。

3. 我国存在科技经济价值模式特色化的障碍

一是存在体制脱节的障碍。相对于国家的战略转移，我国科技体制与经济发展存在着两张皮现象。当时，中科院 80%的力量面向国防军工、20%面向基础研究，与国家“科学春天”的战略选择存在矛盾。二是存在国际竞争环境的挑战。80～90 年代，发达国家已经步入以科技发展引领产业革命的新时期，纷纷制定了科技经济发展以及国际垄断的新战略，形成对发展中国家的科技与经济壁垒。三是现实基础薄弱的制约。我国经济的市场化刚刚起步，缺少市场需求对科技发展的拉动能力，而我国的科学技术发展历史短暂，缺少科技基础与科学文化的支撑，在总体上缺少促进科技经济网络化的社会规范与引导机制等。四是对于我国科技发展的认识存在着激烈的思想矛盾：

中科院能否走出面向经济之路的矛盾。一是长期受到思想压力与政治冲击的科学家，在获得思想解放之时发挥所长的合理意愿与转向服务经济建设的需求一时难以统一，抵触情绪较大，需要化解；二是长期积淀形成的主要面向军工的队伍与体制如何向面向经济转型，没有任何历史经验可以借鉴；三是某些当时国家行政领导者认为中科院在“象牙塔里讨生活”，大多数人知识老化已经近于废物，拨给中科院的经费是“钱扔在水里不见冒泡”。这涉及对广大科技人员潜能与中科院历史地位的判断问题。对此，争辩是没有用的，只能用面向经济发挥科技中心作用的事实回答。这对中科院是个严峻考验。

科学研究在现阶段价值性的认识矛盾。“科学的春天”之后，“知识越多越反动”谬论的阴影依然。最早出现的是“科学暂时无用论”，说“中国目前经济很困难，没有钱搞科学研究，要集中资源扶持工程工艺、发展经济，待经济发展之后有钱了再安排不迟”，“要搞科学研究就去坐冷板凳”；另一种政策思路是“科学技术同一论”，认为新时代的科学成果转化快，只能重点扶持有目标、可转化、产业化的科学研究，还要实现与技术问题一样的拨款制度、考核办法、激励机制等。“科学暂时无用论”与“科技同一论”，成为限制、削弱科学研究的基本因素。这为十分缺乏科学精神、科学文化的我国，能否保留、扶持仅有的科学基础形成了恶劣的环境。敢不敢、能不能适度引导科学基础研究，以弘扬科学精神为我国经济发展提供精神动力？这是在当时具有政治风险的选择性问题。

科学研究与技术发展关系的矛盾。中科院的发展，既不应该坚持原有的侧重基础的方针，也不应该舍弃科学的基础。问题是科学与技术及其开发是两者齐头并重，还是有所侧重？对此，长期安于“双侧重”方针的中科院，很难理解别样的选择；相反，中科院外界则已经形成完全相反的舆论。这两种认识体现了不同的历史背景与文化氛围，是很难调和的矛盾。

中科院在科技界地位认识的矛盾。长期以来中科院都被赋予国家科学中心的地位。在80～90年代，科技五路大军崛起，这是我国科技事业大发展的表现。历史早已存在的对中科院地位作用问题的挑战，有逐步加剧的趋势。部分行政领导借部分院校、部门重新分配科技资源的要求，提出“科学院是否有存在必要”的疑问，要“解散科学院，基础研究归大学，应用研究归产业部门”或者“凤凰涅槃，易地重建”；在市场化改革的进程中，各路大军都有国家部门的体制关联关系，取得相应领域内的资源优势与政策优惠，而“无任所”的中科院一度被排斥在各领域配置资源政策与相关重大科技规划之外，削弱了中科院发展的外部环境。中科院如何对待各路大军的关系与行业政策取向的偏差？确实面临严重考验。

归纳起来，合理解决上述的四大矛盾、正确认识我国科技经济价值模式并界定中科院的策略选择，其实就是中科院依据价值导向探讨发展模式中所遇到的战略性问题的主要内容。

三、调整中科院的战略方针

按照发展战略研究的一般概念，实现中科院价值导向与战略目标的发展路径与实践规则，称为中科院的办院方针。正确选择中科院的办院方针，是引导中科院进行结构调整、领域选择、资源配置以及机制创新的依据，是确保全院发展方式与价值导向一致性的核心因素。因而，凝练办院方针是中科院发展战略决断的关键。周光召院长对中科院的办院方针进行了深入的研究，做了全新的调整。

1. 应对中科院战略性问题的思路

对于科技发展战略问题，周光召院长不惟书、不惟上、不顾及所谓的社会压力，始终强调的是国家长远的战略利益与科学的系统分析方法。自1984年赴任之后，以中科院价值观念与科学的思维方式，反复就发展战略性问题进行深入思索。应对的重点思路归纳为以下几点。

充分相信中科院科学家服务经济的巨大潜能。周光召说，中科院的存在价值并没有得到证明。作为国立研究机构的中科院，其科学技术工作必须面向经济建设，这是惟一、必然的选择，必须组织主要力量做出与中科院相称的贡献。同时，他非常肯定地认为，中科院的历史功绩是有目共睹的。中科院所形成的严谨的学术精神与容纳人才的风气、对国家科技发展战略策划的影响、完成“两弹一星”的业绩、在酝酿“科学的春天”等重大历史事件中所发挥的开创性作用等，都是值得发扬的。中科院的科学家以及广大科技工作者，具有爱国主义精神、奉献祖国大业的传统和无穷的科技研究潜力，现有80%面向军工的实力，适应向服务经济建设方向转移。中科院一定要发挥院内所有人才的积极性，要把积极性调动到适应国家需求的不同方面，在新的历史阶段，一定能做出新贡献。

宁坐冷板凳也要保存科学研究的实力。“科学暂时无用论”与“科学技术同一论”的政策恶化了本已窘迫的科学环境。在最困难的时期，连科学所必需的核心期刊都大部断档，更无法奢望更新陈旧老化的仪器设备。周光召认为，我国科学发展的历史不长，缺少科学的基础，“科学的春天”更需要弘扬科学的精神。现代的科学既是技术的源泉，更是文化的精髓，作为精神的科学也是生产力的构成部分。作为发展中的大国，不能没有科学精神的支持。因而，涉及基础研究，涉及科学家，社会一时不大重视，中科院要重视。要重视科学家，要尊重知识，尊重人才，尊重科学，要重视科学精神与文化。对此，决不能做历史的罪人。不管承担任何风险都要保留精干的科学研究力量。

巧妙处理科学与技术的价值关系。周光召认为，依据中科院的价值观，服务经济发展应当成为主导，而科学研究作为办院的有机组成部分，处理其关系需注意 4 个要点：一是经济价值实现为战略方向，为此要综合运用技术转化与科学文化的交叉作用；二是中科院的价值导向应当按照社会的实现形式区分为科学精神价值、技术运用价值与经济效益价值；三是资源配置在面向经济发展上应占据主体地位，而科学研究从战略储备的角度看要精干化、前沿化、国际化；四是科学研究与技术研究要形成互相转化、相互依存的内在机制。

突出优势证明中科院的中心地位。周光召认为，在我国科技五路大军群起发展的时期，中科院惟一正确的抉择在于如何挖掘自身特色、显示特有优势而融入我国科技经济网络之中，并以实力和贡献证明其中心地位。光召院长提出：中科院不应有任何特权，不应占领任何领域，应理解各路大军发展的急迫心情；在各路大军的关联网络中，不应做重复的事，不能在同一领域进行恶性竞争。相反，应当从挖掘自身潜力多做贡献做起，要从各路大军所不能而国家所急需的地方发挥作用。中科院要发挥超前优势、学科优势、综合优势、院士优势、跨领域优势，要集中优势形成特色，做出别人所不能的贡献；要加速改革，超前发展，显示科技发展的引领作用。要开放中科院，加强中科院与科技教育以及区域经济的联系，在发展中用实力发挥中心作用。

2. 调整中科院的办院方针

中科院的发展路径就宏观战略层次分析，就是指中科院的科技经济价值关系模式的选择与归纳。周光召应对发展战略性问题的基本思路，从总体已经做出了中科院科技经济价值关系模式的选择，透视了中科院发展的基本路径。

中科院的办院方针自成立至1987年新办院方针出台，经历了20次左右的演变。[①]其中，包含体制与职能的大约6次，大都发生在50年代；包含中心地位的数量超过半数，大多发生在“科学的春天”以前；20次转变中最为基本、不变的内容都在于对科学、技术、经济链中的侧重性选择。除了一些政治运动等干扰时期之外，基本选择是“侧重基础，侧重提高”或“抓尖端、抓重大、抓基础”。与此相比，在改革开放的80～90年代，有关中科院的体制、地位问题已经无需再用办院方针归纳。应当归纳的内涵就是科技经济的价值关系。

依据国家科技经济网络化发展的模式选择，对于科技经济关系选择还不能仅仅局限在先后次序或者侧重程度上。周光召院长强调，国立院所发

① 樊洪业. 中科院办院方针的演变. 中国科学院院刊

展路径更应突出国家的战略需求与适应需求下的资源配置方向。按照这一思路综合分析国家需求，对中科院最具决定作用的是经济发展主战场的拉动性需求与科学文化的战略储备性需求。如果再引入资源战略布局的因素，在 1987 年度初步归纳成中科院的办院方针：“全院的主要科技力量投入国民经济建设的主战场，同时保持一支精干力量从事基础研究和高技术跟踪。”

考虑到面向经济主战场的科技活动与面向社会需求的科学文化的规律不同，价值成果形式有别，投入方式与评价标准各异，管理体制与运行机制等都有明显差异。为此，在 1988 年度，进一步将中科院的办院模式别称为“一院两种运行机制”，简称为“一院两制”。一院两制强调的是中科院发展的一个重要原则：要区分“两种面向”的不同规律，分别采用符合规律的不同管理模式。1992 年 1 月颁发的《中国科学院科技政策纲要》将办院方针进一步完善为：“把主要力量动员和组织到为国民经济和社会发展服务的主战场，同时保持一支精干力量从事基础研究和高技术创新。”强调主战场不仅是经济建设，还包括社会发展；高技术研究则从当时的期望跟踪的水平，升华为创新。

3. “一院两制”办院模式的特点

如果将“一院两制”的办院模式与以往的办院模式相比，可发现具有了根本性的变化：一是首次以科技经济网络化为选择基础；二是首次强调我国现阶段科技经济网络特色化发展的因素；三是首次以社会需求为主强调需求拉动作用与科技推动作用的综合；四是与大多办院方针具有多变性不同，“一院两制”办院模式是以我国工业化的历史阶段为社会基础，以技术创新为战略重点的总体判断所制定的，因而在我国工业化发展阶段内，在科学技术原创能力占据主导之前，都具有很好的适应性或相对稳定性；五是首次提出按需求导向，注重不同科技活动实行不同的引导机制的总体原则。

“一院两制”办院模式的确立，对中科院的改革发展确实显示了重要的战略引导作用。①为思考中科院改革发展的目的、目标、形式、内容与过程的制约关系，提供了依据，开创了改革发展的新局面；②为引导广大科技人员在科技经济价值链的广阔领域上发挥潜在能力指明了战略方向，打破了人才需要劣汰的政策束缚，对“倒三角形”结构的科技队伍迅速向“正三角形”结构的调整奠定了政策基础；③拉紧了中科院发展与国家经济社会进步的结合程度，显示了引领科技发展的效果；④沟通了中科院与各路科技大军以及产业、地方的关系，为逐步实现产学研结合、促进科技资源的网络化夯实了必要的基础。

四、开创科技发展的新模式

科技发展战略的措施选择与政策创新是周光召科技战略思想的重要体现。

如果从光召的科技价值观与全新的办院方针为视角分析中科院的当时状态，自然显现出其发展战略重点不是任何个人的问题，不在于中科院自身的恢复重建，而是涉及结构的重大调整、队伍的战略转移、领域的重点选择、机制的改革完善以及适应时代发展的科技活动新模式探索等一些带根本性的重大问题。就此，中科院在改革大潮中经历了极富挑战的开创性实践，形成了富有创意、影响广泛、相对稳定而协调配套的科技政策。

中科院改革发展的战略措施、政策规范涉及的内容广泛，已经有人分类进行回顾。本文基于篇幅所限，仅就最具时代特征和开创意义的内容采用列举方式做重点回顾。

1. 开创了科技服务经济的新模式

80～90年代，除了决心扭转各自为战、课题分散的状况，充分发挥多学科的综合优势，集中资源形成拳头，针对国民经济的战略需求的关键技术开展科技攻关并取得了一批接近或达到国际先进水平的成果之外，从科技创造、传播扩散、运用营销等知识流的多环节与产学研各类社会主体的互动上，重点引导突破理念障碍和体制束缚，开创技术服务经济的新模式。其中，至今已经成为科技服务经济主导模式拓展至全国的有：①培育高新技术产业，加速科技产业化，孕育了中关村电子一条街的出现和中关村科学园区的诞生。②首办科技园区，开启我国科技园区发展先河。为1991年后53个国家级高新区的出现揭开了序幕。③引导产学研结合，加速科技成果的传播扩散。作为战略之举，编制了“双百计划”、成立了“科技促进经济发展基金会”，实施了“产学研联合开发工程”。④探索院地合作机制，开拓服务区域经济新渠道。实施了与地方合作的“面向工程”。⑤急国家之所急，树立服务国家战略的样板。如采取跨所跨学科联合攻关的黄淮海地区中低产田治理、黄金攻关会战等。⑥拓宽科技扶贫领域，形成科技服务农业的新思路。⑦建立基金会扶持科技界与大企业紧密合作，科技促进经济发展。

2. 开拓了科学研究精干化发展之路

在“科学暂时无用论”与“搞科学就要坐冷板凳”的政治压力影响科学发展的阶段，光召不仅强调科学的文化价值与对先进生产力的意义，还创造条件，引导科学的精干化发展。

倡导在科学前沿严谨探索的科学精神。周光召强调“科学研究只有第一，没有第二”、必须注重原创的原则；特意提出了科学前沿的概念和科学前沿永无止境的特点，继而提出并以重大科学发现的历史经验论证了科学研究原始创新的概念，强调科学原始创新在新时代国际竞争中的关键地位。周光召反复强调立足科学前沿研究就必须要有破除迷信、解放思想，敢于怀疑、勇于猎奇，安于寂寞、大胆创新、无私奉献的科学精神，要继承、发扬中科院老一辈科学家已经形成的“三老”、“四严”的科学作风，务必要弘扬、遵循科学道德。为此，周光召十分重视科学思想与科学精神的传播扩散，采取了提倡科技文化建设、支持学术上的百家争鸣、促进多学科的交叉与融合、鼓励自主立题、自由探索，为科学原创提供条件等措施。时至今日，科学的发展十分迅速，但是科学领域的浮躁情绪与急功近利泛滥，可能更显得当时周光召科学管理思想的超前与科学政策的难得。

引导科学研究精干化。一是借助邓小平的政治谋略和李政道等大家的影响，加速对大型电子对撞机、重离子加速器、托克马克、天体望远镜以及资源、生态环境的观测网络等大型科学装置、科学设施的建设，引导相应学科的基地发展；二是在“中国科学院科学技术进步奖”的基础上，于1988年拆分出《中国科学院自然科学奖励条例》，构成促动科学研究精干化的监测体系；按科学价值、技术价值与经济效益3类导向设计中科院的分类评价指标体系，为数学、物理、理论物理、天文、生物以及其他部分以基础科学研究为主的研究所按科学价值得到尊重，并区分科学价值的水平分等引导，择优支持；同时，对于综合性研究所中的基础研究予以重视，探索出科学、技术、开发3者结构优化、密切关联的办所模式。

增强科学研究的活力。一是设立所长择优基金扶持原始创新；二是改革人才机制积聚优秀青年人才，如实行青年实验室制度，设立青年基金，试行博士后制度凝聚优秀的青年人才，破格选拔青年人才进入学术领导岗位，赋予学术带头人的地位，制定优秀拔尖留学人员管理办法，建立院级有突出贡献的中青年专家评选制度，对优秀青年科技人才实施晋升职称“特批”制度，人才“百人计划”等；三是提出“开放、流动、竞争、联合”的方针与竞争机制，首创开放实验室制度，与科技部合作进行五所二校科学基地建设试点，探索国家科学基地建设思路；四是加强科学研究的国际合作，站到国际科学发展潮流之中，探索国际科技合作的新模式。中科院始终引领了国际科技合作发展的主流。

3. 引领了国立院所的改革方向

周光召所负责领导的中科院体制改革是处在所谓的“自由竞争主导阶段”，政策环境的恶化与社会调控机制的巨变，都增添了改革起步的难度。周光召以科学家的科学精神与忧国忧民的责任感，成功地引导中科院体制改革积极、稳妥地深入发展，显示出开拓并引领科技体制改革基本方向的社会效果。

形成了科技体制改革的科学理念。周光召除了对科技价值观的提升、战略性问题的判断、办院方针的调整之外，还提出了思考改革的基本原则：一是改革的最终目的在于实现社会发展战略；二是改革的直接目标是优化科技体系功能；三是改革的内容是依据功能进行科技体系结构调整；四是不同的结构性调整任务，需要不同的方式、方法；五是科技体制改革是个过程，不可急功近利；六是不同科技部门、不同学科领域、不同基础条件，改革模式不同，改革要从实际出发，突出特色，讲求效果，不要一刀切，不能随意模仿等。

探索出合理有效的改革部署方式。按照周光召的改革理念，中科院科技体制改革的阶段划分与部署，是依据科技体系结构以及构成要素所形成的体系进行分析安排的，形成了侧重效果、逐步深化的阶段部署方式与阶段性选择。中科院体制改革先后经历了完善研究所领导体制、主导因素改革、综合配套改革、“结构性调整”以及以实验室分类、研究所战略定位为特征的“分类定位”改革等5个阶段。其中，综合配套改革是从研究所多因素的关联关系上进行系统性改革，这已成为社会的共识；结构性调整是从院所两级的结构与功能优化的角度进行的改革，已被列入国家的政策；所谓的“分类定位”改革则更进一步将改革从以院所为视角提升到以科技发展的国际趋势、国家布局、长远发展作为改革判别标准，反观院所总体合理性所进行的优势者扶强、劣势者弱化、重复者合并、空白者弥补、陈旧者转移改革，开启了国家科研基地建设的序幕。

总之，周光召在任期内所引领的科技体制改革，全面体现了他的科技价值观，体现了科技系统观，实现了实事求是、力求实效的追求。在今天，改革已经步入建设国家创新体系的阶段。这是科技体制改革向高层次深入发展的新阶段。这一阶段的基本态势是：要立足国家战略发展的全局、放眼新世纪发展的长远方向，加速宏观体系改革、运行机制的完善、创新环境与条件的优化，要整合一切有益于发展的创新要素，构建网络化的创新结构与机制。而中科院的科技体制改革已经超前进行了从国家整体上整合创新要素的改革，较好地探索了以建设、优化、完善为基本方式的改革深化发展的基础性工作。

应当说，1984～1997年的13年改革实践证明，周光召确实是出色的科技战略决断者与优秀的科技发展引路人。本人深为周光召严谨的科学精神、高尚的忧国忧民品格以及科学的战略思想所感染。周光召的科技战略思想是值得认真学习与大力弘扬的。

周光召同志领导北京正负电子对撞机工程建设二三事

方守贤*

北京正负电子对撞机工程一直得到党中央、国务院和邓小平同志的直接关怀与支持。1983 年 12 月中央书记处决定将对撞机工程列为国家重点建设项目，并成立了由中科院、国家计委、国家经委、北京市负责同志组成的工程领导小组。1986 年，时任中科院副院长的周光召同志接替谷羽同志担任对撞机工程领导小组组长。当时，工程领导小组成员有国务院重大技术装备领导小组办公室主任林宗棠同志，国家计委主任张寿同志和北京市副市长张百发同志。

早在 1959 年于苏联杜布纳联合核子研究所工作时，我与光召同志就已经认识。他曾经是建议我国当时建造中能强流螺旋形回旋加速器的积极推动者，我们在工作中经常有接触，相互十分熟悉，我对他的才华十分敬佩。自 1986 年 5 月起我接替谢家麟先生担任工程经理，在工作中直接接受光召同志的领导，与他有了更多的接触，增进了解。

---

* 中国科学院院士，曾任中国科学院高能物理研究所所长、北京正负电子对撞机国家实验室主任

在对撞机工程建设中，光召同志注意听取国内外专家意见，吸取国外加速器工程建设的成功经验，发挥工程领导小组的作用。在各部委的积极配合与协助下，领导高能所如期建成了北京正负电子对撞机，并完成了由建造体制向运行体制的过渡，为把北京正负电子对撞机建设成为一个向国内外广泛开放的国家实验室奠定了基础。

一、“行百里者，半九十”

北京正负电子对撞机工程（BEPC）1984年10月由邓小平同志亲自奠基，正式破土动工。用3年时间，基本完成了专用非标准设备的设计、研制和主要部件的批量生产。1986年底，对撞机的注入器——22亿电子伏的电子直线加速器安装完成，顺利产生电子束；1987年5月首次产生了正电子；1987年底，注入器和贮存环联调成功，12月17日仅用4小时就一次成功地将能量1150兆电子伏的电子束注入贮存环，顺利运转，实现了1987年重大阶段目标。

1988年初，由于工程取得了一定进展，同时受社会大环境的影响，在高能所一些干部和科技人员中出现了松懈情绪，似乎工程已大功告成，对实现正负电子对撞的艰巨性认识不足，导致工作中出了一些事故。4月9日上午周光召同志来到高能所召开工程指挥部会议，谆谆告诫我们，“行百里者，半九十，现在到了关键时刻。在最后关键时刻如果坚持不住，那是很可惜的。”

针对当时的社会大环境，下海、开发创收……科学价值观受到一定冲击，光召同志告诫我们应正确地处理好基础研究与开发的关系。他指出，很多思想问题主要是在社会大环境下产生的，是很自然的。高能所“应该有自己的方针，而不能随着社会舆论摆来摆去”。每个所都要从自己的实际出发，不能一刀切。“高能所的核心任务是对撞机工程。工程人员做加速器、维护加速器，在当前的社会条件下要坚持这样一个事业有很大困难。因为今天的社会舆论是搞开发。但是，如果有人坚持下去，也许几年以后才能显示出坚持下去的重要性。你们要坚定自己的信念，要有一支队伍，坚持下去。”

他指出，做不同的事情要靠不同的精神力量，不同的价值标准去支持。搞开发有开发的价值标准。而你们搞工程，搞基础研究，应有不同的价值标准。社会上的各种人，要使他们都认识到科学研究的重要性是困难的。有些人看到的就是“短平快”的那一点，别的看不到。在这种情况下，光发牢骚是不行的，中国的科技队伍要自己奋斗出来。

谈到高能所今后的工作，光召同志指出：“大多数人上主战场，并不是说高能所的大部分人也要上主战场。当然，高能所在工程建造期间发展的技术如有可能也可以转化，直接为国民经济服务。但是如果不注意，把这支基础研究队伍瓦解了，取消了，那就本末倒置了。”光召同志指示我们，要通过精神上、物质上的措施，通过规章制度来稳定队伍，在稳定高能工程建设队伍的基础上，把开发搞起来。要提高工程人员的责任心，提高了责任心，安全和技术才能有保障，否则是很危险的。他要求工程指挥部的同志“要百分之百地负责，要万无一失，不能有一点差错，保证下阶段调束一次成功”。光召的这些指示，对稳定军心，起着十分重要的作用，大大鼓舞了士气。

“行百里者，半九十”，这句话警示着我们再接再厉争取工程建设的全面胜利。经过全体工程人员的不懈努力，1988 年 7 月上旬，电子和正电子已均能在贮存环内积累；10 月 16 日，比原计划提前两个月，首次实现了正负电子对撞；10 月 24 日，邓小平等党和国家领导同志又一次来到高能所，和参加工程建设的代表一起庆祝这一重大成就。周光召同志代表工程领导小组汇报了北京正负电子对撞机的建设情况，小平同志做了“中国必须在世界高科技领域占有一席之地”的重要讲话。

1988 年底，对撞机的主要性能达到或超过了设计指标，完成了对撞机的建造任务。实现了邓小平同志的“我们的加速器必须保证如期甚至提前完成”的战略目标。从 1984 年 10 月 7 日小平同志亲自为北京正负电子对撞机奠基起，经过整整 4 年的艰苦奋斗，终于全面、优质、按时完成了这项举世瞩目的任务，这与光召同志的正确领导是分不开的。

二、“在粲物理和 τ 轻子物理方面取得出色物理成果，这是科学界和全国所关注的”

北京正负电子对撞机的建造目标是要“一机两用”，即一要开展基本粒子物理研究，二要提供同步辐射光，开展多学科的应用研究。

北京正负电子对撞机设计的能区为 2×22 亿～2×28 亿电子伏。当时，国际上在这个能区工作的 3 台正负电子对撞机由于亮度不高，能散度偏大等因素而难以进行更细致的工作。中国的高能物理学家瞄准了这一“窗口”，建造北京正负电子对撞机和北京谱仪。由于 BEPC 的亮度是国际上同类机器的 3～4 倍，能散度是同类机器的二分之一，所以有可能做出出色的物理工作。但是，这个研究粒子物理的“窗口”是有时限的，必须抓紧时机。

1989 年初北京谱仪移入对撞点投入运行，并开始获取高能物理实验数据。4 月，光召同志在听取高能所工作汇报后指出：“今后四五年内是有可能拿到物理成果的时期。能否在高能物理研究方面，在粲物理和 τ 轻子物理方面取得出色的物理成果，这是科学界和全国所关注的。因此，高能所班子应担起责任，把工作做好。”

后来他又多次指示：“加速器的建设目的是希望在我国建造一个良好的高能物理和同步辐射应用研究的实验基地。”“能否取得世界水平的工作，取决于是否有一支优秀的，献身科学的运行维护队伍。要不断提高运行维护的水平，包括谱仪的运行维护水平。这样才能尽快达到和超过世界上已取得的 J/ψ 数据（1000 万个）。希望高能所的同志不辜负全国人民的希望，要为科学的发展做出应有的贡献。在建造过程中高能所已经取得了一定的国际声誉，表明大家是有志气、有能力的。希望高能所的同志像在建造过程中一样，在实验工作中达到和超过世界先进水平。”

背负着科学界和国家的期望，高能所的科技人员精心运行、精心维护，使北京正负电子对撞机和北京谱仪成为世界上在 J/ψ 能区性能最好的正负电子对撞机和谱仪，使我国在竞争十分激烈的粲物理和 τ 轻子物理研究领域处于领先地位。经过 10 多年的运行，北京谱仪获取了上千万个高质量的 τ 轻子和粲粒子物理实验数据。通过对这些数据的分析，北京谱仪合作组获得了一批在国际高能物理界有影响的重大成果。如 τ 轻子质量的精确测量，ξ（2230）共振态的确认及其新衰变道的发现，Ds 物理的研究、J/ψ 共振参数和 ψ（2S）物理研究、R 值的精确测量等等，获得多项中科院和国家自然科学成果奖。使我国的高能物理研究在世界上占有了一席之地，高能所跻身于世界 8 大高能物理研究中心之列。

三、建设开放的国家实验室，吸引全国的科学家来工作

对撞机工程基本建成之后，1989 年初光召同志就提出：“目前是考虑建立国家实验室的时候了。”“高能所要着手研究如何从工程建造体制向运行过渡，研究如何逐步转向开放的国家实验室，吸引全国的科学家来工作，使加速器的使用效率得到更好的发挥。”并责成院有关业务局与高能所一起提出一个完整的国家实验室章程。1990 年，院决定由我担任国家实验室筹备组主任，并请原子能科学研究院的丁大钊同志担任筹备组副主任，着手国家实验室的筹备工作。对国家实验室与高能所的关系，光召同志明确：“高能所和国家实验室是一个整体，不能分家，特别是行政、后勤部门必须把国家实验室的管理和服务工作做好。要形成一个整体力量，吸引全国的科学家来工作。”1991 年北京正负电子对撞机国家实验室正式成立。

在北京谱仪投入运行的同时，北京同步辐射装置也成功地实现了同步辐射专用模式运行，作为同步辐射光源，其专用模式也达到或接近当时世界上正在运行的第二代同步辐射光源水平。由于在相当一个时期内，对撞机的机时主要提供开展高能物理实验，同步辐射机时相对较少。对同步辐射的应用工作，光召同志提出：“要注意在时间少的条件下做出高水平的工作。这就要抓重点，属于基础性的工作一定要以国际水平来衡量；属于应用性的工作，一定要抓对国防攻关和新技术研究有影响的工作。”还指出，你们工作中要注意与合肥实验室的分工、配合，要发挥各自的长处与特点。

北京同步辐射装置于1991年前后建成第一批光束线和10余个实验站，陆续向用户开放。多年来，同步辐射装置建成的10余条光束线和10多个实验站，吸引了来自全国的上百个用户的几百个课题，向他们提供了数万小时的实验机时，为多学科的应用研究做出了贡献，实现了“一机两用”的建造目标。

多年以来，光召同志还积极推进我国高能物理领域的国际合作，特别是由邓小平同志1979年访美亲自开创的中美高能物理合作。1986～1997年，光召同志担任了12届的中美高能物理合作委员会的中方主席。他从加强中美科技合作的目的出发，协调解决各种问题，对推进对撞机工程建设和中美高能物理学家之间的合作发挥了积极的作用。

建造一台“一机两用”的对撞机，这也是光召同志多年前的愿望。早在1981年春，由于国民经济调整，50 GeV质子同步加速器停建，高能所讨论调整方案时，朱洪元先生曾电话征询正在美国弗吉尼亚做访问学者的周光召同志的意见，光召同志赞成建造正负电子对撞机。因为不仅可用它做许多有意义的高能物理研究工作，还可利用它产生的同步辐射做许多应用性研究工作。后来作为中科院院长兼工程领导小组组长，光召同志亲身参加并领导了这一工程建设，实现了他自己的愿望。

周光召先生和中国物理学会

杨国桢* 聂玉昕**

周光召先生对新中国物理学发展的贡献是重要的和多方面的。我们仅从周光召先生和中国物理学会工作的角度，举一些事例，说明周先生的具体贡献。

周光召先生曾经很长时间担任中国物理学会的领导工作（1982～1995年任中国物理学会副理事长），对中国物理学会的建设、出版、会议和学术交流，对中国物理学会参与国际性和地区性物理学组织与活动等许多方面，都发挥过重要的作用和影响。

从1982年开始，周先生主持学会的出版工作，任学会出版工作委员会主任，当时学会主办的期刊（如《物理学报》）都是中文刊，很难进行国际交流。为了使中国物理学走向世界，周光召和李荫远等人组织和创办了《中国物理快报》（*Chinese Physics Letters*，英文版，月刊），于1984年出版并在海内外发行，至今已有26年。该刊已经成为国内英文科技期刊中办得

* 中国科学院院士，中国物理学会理事长，曾任中国科学院物理研究所所长

** 中国科学院物理研究所研究员，曾任中国物理学会出版工作委员会主任

比较好的刊物，与英国物理学会出版社（IOPP）合作，正在扩大海外的影响。该刊和《中国物理 B》与《中国物理 C》一道，初步组成了我国的英文版系列物理期刊。

20 世纪 80 年代初期，我国科技界开始进行科技体制改革。学会主办的《物理》杂志为适应改革开放的新形势，决定在刊物中开辟“物理学与经济建设”栏目。周先生参加了该刊编委会，并撰写“祝‘物理学与经济建设’的开辟”一文，发表在《物理》1983 年第 9 期上，以示对新栏目的支持。他在文中指出：“我国的科学和工业要按照中国的国情走自己的发展道路。我国的工业一定要逐步用最新的科学研究成果武装起来，后来居上，挤入日新月异的国际市场。我们需要为长期目标服务，以基础研究为主的物理学家，更迫切需要从事应用和发展工作，能够直接推动我国工业起飞。‘物理学与经济建设’栏目将向广大的物理学工作者，向工业界的各级领导同志和工程技术人员介绍物理学研究中的最新成就以及它在国民经济和国防各部门中的应用前景，介绍世界各国在这些研究工作中的进展情况，推广和应用先进技术的经验和人才的培养情况，等等。我相信这些介绍将会有助于把物理学的研究工作和我国的‘四化’建设更好地结合起来。”这段话不仅是《物理》杂志开辟新栏目的目标和内涵，也是改革开放新形势对我国物理学发展的要求。

20 世纪 80 年代，美国国家研究委员会（National Research Council）组织的物理学评述委员会（Physics Survey Committee），编写和出版了一套（共 9 本）《90 年代物理学》（*Physics Through the 1990s*）。该丛书系统总结了到那时为止物理学及其各主要分支领域的发展状况和未来（指 90 年代）的发展趋势。周先生和谢希德先生（物理学家，时任复旦大学校长）、章综先生（物理学家，时任中科院数理学部主任）合作，组织队伍翻译出版了这套书（科学出版社，1992 年），这套书的翻译和出版对我国了解当代物理学的重大进展、学科前沿及热点领域和学科发展趋势起到了重要作用。

国际纯粹与应用物理联合会（IUPAP）是国际物理学家的学术团体。解放前中国物理学会是 IUPAP 的成员。解放后，中国物理学会和我国大陆物理学者失去了参与该组织和活动的机会，这是很不正常的，对大陆物理学的发展是不利的。1984 年，李政道先生和海峡两岸物理学家协商解决这个问题，希望海峡两岸的物理学家都能参加 IUPAP 的组织和活动。周光召先生是中国物理学会处理此事的负责人。这是一件难度很大的工作，最终双方和 IUPAP 主席达成谅解备忘录，中国物理学会于 1984 年重返 IUPUP。同年 10 月，周光召先生率领中国物理学会代表团赴意大利参加了第 18 届 IUPUP 全体大会，并当选为粒子物理和场论专业委员会委员。此后，中国物理学会代表团参加了历届 IUPAP 全体大会（每 3 年一届）。周光召先生 1994～1999 年任 IUPAP 副主席。他曾在 1996、1999 年先后参加了第 22、23 届 IUPAP 全体大会。2000 年 10 月，IUPUP 在北京召开执行委员会和专业委员会主任联席会议，会议期间举办了“PHYSICS IN CHINA”专题报告会，周光召先生应邀做主题报告。

中国物理学会是亚太物理学会协会（AAPPS）的发起学会之一，并在其中发挥了重要作用。周光召先生支持并参加过 AAPPS 组织的会议和活动，他还曾担任过亚太地区理论物理中心（APCTP）的领导成员。

中国物理学会组织过许多有影响的物理学学术会议，周光召先生在其中发挥过重要作用。如 1995 年 8 月在北京召开的“第 17 届轻子光子相互作用国际会议”，是首次在我国举行的高能粒子物理领域的高层次学术会议，有30多个国家和地区的900多位专家参加。周先生担任大会主席，主持开幕式并发表讲话。会议对促进高能物理领域的国际合作和我国高能物理的发展起到了积极作用。

2002年中国物理学会迎来70华诞。学会在北京大学组织召开纪念大会，邀请周光召先生在会上做关于物理学发展态势和发展趋势的报告。他对此十分重视，认真准备了讲稿，会前他接到通知要参加一项重要活动，不能出席，他就将报告的PPT文稿交给学会，请赵忠贤先生代他宣讲。

2005年是“世界物理年”。4月15日中国物理学会配合中国科协在人民大会堂隆重组织召开“世界物理年纪念大会”，周光召先生作为中国科协主席主持会议并发表了讲话。国务委员陈至立，物理学家杨振宁、彭桓武、冯端、张杰和李政道先后在会上做了精彩讲演。这是我国“世界物理年”首次举行的大型纪念活动，取得圆满成功。同年6月3日，学会再次配合中国科协在清华大学组织召开“2005世界物理年学术报告会暨彭桓武先生从事物理工作七十周年学术思想研讨会”，周先生出席了会议。他十分敬重彭桓武先生，作为彭先生的学生，他在会上深情地发言，号召科技界“要学习到彭先生的人格和品质”。

2008年6月，中国物理学会会同有关部门在人民大会堂隆重召开“吴大猷先生诞辰100周年纪念会”，缅怀吴先生对中国科学与教育事业的杰出贡献，周先生和海峡两岸许多物理学家一道参加纪念活动，并做了题为“吴大猷先生大陆行”的报告。

20世纪80年代初期，为了培养我国中青年物理学者，使他们尽快进入物理学研究的前沿，在中科院和教育部系统从事领导工作的几位物理学家和美国物理学会（APS）建立了联系，每年由中方向APS推荐一批中青年物理学者，APS 根据他们各自的专业领域，再向美方大学对口的物理学教授推荐，安排他们去美方教授的研究团队工作 1～2 年，取得工作经验。他们访问结束回国以后，也安排美方教授到中国访问学者处短期回访。我国有数十位中青年物理学者参加过这项中美交流活动并从中受益，他们中的多数后来都成为了我国物理学研究的骨干。周光召先生是这项中美交流活动的领导者和组织者之一。

中国不可能按西方模式实现现代化*

何传启**（记录、整理）

香山科学会议第75次学术讨论会于1997年5月27～30日在香山召开，会议主题是“关于中国科学政策”。本次会议由周光召、徐冠华两位院士担任执行主席，参加讨论的有路甬祥、郝柏林、邹承鲁、唐有祺、陈能宽、白以龙、曾庆存、何祚庥、甘子钊、朱清时等院士，以及来自高等学校、科研院所的专家学者和国家科委、国家自然基金委、国家教委、国务院发展研究中心、国务院研究室有关人员共计近50人。周光召院士做了题为“中国科学发展的战略思考”的评述报告，指出中国不可能按西方的模式实现现代化，中国必须走一条独特的符合国情的发展道路。

——香山科学会议会后简报（http://www.xssc.ac.cn）

关于是时势造英雄，还是英雄造时势，肯定有不同看法。如果英雄不能适应时势的话，会很困难。从这个意义上说，时势造英雄很重要。科学上的发现，时机很重要。比如杨振宁先生的工作，是在20世纪50年代的

* 本文为周光召院长在1997年5月香山科学会议上的讲话要点

** 中国现代化战略研究课题组组长，中国科学院中国现代化研究中心主任

美国做出的。每个时代都有英雄。科学是社会系统的子系统。社会与科学的关系，有些像时代与英雄的关系。经济发展越来越依赖科技，科技有自身规律和强大动力，能够发展出新的学科。如果有营养供应，它就能长期发展下去。营养包括经费、条件和文化。社会对科学的影响，在很多情况下决定了科学的发展速度和规模。科学界制定政策，要考虑如何影响社会，使社会为之提供更好的营养和环境条件。

一个国家如何支持基础研究，与该国的经济发展和世界地位有关。如果她是世界第一，她什么都想世界第一，她会支持基础研究，争取更多的科学世界第一。20 世纪 50～60 年代，美国大力强调科学。70～80 年代，美国担心日本的竞争，强调应用研究。现在，美国很担心科学。日本人从 80 年代以来强调科学，举国债也要发展科学。美国科学院院长讲，要在全社会发起理解和支持科学的运动。好的领导人，要审时度势，认识科技的作用，争取社会的支持，然后，在科技界内处理好关系，如基础研究占 10%等。

政府官员对科技的认识，在不断变化。例如，美国科学发展有两次机会。第一次是二战后核武器的作用，促成布什的“科学白皮书”（《科学：没有止境的前沿》），成立 NSF（美国国家科学基金会）。第二次是苏联卫星上天，美国人担心了，就大幅度增加 R＆D 投入。这种动力维持一段时间，后来就变了。英国的政府官员也一样。英国皇家学会会长和部长的讲法不同。部长强调促进竞争力的发展，基础研究要适度。会长说，经费太少，支持不够，不增加不行。

社会不同群体有不同观点。科学界要审时度势，要看到中国发展中的特别重要的问题。如果不增加科技投入，中国将来的发展会遇到问题。在理性上，政府对科学的认识到位了，但感性的认识没有到位。例如，我们有些钱可以不花的花了，而日本借钱也要发展科技。

制定科技政策的依据是什么？一是国家发展的战略目标，二是我们的基本国情，三是世界科技发展的趋势，四是国际形势怎样，五是我们的环境和条件如何。

一、国家发展的战略目标

根据小平同志的“三步走”发展战略，中国到2050年前后达到世界中等发达国家水平，基本实现现代化。中国发展不平衡，有些地方已经走向第三步战略目标。那么，中国的资源和条件，能否支撑中国的发展目标？中国的人均粮食、耕地和能源都低于世界平均值，中国人口约占世界的22%，耕地占世界的7%，能源占世界的10%，而且煤是主体。如果GNP增加30倍，考虑节能和能源效率提高5～10倍，中国的能源消费的新增数字仍将是巨大的。现在生产10亿吨煤，将来要提高到50亿吨，中国很难承受煤的运输和酸雨。中国工程院的研究小组估计，人均GDP达到7000美元时，中国能源就承受不了。如果1/5的人有车，就将达到美国的7亿吨石油消费，谁来提供石油？美国石油消费占世界的30%。现在，中国要奔第三步战略目标，怎么奔？自发地奔下去，没有真正的战略考虑，肯定会出问题。

我认为，中国不可能沿着西方的道路实现现代化，必须走一条独特的道路。中国要实现资源节约型的生产方式和生活方式，要充分意识到由经济发展引起的资源、环境等问题的严重性。中国必须实现现代化，这是中华民族的希望。中国只能采用新的发展道路，中国只能早日进入知识社会，以最快的速度尽快进入知识经济。在第三步战略中，技术创新和知识经济在其中有特别的作用。中国不能亦步亦趋地学西方，西方也在改变，在进入知识经济。如果我们想学习别人过去的模式行吗？科技界要搞清楚这点，形成力量，向社会宣传，社会认识了，就会形成一种趋势，就会形成一种强烈的科技需求，就不会单纯地引进。

中国人力资源多，外国大公司来办研究所、办公司，目的是争取人力资源。我们能否用最丰富的人力资源来克服自然资源有限的弱点？人力资源是中国的长处，是取之不尽的资源。中国要有好的政策、好的战略，借向知识经济转移之机，尽早进入信息社会，推动第三次技术革命，才有可能实现自己的目标。科技界的机遇也就在这里。要借知识经济的东风，利用中国的发展势头，把科技发展上去。我们把科技总体战略搞清楚，先争取 1.5%的经费（R&D 经费占 GDP 的比例达到 1.5%），基础研究占 R&D 经费的 10%。

科学、技术和产业的关系，是相互促进和相互作用的关系。19 世纪，先有蒸汽机，后有热力学定律、卡诺循环。19 世纪后期和 20 世纪，先有研究，后有技术。21 世纪，三者之间，不像过去简单的线性关系，信息、资金和人才交流很快。比如，PCR 技术就是公司搞出来的。现在，科学、技术和产业三者的关系更加紧密，基础研究与市场的联系更近了、更快了。我们要充分利用社会的需求力量。科学发展曾经是内动力的推动为主，现在的发展更多来自交叉和综合。

二、科技政策要达到的目的

科技政策的主要目的，是鼓励先进，鞭策后进，鼓励更多的科技发展，调动积极性。

第一，把国民经济的发展摆在第一位。经济发展了，把工作做好了，就能拿到更多的科研经费。基础研究，人不能很多。科技要为社会经济发展服务。

第二，科技政策不能一刀切。比如过于强调论文，就影响了应用和开发人员的积极性。如果大家的积极性都起来了，基础研究就能上去。

第三，既要注意外国的科技经验，更要注意中国的特色。不能简单地学习国外的做法，外国的缺点也不少。中国要后来居上，必须要制定有中国特色的科技政策和发展道路。科教兴国也要国兴科教。市场需求和技术创新不够，是科技与经济结合不够，我们自身也有问题。要有好的气氛和环境，提供经费和条件，才能激发知识分子的献身和爱国精神。

第四，学科政策。要在学科前沿攀登世界科学高峰，激励全民族的创新意识，振奋民族精神和民族自信心，克服科学自卑感。要获取知识产权，促进学科交叉，同时鼓励为社会经济发展做贡献。项目与学科要平衡。基础科学，更多让科学家自由选题，正确和客观地进行评价。应用研究，应有组织地进行，提倡团队精神。开发工作，要让市场去评价。

第五，人员政策。培养有科学精神和创新能力的科技新人。脑力劳动的能动性最重要。要发扬民主，实事求是，尊重知识，尊重人才，创造宽松的环境，保证科技人员体面的生活水平和有效的工作条件。在保持科技人员相对稳定的前提下，鼓励人员流动，鼓励有经验和创新成果的科技人员流向企业和社会。应尽快建立流动机制，调动各类人员的积极性。

第六，基地政策。要稳定支持和发展一批基础研究和高技术研究基地。基地的条件、环境、文化、项目和机制都很重要，要能吸引人。基地不仅要有优良的仪器设备和基础设施，更要有良好的学风和创新的环境，要以科学发展重大前沿课题和国家急需课题为主线。一个具有好的学术传统的科研基地，需要几十年的时间才能形成。这些年过于强调项目，削弱了基地的作用。基地的领导很重要，我们希望出现 Cavendish 实验室的 Bragg 那样的领导。

第七，国际合作政策。必须加强国际合作和交流，调动留学人员和海外华人发展祖国科技的积极性。科学没有国界，科学家有祖国。科学家要立足本国，大力发展以我为主、互利互惠的国际合作。

周光召的科技管理思想

孙 平[*] 孟 辉[**]

光召同志作为一位杰出的科学家，无论是担任中科院院长、中国科协主席等科技领导职务，担任全国人大常委会副委员长，成为国家领导人，还是退出一线领导岗位后，都始终关注我国科学事业发展中的全局性问题，保持与一线科学家的密切接触，努力促进科学事业的健康发展，促进科技与经济建设的结合，并通过自己的洞察力、创造力和影响力，积极倡导科学精神，促进提高科技工作者的职业道德素质和公众的科学文化素质。

光召同志在首次全国科普工作会议上，对科学精神做了精辟的概括，即“坚持科学态度，采用科学方法，不畏艰难险阻，不断地追求真理、进取创新，努力在社会实践活动中求得对客观世界的状态和结构、运动和发展的规律性认识，并用它作出预测，指导进一步的实践，去改造客观世界和主观世界”。光召同志在科技宏观决策、科学评价和科学发展战略咨询等科技管理实践中，也是身体力行，自觉弘扬科学精神，为广大科技人员和科技管理工作者树立了榜样。

* 科技部科研诚信建设办公室项目官员

** 科技部科研诚信建设办公室顾问，曾任中国科学院院士工作局领导成员

一、坚持科学态度，促进中国科学院学部工作开拓创新

1987年，光召同志担任中国科学院院长，并按照中国科学院学部章程规定，担任了学部主席团执行主席。他在领导学部工作的10余年里，结合我国国情和科技界的现状，对如何做好学部工作进行了深入的研究和探索；以求真务实的精神团结中国科学院学部主席团成员，依靠广大院士，开创了学部工作的新局面，使这一时期成为学部建设中又一个十分活跃而富有实效的发展时期。

1. 激励广大院士为“科教兴国”做贡献

“科学的春天”到来后，广大知识分子为了抢回被“文化大革命”耽误的时间，迸发出极大的科研热忱。在光召同志领导下，中国科学院学部提出广大院士要做三大贡献，即为国家科学技术发展做贡献，为国家经济建设和发展做贡献，为提高全民族科学素质做贡献。在此期间，学部工作进一步制度化、规范化，并鼓励广大学部委员（院士）积极向各级政府建言献策，开启了“主动咨询”的先河。广大院士提出建议并得到财政性资金支持列入国家“七五”、“八五”计划和“九五”规划的重大科技项目达数十项，为促进我国经济建设和社会发展发挥了重要作用，并使尊重科学、崇尚科学的风气不断加强；学部在全社会的影响不断扩大；科学家的地位不断得到提升。在此期间，中科院的学术交流活动也空前活跃，学术报告会、学术茶会、学术论坛、学术研讨等活动频繁举办；院士参与科学普及活动形成热潮，并带动了全国科技界普遍开展科普活动。

在1996年6月召开的中科院第八次院士大会上，光召同志满怀深情地说："中国知识界向有心忧天下、身献中华的优良传统。在我们五千年的文明史上，为此而竭虑殚思、奔走呼号的仁人志士不计其数。但是成就事业需要'天时'，这个'时'，就是大势，就是机遇，就是我们常说的'大环境'。"他在不同场合指出，实施科教兴国战略，使经济发展转移到依靠科技和教育的轨道，实现经济增长方式从粗放型向集约型的根本性转变，已成为时代对科技工作者的强烈召唤。我国科技界为民族争光、为国家效力的又一个黄金时期已经到来。

2. 要求院士成为净化社会风气的先锋

在光召同志主持下的学部主席团，在加强院士群体的思想、道德、组织和学风建设方面也采取了有效措施，不断加强院士队伍的科学道德与学风建设，并使院士增选工作进一步科学化、规范化。

20世纪90年代初期，科技界出现了一些急功近利、急于求成的不良现象，违背科学道德、违背科研诚信的行为时有发生。以邹承鲁等老一辈学部委员为代表的科学家，多次联名呼吁科技界加强科学道德与学风建设，并对各种科研不端行为和伪科学现象进行了揭露和谴责。中科院学部主席团对院士向全社会发出的倡议给予了支持。光召同志还在多次讲话中提请院士自己在科学研究中首先不能急于求成，要坚持严肃认真、一丝不苟的科学态度和方法，以高质量和高效益赢得国际竞争和世界的承认。他在一次院士大会上指出，社会上有些人把商品交换引入了精神世界，为了金钱甚至出卖灵魂和人格。这些污秽之风也波及科学界，在计划立项、论文署名、成果评审等方面，假冒伪劣也时有发生，令我们每个正直的科学工作者深恶痛绝。我们要旗帜鲜明地反对一切不正之风，做净化社会风气的先锋。光召同志还深刻地指出，科学技术不仅是生产力，是改造世界的物质力量，而且是强大的精神力量。科学技术是精神文明的重要组成部分，弘扬科学精神是精神文明建设的重要内容。

光召同志在不断呼吁院士们加强自律的同时，也积极促进在院士队伍内部采取组织措施，强化对科学道德与学风的教育、监督和治理。1994年，中科院学部联合办公室（院士工作局前身）就此召开工作会议，光召同志在听取了工作研讨发言后指出，加强院士队伍自身建设，发挥这个群体的表率作用，应该成为学部工作的重要内容。学部也要有自己的章法和约束机制，使学部成为保持科学家高尚情操，坚持严谨、严肃、严格的科学态度，实事求是、追求真理的纯净土地，只有这样才能不辜负全社会对科学家的期望。

1995 年，他支持学部召开首次“科学道德建设座谈会”。与会的数十位院士一致赞同要严格自律，带头抵制不正之风，支持学部主席团加强制度建设和组织建设，完善学部的科学道德建设工作。

1996 年，在光召同志的主持下，中科院学部主席团决定设立科学道德建设委员会，积极支持制定《中国科学院院士科学道德自律准则》，以指导并推动院士的精神文明建设工作。中科院学部科学道德建设委员会的成立，是我国科学共同体中较早出现的科学家自我约束组织，在社会上产生了重要的影响。

二、具有远见卓识，激励科技工作者弘扬科学精神

光召同志对科学在中国传播的艰难过程、新中国成立后科学事业的飞速发展以及我国科学发展中存在的主要问题都认识得十分深刻。他认为，中国的科学在古代难以发展，是因为中国人长期以来崇尚实用，很少从追求真理、研究自然的角度去发展科学。科学的发展取决于两个条件：一是实际的需要，二是人类的好奇心。其中，后者更为重要。因此，他致力于广泛宣传科学思想和科学精神，以从根本促进我国科学事业的健康发展。

1. 大力宣传杰出科学家的献身精神

光召同志曾引用中国科协的前身之一——成立于1915年的中国科学社的重要成员任鸿隽的话：“如果只想从物质文明方面来追赶西方，只想把科学当作一种富国强兵、改善生活的手段，却又不晓得科学的真谛，那就是一种舍本逐末的做法，不仅不会成功，差距还可能越来越大。”

为了激励科技工作者和青年学生弘扬科学精神，为科学事业献身，光召同志经常利用写文章、做报告和参加座谈会等形式，宣传国内外杰出科学家勤奋工作的事迹。例如，光召同志在《科技导报》2005年第一期发表了题为“前辈科学家的精神风范给我们以激励和鞭策”的文章，介绍了中国科学社中前辈科学家的事迹和精神风范，特别是他们对科学态度、科学方法和科学精神的论述与宣传，呼吁革除我国科技界存在的陋习，不急于求成，不为名利所惑，放下包袱，解除一切思想上的束缚，发挥自身的创造力。

2008年3月和5月，光召同志分别在北京大学和北京交通大学做报告，向同学们介绍曾两次获得诺贝尔物理学奖的美国物理学家约翰•巴丁（John Bardeen）坎坷而丰富的人生经历，鼓励青年人既要有理想和追求，又要始终保持乐观向上的精神，勇于面对现实，敢挑重担。他高度赞扬了巴丁在科研工作中所表现出来的科学精神和善于听取不同意见、从不盛气凌人的品格，并介绍了“巴丁数”的概念：巴丁数等于成就与自我吹嘘之比。物理学家巴哈特曾说过，一般人的巴丁数等于1就很不错了，而巴丁的成就与自我吹嘘之比为无穷大。光召同志借此勉励同学们在科学中实事求是，摒弃浮夸、浮躁之风。在报告会的提问环节，两校的同学都不约而同地问到“中国人何时有望获得诺贝尔奖”的问题。光召同志有针对性地回答说，我国科学家要获得诺贝尔奖，首先需要大力营造有利于青年科学家成长、有利于创新的环境。科学家们要善于互相学习、彼此尊重，充分发挥团队的作用，同时一定要能够抵御各种诱惑。

2. 鼓励在科学研究中理性的怀疑

光召同志经常举的一个例子是：1996年，他曾问国内的一位生物学家，将有些植物随便折一枝拔在地上就可以长出新的植物，为什么对动物不能以这样的方式繁殖？那位生物学家回答说，这在科学界是早已经有过定论的。然而过了不久克隆羊“多莉”（Dolly）就诞生了。光召同志还介绍过自己在苏联学习时的一件趣事：当时高能物理领域研究的一个前沿课题是相对性粒子的自旋问题。他在经过研究后，认为一位莫斯科大学教授所得出的结论不一定正确，就在一次会议上向他提了出来。那位教授和他的同事们发现提出不同看法的竟是来自中国的一个年轻人，当然就立刻斥之为无稽之谈。光召同志因为对此很自信，便与他们进行了激烈的争论。他在这次会议后经过三个月的研究，比较严密地证明了苏联专家是不对的，并且最后与这些专家成了很好的朋友。通过这样的例子，他激励我国的科学工作者应该多一点科学的怀疑精神，敢于挑战权威。

光召同志还多次谈到，中国有尊重师长等很好的传统，但论资排辈的观念和“近亲繁殖”的人才培养方法对学术争论和学科交叉不力。此外，国人还需要转变一些不利于科学发展的旧观念，如对院士、对学术权威的过度崇拜。他说，拿院士来说，他们所获得荣誉是对其以往成就的肯定，但他们的意见不一定代表现代最新、最有价值的想法。真正的尊重科学、尊重知识其实不代表尊重权威；过分强调权威很可能会使一些有价值的想法受到压制，使一些出色的人才受到不公正的待遇。他还强调不应受利益驱动而放弃学术批评，并将矛头直指国内普遍存在的某些“潜规则”：“你敢在学术会议上开展真正的学术批评吗？不敢。因为你想申请当院士，所以就不能得罪院士；你要申请当教授，所以也不能得罪教授。既然连学术批评都不能开展，大家只能一团和气，而没有真正的学术争论，学术如何创新？”

3. 促进我国科学家树立自信心

党中央提出把提高自主创新能力、建设创新型国家作为国家发展战略的核心、提高综合国力的关键。光召同志对此非常支持。他认为，虽然科技界很长时间以来一直提倡自主创新，但始终没有形成有效的声势，也没有提到现在这样一个高度。他在许多场合指出，要想自立于世界民族之林，必须要有自己的创新，包括创新的思维、创新的产品、创新的管理方法和创新的体制、机制。他敏锐地认识到，我国科技界存在的很多问题，与我国科研人员和管理人员的自信心不足有关，因此突出强调要提高中华民族的自信心。他举例说，有时当一个新的想法提出时，国内的同行和专家往往会问：外国有没有？如果连外国都没有，我们提出这样的想法有什么把握和根据？这便明显说明我们有些人没有自信心。为此他呼吁，应该使我国的科研环境更加宽松，让大家能够开展真正的学术争论，允许新的思路、新的看法涌现出来，同时要在科技界创造宽容失败的氛围。

2001 年 11 月 15 日，《科学时报》发表了光召同志的“科技创新中的精神力量”一文，文章通过介绍芬兰在短短的 50 多年时间里使自己的科技和经济竞争力排名世界第一的例子，说明精神力量对于一个国家的兴衰所能起到的作用。他深有感触地写道，芬兰人要让自己的国家在世界上站起来。不需要很多口号，或像我们这样每天都进行宣传，但那里的人们却能够身体力行，长期坚持不懈，已经形成一种传统，一种风气，一种文化。他在文中还阐述了科学精神最重要的内涵，即“求真”、“唯实”，也就是“追求真理，实事求是”，进而勉励我国科技工作者弘扬科学精神，进一步提高科技界的精神文明水平。

三、坚持实事求是，推动解决阻碍科技发展的突出问题

光召同志曾尖锐地指出，我国的科技界，包括管理部门和大学、研究所的领导应就一些重要问题达成共识：为什么我国的科研经费越来越多，但还没有摆脱跟踪国外研究的局面？为什么我们发表的论文越来越多，但真正有原创性的论文少？为什么过去我国科研经费不太多的时候，科研机

构和科技人员也有很多原创性的成果，但今天的科研成果与经费投入不成比例？他自己也一直在以求真务实的精神深入思考这些问题，经常到高等学校和科研机构进行调研，并针对阻碍我国科技发展的一些突出问题进行探索和呼吁。

1. 提出领导者一定要有很高的精神境界

光召同志对科学事业的组织与领导者对科学发展所起的作用有着十分深刻的认识，因为一个人的决定往往可能影响到千百万人。所以他一再强调担任领导工作的责任感，强调要提高全民族的科学文化素质最重要的是提高领导干部的科学文化素质。他指出，对科技界不同层次的人而言，必须具有不同的精神境界，越到上层，精神境界就必须越高，心胸就必须越开阔，团结的人就必须越多。他们必须对民族、对国家有一种高度的责任感和使命感，要把自己个人的命运融合到集体的命运、国家的命运里面。比如说院士，不仅仅是一个名称，不仅仅是国家给的一个荣誉，更重要的是一种责任。而如何培养出这样的帅才，已经成为下一步创新文化的一个重大问题。他认为，作为一名领导者，一定要有眼光，要敢于决策。例如，有些技术哪怕还不完善也应尽快推出来，让它实践中赶快发展，允许由市场来选择，不能由于这种技术还不成熟或形成对现有技术的竞争就加以限制，然后任由国外的技术和产品占领市场。

实际上，光召同志也正是用这样的标准来要求自己，在各个领导岗位时，都具有很强的全局意识和责任感，表现出严谨的工作作风和高尚的精神境界。

2. 呼吁改革妨碍科技创新的不合理制度

光召同志认为，一定要有科学、合理的制度来促进科学事业发展和调动广大科技人员的积极性。他在担任中科院院长时，便在制度建设方面采取一些改革措施，如努力转变人们的传统观念和习惯，避免科研人员的近亲繁殖等。他在谈到科技工作者的科学道德观时指出，科技界存在的许多问题不仅仅是科技界的问题，不能笼统地简单地归结为科学道德问题。诸如人们深恶痛绝的浮躁、急于求成等现象，既涉及科技工作者的科学道德修养，也牵涉有关管理政策、法治环境和评价体系等各个方面。做科研是要靠脑子工作，一个人如果没有自觉性，如果经常有顾虑或闹情绪，那就什么事情都做不好。因此，必须使科技人员自己愿意去做事，同时给他们以精神上和物质上的支持，特别是解决妨碍他们创新的一些制度方面的问题。而要解决这些问题，需要各级科技部门和科技工作者切实重视，并从一点一滴做起。他经常表示，作为已经不在科研一线工作的科学家，自己最大的任务是帮助年轻人创造更好的科研环境和条件，促使他们更快地成长。

（1）改进科技计划的宏观管理工作

光召同志一直主张要不断完善科技计划管理规定，其中很根本的一点就是要尊重科学家，不要逼他们在短时间里就拿出什么惊人的成果，要给他们创造全心投入科研的环境。他同时也指出，在全国人大常委会 2007 年修订的《科学技术进步法》中规定宽容科研工作中的失败，但对失败的宽容一定要有一个标准，看失败是由于什么原因造成的，并且要有一定的“度”，不能无限地宽容，防止纵容一些人滥用科研资金。他还就院长、所长等行政领导和院士挂名申请科研经费，编制科研项目经费预算的某些要求不切合实际，科研经费开支方面的某些规定过死，同行评议中存在的问题等与有关管理部门的同志进行探讨，并曾向有关部门建议提高科技人员的工资，以正常方式解决科技人员的收入等问题。虽然其中有些问题十分复杂，目前单靠几个部门无法解决，但光召同志实事求是的态度和科学管理的思想，对这些问题的最终解决无疑将起到积极的促进作用。

光召同志长期担任“973”计划专家顾问组组长，在他参加的各项评审活动中，都坚持公平、公正和学术民主的原则，探索科学管理的方法，为科学决策营造了良好的氛围，受到同行专家和科技部有关管理部门的好评。

（2）改变科技界的“官本位”制度

2005 年 8 月，光召同志在与十几名新疆老科技工作者座谈时，对“官本位”问题提出了批评，并引起媒体的广泛关注和广大科技工作者的共鸣。光召同志指出，各国科研管理方面的制度有所不同，但像中国科技界这样“官本位”如此严重的情况可以说绝无仅有。他主张要搞科研就不要当官，要当官就不要搞科研。因为既想当官又想搞科研肯定什么都做不好。他分析指出，现在有些单位将在科研方面稍有成就的人提拔到领导岗位，从而使很多有前途的科学家难以集中精力从事科研工作；而许多年轻人也热衷于担任行政性职务，因为有了职务便不愁没有项目、经费和声誉。另一方面，有的科学家当上所长或院长后，把单位的利益向自己个人或其小团队倾斜，从而造成各种矛盾，也影响了研究所或学院的工作。因此他反复呼吁，一定要改变科技界的“官本位”制度。

（3）改革院士制度

光召同志认为，当前的院士制度存在一些问题，需要进行改进。他指出，现在如果一个大学的院士多，申请到的“863”、“973”项目也会相对较多，在社会上就有较高的地位。所以有些校长千方百计地争取学校里的教师能成为院士。在这样的过程中就容易产生很多问题，如违反科研规律、对院士候选人过度“包装”等。在2005年于上海举行的“院士圆桌会议”上，光召同志提出，现在到处设院士像和院士馆，实在有点过分，不利于年轻一代在科学上的成长。学术界应该是没有权威意识的，应鼓励青年人向权威挑战，因为只有在统一平等的基础上进行学术讨论才能真正造就人才和进行创新。

3. 改进科研方法和加强科研协作

针对我国科技界存在的某些忽视客观规律和研究方法中存在的问题，光召同志指出，只有采取科学的态度和科学的方法，才能产生符合实际和客观规律的创造性思维，才能通过创新指导实践活动。他曾以云南滇池的污染治理为例，指出国家为此投了很多钱，治理了很多时间，但成效不大，就是因为缺乏科学的认识，前期的科学研究做得不够。他强调，创新要建立在科学的基础上，不是想当然就可以创新的。

光召同志经常告诫科研人员，要想为国家和社会做出重大贡献，不可能单枪匹马地进行研究。一般单枪匹马，只能做一些比较小的题目，要想做出大的贡献，就要团结一批人，形成团队，集中力量承担国家重大项目或解决科学发展中的重大课题。他指出，我国实施重大科研计划，没有团队精神、协作精神是做不了的。以国防科研为例，有时一个螺丝钉出了问题也会导致整个项目的失败。他反对有些单位为争取项目经费而采取表面上的联合，将联合作为权宜之计，而在经费到手后就分道扬镳，合作单位并没有真正形成有机整体。

他在谈到科技人员干大事业与成名之间的关系时指出，进行合作研究，当然最后成名的是少数人，但参与重要研究工作的人同样也会为取得的成就感到自豪。如果每一个人都想名扬世界，那最后只能是单枪匹马地工作，结果可能是每个人都不会名扬世界。因此是不是能够团结一心、凝聚在一起共同奋斗，往往能够决定科研人员所取得成绩的大小。他还指出，我国培养的学生存在知识面过窄的问题，使得不同学科的人员往往没有共同语言，因此他鼓励科研人员把其他学科中的成果运用到自己的研究领域，促进问题的解决。科研人员要善于交朋友，尤其是交不同学科的朋友，促进在学术上的广泛交流。针对在一些国际科研合作中有些自以为是的科学家对来自欠发达国家的科学家不够尊重的问题，光召同志教导年轻人对待同行要非常尊重，要认识自己人性上的弱点，不能因为各种原因看不起别人。

对于国家科技发展中的战略性合作，光召同志也提出过许多建议。2002 年 1 月，在光召同志倡议下，科技部召开了首次“973”计划和“863”计划交流协调会议，交流了两个计划的战略目标、任务安排和组织实施情况，推动两个计划的协调、衔接和集成，以及面向国家目标合理配置资源。他在 2007 年中国科协年会上所做的回顾“973”计划 10 年发展的特邀报告中提出，“973”计划必须和国家自然科学基金、“863”计划项目及其他相关的国家和企业项目建立有效分工和密切协作的关系，使得从立项开始就确定最有基础和实力的团队，保证在研究取得进展后能够将成果和人才向下游转移。他认为，在“973”计划等重大科技计划的管理工作中，要加强顶层设计，增加对解决国家面临的重大问题进行考核的硬指标。他对由在企业工作（过）的科技人员担任“973”项目首席科学家和开展针对企业关键技术问题的基础研究感到高兴，希望研究项目不仅要发表高水平的学术论文，还应争取使创新成果在企业得到推广应用，迅速转化为实用的咨询建议和现实生产力。

四、提倡以人为本，促进加强科学道德建设

光召同志认为，现在人们谈到“以人为本”，多指领导关心下级、关注民生；其实按照中国古代哲人的说法，“以人为本”还包括重视自己作为人的价值；要有自尊、自信，有一种高尚的人格。所以提倡以人为本，首先要坚持自己做人的准则。这反映出他对科学道德问题的十分深刻的认识。2007 年 6 月，光召同志应聘担任科技部科研诚信建设工作专家咨询委员会委员，在推进我国的科学道德和科研诚信建设方面开始做出更多、更直接的贡献。

1. 强调科学家一定要有好的人品

光召同志十分看重科学家的人品问题。他认为，国际上许多知名的科学家，不只是通过自己的科学工作，而且是通过自己的为人，通过在其他方面的特质对科学发展产生了重大影响。他经常说，一位好的科学家，除了在科学上有很高的成就外，在为人方面也要有较高的品德，不然大家不可能服他们。而对于负责确定科学发展方向和战略的科学家来说，对他们这方面的要求就更高一些。他在许多场合指出，从人生追求和科学追求上

讲，做学问和做人应该一致，因此要教育青少年先学会做人。他还联系自己的成长经历，介绍对自己无论是做人还是做学问都产生过重大影响的前辈科学家，如自己在20世纪40年代末时的导师、我国的优秀理论物理学家王竹溪先生。他说，王竹溪先生曾赴英国留学，他的作风非常严谨，对学生的要求也非常严格，所以学生们上他的课时都要聚精会神才能学好。而且学生们不仅从他那里学到扎实的学问，还从他身上学到了应该怎么样做科学的基本态度，即一种非常认真和严谨的态度。

他认为，现在科技界出现科研不端行为和侵犯他人知识产权等问题，根源在于没有自尊心，也不尊重别人。过去讲知识界比较干净，是因为科技人员都很看重自己的人格，有自尊心，觉得弄虚作假或侵犯他人权益是侮辱自己的人格，起码是对自己人格的一种矮化，所以一般不会去做这种事情。但现在有的科技人员在抄袭剽窃时，并没有觉得这是比偷窃更为严重的行为。如果科技人员没有自尊心和人格上的高要求，面对科技界的压力与诱惑，在科研诚信的内因上便可能出现问题。他强调说，一个人如果有了人格、有了自尊，同时懂得怎样尊重别人，便不会做出剽窃等不端行为。他认为，我国应通过宣传教育，进一步强化科技人员的自律意识，更多地强调每个人的立身之本，使他们的自律不是因为担心自己受惩罚，而是为了使自己成为一个高尚的人。

光召同志经常告诫青年人，在面临压力的情况下，首先要有理想，要矢志不渝地为之奋斗；同时由于很多事情是不以自己的意志为转移的，因此应把挫折当作是挑战，对于自己的改变和失去的东西不要后悔，要保持乐观和自信，努力把当前的事情做好。他还提到自己面对任何事物都保持着平常心，从不后悔什么事情，而是乐于接受组织或命运的安排。但对于自己要做的事情就一定要尽量做好，同时也有一定的思想准备，就是如果做不好就让位给别人来做，这样就不会因为自己做得不够好而感到不安。

2. 呼吁防止科技对人类的危害

在2002年5月我国举办的主题为“科技创造未来”的“科技活动周”前夕，时任中国科协主席的光召同志在接受记者采访时表示，公众不仅要了解科学知识，还要了解科学态度、科学方法和科学精神，明白滥用科技给人类带来的不良影响，以反对有些人惟利是图、利用科技做出对人类造成危害的事情。他提醒说，科学技术犹如双刃剑，科学家首先有责任避免滥用科技。“如果科学的发展增加了社会不平等，自然环境破坏也日益严重，这样的科学不会为人民所接受。”2005年，光召同志在应邀前往浙江杭州和绍兴两市，为杭州市科技学术年会和浙江省科技学术节做学术报告时指出，科学研究成果的应用必须建立在伦理道德和法律的基础上，注意防范被坏人利用。他认为，只有通过普及科技知识、使科学精神深入人心，科技才能真正推动国家的现代化。因此，10余年来，光召同志在全国的近百个城市做了科普报告近200场，充分体现出他强烈的责任感。

3. 建议进一步完善科研行为规范和管理制度

光召同志认为，当前我国科研诚信方面的许多问题，如成果发布、成果署名、数据保存等方面的不规范或弄虚作假问题，与缺乏明确的科研行为规范和管理制度有关。他在2008年11月科技部召开的科研诚信建设工作专家咨询委员会工作会议上指出，过去在科学研究中的一些好的做法，如详细记录项目组的讨论情况、客观评价每位科研人员的贡献、长期保留实验室的日志记录等，现在很多都不执行了，所以造成许多问题。他建议我国进一步完善科学研究中的规范和制度，包括要求在申报项目或公布研究成果时不能言过其实等，从而使这些规范既符合科研工作规律，与国际接轨，也能反映我国的实际，反映我国传统文化中优秀品德的要求。

对于社会上近年来曝光的大量抄袭、剽窃或弄虚作假等方面的问题，光召同志也分析了其深层次的原因。很多人责怪学生因为抄袭、剽窃而使导师受到牵连，但导师在存在抄袭问题的论文上署名，本身便反映出很严重的问题：导师为什么没有发现这样的问题？为什么会在自己没有看过的文章上面署名？这至少说明有些导师没有遵循正确的行为规范，是不负责任的。为此，他建议对这样的导师也要给予严肃处理，同时注意这类事情背后的制度性原因，即有的导师带了过多的研究生；有的导师把学生只当作劳动力使用；还有的导师为学习成绩不好的研究生求情，要求同事给予关照等。他希望导师一定要负起对年轻科技人员培养教育的责任，特别是要做到言传身教。

4. 提出要严肃处理科研不端行为

光召同志多次提出，对我国科技界的抄袭剽窃问题，以及伪造、篡改数据等更为严重的弄虚作假行为，一定要认真处理，并记入有关人员的学术诚信档案。处理几个典型，能够反映出政府部门的一种态度、一种决心。知名人士或项目负责人弄虚作假，他们带来的影响更坏；有关部门和单位要敢于去处理这些人，防止一些所谓的学术权威可以不受约束。他认为，要严肃处理一些科研不端行为可能很难，以前有过一些已被处理的科研不端行为的案例，但对其结果没有完全公布。越不公布造成的问题就越多；越隐瞒造成的后果就越坏。这样会使科技工作者和公众心存疑虑，将来想要扭转出现各类科研不端行为的趋势也会更加困难。他同时主张对于那些由于一念之差而做出科研不端行为的人，特别是青年人，也应给他们改过和继续从事科研工作的机会。

三、锐意创新——光召与科技改革

“中国科学院应为开拓和发展我国的高技术产业、推进科技进步做出重要贡献。应根据其特点和规律，采取与基础研究不同的评价标准和方法、不同的运行机制、不同的管理模式和管理体制，我们把这一基本想法归纳为‘一院两制’。”

（1988 年 11 月在中科院 1989 年度工作会议上的讲话）

“改革是一件艰苦的工作，会遇到重重困难和曲折，在改革中也难免会走一些弯路。但重要的是，改革必须坚持，绝不能退回去。这一点必须向全体同志讲清楚。”

（1989 年 12 月在中科院建院四十周年纪念会上的讲话）

“我们现在面临着中国历史上史无前例的改革。要使我国社会有一个深刻的变化，首先应在观念上变化。

（1988 年在中科院数学物理学部三届九次常委会上的讲话）

“创新是科学发展之源泉，求是是科学之本。”

（1997 年 3 月在第五届中国青年科技奖颁奖会上的讲话）

周光召领导我们进行科技体制改革

胡启恒*

1985年春，《中共中央关于科学技术体制改革的决定》的公布，吹响了中国科技体制改革的进军号。中科院在这场改革中的作为，将受到中外瞩目，具有举足轻重的影响。如何正确理解和准确把握“科技必须面向经济，为经济发展服务”的方针，如何根据中科院的实际情况探索进行改革的途径，规划改革的进程，带领这支功勋卓著的新中国科技大军走出旧体制的局限，以崭新的精神面貌和创造能力，承担起支撑中国经济体制改革的重任，就成为当时关系全院战略全局、关系科学院未来的紧迫任务。

在这个重要的历史时期，时任中科院院长的周光召领导我们揭开了中科院改革的序幕。如果说改革是对一个新世界发现和探索的特殊“战役”，光召就是这个战略行动的指挥员和领军人。

一、观念的转变

光召从改革开始以至许多年以后，一直把转变观念的问题放在非常重

* 中国工程院院士，中国互联网协会理事长，曾任中国科学院副院长、中国科协副主席

要的位置。他认为，改革最大的难点在于改变观念。因为改革的目的是解放科技生产力，也就是充分调动科技人员的积极性，大家一起努力奋斗，探索一条科技支撑经济发展的新路。如果观念没有发生改变，只是被动、消极地等待外界因素来改变中科院，那又怎能充分调动大家的积极性呢？为了把全院思想统一到改革的轨道上来，光召曾经多次在各种场合对科技体制改革的必要性和重大意义进行抽丝剥茧式的分析，与大家深入讨论和解读改革。

“旧体制主要弊病是封闭，人员不流动，孤立于社会、经济的发展和需求之外。研究所日渐老化，经济发展靠引进，这是旧体制的必然结果。中科院如果不趁此改革的大好时机来改变自己，将无法发展下去，甚至要被淘汰出局的。经济体制改革是关乎国家未来的决战，科技体制改革也是关系中科院未来的决战。”

“我们的许多产品是低成本劳动力密集，靠原材料。而世界许多先进产品，劳动力所占成本不到十分之一，技术密集。老路是绝对走不通的。经济和科技如果走不出一条新路，中国的富强就没有希望。改革不是少数领导人的主观愿望。”

二、中科院为什么要进行改革？

在光召看来，中科院的改革从来就不是被动的，绝不是迫于外界的压力，而是中科院自身要摆脱僵化、与社会需求脱节的状态，要焕发青春，追求发展科技新模式的内在要求。“看科技体制改革，要站在国家的高度，把全国、全民族长远利益放在我们自己这一部分人的利益之上来考虑。只有这样才能积极主动地进行改革。”

“科学院要利用科技体制改革提供的机会，向新的道路上发展，才能生存。我们不是消极被动地为了求生存而改革，而是要奋斗出新的事业，在中国建立科技新模式，以科技力量支撑高技术含量、高效益的经济发展新模式，要用事实证明科技对于国家的重要性。”

三、把主要力量动员和组织到经济建设主战场

在倡导“科技与经济结合”，“科技为经济发展服务”理念的时候，光召从科学发展的规律和中科院的实际出发，强调要坚定不移地走改革的路，提出了旗帜鲜明的办院方针，“把主要科技力量动员和组织到为国民经济服务的主战场，同时保留一支精干的队伍进行基础研究和高技术创新”。对于基础、应用、开发3类不同性质的科技工作，光召从来把它们看作科技整体中互相联系、衔接又各自具有不同内在规律的组成部分、阶段和元素，是从科学发现、技术创造发明，再到形成新的生产力这个长长的复杂的链条上紧密相扣的环节。

首先要对基础研究给予稳定支持，保持一定比例，保护基础研究的稳定存在与发展；作为中科院的应用和开发工作，则是提倡在深厚的基础研究积累之上，选择有市场前景的、创造性的成果，力求实现其产业化，服务于经济发展，并特别着眼于促成外向型高技术产业的发展。进行科技体制改革的主导思想是：主动、积极、进取的精神状态。

主力上主战场。主战场包括两大部分：资源环境，农业；技术密集、在国际市场上有竞争力的高技术研究开发及其产业化。保持一支优秀的队

伍，继续从事稳定的基础研究和重大科学工程，包括跟踪国际先进水平。“科学院要动员主要力量投入主战场。大约3/4，直接或间接为经济发展和社会现代化服务，同时保持20%～25%从事基础研究。”“基础研究要精干化，维持现在的规模，使队伍进一步精干化。”“3/4中大约1/2以上承担国家攻关，包括资源环境和生态，以及农业。另外一半承担横向任务，与工业界联合，首先要争取进入国际高端市场。”

四、中科院要为国家做大事

“改革的目标是调动知识分子积极性，创造我国既符合科技工作自身规律，又符合中国实际的、合理的科技工作新模式。”对于新的科技发展道路，新的模式，光召曾做了深刻的分析，提出创造性见解，并进行阐述。

“模式的改变要有一个长期摸索的过程，处于过渡之中，没有必要先入为主提出固定的模式。为了探索新的道路，现在要提倡与工业结合，但是未来的科学院必须与工业部门拉开距离，研究科学和经济发展中前沿的问题，偏于基础的、有提前量的问题。从基础到实用，必须很快转移，也许是连人带技术转到工业。工业的新问题再反馈到研究所来。因此，科学院的研究所应该是开放的、人员双向流动的、自然科学的综合研究中心，从这里可以不断产生新型的产业。美国许多高技术集团的创业者是学者出身。我们中国缺乏这样的人和企业。在综合研究中心的外围要有一批高技术企业，企业中可以有研究所，也可以与科学院的研究所合办。”

“研究所要在争取院外任务基础上适度放活，拥有一定的自主权，提高动力和活力，发挥对国家的咨询作用，并逐步成为开放的、流动的、全国的科学院。”

“综合研究中心是跨学科的。目前研究所的形式需要变革，要大大加强不同学科的人员之间的联系与交流。许多重大项目需要综合，要组织科学院最优秀的力量，打破研究所的界限。”

“从世界范围看，现代高技术的发展已经脱离学院式的道路。从市场出发，开发前沿技术，形成产业；科技进步与社会经济发展互相推动，良性循环。科学院必须认清形势，下决心去走出一条路。希望有一批优秀的科技人员出来做这件大事。旧观念认为只有不合适做科研的人，才去做开发，这是一个必须打破的、陈旧观念的壁垒。”

“要使做各种工作的人，每一个为科学发展做出贡献的人，在科学院都得到尊重。改革中要注意保护从事各类不同性质工作的人员的利益和积极性。科学院不是纯而又纯的，各类工作有不同的价值观和精神支柱，当然也应该有不同的评价标准和激励机制。”

“旧体制下不重视向产业的转化。今后要有许多联合体，奋斗出立足于自己新技术的新型企业。这些联合体在科学院的外围，反过来支持科研。如果不能建立这种新的体制，研究开发部分与专门从事基础研究的科学院脱离，那不一定是最好的模式。应该力争把基础、应用和开发有机地组成一个整体，人员双向流动，科研从企业得到经济上的支持和信息的反馈。”

“只是承担不计成本的军工任务、不计经济效益的国家攻关项目，很难发展出良性循环新模式。只有在研究和开发的过程中，在发展新技术的同时，认真考虑规模化的问题，以及工业化以后的经济效果，才能带动产业和经济进步。”

五、一个整体，两种价值观

光召曾多次明确地指出，观念的转变需要一个过程，不可能一蹴而就。他多次要求院和所的领导层要认真讨论，是否要坚定不移走出一条符合科学规律，也符合自己实际的科技发展的道路？在改革的实践过程中，他不断地、反复地、精辟地阐述对于改革的深刻理解，强调全院思想的每一次统一，都是对工作的大的推进。要以积极主动的态度进行每个所的改革。所领导班子必须同时看重两种价值观念，调动从事两种工作的积极性。

这里说的两种价值观，就是主战场和稳定的基础研究；主战场上又分为资源环境和农业，高技术及其产业化这两块。也就是“一院两制”。这是在改革过程中对当时中科院实际状况和模式的描述。

光召还曾对这个提法做过比较深入的探讨。他说：“科学院一院两制的根本原因，在于当代科学与技术发展的动力，来自两个方面：一个是实验室基础研究的重大突破，形成大产业；另一个是市场的动力已经越来越深入到产业的前沿，也就是说，大公司从事基础前沿研究的动力日益增强。中国科学院过去只是重视科学本身的推动，以及公益性质为主的国家任务，包括军工、攻关等。这是科学院发展的主要动力。而未来的科学院，要在商品经济环境中为经济建设服务，在科学本身的推动力之外还需要增添市场的动力，通过另一种机制来推动研究工作。今后，更强大的动力可能是来自经济建设的战场，通过另一种机制来推动。这并不等于说，一个机制是研究，一个是开发。因为从公司里完全可能发展出重要的研究力量；而研究所必须很快转移其新的发现和创造，形成新的产业，获得新的推动力。科学院的一制可能是产业及其研究开发；另一制则是重大的基础研究，以及主要从科学价值或社会宏观利益出发，主要由政府支持的研究开发。”

六、振兴中华，科技催生高技术产业群

光召在科技体制改革中一贯强调的思路，绝不是仅仅以“求生存，谋发展”为目标，而是立意高远，要为国家做大事。什么样的大事？振兴中华，使中国跻身于世界一流强大的国家，一个不可逾越的阶段是我们必须拥有发达的高技术产业群；必须以技术含量高、拥有自主知识产权、效益高、驰骋于世界市场的现代产业，来逐步改造我们主要以廉价劳动力换取外汇的粗放经济。在这个伟大的转变中，科技界，特别是中科院，责无旁贷地应该做出历史性的贡献。

他的这些见解，伴随其清晰、严密的条理和逻辑性，以一颗热情奔放报效国家的赤子之心，一个伟大科学家深深的历史责任感，在多次会议和报告中阐述透彻，震撼人心，鼓舞着我们的斗志，感召着我们全院大批有志之士，在科技体制改革这个千载难逢的历史机遇中，沿着他指出的方向，奋勇前进。

七、倡议成立“科技促进经济发展基金会”

在改革过程中，光召亲自倡议并促成了国家经贸委与中科院合作建立的“科技促进经济发展基金会”，在一个时期内，为初创的高技术外向型小公司解决一部分小额贷款。他还主持了与许多地方经济部门、企业和大学

的交流与合作。例如，中科院曾向山东派遣培训师资的讲师团，在一个较长时期内稳定地与地区企业开展交流合作；中科院还曾与浙江大学合作，在一些新兴学科领域合作培养研究生，成立联合实验室，与摩托罗拉合作建立研究中心，等等。这些措施使中科院的活力在改革过程中不断提升，人们对改革的认识、参与改革的积极性和自信心也明显提高。

八、世界市场导向改变进口替代的战略
——初创中国的科技工业园

1986年，光召指出，尝试创办科技工业园区，是科技体制创新模式应该考虑的一件重要事情。

“世界各地都有一些成功的科技工业园区。例如，硅谷、新竹、筑波、麻省理工学院、剑桥大学附近的科技工业园等把科技力量、新的思想及创造与工业力量相结合；不一定是最高的技术，也可以与引进的技术结合，针对国际适用的技术产品，利用外资，以开拓国际市场上有竞争力的产品为主。”

“国内市场广大，是我们的工业不能进步的重要原因，粗放的生产和粗放的产品能够生存。一些企业开始打到国外，领悟到了提高质量和技术含量的紧迫性，工作才开始有了转机。”

“科学院如能创造一批有能力在国际市场上竞争取胜的高技术企业，比创造经济效益更有意义。科学院要欢迎五湖四海科技人才到这里来，团结一致从事一项新的事业，走出一条新的路。因此，创办科技工业园的方针很重要，甘冒风险，带动更多的科技人才，开拓与工业结合的道路。”

担负起市场化体制改革试验区的重任，是科技园的另一项使命。事实上，科技体制改革中赫赫有名的中关村一条街，就是最早的科技工业园区。许多市场经济和高新技术产业发展所需要的局部政策环境，在产权制度、分配制度、劳动人事制度、现代企业制度等方面，中关村走在了前列，在国家政策法规还未正式形成并出台之前，就已经通过特事特办等非常措施先期实行。中国第一家不核定经营范围的企业，第一家自然人与外商合资的企业，第一家有限合伙投资机构，都诞生在中关村科技园区。

中科院试点创办深圳科技工业园，也得到了国务院财经领导小组的支持和肯定。财经领导小组也完全接受了光召提出的一些重要的政策建议。1988 年 1 月 18 日《参考》清样上登载了光召提出的建议，“根本问题是要用世界市场导向来改变进口替代的战略。”小平同志批示，“是个非常重要的建议，请你们注意一下”。光召还提出：“为了进入世界高技术产品的市场，我们在国外受过教育的留学生，在外国法律允许的范围内，能够了解科技信息、金融信息和市场渠道。有一些人，留在当地也能为国家做贡献，相当于为中关村，为深圳科技工业园，在国外建立了桥头堡。”财经领导小组认为，这些建议，包括深圳工业园，都是中科院提出，中科院首先在做的，这些工作，今后就交给中科院来做。在中国科技工业园的发展历史上，中科院留下了第一代探索者深深的足迹。

对于中科院从国家最高领导层获得的充分肯定和支持，光召采取了极为低调、冷静的处理方式。他告诉大家，对这些事只在领导层学习，不传达，更不许宣传、登报，要作为纪律来执行。他说：“这只是说明国家对科学院的高度信任和期望，以及对科学院多年来改革所作的努力给予的充分肯定。人民殷切的期待，使我们感到与应该做的还有很大差距。我们需要头脑冷静，埋头苦干，利用较好的外部环境，把自己的工作做得更好，不要辜负了人民的信任。”

“我们不过是起步早了一点。现在中关村很神气，还有深圳。中央正面讲了这些以后，国内各单位会一哄而起，国内竞争会大大加剧。我们要立足于更远大的目标，不管别人怎么说，相信科学院这支队伍，为人民做一番大的事业。逆水行舟，不进则退。我们一定要造就一批有国际声誉的研究所，一批有国际声誉的企业。”

九、提出发展外向型高技术产业的政策建议

1987 年 11 月，为了加快中科院改革的进程，为了更有效地支持这一支队伍去奋斗外向型高技术及其产业，光召在精心研究中科院的实际情况后，向党中央、国务院提出了几项重要的政策建议：中科院经费财政单列；中科院出口中科院各研究所创造的技术和技术产品，给予退税和创汇留成优惠；大科学工程的运行费；中科院具有外向研发能力的研究所，经审批同意后给予进出口许可证。这些建议得到了党中央和国务院的理解和批准。当时，我国外贸只占工农业总产值 10%左右，1987 年还有外贸亏损 200 亿元。现在中科院自告奋勇，只要给予进出口许可、高技术外向型产品和技术出口政策，不要国家补贴亏损。对于这样的政策支持，国家还是愿意给的。此外，光召还为中科院争取得到世界银行贷款的政策。这些政策对我院的体制改革是极大的鼓舞和最实际的支持。这些政策实行了一段时间后，国务院将科技出口创汇留成的政策从中科院扩展到经过审批的一些工业部门研究所。于是，一些有条件的研究所，也逐步实行“外向高技

术”战略。高技术开发及其产业化的积极性高涨，效果明显，中国科技界的改革热情、自信心和活力大增，这浪潮从中科院扩展到院外，成为我国科技体制走向新模式的一段重要的历程。

十、光召亲自把王震西“推下海”

在科技体制改革大潮的推动下，在光召远见卓识和人格魅力的感召之下，确实有一大批年轻有为的有识之士，勇敢地走出了“象牙之塔”，去为创办高技术企业探险、开路。其中最成功、影响最大的代表首推联想集团和三环公司。

中科院物理所当时在稀土永磁材料这一方向上有积累了十几年的、系统的基础研究工作。1983 年，物理所与日本住友同时在稀土永磁材料研究中获得突破，成功开发出钕铁硼永磁材料。1984 年，物理所有关实验室拿出的材料性能已经超过许多国家，赶上了美国和日本。在按照常规进行成果鉴定的同时，光召亲自找学科带头人王震西谈话，与他讨论，引导、鼓励他走出实验室，去开拓新一代稀土永磁材料产业化之路。1985 年 4 月，光召亲自决策，正式组建中科院三环磁性材料公司。4 位研究人员走出实验室，从调查稀土资源开始，走上了一条艰难曲折、波澜壮阔、充满挑战和不确定因素的创办外向高技术产业之路。

王震西院士后来曾多次动情地回忆这段往事。他告诉我，那是在一个午饭的时间，光召端着饭盒，与他细细地谈心，用他“为国家做大事”的激情，沸腾了王震西心中的报国热血。

在王震西的领导下，他们克服了一个又一个艰难险阻，研究骨干们从一介书生转变成科技高技术企业的领头人。三环成功实行了研究、开发、生产和出口一体化，取得了国际质量控制机构的承认，用世行贷款建设起来的三环质检中心获得确认其权威性印章；他们还对一些世界知名的永磁公司实行了成功并购。十多年后的三环，已经成为高端永磁材料世界市场占有率仅次于住友的优秀的大企业集团，在世界许多地方设有生产和科研机构。

联想和三环的成就，证明了，在这风云际会的改革机遇中，中国的学者和科学家可以成功创办中国的高技术企业。在体制上走通这条道路的意义，远远大于他们创造的产值和利润。他们的成功，成为中国科技体制改革中的佳话，堪称中关村一条街的旗帜和骄傲。他们的成就，促使科技界的观念发生改变，也鼓舞了更多的有识之士，走上“为中华振兴做大事”的道路。

十一、年轻人是我们的希望

光召对青年科技人才寄予厚望。人才问题，始终是光召最关注的，尤其时刻挂在他心上的，是对年轻优秀人才的保护和支持。光召在各个时期一贯把支持年轻人才看作最重要的任务。他说，中科院历史上具有的一个传统优势，就是执行知识分子政策比较落实。他希望中科院成为真正尊重和爱护人才、特别是年轻优秀人才的地方。要把青年科技人才的培养作为职责，支持年轻人承担重任，使他们的才华得以展现。

1988 年以来，对于一些留学人员滞留不归现象，社会上一时议论纷纷。光召以其科学家的远见，预见到国家需要紧跟世界科技发展的步伐，要为年轻人铺就顺利的求学道路，创造良好的科研环境。他非常明确地提出，政府有关部门要给中科院放权，能够审批一定数量滞留海外的人员，允许其延长护照有效期。随后一段时间，在压力日渐增大的情况下，中科院又率先提出了“欢迎回国，来去自由”的开放政策，表达了对海外留学人员最大的信赖和尊重。在多少次为即将远行的学子们送别的时候，光召满怀深情地谈起当年出国求学的经历，深情地勉励他们勤奋学习，增长才干，殷切希望他们像老一辈科学家一样，以赤子之心报效祖国。

20 来年过去了，事实证明了光召当年的正确判断，年轻的科技人员怀着壮志出国，勤奋学成之后，具备了相当的科研能力，一定会为祖国科技事业施展才干，成为国家的栋梁之才。即使他们在国外生存下来，闯出了一片天地，也会成为站立在国际科技领域的桥头堡，为世界科技的发展、中国科技的腾飞做出贡献。

以上这些个人的片段回忆和追记，也许不免有不够准确之处，更不可能全面反映光召在中国科技体制改革中的建树。有幸在科技体制改革这一伟大的历史时期，作为曾经追随光召、参与和见证中科院体制改革的一员，我深信，光召的远见卓识，他所做出的贡献，他的精神和风骨，将使中国的历史铭志不忘。因为，中科院的历史、我国科技事业的历史，确已因为他而改变。

周光召院长与联想的成长

柳传志*

周光召院长改变了我人生的道路。

1984年，我40岁，在中科院计算所做助理研究员，当时的一个主要感觉，就是觉得憋得慌。打倒“四人帮”以前，成天讲阶级斗争，大家都没什么事可做，干着急。打倒“四人帮”以后，大家都一心想好好干活了，但是忙来忙去就是出成果、评奖。当时，我也参加了几个大项目，都有成果获奖。可评完后还干什么呢，就是写论文，提职称，把已研制的机器放在一边，再做一台新的。我就为这个觉得憋得慌，就是想弄明白，我们做出科研成果到底能对国家起什么作用？

就在这时，周院长发出号召，鼓励科技人员办企业，推动科技成果转化为生产力，促进经济发展。我听了以后，积极地做出了响应。我记得当时院里有好几位同志要下海，其中有一些是院长动员去的，但我是自愿去的。

我当初办企业，动机很简单，主要是觉得憋得慌，特别想试试自己到

* 联想控股有限公司董事长兼总裁

底能做什么事。但是真办起公司后，才感到绝非易事。当时计算所给我们投资了 20 万元，我带着 10 个同事在一个原作为传达室的房间里创业，不到两个月竟被人骗走了 14 万元，就是因为什么都不懂。

一开始，办公司的难度是要搞清楚自己的优势在哪里，怎么在市场竞争中找到立足之地。但还有一个更大的难度，就是当时正是计划经济向市场经济转型的时期，有很多环境的因素，是企业不能左右的。比如，我们是科学院的企业，听起来应属国有，但是实际上又不在国家计划之内。这样，我们就拿不到生产批文，拿不到外汇额度。我们虽是做计算机的，但当时的零部件、元器件全部要靠进口。没有外汇额度，只能到黑市去买，所花成本远远超过计划内的企业，而且按相关规定还属非法，要冒一定风险。进口没有批文，也只能靠打擦边球买走私货，这同样有很大的风险。所以，当时像我们这类企业的生存真是非常不易。

在如此艰难的情况下仍坚持要把公司办下去，我就是想挣一口气，想挑战人生，想试试自己的能力。计算所的一些老同事肯跟着我一块儿艰苦创业，主要是我主动多干少取，他们信得过我。但是，又是什么在支撑着我、能顶住这一口气呢？就是因为前面有一杆旗，这杆旗就是周院长的话。

周院长鼓励我们说，你们这么做实际是国家改革开放的一部分，是我们国家技术改革的重要突破口。

有一杆旗非常重要。有很多时候，遇到很困难的事情，要坚持下来不容易，你会问自己到底图什么呢？当时办企业不仅有商业风险，还有政策风险。

我举一个政策风险的例子。1987 年，我们第一次实行销售承包制。公司做销售的同事那一年做得特别好，到年底，奖金竟然高达 6000 多元，大约相当于月工资的60倍，而且他下面的同事还都有奖金。这是好事，但也带来一个很大的麻烦，因为当时国家有一个政策，只要奖金超过了3个月的工资，就要交300%的奖金税。公司如果把奖金发了，再按章交税，一下子几十万就出去了，公司前一年就白干了。所以我们就研究该怎么办，一共有3条路：第一，就是奖金照发，税照交，第二年发展就要受到很大影响。第二，就是和大家说，情况是在不断变化的，没有想到你们做得这么出色，我们以后再慢慢发。这样办公司，威信就会受到影响。第三，就是中关村比较流行的不规范的做法，拿支票换现金，不记账，税务局查不着，奖金发也就发了。当时我们大着胆儿选了第三种做法，把奖金发了。第二年，东窗事发，我们换现金的那个广东单位出了别的事，追查到我们这里。为此，我受到了所里面严厉的批评，同时罚了我们款。今天，我之所以还好意思把这件事写出来，是因为现在的政策早就变了，那个税本来就不该收，不是真正能促进国家发展的税收制度。

公司再往下做，又有了大批的年轻人不断进来。为了适应公司的发展，必须完成新老交替，各方面待遇都要符合市场的要求，于是激励就成了一个问题。这个时候，又是周院长给我们先谈到关于股份制改造的事。即一个国家没投什么钱的高科技企业，怎么能够让企业的管理者、科研工作者真正成为这个企业的主人。当时实际上做起来有困难，因为院长想给我们股份也给不了。中科院虽然是公司的唯一股东，但是真正有管理权限的是国家的国有资产管理局，而且当时国家根本没有相关的政策可以参照。在这种情况下，院长召集我们讨论，想出了一个非常好的方法。当时，是请严义埙副院长给我们谈的，就是说你们表现得很好，中科院作为股东不能给你们股份，但是可以给你们奖励，每年利润的35%可以作为分红权奖励给公司。这样，我们就先得到了35%的分红权，拿到手以后，没敢把钱真发下去，因为数量挺多，发完了不知道后面会不会有事。我们只在内部进行了名义上的分配，又把这笔钱继续投到运营之中。一直到了2001年，时机成熟了，在中央领导同志的亲自关心下，联想有了进行股份制改造的机会。股份制改造的方案，是可以给员工35%的股份。这部分股份要按公司净资产值来算出价钱，打一个折扣后，让我们自己拿钱去买，即使是打了折扣，也有3个多亿。如果不是当年把钱存在那里的话，根本买不了。所以，后来我们就用历年分红积攒下来的钱，买下了股份。

现在，很多国有企业股份制改造之所以难，难在一动就有人说国有资产流失，而联想的股份制改造是员工拿真金白银买的，所以就不会有问题，当时如果没有超前的想法，没有及时抓住机会推进，也不会有现在这样的结果。今天，中科院在中关村的企业中股份制改造真正做得彻底的还是联想。如果没有这一步，联想肯定不会有今天的发展。为什么呢？早期跟我一块创业的老同志，吃尽了千辛万苦，工资又很低，就像一个园丁一开始浇水施肥，到了果子熟了，说没有你什么事了，换别人干吧，这于情于理都说不过去，企业也办不大。如果有了股份制改造，就不一样了，就可以说你们都是老园丁、好园丁，但现在树林子大了，一定要请更多的新园丁来，等到苹果熟了，先摘一筐给你们送到家里，行不行？老同志都说行，于是就把位置让出来，让给年轻人来做，这才有了今天的联想。

联想在战略上的发展是一环扣一环的，如果没有真正的事业心，没有主人意识是做不到的，而要让管理层有事业心，长期的激励机制是重要的前提之一。所以我觉得，周院长作为一个理论物理学家，他看问题的高度远远超出了科学家专业的范围，这种深邃的思想在企业发展中起了重大的作用。

90年代初，我们把联想办到了香港。那时候，周院长经常出差到香港。我忘不了与他的一块散步非常愉快幸福的时刻。我们在散步中谈了很多很多问题，谈计算机行业、谈企业发展、谈企业管理、也谈人生目标、谈社会责任。当时周院长谈的很多东西，其实我未必真的都理解，有的还在心里说，这些事还早着呢，但是后来很多想法，真的是一步一步实现了。

当时，周院长和我讲了一件事，说70年代左右的香港也是挺乱的，人们随地吐痰，公共道德很差，但是汇丰银行在香港率先做了个好样子，人们服装整洁，行为举止规范，起到很好的示范作用。一个企业做好了，能够带动一个社会，联想应该有远大的目标。当时我心里想，那个远了去了，还早得很呢，但是今天看来，真是非常有远见。联想不但努力担负起自己的社会责任，而且有了一定的社会影响力。我们不但要把自己的企业做大做好，按章纳税，提供更多的就业机会，到海外去的中国员工确实要注意商德，而且要在公益事业方面加大投入。这些我们逐渐地都在做，而且做得还不错。

另外，我记得周院长有一次和我谈起文化问题，说基督教、佛教、伊斯兰教等不同的宗教对不同的民族的影响是那么深远。他走了以后，我反复地体会，一种文化确确实实对一个民族的影响是深远的，一个文化对企业的影响更加明显，所以后来联想就特别注意了关于企业文化的问题。今天，我觉得联想是能够把“企业利益第一，求实进取，以人为本”作为核心价值观的一个真正有文化的企业。

今天的联想，由当年20万元、11个人，变成了一个有170亿美元营业额、3万多员工（其中有1万多人是国际员工）的企业。这些年来，联想累计给国家上交税收有 100 多个亿，中科院在公司里面占了 65%的资产，属于中科院的净资产应该讲也是有 100 多个亿，除此以外，分红就分了十几个亿。我觉得联想离我们的要求还差得很远，但是我相信周院长会很欣慰，因为我们后面还会继续努力。

现在，我确实工作很忙，但是每每出现问题的时候，老是想跟周院长谈谈；每取得一点小成绩的时候，也很想跟周院长说说，让他高兴。

周院长指引了我人生的道路，我会永远以周院长作为榜样。

周光召在中国科学院的改革探索

曹效业*

光召先生在中科院的改革，大体可分为3个阶段。第一阶段，他任副院长期间，按照领导分工和院党组的委托进行的改革探索和思考中科院的总体发展问题。第二阶段，他就任院长初期，以提出新的办院方针、推行“一院两制”为主线。第三阶段，自20世纪90年代起，随着方针、体制问题的确定，光召先生的主要精力集中在人才方面，着力解决中科院队伍的“代际转移”问题。

一、早期的改革探索

1984年，正在欧洲游学的周光召先生奉召回国，旋即被任命为中科院副院长。与20世纪60年代主动要求回国参加原子弹研究不同，这次出任中科院副院长，多少有些不情愿。据时任钱三强先生秘书的葛能全回忆，在钱老的办公室，三强先生与光召先生就此事谈了很长时间，出来时他看

* 中国科学院副秘书长

到光召先生的眼圈都有些红。几年后，光召先生与笔者谈及，当年他在杜布纳联合核子研究所已经走到了最前面，有些“独步武林”的感觉（当时笔者曾向他推荐了金庸先生的小说），改革开放后再看，觉得前面已有许多人，他正准备奋起直追……

1984年的中科院正处在风雨飘摇之中，“科学的春天”的光环已经褪色，中国科技体制改革已是山雨欲来风满楼。在中科院流传着一个故事：当时的国务院主要领导指责中科院“不冒泡”，为此卢嘉锡院长拍了桌子，说我头上有两顶帽子：一顶叫院长，你们可以拿走；一顶叫先生，那是拿不走的。

在光召先生任副院长后不久，中科院党组向中央提交了《关于改革问题的汇报提纲》。《提纲》以自责的语气开篇，从中可以看到当时中科院的窘状。《提纲》第一部分开头写道：

> 总的来说，科学院改革的步伐还不大，科研工作中存在的许多问题并未能得到有效解决，例如，科研工作效率不够高，科研水平提高不够快，对解决“四化”建设中的重大科学技术问题，组织不够有力；科研与生产结合的问题没有很好解决，特别是同地方、产业部门和企业的横向联系不够，科研成果转化为直接生产力的进展不快；一部分科研人员未能充分发挥作用，而我们又未采取积极措施促进人才的合理流动；对做出了贡献的科技人员没有相应的奖励政策；机构庞杂，院部又集权过多，管得太实、太死，对方针政策和宏观决策研究不够……

我想，光召先生当时在这样的环境下，从他喜爱的学术研究改任领导职务，一定有一些“受任于败军之际，奉命于危难之间”的感觉。

1984年4月，院党组会议决定，周光召分管数理化局、第二技术科学部、外事工作和大工程项目，并与孙鸿烈副院长一起，协助卢嘉锡院长负责“七五”计划和长远规划以及攻关项目。他做出了一项后来对中国科技体制改革有重要影响的探索——创办开放实验室。这项改革实践，主要是光召先生领导数理化局进行的，龚望生同志有详尽的回忆文章，这里不做赘述。我想，光召先生推出这一改革，一是基于中科院是国家的科学院、全国人民的科学院这一理念，二是借鉴了国际上一流实验室的成功做法，三是从中科院当时的实际出发，院部掌握的资源已经不可能对全院所有的基础研究进行支持，只能选择重点，择优支持。这一改革，对我国建立国家重点实验室系列提供了实践基础，发挥了引领和示范作用。

1984年7月10日，院党组会议决定，由光召先生负责制定基金制改革的方案。当时党组的主要考虑是，这一改革主要是针对院内的基础研究，但在光召先生的方案中，提出拿出一部分经费建立面向全国的科学基金，80%左右支持院外（主要是大学）的青年人。1984年、1985年，先后在有关学部进行了试行，得到我国科学界的一致好评。但是，当时中科院的经费高度紧张，从我国基础研究当时的力量布局看，大学刚刚起步，产业部门和企业研究机构基本不做，主要力量事实上在中科院，因此这一改革在院内受到了很大的阻力。光召先生鉴于此，通过学部向中央提出了设立国家科学基金的建议，这一建议，导致了国家自然科学基金委员会的建立，中科院的科学基金局随之成建制转入国家基金委。当时中央的意见，国家基金委挂靠在中科院，但因某些原因中科院没有接受。

1984年7月19日，院党组会议做出了一项令大家有些惊讶的决定，由光召先生兼任“中科新技术发展总公司总经理”。公司的主要职责，是任免各公司的主要干部，为各公司提供必要的服务和监督检查，实质上是总公司。光召先生是理论物理学家，之前的分工与他的学术经历还有些内在联系，而这一分工对于他则是一个全新的挑战。尽管这一总公司后来并没有注册和正式成立，但据当时在第二技术科学部工作的刘四风同志回忆，当时光召先生以一个科学家的严谨态度，深入基层调查研究，几乎走遍了各个公司和相关研究所。我想，这段经历为他后来有效指导和推动我院高技术企业发展奠定了基础。

光召先生思想深邃，思路创新，做事情又讲究规律，务求实效，任副院长后的改革工作抓得有声有色，在院内外声誉鹊起。1986 年 3 月，院党组会议又给了他一个更重要的工作，决定由他负责“成立专题研究小组，研究在改革形势下，科学院的发展战略与如何进行结构性调整的前景和总战略”。其后，光召先生的主要精力集中到中科院整体的改革与发展上，这是他形成新的办院方针的思想酝酿期。

二、新的办院方针与“一院两制”

新的办院方针中“动员和组织主要力量投入国民经济和社会发展的主战场”的思想，据我所查，最早出自光召先生的一份批示。1986 年 2 月，院办公厅的 3 位年轻同志王平生、周小宁和笔者，向院党组提出了题为“主动出击，率先支持北京市科技发展战略”的建议。当时我们很年轻，像今天的“愤青”们一样，用语比较坦率，如要摆脱被动局面，改变“被迫服务的印象”等，引起了院主要领导的注意，嘉锡院长连写了两个很好、三个惊叹号。光召先生 2 月 24 日就这份报告，给胡启恒（时任中科院秘书长）、侯自强（时任中科院副秘书长）、张云岗（时任中科院计划局局长）等写了长篇批示，指出："加强和北京市的合作对北京地区各所的应用和开发研究工作关系重大。""要想法说服我院各所的同志，不仅院内联合起来，还要和各兄弟部门联合起来，接几项对北京市经济发展有关键影响的项目。要有明显的社会效益和经济效益，这样才可能得到社会真正的、毫无保留的支持，科研工作才能发展上去。"他在评论这份建议不错之后写道："关键还是要把科技人员积极性按不同的工作性质调动到国家需要的不同方向上去。"这份批示是笔者所查到的光召先生与新办院方针思想有关的最早的档案记载，也反映出"得到社会真正的、毫无保留的支持，科研工作才能发展上去"是他的初衷。后来在与北京市方面会谈时，胡启恒同志表述了这个想法，据与会的周小宁、王平生等回忆，她当时的用语是："把主要兵力调动到经济建设主战场。"

新的办院方针思想的酝酿与形成，除光召先生本人外，贡献最大的当数现已不幸去世的张云岗同志。按照院党组"成立专题研究小组"的要求，张云岗同志向党组提出了组建青年咨询小组的建议，笔者查到了1986年10月13日院党组扩大会议纪要：会议讨论了成立一个以中青年为主的咨询小组的问题。我院广大中青年同志对我院的改革和发展问题十分关心，建议成立一个精干的、超脱的，以中青年为主的咨询班子。会议认为，这个建议很好，可以一试。咨询班子的名称定为"院咨询小组"，由嘉锡、东生同志直接负责，张云岗、曹效业同志任正副组长。小组人员可采取短期聘任的办法，挑选几名政治素质好、思想敏锐、有独立思考和分析问题能力、朝气蓬勃的中青年同志组成。咨询小组挂靠在办公厅，有关人事考核和办公、后勤等工作，由干部局、计划局、办公厅负责解决，有关部门给予支持。

据张云岗同志生前留下的回忆录，这个小组是“经卢院长同意，实际上是周光召的支持”。笔者当时年未逾三旬，位不过副处，忝任斯职，实有拔于卒伍之间的感觉。咨询小组的主要成员包括院办公厅的周小宁（时任办公厅副处长）、王平生（时任党组秘书）、林海（时任院团委书记）和干部局朱明安、力学所丁晓良、科学史所陈恒六等，参与活动和讨论的有自动化所马颂德、半导体所王希平、地质所刘小汉、生态中心邹佐军和李欣等。

在张云岗策划下，咨询小组在北京天文台密云观测站组织了一次会议，会议由光召先生主持，参加人员除咨询小组同志外，中国科学院领导有胡启恒、侯自强等，老专家有王大珩、师昌绪，局领导有钱文藻（时任数理化局局长）、刘翔声（时任第二技术科学部副主任）等。会议主要讨论两个问题：一是面向经济，以胡启恒、侯自强主张最有力，并在发言中使用了“主战场”的提法。二是结构性调整，张云岗同志的发言主要谈结构性调整问题，应该说对“一院两制”思想的形成起了重要作用。

会议的第二天，卢嘉锡院长从武汉给与会的钱文藻打长途电话，询问会议的内容。第三天下午，院党组书记严东生同志驱车来到密云，光召先生离开会场迎了出去，两位先生围着密云湖畔散步了有1个多小时。后来光召先生一个人回到会场，讲了三点，一是会议到此结束，二是会后由他和昌绪先生、钱文藻同志向卢院长汇报，三是统一思想、统一口径，会议内容不要外传。这次“密云会议”为光召先生确立新的办院方针、推进“一院两制”改革奠定了充分的思想基础。

1986年底，中央有关领导找卢嘉锡院长和光召先生谈话（严东生同志出访），明确由光召先生担任中科院院长和党组书记。次日，张云岗同志要求我和周小宁、王平生同志到大都饭店集中，不要向单位请假。张云岗同志在回忆录中写道："我组织了一个青年咨询小组，开始起草科学院的改革方案，方案一炮中的，得到国务院主要领导的批准。"这段回忆并不十分准确，事实上光召先生在我们集中的第一天就来到大都饭店，我还清楚地记得他穿了一件深蓝色的短羽绒服。光召先生系统地阐述了中科院改革发展的构想，我们所做的不过就是把光召先生的思想变成精到的文字而已。

这份给中央的报告题为"关于中国科学院进一步改革的请示"，是直接报送当时国务院主要领导同志的。报告的第一段是：

> 中国科学院进一步改革的主要目标是：通过放活科研机构和科研人员，加强宏观组织协调，把全院主要科技力量动员和组织到为经济建设服务的主战场上，促成科研与生产之间的良性循环，同时保持一支精干力量进行基础研究和尖端技术跟踪。

这是有关办院方针的第一个正式表述。中科院的改革请示，由光召先生向国务院主要领导进行了汇报，得到了充分肯定，一举摆脱了中科院不改革和被迫改革的形象和被动局面。在1987年初召开的工作会议上，光召院长在《关于院工作报告的几点说明》中披露了国务院主要领导的部分讲话："按你们的设想搞，方向是对的，方法还可以不断实践总结，……坚持下去，几年内一定能够做出结果。"光召院长接着说，（这）"对科学院的工作创造了极有利的外部条件，对我们是巨大的支持"，当时我们感觉，这不是光召院长恭维领导的套话，确实是中科院迎来了柳暗花明又一村的发展环境。

在其后的几次院工作会议上，对这一表述进行了必要的修改，如将

“为经济建设服务”修改为“为国民经济建设和社会可持续发展服务”，将“尖端技术跟踪”修改为“高技术跟踪”进而修改为“高技术创新”，从改革目标提升为办院方针。

光召院长在中国科学院的改革，以“一院两制”为主线。在社会看来，主要是发展高技术企业，其实光召院长在研究系统和企业两方面都进行了部署。在中科院给中央的改革报告中，提出了“对从事资源、环境、生态、大农业等方面的部分研究机构进行调整，形成若干中心，以加强综合研究能力”，“基础研究和应用研究中的基础性工作，要通过建设国家研究实验室或国家科学工程中心，同高校合办联合实验室等途径，建立开放、流动、联合的新体制”等改革举措。提出“从长远看，科学院将由国家实验室、国家科学工程中心、联合开放实验室和高技术企业集团的研究开发机构组成，形成国家自然科学综合研究中心”的目标。

光召院长上任后，调整了院部机关部门设置，成立了科技政策局，由他亲自分管，张云岗同志任局长，咨询小组的骨干均调到政策局工作。光召院长非常实事求是、讲究规律，他带领我们做的第一件事是读书，地点在周口店猿人遗址，读了一个星期的经济学，读本是一套诺贝尔经济学奖获得者的代表作。在读书过程中，光召院长就中科院改革从规律角度进行了深入思考，感到现在对研究系统做上述大幅度的调整，无论是外部环境，还是内部思想与物质基础都不具备。因此，他不唯本本，提出了“以研究所为基本单元”的改革新思路。在他任院长的 10 年间，这成为研究所改革的主线。实践表明，这一重大决策调整，对各研究所的生存发展起了决定性的作用，才使各研究所顺利度过了经济紧缺的时期，并在竞争中有所发展。中科院这支国家队得以完整地保存下来，为后来的发展打下了基础。

光召院长带领我们做的第二件事，是迅速改善外部环境。他亲自选定周小宁任政策局公共关系处处长。周小宁提出了以中央电视台为突破口的系统策划方案，高质量地完成了任务，不到一年时间，中科院在社会上树立了锐意改革、创新发展的新形象。

光召院长十分关注推进高技术企业的发展，当时院机关设有技术开发局，局长是张宏同志，主要工作由他们进行。政策局做的主要是配合光召院长支持联想集团的发展。一天，周小宁找到笔者，说计算所开发公司的经理是他的朋友，请我们吃饭。我当时负责改革政策研究，急于了解基层情况，就欣然同意了。当时在场的有公司总经理柳传志同志、前任总经理并刚被“提拔”为所长助理的王树和同志以及李勤、胡靖宇、张祖祥等副总经理。这是我第一次认识老柳，他在席间先是系统谈了公司的宏伟蓝图和战略思路，确实令人折服。其后话锋一转，提到现在与研究所有些“小矛盾”，研究所要他们在新加坡投资300万元搞一个磁盘项目，而经过技术和市场分析，他们认为不具可行性。这一问题处理不好，会影响公司的发展和班子的稳定。回来后周小宁和笔者分析，认为计算所公司的事情，涉及“一院两制”改革的最重要的两大问题：一是如何促进企业规模发展，二是如何处理好所有权与经营权的关系。这很有典型意义。为此，我们策划在怀柔召开一次研讨会，请光召院长到会指导。在这次会议上，柳传志、张家林（时任中自公司总经理）等做了系统发言。据周小宁回忆，会议期间他曾问光召院长的看法，光召院长早就洞若观火，说明白了。在其后的多次场合，光召院长要求加快企业规模化发展，理清研究所与公司的关系，并旗帜鲜明地对计算所公司表示支持。在那段时间，计算所公司与政策局过从甚密，其中郭为同志（时任柳传志同志秘书后升任公关部总经理）贡献尤大，我们在一起策划了联想集团成立大会，讨论理清研究所与公司的关系等，加之当时计算所所长曾茂朝同志是中科院为数不多的、积极支持公司发展的“开明婆婆”，很快研究所就与公司就人权、财权、事权及公司对研究所的经济回报达成了共识，联想集团走上了快速发展的轨道。张云岗同志任政策局局长期间，是政策局与联想集团的“蜜月”时期，在此期间，政策局的一些干部如王平生、陈恒六、唐旭东等先后进入联想集团工作并受到重用。

按1987年的改革报告，中科院的长远模式中，并不是高技术企业，而是高技术企业集团的研究开发机构是中科院的一部分。基于这个理念，胡启恒同志提出了“从所办公司到公司办所”的战略，并率先在她曾任所长的自动化所试行，采取的过渡办法是由自动化所吴峰风同志同时担任所长和中自公司总裁。在光召院长离任后，中科院仍按这一理念推动联想集团管理计算所。应该说，这些试验并不成功，因为作为国家科学院的研究所与作为企业集团的研发机构，在价值理念、运行管理和定位上有本质的差别。

三、着力解决“代际转移”问题

进入20世纪90年代，随着方针、体制问题基本确立，光召院长的主要精力集中到人才方面。1992年，光召先生提出要面向21世纪的发展，大力支持青年人才的成长，解决因“文化大革命”原因可能导致的“人才断层”问题，并决定拿出一点经费，对青年人才特别是刚回国的青年人才进行支持。这件事由政策局负责，每年仅有50万元，由此也可看出当时中科院的经费紧缺情况。虽然钱很少，但笔者花了很大精力，与青年科学家们反复论证，支持了一批青年人才，受到资助的包括马志明、李静海、侯建国等，后来成为中科院院士，康乐同志（现任中科院北京生命科学院院长）后来告诉笔者，这笔资助当时对他起到了雪中送炭的效果。经过 1992 年、1993 年两年的试验，1994 年光召院长决策启动了著名的“百人计划”，成为我国最先启动实施、最具影响力的人才计划。在光召同志执政的最后一年多，他委任时任常务副院长的路甬祥担任中科院改革领导小组组长，支持他推出了“全员合同聘任制”和“研究所分类定位”两项重大改革。前者成为后来知识创新工程改革的突破口，后者成为研究所进入知识创新工程试点的前提。

致谢：笔者接到约稿函后，本着“为后世存信史”的原则，唯恐自己记忆有误，曾专门约请周小宁、王平生、陈恒六、丁晓良、朱明安、李欣、刘四风等当时追随光召先生改革的青年同志座谈，周小宁同志提供了张云岗同志生前留下的回忆录和自己的工作笔记。在中科院办公厅档案处、院史研究组帮助下，系统查阅了原始档案资料，在此致以诚挚的谢意！

周光召与《中国科学》和《科学通报》

朱作言*

光召先生自 1984 年 12 月起担任《中国科学》和《科学通报》（“两刊”）副主编，1996 年 6 月开始担任“两刊”主编，2008 年 3 月任“两刊”荣誉总主编。20 余年来，他培育着“两刊”，对“两刊”有着深厚的感情。

光召先生一直十分重视“两刊”工作，为此倾注了许多心血和劳动，并对“两刊”发展一直抱有信心。他根据现代科学强国也是科技期刊强国的历史事实，多次强调我们在科技发展的同时要发展科技出版，要有高水平的科技期刊涌现；要立足国内，走向世界，把“两刊”办成有世界水平的科技期刊。中国拥有世界 1/5 以上的人口，中国对世界科技的贡献，将来应该且没有道理不达到和中国人口规模相适应的程度，而这个程度，就足以支撑“两刊”这样一个国际性刊物，我们对此应该抱有信心。另一方面，我们也要认识到这是非常艰巨的过程，要持续地努力 10 年、20 年，

* 中国科学院院士，中国科学院学部科普和出版工作委员会主任，曾任中国科学院水生生物研究所所长

甚至到2050年。我们需要一批人义无反顾地奉献给这样一个伟大事业。

光召先生的办刊思想十分开放和活跃。关于“两刊”的定位，他指出：“两刊”由中科院和国家自然科学基金委员会共同主办好，因为国家自然科学基金委员会是全国性的，不要让科技界认为“两刊”仅仅是中科院的刊物。“两刊”必须面向全国，要为全国的科技工作者服务，应该为中国的科技界创造最好的刊物。“两刊”定位发表基础研究论文，也要面向国家的重大研究项目，如“973”、“863”等。要依靠广大科学家，鼓励他们把能够代表我们国际水平的科研成果投给我们的期刊。

光召先生多次对“两刊”编委会和编辑工作的重要性给予充分的肯定。在2008年“两刊”新一届编委会换届时，光召先生说：“搞好一本刊可以是人生中的一件大事，特别感谢老一代主编们为办好‘两刊’所付出的辛勤劳动。比如说徐光宪先生，他的精神，我是非常之受感动的。”他还多次提到：“期刊编辑的作用很重要，准确、快速、出色的编辑工作是办好期刊的基础，各位编辑要有信心和雄心。我们要关注从事编辑工作的同志们，应当给予他们各方面的支持。要稳定‘两刊’的编辑队伍。科学院可以想些办法，比如提供专项基金支持编辑参加学术会议等。”

20世纪90年代后期，在“两刊”面临国内外同行竞争走入低谷的时候，光召先生指出：与国际接轨与全球化是趋势，提高科技期刊的国际化程度，寻找国外的编委是一条路。我们的期刊受到SCI的影响，稿源向国外流失，在一个时期之内是必然要发生的，必须经过努力来改变，最重要的是提高自己的竞争能力。这就要主办部门给予经费和政策支持，还需要主编和编辑的共同努力。办刊最终要靠祖国的科技力量，可以考虑将“两刊”放在学部的平台上办刊。借鉴美国科学院的办法，由院士每年推荐3

篇论文，减少审次，即推荐人负责，只有主编的终审。可否在学部主席团讨论一下这个问题。

2005年5月，光召先生和“两刊”各位执行副主编联名提出“将《中国科学》和《科学通报》放到中国科学院学部平台上运作和管理的建议”。建议中写到：“我们建议中国科学院将‘两刊’放到中科院学部平台上办刊，这样做有利于作为主办单位的中科院更有责任和义务直接关注和具体指导‘两刊’的工作，并在政策上给予更多的支持；放在学部平台上办刊，学部可以要求每个院士每年推荐若干篇论文在‘两刊’发表，此外作为学部的刊物，院士们也会主动来关注、关心、扶持这两种刊物；作为学部的刊物，将会吸引更多科研院所和广大科技人员的关注，并愿意把他们部分原创性的高水平论文投向这两个刊物，从而使‘两刊’的整体质量得到提高。‘两刊’已经有一个比较好的基础，加上学部作为其支撑背景，院士和广大科技人员的支持，编委会和编辑部人员的努力工作，我们有信心把‘两刊’办成国内最高水平的国际知名学术期刊。”

这一建议得到了中科院领导的高度重视。中科院学部专门成立了科普与出版工作委员会，以推动“两刊”的改革和发展。2007年5月，学部主席团五届十次会议通过了“关于《中国科学》和《科学通报》改革建议方案”；2007年10月31日中科院出版委通过了“关于推进‘两刊’改革的实施方案”。按照这两个文件的精神，“两刊”改革工作全面展开。

按照“两刊”改革方案，“两刊”编委会进行了换届。学部主席团原本请光召先生担任“两刊”总主编，我协助他负责“两刊”编委会工作。但光召先生表示，刊物发展需要坚持很长时间，编委会需要年轻化、需要活力，因此他推荐我担任“两刊”总主编。光召等老一辈科学家的信任，使我感觉到一代又一代老科学家的宽广胸怀和对“两刊”发展的关心和爱护，同时我也深深认识到自己身上的责任和压力。

一年多来，“两刊”在理事会和中科院学部的领导下，继续得到了荣誉总主编光召先生的关心和指导。我们从 3 个方面对“两刊”工作进行了改革：一是院士平台办刊，就是“两刊”要在中科院学部平台上办，希望动员广大院士，并通过院士去动员全国广大科学家、特别是优秀的中青年科学家支持“两刊”；二是主编负责制，现在各个刊都有自己的主编，主编或常务副主编有责有权决定刊物的发展，而且要制订目标，全力以赴谋求刊物的发展；三是自主办刊，各学科都有各自的特点，各辑要根据学科发展需要自主办刊。我们的目标是在一段时间内能够尽可能地反映我们国家科学研究的主流和总体面貌。为此，各辑主编身体力行，努力争取各学部常委会和广大院士的支持，组建国际化的编委会，广泛联系中青年科学家投稿，并积极争取国际稿源；《中国科学》杂志社认真贯彻主编的意图，走进实验室，主动争取优秀稿源，缩短出版周期，提高出版质量，以改革求发展。一年多来，“两刊”在管理体制、办刊模式、办刊队伍、杂志社体制机制等方面发生了明显变化。

“两刊”和国内其他刊物不一样，它是国家层面的刊物，是国家科技创新体系不可或缺的组成部分。中科院学部把办好“两刊”的事情交给我们，责任重大。我们要像光召先生等老一辈科学家要求的那样，全力以赴，义无反顾地把自己的时间、精力奉献给这个事业，和广大科学家一道，为中国科学的发展办好科学期刊。

周光召开辟了中国科学院的一个新时代

李致洁*

周光召院长是一位杰出的科学家，是我国“两弹一星”的元勋。难能可贵的是他在担任中科院领导期间（1984年3月至1997年7月，在1986年12月前任副院长）极为重视科技成果转化工作，通过启动“一院两种运行机制”提出了一系列有关高技术产业化的政策、措施和主张，开创了中科院科技成果产业化工作的新局面。

一、在科技体制改革中实施“一院两种运行机制”

中科院建院初期就提出了“作有计划的理论及实验的研究，以期赶上国际学术水平”的目标，抓三大重点任务：“一抓尖端科学技术，二抓国民经济的重大科学技术问题，三抓基本研究。”1978年全国科学大会后，又提出了“侧重基础，侧重提高，为国民经济和国防建设服务”的办院方针。可以说，在科技体制改革之前，中科院的主体工作是“攀登世界科学

* 曾任中国科学院半导体研究所副所长、高技术促进与企业局局长

高峰”，“承担国家任务”，“承担国防任务”。

在20世纪70年代末和80年代初的交替时期，中科院面临的外部环境存在一定压力，社会上的一些舆论，甚至一些部委认为中科院在直接推动国民经济发展中作用不够明显，怀疑中科院存在的价值。媒体也在呼吁，科学技术要走出象牙塔，为改善人民的衣食住行服务，“科研要为经济建设服务”。

周光召院长就是在这个时期开始担任中科院的领导职务。这正是改革开放的初期，农村的改革取得了初步的成效，其他领域的改革接踵而至。中央提出，科学技术要面向国民经济建设，国民经济建设要依靠科学技术的进步。

1985年，中共中央出台了《中共中央关于科学技术体制改革的决定》。其精神实质是把应用技术研究推向市场，“促进技术成果的商品化，开拓技术市场”，“改革对研究机构的拨款制度，按照不同类型科学技术活动的特点，实行经费的分类管理”。一贯“吃皇粮”的中科院面临着科技体制改革的巨大挑战。

中科院向何处去、要怎样面向国民经济建设、怎样进行院内改革的问题摆在了周光召院长和他领导的团队面前。中科院的10万科技大军向何处去？

在1985年1月的院工作会议上，周光召副院长提出了“科学院能够生存的是什么呢”的问题，告诫全院：“不改革就没有出路”。院领导下定了决心，要在中科院进行科技体制改革，要走出一条新路。

周院长代表院党组在1987年3月的院工作会议上宣布“院决定从体制上进行改革”，提出改革的首要目标“就是把科学院的主要力量组织和动员到国民经济主战场上去，同时保持一支精干力量继续进行基础研究和高技术跟踪。”（注：后来这个目标演化成为“把主要力量动员和组织到为国民经济建设服务的主战场，同时保持一支精干力量从事基础研究和高技术创新”的办院方针）这就是说，中科院体制改革后，将有两类不同类型的工作：科研和开发，大部分力量要到“国民经济主战场上去”，“一院两种运行机制”的雏形已经显现。到了1988年末，“一院两种运行机制”的模式被完整地提了出来。周院长在1988年11月的院工作会议上讲解院深化改革的战略考虑时说：“这两类工作的性质不同，特点和发展规律不同，价值观也不同。因此，我们必须根据他们不同的特点和发展规律，采取不同的评价标准和方法，采取不同的运行机制、管理模式和管理体制，才能进一步推动这两类不同工作的发展。经过一段时间的酝酿和研究，我们把这一基本想法归纳为‘一院两制’”。

“一院两制”在中科院的历史上是第一次，是科技体制改革的产物，是落实“中共中央关于科学技术体制改革的决定”的具体措施。周院长在陈述“一院两制”的性质时指出：“一院两制决非权宜之计，而是相当长时间（至少到20世纪末）内的基本发展模式。”“研究工作和开发工作目标不同。研究工作的主要目标是认识自然界各种物质和运动形式的规律，解决社会和经济发展中提出的带有全局性、战略性和基础性的科学问题，而开发工作的主要目标是发展商品经济，并通过市场的需求和反馈来促进技术的发展与进步。”“中国科学院实行‘一院两种运行机制’，符合中国的国情，即科技成果如何向生产转化，这在历史上没有解决……”

光召院长高瞻远瞩，看清了科技发展的潮流，总结了科技发展的规律，提出了“一院两种运行机制”的战略，为动员中科院广大科技人员到国民经济主战场去拼搏开启了大门，为他们搭建了施展才能的舞台，推动了科技成果向生产的转化，符合中央的改革方向。

二、在“一院两种运行机制”中为我院高技术产业成长创造条件

科技成果转化，或者说科技成果产业化，或者说高技术产业化，是中科院科技活动中不可分割的组成部分。科技成果推广有多种方式，兴办科技企业（高技术企业）是动员中科院的大部分力量进入国民经济主战场，直接为经济建设服务的良好形式。周院长在1988年指出：“中科院从事开发工作的宗旨，是发挥我们科学与技术的优势，为开拓和发展我国高技术产业做贡献。”

80年代中期，在中国科学院的号召下，由科技人员兴办的科技企业纷纷成立。周院长亲自动员科学家兴办科技企业，王震西就是在周院长动员之下建立三环公司。1984年末，周院长找当时物理所在稀土永磁材料有杰出成绩的科学家王震西研究员谈话，动员他用自己的成果办企业。王震西的科研成果具有国际水平，我国又是稀土资源大国，稀土永磁材料具有广泛的应用领域。周院长把要去美国的王震西说服了，在王震西的努力下，三环公司脱颖而出。经过20余年的奋斗和拼搏，三环公司已成为世界上同行业稳居第二的上市公司，年销售额20亿元以上。

“下海”办公司，对于科技人员来说，是个崭新的领域。公司的运作有其自己的规律。周院长在讲述公司运作时提出，“必须以市场作为导向”，“要选好经理，要明确方向，健全董事会”，“按照现代企业的标准，建立适

应市场经济体制的管理体系，规范企业管理”，“必须有一套正规的现代化的企业管理体制”，“要有健全的财务和管理制度”，“要面向市场加快开发新产品，提高质量，降低成本，扩大市场占有额，进入国际市场”，处理好“所有者和经营者的关系”……这在我国当时是比较超前的认识。

周院长在科技企业的发展战略中，强调最多的是“创新”、“人才”、“规模”。他在访问和视察院内的科技企业时，对企业领导人提得最多的话题就是创新战略，他鼓励企业有了能力之后，要加大研发的投入。周院长认为：科技企业不重视创新，就没有生命力，没有竞争力。

对经营人才和团队的重要性，他说“他们个人的素质、品德、事业心对企业起着关键的作用。但我们也必须认识到，企业要能够不断发展，光靠个人的力量是不行的”。“企业领导者的素质同样也是办好企业的关键。要培养和选拔一批有觉悟、有开拓精神，懂经济、懂市场、懂法律的科技企业家”。

周院长爱护“下海”办公司的科技人员，和他们交朋友，在取得成绩时鼓励他们，为他们高兴；在遇到困难时帮助他们。几乎每年春节前，周院长不论多忙都要抽时间出席企业骨干人员茶话会，一杯清茶、一盘水果，倾听他们创业的苦乐和艰辛。乐秀海是上海技物所的科技人员，“下海”创办了尼塞拉传感器公司，在内部管理、市场开拓、经济效益等方面，成绩斐然。1994年院工作会议期间，周院长找到出席会议的乐秀海，和他谈心，还主动提出与乐秀海合影留念，这对奋斗在为国民经济服务的主战场上的同志是一种多么大的鼓舞。在联想亏损的困难时刻，在柳传志的能力受到怀疑之时，周院长都及时给予了实质性的支持和帮助。

周院长理解奋斗在高技术企业中的同志的辛苦、贡献和对事业的追求，主张对他们要有公平的待遇。他在中科院1993年度工作会议上的总结讲话中说：“但无论如何，在开发战线上的同志的收入要高于研究战线的同志的平均数。这一点，在市场经济的条件下，研究人员应逐步适应这一变化，而不是维持我们原来的观念……”。但他并不认为开发战线上的同志只是为了增加个人的收入，而是响应组织的号召到国民经济主战场。他分析说：“其实一个人追求自己的财富是有限度的，在其生活水平比较低的时候，会比较看重个人的财富，当其生活水平达到一定的程度，如其真有事业心，个人财富就不是他主要考虑的问题，他考虑的是如何做一番事业。”1993年底，周院长和他的领导团队签批了高企局的报告：为了奖励联想员工的贡献，鼓励他们进一步发展，允许联想员工持有35%的股权（注：实施时，按分红权处理，直到2000年才用北京市海淀试验区的“五三二”[①]政策的积累和分红权所得购买了35%的股权）。按照柳传志的说法，这项政策极大地激励了联想员工，给联想以后的腾飞打下了坚实的基础。这个35%后来成了其他企业股改的一个有吸引力和有参考价值的标准。

科技企业在院内普遍开花之后，取得了初步成绩，依靠自己的高技术，有了一定的市场，有了一定收入，个人的奖金也多了起来，一些企业感到满足，表现出小富即安的思想苗头。周院长及时指出，企业应该做大，向规模化方向迈进。他在1993年院工作会议的总结讲话中说：“没有一定的规模，就不可能有一定的资金和开发的力量，它的产品就不能不断地更新，去适应市场的变化，也就没有足够的力量去推销它的产品，只要

① 北京市税务局1990年12月10日发布《北京市新技术产业开发试验区新技术企业财务管理制度》第三十八条规定：“企业税后利润按规定交纳能源交通重点建设基金预算调节基金剩余利润，原则上按50%、30%、20%的比例分配生产发展基金、职工福利基金和职工奖励基金。”

有一个对手出来，就能一下子把它打垮。没有一定的规模，在越来越激烈的市场上将没有竞争能力。没有一定的规模，就不能在社会上为研究所造成一定的影响……”

为了支持企业的发展，周光召院长和他的领导团队决定建立支撑机构。从 1987 年开始，信息咨询中心、科技促进经济发展基金会、东方公司、中国新技术贸易有限公司、中国科技财务公司等相继成立。这些机构在院内企业的成长、发展过程中起了重要作用。例如，联想早年资金紧张之际，成都地奥成立之时，都是科技促进经济发展基金会提供的资金支持。

对于中科院原有的管理体制管理企业是一个崭新的课题。周院长和他的领导团队一直在探寻科技企业的管理形式和内容。1985 年设置了企业管理处（在新技术开发局内），负责院内企业的相关业务；1990 年初设置了高技术企业局；各分院和各所也相继设立了开发处或企业处负责对企业的管理。

周院长和他的领导团队对企业的管理提出了原则：“确保国有资产保值、增值”。在 1994 年度工作会议开幕式上的讲话中，周院长在谈到对企业的管理时强调：“在理清资产产权关系基础上，推广签订投资主办单位与经营者关系协议的做法，规范研究所与企业的关系。在责权利明确以后，要让企业自主发展，自我约束，自负盈亏，形成良性循环。要定期审计企业的经济运行状况，加强对企业的监督。”实际上，周院长是把院和所与企业的关系定位在股东和经营者的关系上，不赞成院和所的企业管理机构对企业进行行政干预。周院长的这些管理思想完全符合国际上通行的现代企业制度的管理理论。

周院长在我国公司法公布之前就提出了对我院企业进行股份制改造的

设想。他说："在经过试点的基础上，全面进行各类企业的股份制改造，除特殊情况外，大多数企业要改成有限责任公司。"1990年夏，经过院领导的酝酿，公布了《关于成立中国科学院控股集团筹备组的决定》（院文（90）科发计字0633号），意在执行全院的经营性国有资产的经营管理。其任务为：资产的管理、资产运行的监督、资产的优化经营3大项。然而，控股集团筹备组只运行了一年多一点，就被撤销了，因为在国务院的会议上，没有被通过。当时出席会议的大多数人，对股份制没有概念，更不知控股集团为何物。令人欣慰的是，2000年12月中科院经营性国有资产管理筹备组成立，经过两年多的工作，2002年4月获得国家体改委的批准，国科控股正式诞生，中科院10年前的战略布局终于实现。

三、我院高技术产业是一簇继续绽放的鲜花

中科院作为促进国家高技术产业发展的基地，除了不断提供可产业化的高新技术之外，由科技人员带着自己的成果兴办高技术企业也是科技成果转化的一条成功道路。

在周院长和他的领导团队领导下，我院高技术产业从无到有、从小到大，取得了骄人的业绩。

周院长和他的团队开辟了在科学殿堂里兴办高技术企业的先河，成长了一批像联想、三环、地奥、尼塞拉等在国内外占有一席之地的优秀高技术企业，这些企业，不仅成功地进行了科技成果的产业化，也为国民经济的发展做出了贡献。据不完全统计，全院企业的营业收入，从1992年的33亿元人民币增长到2007年的1756亿元。16年间，向国家交税超过180

亿元，还提供了 76600 多个就业岗位。

周院长和他的领导团队转变了一代人的思想观念和价值取向，使科技工作者认识到科技成果转化的艰难和其价值所在，在科技成果产业化中，同样有创造性的劳动，同样对国民经济的发展、应用技术的进步有贡献。周院长和他的领导团队使从事高科技开发的科技人员获得了应有的地位和尊重。

周院长和他的领导团队动员了我院一代人走出科学殿堂，一批一批下海创业，在市场的大潮中拼搏，锻炼成为优秀的科技企业家，像柳传志、王震西、乐秀海、李伯刚、张家林、李绍忠、吕晓义、张云岗、周明陶等以及那些在我院高技术企业中埋头奋斗的广大科技人员，还有那些走出了中科院的诸多同志都是在科技成果产业化战线上值得我们尊敬的优秀人才。正如光召院长在 1994 年度院工作会议闭幕式上的讲话中指出的那样："这些同志比如王震西……如留在基础研究战线上，毫无疑问，也是杰出的人才，可以做出非常显著的贡献。"

我国开放实验室建设的开拓者和奠基人

龚望生*

周光召先生不仅是一位杰出的科学家、我国“两弹一星”的元勋之一，而且是我国改革开放之后科学事业高速发展的开拓者和引路人。

一、科技改革的旗手

1984年初，正值我国科技体制改革的高潮，全国科技界一片沸腾。“科研机构不吃皇粮，要逐年削减国家拨款”，“科技人员要下工厂、下农村，走与工农相结合的道路”，洪流滚滚，似乎势不可挡。甚至中科院是否有必要存在都受到质疑。在这种情况下，中科院怎么办？特别是经过30年建立起来的基础研究队伍又何去何从？中科院受到了建院以来最严峻的考验和冲击，全院上下忧心忡忡。此时刚走上中科院领导岗位的周光召同志以他特有的敏锐和魄力告诉全院同志，改革是挑战和机遇并存，我们要勇敢地把握机遇，迎接挑战，并且提出了一系列对后来我国科技体制改革和

* 曾任中国科学院综合计划局副局级学术秘书

中科院的生存发展有着深远影响，具有远见卓识的主张。

（1）中国科技体制改革应在鼓励大多数人走上国民经济建设主战场的同时，保持一支精干的力量从事基础研究和高技术跟踪。光召同志的这一提法为当时科技体制改革的混乱思潮厘清了思路。正是在这一思想的指导下才有了后来我国的一系列高技术跟踪发展计划和基础研究的整体布局，开启了我国科学技术发展的全新局面。

（2）中科院不只是8万人自己的科学院，而应成为全国科学家的科学院，要心怀全局，面向全国，勇敢地肩负起我国科技改革发展的历史使命。此时处在改革迷茫中的中科院人，立刻军心稳定，精神振奋，在以后岁月中，中科院引领潮流，一路先行。

二、国家重点实验室的开创者和奠基人

光召同志当年对基础研究的论述是极其全面而精辟，其核心思想可以归纳为以下几点：

（1）国家没有基础研究，科技发展和经济建设就没有后劲，只有经过严格科学训练的人才才能担当起未来国家建设发展的重任；

（2）基础研究需要国家支持，换句话说，就是要吃皇粮；

（3）基础研究有它自身的特点，即公开性、持续性和成果不可预见性，因此必须创造一种宽松的环境和自由探讨的学术气氛；

（4）基础研究的成果没有国内第一，只有国际第一，因此，要提倡创新精神，要通过人才流动不断注入新鲜血液，并参与国际竞争；

（5）要打破我国长期以来封闭僵化的体制和部门所有制的束缚，探索

一种新的科研组织结构模式和运行机制，把有限的资金用来优化局部环境，支持最优秀的科学家，特别是优秀的青年学者；

（6）建议国家拿出一部分钱来重点建设一批实验室，对外开放；同时极力推动中科院在若干科学前沿领域选择一批条件最好的实验室，对外开放。

光召同志的这些思想在当时科学界引起了巨大的反响，受到普遍的认同和赞誉，为中科院开放实验室体系的形成和国家重点实验室的创建提供了基本思路和指导方针。从 1984 年下半年开始，在国家计委科技司的大力支持和推动下，开始启动我国国家重点实验室建设计划；中科院开始筹建开放实验室，并于 1985 年 8 月正式宣布第一批 17 个开放实验室、两个研究所对国内外开放；与此同时，光召同志提出了著名的八字方针："开放、流动、联合、竞争"。

开放，是指面向国内外开放，即国内外的科学家都可以在实验室课题指南范围内，通过课题申请来实验室进行科学研究，并获得必要的经费支持。同时鼓励国内的科学家，特别是青年学者走出去，积极参与国际交流与合作。

流动，是指实验室的研究人员不是固定的，而是流动的，也就是后来人们所说的，国家重点实验室、开放实验室是"铁打的营盘，流水的兵"。

联合，是倡导部门之间合作共建，鼓励学科之间、同行之间交流合作。

竞争，是引入竞争机制，实行定期检查评议，高标准、严要求，优存劣汰，择优支持，保持活力，不断提高。

正是在这八字方针的指导下，不仅中科院生机勃勃，国家重点实验室建设迅速发展，而且使我国基础研究队伍不断壮大、提高，国际影响日益增强。

三、青年学者的铺路人

周光召先生对于优秀青年学者非常重视，寄予厚望。他主张政策开放，不仅鼓励年轻人走出去，放开眼界，继续深造，而且为他们学成归来积极创造条件。他认为开放实验室和国家重点实验室应该是年轻人发挥聪明才智、成就事业的舞台。在中科院，他采取了许多支持年轻人的措施，包括建立青年实验室、实施“百人计划”、举办各种海内外青年学者联谊会、学术研讨会，建“青年公寓”、“博士后公寓”，直到积极推举、选拔杰出年轻人为院士等等。所有这一切都是为年轻人铺路搭桥，期望他们能够更快地成长，脱颖而出。

本人跟随周光召先生工作12年，深感先生学问精深、胸怀博大、思维敏捷、高瞻远瞩，是领导，更是良师，受益匪浅，感慨良多。如今回首，依旧情怀难释，不忘当年。随吟七绝一首，以明心迹：

负笈从师十二年，深知学问海无边。

不才自愧难酬志，愿效先生启后贤。

与周光召同志有关的几件事

张　焘*

我第一次见到周光召同志是20世纪80年代初，在友谊宾馆北工字楼卢嘉锡院长主持的10人左右的小型会议上，其主题是有关学科发展问题。会后不久，光召就任中科院副院长。从光召任副院长、院长到他离任院长多年，我曾长时间在他领导和支持下开展工作。他在中科院改革中的创新精神与胆略，敏锐的眼光与高瞻远瞩，遵循开放性、整体性的辩证思维方式，善于发现问题、敢于面对问题的勇气，对人才的高度重视和甘当青年学者伯乐的激情，弘扬科学精神、倡导学术民主自由与学术争论，坚持调查、研究、酝酿、实验而后决策的工作作风，都使我甚为钦佩，备受鼓舞，深受启发。下面仅就几个侧面谈谈体会。

一、中科院的改革

1981年初，卢老接任院长，面临中科院向何处去的挑战。作为国家自

* 曾任中国科学院学部联合办公室地学部副主任、科技政策局副局级学术秘书

然科学综合研究机构，很自然要考虑如何面对经历10年“文化大革命”后国家的经济建设、社会发展和国家安全中的急需，如何使中科院科研更上一层楼，再铸辉煌。无疑，中科院应探索未知、创造知识、研发应用和出人才、出成果。在中科院办院方针和发展战略的讨论中，一个主要问题是，中科院是否要把“技术成果，特别是高技术和其整体集成成果商品化，发展高技术产业”。卢院长主持了一系列大小的讨论会。我印象极深的是在怀柔的讨论。光召同志基于对国情和中科院实际、国际科技发展的基本态势、特别是高技术及其产业对经济、社会、国防等影响的认识，阐述中科院发展高技术公司、参与开拓和发展中国高技术产业的意义，也分析了可能发生的问题。经过几年的不断探索与实践，1987年时任院长的光召同志提出了“一院两种运行机制”的发展模式，使其中的“技术开发”直接进入经济领域。这是中科院突破性的战略抉择，实践证明是正确的。中科院发展高技术产业是有基础的，因为有几十年发展形成的多学科厚实的科学知识基础与雄厚的知识应用、技术研发积累和中科院独特的科学文化传统，特别是有支高素质、高水平、多学科、多技术的综合性科技队伍。此外，也有参与国家重大科技工程的丰富经验和办工厂的经历。中科院发展高技术产业，既激励科学院挖掘自己的科技潜力，也为院内各类人才发挥其智慧和创造性提供了良机，为他们的事业选择、展现才能提供了更加广阔的空间，也促进“产、研”相互支持的良性互动。这一战略举措，推进了中科院的改革。

二、复杂性科学

1991年元月初，我们在中关村召开了我国首次“复杂性科学讨论会”，旨在提倡打破学科间的壁垒，采取整体性思维方式，促进学科交叉融合，探索和应用新的科学理论与方法，研究复杂性，以促进科学和经济、社会的可持续发展。会议是在光召院长的支持与指导下召开的，受到老一辈科学家的支持，也得到各学科，包括自然科学和社会科学众多学者的积极响应。会议采用多学科自由讨论方式。光召亲临会议，从开幕到闭幕的5天内，大都留在会场。光召在闭幕会上做了总结，对会议给予充分肯定，并指出，“与会人员踊跃参加，从始到终，场场爆满，讨论极为热烈，说明了会议主题引起广泛的兴趣与共鸣。”会后，在科学出版社的支持下，出版了会议文集《复杂性研究》。

主要出现于20世纪80年代中期的复杂性科学受到中国科技界的青睐，并非偶然。尤其地学界、生物学界，特别是生态学界对它有高度的敏感性。从七八十年代起，许多学者甚感需要整体性思维，运用多学科的综合研究，以面对矿产资源、能源、环境、灾害、气候变化、国土整治、区域开发、城市化、安全和可持续发展等问题。我们曾在1989年把复杂系统及相关系统列为研究重点。钱学森与于景元、戴汝为于1990年提出开放的复杂巨系统及其方法论为新学科领域。从1991年我国第一次复杂性科学讨论会以来，复杂性科学研究在国内外获得大的进展，而且显示出强大的生命力。在我国，复杂性科学成为科技-工程界、经济-金融界、生物-医学界、管理与军事、安全等部门的热点，研究单位与课题组不断出现。除了众多刊物登载大量文章外，还创办了专刊，国家基金委设立了专项研究基金。

光召同志以高度的科学敏感性，密切关注复杂性科学的发展。在许多会议发言中，他都涉及复杂性科学思想。在2003年，他提出要创造知识群体不断进化的自适应、自组织的发展模式。2005年他在科技报告厅做了“复杂适应系统和社会发展”的报告。在报告中，他阐述了“复杂适应系统”发生、发展的科学基础和有关背景，给出“复杂适应系统”的一般概念，总结其基本特点，论述了探讨复杂系统的基本原理。光召指出，高技术产业是复杂适应系统。高技术的快速发展，要求生产关系迅速调整。其技术构成、产出结构、管理模式、运行机制和市场战略，都要随时不断革新和创新。他认为，中国的科学繁荣，必须让科技界形成开放的复杂适应系统。他强调系统的开放程度和内因对系统发展速度和动力起决定性作用。系统的开放性才会使系统具有的内在功能得以发挥，并不断增强，通过突变，跃进到更高层次，不断演化、进化。内因就是和谐互动的人才与集体，包括各个领导层。领导层是关键，要创造人性化、以“科技人员为本”的服务型职能的理念和开放、整体性思维，把精力投向创造吸引人才、培育人才、发挥人才潜力和创造性的条件与环境。不论宏观还是微观层次，每个环节政策要正确、措施要得当、实施要有效。发展是有阶段性的，如有不当之举引发问题，要及时调整、改革，确保系统的正常、快速发展与演化。处于高临界的科技团队，必然有所创新、有所发现。他的思想极大地开阔了科技界人士的视野，拓展了学术思路与方法，注入科研以新的血液与动力。

三、香山科学会议

1993年4月，由我负责的香山科学会议在国家科委和中科院的支持下启动。在开幕式上，与会学者一致赞同香山科学会议的宗旨“创造环境，促进创新”和会议框架与运作方式的构思。光召提出的“让香山科学会议长命百岁”，代表了与会科学家的心声和钱学森先生通过朱光亚先生表示的支持之情。光召担任顾问并为《科学前沿与未来》专著写序。

香山科学会议基于开放、整体性思维，具多学科、高知识层次、多元化人员结构，创造学术交流的宽松环境，弘扬学术自由讨论精神，面向前沿与未来，促进学科的交叉与融合，推进整体性综合研究，并具独特的运作方式。会议提倡学术民主、学术平等、自由思考、自由发表学术观点，鼓励与会学者互相尊重，不分资历、年龄、职务和地位，不受所在单位的约束，独立、自由地参与讨论和争论。新的学术思想火花在学科碰撞中迸发，创新的思想在无拘无束的争论中产生。畅所欲言，充分地讨论与争论，才能揭示本质，逼近真理。

截至2009年5月底，香山科学会议已举办350次，包括与美国戈登会议和国际性会议合作。他得到我国科技界-工程界、高教界、医药界、企业界和管理人士的欢迎，受到中央最高层的关注，得到国际学者与学术组织的赞赏，许多国际著名学者参加了会议。

香山科学会议促进科学创新，如发现人才，激励创新思想，促进新研究方向，拓展学术思路与方法，促进学科的交融与跨学科研究，推动跨学科、跨部门、跨地域科学家的合作，促进重大科技立项和基金申请，促成一些重大工程的启动和一些重点实验室的成立；也为国家科技政策和科技规划的制定、高技术产业发展、“产、学、研”结合与互动，发挥了积极作用。许多学者给予高度评价。例如，在香山科学会议成立5周年之际，钱学森院士在来信中指出，“提倡并实行学术民主，青老平等自由的深入讨论、多学科的自由碰撞，这在我国开创了一个新学风。”张存浩院士讲，在推动科学创新上，短短5年，起了很明显作用。师昌绪院士提出要为科学前沿的自由论坛叫好。陈能宽院士指出，其特色在于协同科学家出人才、出成果、创新风。成思危教授讲，给我们科技界带来清风。路甬祥院士在纪念会上指出，“在中国学术界赢得了独特的声誉，对我国自然科学与高技术研究、发展，产生了深远影响”，“形成独特的风格、文化与传统”，“建设创新文化，带了个好头，树立了一面旗帜。”陈至立国务委员讲，“香山科学会议创办本身，就是一个创举”，“作为基础研究创新思想的重要发源地，作为弘扬科学民主的殿堂，将载入我国现代科技发展的光辉史册。”

光召同志从香山科学会议的筹备、启动到正常运行，给予大力支持与指导。他对香山科学会议宗旨和会议模式的赞同，鼓励并坚定了我们的决心，同时也影响科技政策局全局同志对会议筹备和运行的积极支持。应当指出，在香山科学会议的宗旨和会议模式构建中，我们受到光召思想的启发，如他支持于1991年元月初召开的复杂性科学讨论会的宗旨和新采用开放性、多学科讨论方式；他大力宣扬学术民主、平等、自由讨论，特别是鼓励青年学者大胆发言，提出：“真正做到不怕讲错话，有不同的观点敢于敞开辩论，辩论后还是好朋友，不伤感情。”他大加赞赏敢于在会上争辩的年轻学者，光召也在会上发现不少优秀青年人才。正如他在香山科学会议

5周年纪念会上讲："在中国创造了一个宽松的学术环境，能够让跨学科、跨部门的科学家就科学前沿问题，进行深入地探讨，来促进我们国家在科学上创新。现在高校、研究所也在朝这个方向努力，香山科学会议开了一个风气之先"。

周光召院长引我走新路

王震西*

那是1985年4月8日晚十点半，突然接到中科院高技术研究与发展局的通知，让我次日中午12点半到周光召院长办公室开会。凭直觉，我感到这将是一次重要的人生抉择。

第二天中午，光召同志一边吃着从家中带来的蒸热的盒饭，一边听取我有关新一代稀土永磁材料——钕铁硼合金的研发进展的汇报，近两点还未能结束。下午6点下班后，又接着谈到晚上近9点。最后，他做出了重要决策，指示我们要充分发挥我国丰富的稀土资源的优势，以全新的体制、观念和运行模式，将院内力量组织起来，以打入国际大市场为目标，加快步伐，走一条科研—生产—开发—市场营销一体化的新路，争取创造出中国自己的稀土硅谷来。

说真的，当时对走这样一条全新的路，我完全没有思想准备，我是被引着、带着、推着“上梁山”的。回想起自己1964年从中国科技大学毕业后，随孟宪振老师开始研究磁学；1973年又由施汝为、章综院士推荐，选

* 中国工程院院士，北京中科三环高技术股份有限公司董事长

送去法国，在诺贝尔物理学奖获得者奈耳教授指导的实验室研究稀土和非晶态合金的磁性；回国后，在科研上也做了一些工作，成为第一批越级提拔的青年骨干；美国、法国、加拿大等多家实验室已相继邀我去工作……这是一条自己熟悉又顺畅的道路。反之，跨出中科院的高墙大院去筹办公司，干一件自己完全生疏的事，得从头学起，又苦又累，责任重大，又冒风险。两难的选择使我连续几个晚上都彻夜难眠，像伍子胥过昭关一样，竟然都熬出了人生的第一片白发。

总算犹豫着上路了。创业的道路充满着艰辛，一路跌跌撞撞。但在光召同志的鼓励和支持下，我们坚持走了下来。

1985 年 6 月，他就指示我们亲赴江西赣南山区实地考察离子型稀土矿藏的开发情况；

1987 年秋，他委托胡启恒副院长主持中国第一条年产 30 吨级钕铁硼磁体的工业化生产线在宁波小港开发区正式投产；

1987 年冬，他又陪同温家宝同志视察了仅有两间 20 多平方米的三环实验室，温总理在事隔 20 年后视察中科院物理所时还专门回顾了这件事；

1988 年春，他将我在中科院工作会议上的一份普通的体会发言报送中央，得到中央领导的批复肯定；同年秋，他亲自参加了在香山召开的第一届三环稀土永磁发展战略研讨会，为中国钕铁硼产业的发展制订了蓝图；

1989 年秋，他和院党组推荐我作为三环的代表，出席全国先进工作者大会，登上了天安门国庆观礼台；

1990 年，他又批准我们和美国通用汽车公司及日本住友集团开展钕铁硼专利协议的谈判，历经两年半的艰苦努力，终于达成协议；1993 年 4 月，他亲自出席在人民大会堂举行的签字仪式，并会见了住友特金株式会社社长冈本雄一，使三环公司成为第一家拥有产品出口权的中国企业，为产品大规模进入国际市场奠定了基础。

1991年春，公司派赴欧洲留学的年轻副总裁胡伯平取得博士学位后携全家回国，光召同志利用在中关村第一招待所召开中科院工作会议的休息间隙，上午十点半钟亲自赶到三环公司接见他，勉励他，使一大批青年骨干受到鼓舞，先后汇入三环的队伍，成长为公司发展的中坚台柱。

这样的事例，一桩桩、一件件，不能一一列举，虽已过去多年，依然历历在目，铭刻在我和所有三环人的心中！

经过近25年的艰苦创业，今天的三环已发展成集科研、生产、开发、市场一体化的年产过万吨、厂区面积达30多万平方米的中国最大、全球第二大的稀土永磁材料供应商（仅次于合并后的日立-住友Neomax公司），我们用全套自行研制的国产设备，用自己开发的生产工艺制造出世界一流的高端产品，已被应用在世界最强的欧洲自由电子激光的核心部件—波荡器、国际先进的兆瓦级风力发电机、核磁共振谱仪、国家大剧院内装备的新型电梯、计算机硬盘驱动器、高端汽车的重要部件、新型变频电机等节能环保领域，先后获得国家科技进步奖一等奖和二等奖，并推动了全国的稀土材料和钕铁硼磁钢的整体发展，宁波地区已发展成为全球最大的钕铁硼生产基地，中国成为全球最大的钕铁硼供应国，产量占世界总量的70%，并和上、下游结合，催生出一个拥有数十万队伍的新兴节能环保产业。更重要的是，我们——老中青一群中国科技工作者在光召同志和中科院党组提出的“开拓、求实、团结、献身”精神指引下，用一代人的辛勤劳动，在祖国30年改革开放的历史大潮中，走出了一条符合改革和时代需要的、科学发展的新路。

周光召与深圳科技工业园

吴保祖*

改革开放以来，光召院士为国家科技体制改革做出了重要贡献，创办深圳科技工业园就是一个很好的例证。

一、创办科技园的倡导者与实践者

光召院士还在担任中科院副院长期间，就努力推动中科院进行科技体制改革，动员和组织科技力量到为经济建设和社会发展服务的主战场，促进科技成果转化为生产力，实现高技术的产业化。

为此，光召院士与当时的深圳市梁湘市长协商，借鉴国外和境外的一些做法，促使深圳市人民政府和中科院的合作，于 1985 年共同投资在深圳创办了深圳科技工业园。当时创办科技园的宗旨是："发挥中国科学院和全国科技界研究开发和人才的优势，发挥深圳特区的政策和地域优势，优势互补和结合，为加速科技成果转化为商品，实现高科技产业化探索一条有

* 曾任深圳科技工业园管理委员会委员和总公司党委书记、中国科学院离退休干部工作局局长

效的途径。”

深圳科技工业园是我国大陆最早建立的第一个科技园区，它的创建在深圳乃至全国产生了很大影响，为全国高新技术开发区的建设起到了示范作用，由此拉开了中国大陆建设高科技园区的序幕。1987 年经国务院批准，深圳科技工业园成为首批 27 个国家级高新技术产业开发区之一。

深圳科技工业园借助深圳良好的政策、法规、环境，把中科院人才和成果的科技优势与深圳的产业化优势结合起来，促使一批批高新技术成果在深圳实现了产业化。其中长园公司的热缩材料、金科公司的有机和陶瓷 PTC 热敏材料、西甫公司的改性工程塑料、天鼎公司的有机硅材料及织物整理剂、意杰公司的高精密金属膜电阻等产品，均是中科院科技成果产业化的成功实例。

深圳科技工业园的发展虽然几经曲折，但经过 20 多年的开发建设，在园区营造了一个高新技术产业化良好的氛围，引进和创办了一批拥有自主知识产权的高新技术企业，形成了电子信息、新材料和生物工程制药等高新技术产业集群，是深圳市发展高新技术产业的重要基地，是全国单位面积产值最高的一家科技园区。深圳科技工业园的创建为我国的科技体制改革探索了一条新路，为我国创办高新技术产业园区积累了丰富、新鲜的经验。

二、光召院士与深圳科技工业园的情结

光召院士对深圳科技工业园倾注了大量的心血，多年来他亲自担任管委会的主要领导，每年都要亲临深圳，关怀与指导深圳科技工业园的建设

和发展。他为专家论证、园区选址、园区规划、体制机制建设、班子建设、园区发展等做出了许多重要的指示，他为积极动员各研究所把成果拿到深圳转化，孵化高科技企业，做了大量艰苦细致的工作。

光召院士对深圳科技工业园有着深厚的感情。他离开中科院领导以后，仍念念不忘深圳科技工业园的发展。1998 年 12 月 1 日，身为全国人大副委员长的光召院士率领全国人大有关部门负责人视察科技工业园，并为新落成的标志性大楼亲笔题名“科技工业园大厦”。

10 年后，2009 年 4 月 10 日，光召院士又在市人大常委会有关领导的陪同下到深圳科技工业园视察，并发表了重要讲话。他肯定了科技园所取得的成绩，为科技园的发展提出了殷切的希望。

在深圳科技工业园，广大干部员工和曾在科技工业园工作过的同志们在回忆创办科技园时的艰苦历程和发挥的历史作用时，充满了对缔造者之一的光召院士的深厚感情和崇高敬意。

三、为我国创办科技园做出了突出贡献

周光召院士当初提出的科学技术与经济建设紧密结合的思想，推动了深圳科技园和全国高新区的创立和发展。他曾语重心长地说：“科技必须与市场紧密结合，科技的发展必须有市场与科学自身前沿发展两大动力的推动。没有市场的推动，就没有科技的发展；没有科技的进步，就没有中国企业的发展，也就没有中国经济的发展。”科技园为我们提供了一个科学技术与市场经济紧密结合的平台，这是科技体制改革、科技产业发展的一个重要创举。

2005年9月19日，国际科技园协会第22届世界大会在北京召开，当时作为中国科协主席的周光召院士在开幕式上做了题为“创新引领发展——中国科技园的实践”的主旨发言。

他指出：“尽管科技园在中国只有短短十几年历史，但它对国民经济、社会发展起到了举足轻重的作用。”“科技园不仅创造了巨大的经济效益，而且已成为中国自主创新的发源地，并在一些领域实现了关键技术的突破。”光召院士的讲话对我国创办科技园的作用、意义作了一个很好的诠释。

分类定位——周光召改革思想的闪光点

周先路*

1996年开始实施的分类定位试点改革方案是在中科院一系列改革之后的又一重大举措，它是光召改革思想的一个闪光点。本人1994年1月从研究所调到院科技政策局任正局级巡视员直至1999年4月，有幸参与并亲身感受了“研究所分类定位”（以下简称分类定位）的实施。现仅从操作层面谈谈对分类定位的粗浅理解。

一、分类定位是光召院长科技战略思想的重要体现

记得在1985年的中科院工作会议上，时任院长卢嘉锡曾击案疾呼：中科院已到了生死存亡的危急关头。1997年1月光召接任院长时，中科院的生存依然面临严峻的形势。当时的外部环境是有来自中央高层对中科院脱离国民经济建设的批评压力；有高校取代中科院从事基础研究的呼声；科技五路大军兴起后取消中科院的舆论一波接一波。而在中科院内部，重理

* 曾任中国科学院学部联合办公室副主任

论轻实践、重基础轻应用、重研究轻工程的思想在科研人员中普遍存在。人员不能流动、管理体系僵化，导致队伍老化、知识老化和缺乏创新；课题低水平重复的问题原已有所改进，但是实行课题全成本核算的负面影响使科技人员为争取经费而“人自为战”、“组自为战”，造成新一轮的课题低水平重复、分散严重，使一些重要的发展方向不能形成拳头。中科院内部的这些问题造成科技工作与生产脱节，难以满足社会对科学技术日益增长的需求等。诚如胡耀邦同志1982年对中科院的批评所指出的：“要大力搞好应用科学和技术的研究，努力为经济建设服务。如果科学院在这方面不抓紧，搞不好，对‘四化’建设贡献很少，成了‘四化’建设的旁观者，那就得不到人民支持。”（1982年2月6日胡耀邦同志约见李昌同志的谈话）在这种形势下，中科院还能存在多久？中科院究竟向何处去？是迁就科技人员的思想，继续“侧重基础、侧重提高”远离国民经济建设，还是整体转向国民经济建设主战场或有其他更好的出路？面对这种形势，周光召提出立足自身，证明中科院的“存在定理”，并提出了思考科技发展问题的原则：“依据整体的系统观，一要尊重科技发展的规律与趋势，二要立足我国国家发展现实与需求，三要从中科院自身的实际出发。”分类定位正是根据整体的系统观这一思想设计的具体改革方案。分类定位要求研究所审定发展方向，选择优势领域，调整学科布局，科学地制订发展规划，从而找到在社会上无可替代的位置。而在操作层面，则将光召的这一思想具体化为“科技发展前沿、国民经济和社会发展需求、研究所的自身优势”三要素。

当时分类定位指导思想如图所示。

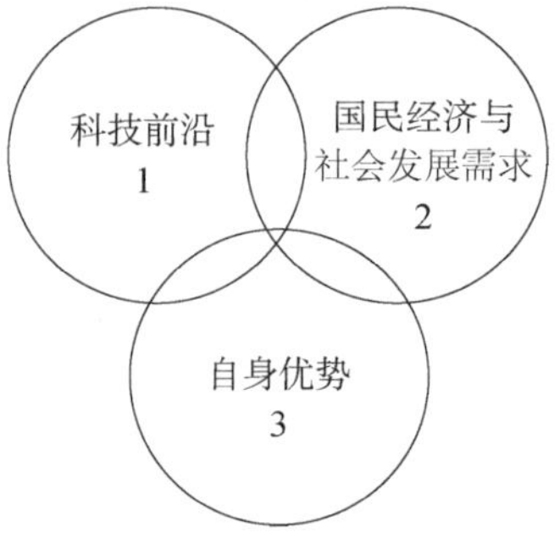

分类定位指导思想

对于基础性研究所的发展方向、优势领域，应该是 1 和 3 的交集，即必须是科技前沿，并且具有很强的优势。若不在科技前沿，将不被认定而不能进入分类定位试点。这充分体现了光召一再提出的“科学研究只有第一，没有第二”的思想。若在科技前沿，但不具有不可替代的优势，则将被更强者取代。若在科技前沿，在国内又是空白，并确有需要，则将努力填补。对于应用基础性研究所，应该是 1、2 和 3 的交集，即必须是科技前沿（如高技术跟踪），同时是国民经济和社会发展所需要并在该领域具有不可替代的优势。同样，从事技术开发、面向国民经济主战场的研究所，则应该是 2 和 3 的交集。

在此基础上，院党组从全院发展战略的整体布局出发，对研究所的自我定位予以认定，并给予适当的政策性支持和资源支持，以引导研究所向全院整体布局确定的方向发展。而这一布局，正是按照光召提出的思考科技发展问题的原则而确定的。因此，从光召科技战略思想来理解，分类定位“更进一步将改革从以院所为视角提升到以科技发展的国际趋势、国家布局、长远发展作为改革判别标准，反观院所总体合理性所进行的优势者扶强、劣势者弱化、重复者合并、空白者弥补、陈旧者转移改革，开启了国家科研基地建设的序幕。”

二、分类定位是落实办院方针的重大举措

1987 年中央批准的“把主要力量投入到为国民经济建设服务的主战场，同时组织精干力量从事基础研究和高技术跟踪”的办院方针是光召科技战略思想的体现，也是实现其科技战略思想的战略部署。分类定位试点方案要求：“三年内，按学科领域和主要社会价值导向，明确研究所定位；经过‘改造、重组、转制、合并’，形成 80 个左右科研基地型研究所（其中，20～30 个研究所主要从事基础性研究，20～25 个研究所从事资源环境科学研究，30～40 个研究所从事高技术研究与发展）”。截至 1999 年底，共有 86 个单位被定位为科研基地型研究所。改革的进程证明，分类定位有力地保证了办院方针的落实。

三、分类定位推动了中科院结构性调整的深入发展

1993 年提出并于 1994 年开始实施的结构性调整是光召院长为中科院进入 21 世纪绘制的宏伟蓝图，是为中科院构筑起适应科技和经济发展规律、适应市场经济环境、适应 21 世纪社会发展、有利于实现中科院发展目标而采取的重大改革措施。

分类定位是实现结构性调整的关键。因为，只有按照定位三要素确定了学科方向，才能围绕它来调整课题、课题组及研究室（实验室），使科技

组织结构适合研究所的发展需要；才能明确在未来发展中，需要什么样的人才，并按需要对职工队伍结构进行调整，使职工队伍年轻化、精干化，使职工队伍保持老、中、青合理比例的年龄结构，使科研人员、技术人员、实验人员、条件支持人员和管理人员的结构合理，使高级、中级、初级人员的比例合理。

同时，分类定位为结构调整提供了动力。对于被认定的单位，院提供一定的政策性支持，如“每所每年平均35万元额度增拨所长基金”，200万元强度的经费支持，优先安排院重点、重大和特别支持项目，优先考虑国家重点实验室和院开放实验室的建设，优先安排“百人计划”，等等。这对被认定的单位是一种激励。对于结构性调整未达标、改革未到位的单位，则提不上认定的程序。其中对于正在积极进行结构性调整的单位是一种鞭策和导向，而对于“奉命行事”的单位深感是“被击了一猛掌”而清醒。从而进一步统一思想，提高改革的积极性，有力地推动结构性调整。分类定位为全院在宏观层面的结构调整创造了条件、打下了基础。例如，进行跨所际重大结构调整，实行强强联合，建立健全联合攻关体系；在院层面上安排学科布局；面向经济建设，全院在地域上的布局等规划，都只有在研究所自身正确定位的基础上才能实施。

四、分类定位也为知识创新工程的实施打下了基础

实施创新工程试点，是我国第三代领导人根据东南亚经济危机，根据我国第三步发展战略的要求所做的政治上的战略决策，它为我院的发展创造了一个极好的机遇。从改革的视角来看，它是改革新阶段的起点。但它

不是孤立的，而是我院科技体制改革的深化和进一步的发展，是在分类定位的基础上展开的。进入知识创新工程试点的单位都是在研究所分类定位的基础上，结合院的整体布局，进一步凝练和提升自身在启动阶段的科技创新目标，并以此作为创新试点方案的首要内容而进入的。例如，进入首期创新工程试点的恰恰就是分类定位首批认定的23个研究所；进入二期试点的也是从分类定位第二批认定的46个单位中遴选，分批进入的。由此可见，分类定位为知识创新工程的实施打下了基础，并创造了条件。

五、结　束　语

1997年底中科院政策局的《研究所改革进程调研分析报告》中提出：“117个研究所改革的调研结果表明，已有53个占总数45.3%的所，现阶段改革的任务（以适应科技体制改革为主要内容）已基本完成，改革基本到位，在客观上提出了进一步深化改革的要求。”

“据117个研究所的统计，经常性收入与事业费之比大于5的，占47.7%。”据分析，经常性收入达到事业费的4倍，即可初步解决生存问题。因此，相当一部分研究所已渡过最困难的求生存阶段，具备了进一步发展的能力。也就是说，中科院的改革，已经从求生存的阶段进入了求发展的新阶段。

光召院长不愧为科技战略家，按照他的战略思想，经过10年改革，证明了中科院的“存在定理”，并把中科院的改革推进到了一个新的战略阶段。饮水不忘挖井人，在中科院蓬勃发展的今天，我们应该铭记光召院长对中科院发展所做的贡献。

周光召先生与研究所评价

朱 斌*

20 世纪 80 年代初，我在美国马里兰大学物理科学与技术研究所进修时，就从美国物理学家那里得知周光召先生在世界物理学界的崇高声望。80 年代后期，周光召先生执掌中科院，推进了一系列改革开放新政。实施研究所评价是其中一项。1993 年中科院工作会议上，周光召院长在工作报告中正式宣布：在中科院全院范围推进研究所评价。1993 年夏天，我结束美国卡内基・梅隆大学为期一年的进修，回到北京，被邀请参加研究所评估工作。

研究所评价，在当时是一件新的开创性工作。成败如何直接关系到中科院及其下属研究所的改革事业。周光召先生指出：“要强化择优支持，加强对研究所评价指标体系的研究。要求对每个单位进行评价和择优，这是一个必然趋势，是市场经济中竞争机制的客观要求，我们是无法回避也拒绝不了的。”为此，“逐步总结出一套科学的而又可行的评价指标体系来对我院各所进行评价。”正是根据周光召院长的意见，研究所评价工作从

* 中国科学院科技政策与管理科学研究所研究员，《科学对社会影响》主编

研究入手，在将近一年的时间内，我和我的同事拿出了中科院研究所评价体系的基本框架。在评价理论与方法的探索中，时任中科院科技政策局领导的王玉民、曹效业先生以及马维野、赵作权先生等都做出了重要贡献。

周光召院长还明确指示，研究所评价要作为今后院机关的主要任务之一。“制定法规制度，并根据工作性质的不同，建立对院属各单位相应的评价体系和评价标准，并根据这些评价体系和标准，对各单位的工作进行评价、检查和监督。”根据光召的这一讲话，在1993年第4季度，由院政策局和政策所共同组建了院情研究室，具体承担研究所评价工作。事实上，研究所评价也是院情研究室的唯一任务。从1994年发布第一本《中国科学院研究所评价结果》报告起，每年一本，直到2002年，共9本。因为报告封面是蓝色，被中科院同仁称为“蓝皮书”，是当时中科院工作会议上最受关注的文件之一。时隔数年，作为“蓝皮书”主要的执笔人的作者，有两点需要加注：一是“蓝皮书”的指导思想，包括后来的分类评估原则，都是周光召先生提出的。二是“蓝皮书”是集体的产物，是院情研究室的共同成果。院情研究室的成员在那个时期相对稳定，他们是朱斌、赵世荣、张利华、肖利、曹艾莉。

研究所实行分类评价原则，是周光召先生关于研究所管理的理念之一。在中科院1993年度工作会议的总结报告中，周光召说：“我们赞成加强分类管理……在分类管理中，有一个很重要的门类，就是资源环境和生态这个口，包括生物口里的宏观的部分。”光召先生还指出，资环口评价的特殊性是在它的社会效益方面。这就是为什么之后的一两年，院情研究室重点调研了资源环境类研究所的社会效益，并适时地推出了中科院研究所分类评价指标。将中科院所属100多个研究所分成3类进行评价：基础研究类研究所、高技术研究与发展类研究所、资源环境类研究所。

研究所评价，对于周光召先生的一生事业来讲，仅仅是个芝麻。但芝麻能开门，它开启了研究所现代管理的一扇新门。

四、良师益友——光召与科技人才

“要把各方面人的积极性调动起来。每一种工作，只要是整体所必不可少的，都要受到尊重，都要有正确的社会评价。”

（1985 年 1 月在中科院工作会议上的讲话）

“做好首席科学家，要有更高的素养。不仅智商、情商要很高，心胸要很宽阔，还要任劳任怨，要花费更多的精力，要发挥团队的积极性，不要贪功，相互间要能畅所欲言，学术观点能够不断地进行交流。只有这样，创造力才会从中产生出来。”

（2009 年 10 月 19 日在“973”计划
2009 年项目实施会上的讲话）

今天，尊重科学、尊重知识、尊重人才已经成为国策，但遗憾的是，在一些单位，还存在重职称、重学历、重职位而非真正尊重人才的倾向，他们按照这些因素来分配资源、安排项目，使之成为当前科技队伍的一个重要指挥棒。现实中的这些不良倾向，与聂帅一贯倡导的尊重知识、尊重人才精神完全背道而驰，值得各级领导和全社会关注，应设法切实加以纠正。

（2009 年 12 月 21 日在纪念聂帅诞辰 110 周年上的讲话）

周光召同志与青年人才培养

白春礼*

我是 1987 年从美国回到中科院工作的。当时全院职工 8 万余人，其中各类专业技术人员 5 万余人，行政人员 7 千人，工人 2 万 3 千余人。各类专业技术人员中的正高级专业技术人员仅 1 千余人，其中绝大多数都已年过 50 岁。由于“十年动乱”对科技事业发展的影响，中科院人才队伍结构不合理的状况已十分突出，年轻科研人员的缺乏已造成科技队伍的人才断层。为了尽快改变人员固化、论资排辈的不利局面，为青年科技人才脱颖而出创造条件，光召同志提出了设立院长基金、职称破格和特批晋升等举措。这些举措的出台，为弥补人才断层，为青年人才成长创造了重要条件，也极大地提高了当时科教界对青年人才培养工作的重视程度。我本人就是这两项举措的直接受益者之一。

1985 年，我获得博士学位后，到美国加州理工学院开展博士后研究，并很快地接触到最新的科技前沿。在国外期间，研究所经常与我保持着联系。中科院的领导到美国访问时，也到加州理工学院与我们座谈，鼓励我

* 中国科学院院士，中国科学院常务副院长

在国外尽可能多地掌握科技前沿，并欢迎我回国服务。因此，在我的工作结束之后，便偕尚未完成学业的妻子一起回国。如今，我分管全院青年人才培养工作，基于我在国外时的体会，所以总是强调各级领导要加强与海外留学人员的感情联系，多沟通，多交流，让他们多了解中科院、了解研究所，使他们将来愿意以各种方式为国服务。

我在国外期间的工作方向是扫描隧道显微技术。扫描隧道显微镜（STM）的出现，使人类第一次能够实时地观察单个原子在物质表面的排列状态和与表面电子行为有关的物理、化学性质，在表面科学、材料科学、生命科学等领域有着重大的意义和广阔的应用前景，被国际科学界公认为表面科学研究的革命。我刚回国时，当时 STM 没有商品仪器，因此为尽早开展这项世界前沿课题，必须自己研发仪器。在仪器研发的过程中，可以按照研究需求进行仪器的设计、加工、制造，获得商品仪器所得不到的新的实验数据。

记得刚回国时，研究所条件十分艰苦。所里在经费极度紧张的状况下，给予我的课题组 12 万元经费，但这对研制扫描隧道显微镜来说，可谓杯水车薪。正当我举步维艰之时，参加了当时周光召院长组织的一次科研体制改革座谈会。我在会上提出了遇到经费困难的问题，光召院长当即对我说："你马上写个报告给我"。他后来派计划局的局长和处长等到我的实验室，听取我科研工作汇报及下一步工作的设想。不到一个月，30 万元的院长特别基金拨到了我的课题组，这无疑是雪中送炭。作为我回国后开始科研事业的一个起点，如果没有当时的院领导对科技前沿敏锐的洞察力，没有院针对青年人才培养设立的院长基金，也许我的科研工作将会徘徊相当长的一段时间。至今，院长基金对青年人才的扶植，仍在发挥着重要作用，为造就科技拔尖人才奠定坚实的队伍基础。

1988 年 4 月，我们的研制工作正在紧张地进行。一天，接到光召院长的电话，要来实验室看看我们的工作进展。院领导在百忙之中，还在关注一个课题组的科研状况，怎能不让一名普通的科研人员感动。激动之余，我说马上通知所领导。光召院长说他今天还要出国访问，不必惊动所领导。光召院长到了我的课题组，到当时我们工作的地下室里，看到我们的工作紧张有序地进行，他非常满意，并嘱咐我们要爱惜身体。就在光召院长视察的当天晚上，我们研制的扫描隧道显微镜的计算机屏幕上，显示出清晰的原子图像，我们的仪器研制提前成功了。这是一种机缘，抑或是一种巧合。总之，在我成长的道路上，在我的科研事业中，倾注了各级领导、学术界前辈的心血，他们对青年人的关心，为今天主管人才工作的我树立了楷模。

1986 年，在全国职称评定工作冻结 3 年后，开始实行专业技术职务聘任制，广大科研人员无不把职称晋升作为科研成就的一个重要的评价指标。但由于受晋升指标的限制，青年科技人员基本无望晋升高级职称。我在国外学习时，对回国之后的职称有一个初步的设想。认为只要我 50 岁时获得副研究员的职称，退休前能评上研究员也就心满意足了。为了使一批年轻有为的优秀人才能够晋升高级职称，1987 年中科院率先在全国实行 45 岁以下中青年科技人员专业技术职务的“特批”制度，即 45 岁以下科技人员晋升研究员、35 岁以下科技人员晋升副高职务，只要经过研究所职称评审委员会的答辩并通过，其名额可不受单位指标限制，由科学院在院层面的指标内“特批”。作为中科院第一批“特批”的 22 人之一，我于 1987 年晋升为副研究员，时年 34 岁。这个年龄做副研究员当时在社会上引起了不小的轰动。《科学报》在一篇介绍我工作的报道时，特意以“一个 34 岁的副研的故事”为题，以此强调我作为副研的年龄较轻。两年后的 1989 年我又被特批为研究员。经过十余年的不懈努力，优秀青年人才获得高级职称已是很普通的事情了。到 1998 年底，青年人才晋升高级职称已正常化，中科院中止了“特批”制度。在实行“特批”十余年的时间里，有 2000 多名青年人得益于这一制度，他们中的许多人成为中科院新一代科研骨干和学术带头人。“特批”制度为科学院弥补人才断层，加快代际转移，起到了特殊的历史作用，为科技拔尖人才脱颖而出创造了公平竞争的环境。这一举措正是光召院长亲自倡导并大力推动实施的。

一个人的成长，除自己努力之外，离不开机遇。已走过 60 年历程的中科院之所以能够成为很多人依恋的地方，成为很多人成功的地方，关键还是在于她为很多人提供了施展才华的舞台，提供了实现人生理想的重要机遇。舞台的搭建者、机遇的创造者是一代代甘于奉献的科学家，一代代充满睿智的管理工作者。改革开放以来的中科院，以前所未有的魄力加大青年人才培养的力度。从院长基金、职称破格晋升、青年科学家奖到“百人计划”、创新团队国际合作伙伴计划等一系列政策的出台，使我们这代人和比我们更年轻的一代人从中受益，其影响是深远的。

1996 年 4 月，我被任命为中科院副院长，协助光召同志，之后协助甬祥同志，分管全院的人才和教育工作。在周光召、路甬祥两位院长的领导下，经过许多人 20 余年来的共同努力，全院的人才队伍结构已发生了根本性变化。如今，中科院在职职工总数已精简为 48000 余人，专业人员已调整为 35000 余人，占职工总数的 72.9%。其中，45 岁以下人员占职工总数的 66.1%。全院 45 岁以下正高级职称人员有 3000 余名。

“名齐渭水胸贮经纶，迹隐丹雀提携后学。”周光召院士是享誉国际物理学界的科学家和科技界的老领导，我们应继承和发扬他的四大精神：一是要学习、发扬光召同志热爱祖国、无私奉献和勤勉踏实的科学精神，为实现国家现代化奉献自己的智慧和才华；二是要学习光召同志不畏艰难、追求真理的精神，为科学事业和国防事业的发展勇敢攀登；三是学习光召同志在科学价值观动荡的年代，高瞻远瞩，考虑国家科技发展战略的精神，为深化国家科技体制改革而呕心沥血；四是要学习光召同志甘当人梯、提携后学的精神，把发现人才、培养人才、举荐人才作为自己工作的重中之重，在培养创新型人才方面发挥重要作用。

体现光召同志人才思想的二三事

郭传杰*

“国以人兴，政以才治”。古今中外，无论哪个领域的领袖人物，都明白这个道理，没有不重视人才的。这是个铁律。不过，为什么而重视人才？如何重视人才？在这些问题的看法和做法上，却有着千差万别。有为宏大事业而重视爱护人才的，有为私利而借重驭使人才的，也有因为自己是个人才而惜才怜才的。在中国现代化大业中兴、改革开放大潮骤起的关键历史时刻，担纲中科院院长的光召同志，有着什么样的科技人才观和人才战略思想呢？

在光召同志身边工作过的人都知道，他对人才工作一直以极高的热情给予重视和关注，经常强调“人才是关键”。他对于人才问题，总以理论家的深邃，追寻现象后面的规律；以战略家的眼光，高瞻人才工作的全局；以科学大家的经验，洞察各类科技人才的成长；以长者的风范，关爱引导着人才队伍的建设。讲话，他必谈人才；布置工作，必有人才；下基层调研，必看人才。一般情况下，光召是个比较严肃、不苟言笑的人，但在见

* 曾任中国科学院党组副书记、中国科学技术大学党委书记

到优秀的人才，特别是与优秀年轻人才交谈讨论的时候，他的目光就格外柔和，话语也显得轻松幽默了。光召同志的人才思想非常丰厚，对人才工作贡献巨大。这里，笔者无力做出整体评述，仅枚举二三事例，以管窥一斑。

一、从体制分析原因，靠改革解放人才

光召同志是1984年6月从理论物理所所长调任副院长的。20世纪80年代初，改革开放开始不久，科技体制的改革刚刚触及。一时间，科技界新旧观念的冲突无处不在，科学技术前进的道路朦胧，举步维艰。中科院作为中国科技界的旗舰，感受到的冲击最强烈、最直接。社会上，甚至领导层中，对科技人员的压力、批评之声随处可闻，对中科院的存在提出质询者，大有人在，屡见不鲜。这种状况既关乎中科院的生存前途，关乎中国的现代化大业，也关系着中科院几万科技人员的切身利益和未来命运！出现这一现象的原因在哪里？又该如何走出这种困窘之境？中科院的领导团队必须尽快做出正确的抉择！

1985年1月，光召同志在全院工作会议上有个发言，这大概是他到任后的第一次正式讲话。他说："我到院里七个月了，但对能否承起这份担子，心里还在打鼓。"不过，他说到通过半年来的调研，进一步认识了中科院这支经过30多年历史考验的队伍，认识了许多非常能干又刻苦奉献的科技人员，这是"中国科学院最可宝贵的资产"，从他们身上他获得了自己工作的信心和勇气。随后，他讲了自己"近来的一些思考"：我们有这么多很好、很能干的人，为什么会处于这样困难的境地？"为什么不能为国家做

出更多的贡献呢？”他问大家，也在问自己。他接着说：“今天到会的，都是各所的所长和书记，是科学院的主心骨。”“我们这几百人担负着全院8万多人能不能在今后15～20年之内继续为国家做出重大贡献的责任。”“我们将采取的战略、政策，会直接影响国民经济能否翻两番的任务”，“也关系到全院8万科技员工的事业和生活”。初次讲话，就体现了光召同志对国家利益的使命感和对科技人员强烈的责任感。

面对当时的巨大难题，如何求解？光召同志既没抱怨群众，也不伸手向上，而是在25年前的那个早春时刻，就用理性的思考，把大家的目光引向深层的体制问题。他说，随着我国经济体制改革的不断深入，“肯定会比过去对科技发展有更大的激励。假如我们所有的企业都不是30年一贯制，而是从市场、从顾客的要求出发，就必然要更新它们的产品，必然对技术革新提出新要求，这就必然对科学技术的发展提供更大的动力和机会。”随后，他分析了世界上一些国家发展经济、科技的几种不同模式，包括美国的、苏联的，还有德国的、日本的。并且警告说：“按现存的模式，中国科学院能否继续存在，是值得怀疑的！”他指出：“我们要奋斗出一个中国的模式。那么，什么是中国的模式，什么是中国发展科学技术的模式？需要我们全体同志一起来思考，在今天的中国来创造！”他还说：我们的科技人员素质要高出社会上的平均水准，又有刻苦奉献的精神，只要深化体制改革，解放了思想，调动了积极性，就能实现自身价值，做出重要贡献。实际上，就在这次发言中，他不单是给出了方向，鼓舞了信心，也给出了解决问题的方案。例如，对基础研究组建开放实验室，鼓励应用开发人员创新、创业，创造条件吸引更多优秀青年人才，调动各类人员的积极性，等等。今天回顾起我国科技界这些年来改革开放的历程，光召同志当年的那些思想是多么的前瞻和深刻！

二、“广大科技人员是值得信赖的”

“尊重知识，尊重人才”，这已经成为我们国家的一个政策基点和社会的价值取向，是改革开放以来巨大的历史性进步之一。但是，尊重的前提是信任。没有信任，谈不上尊重；没有真正的信任，不会有持久的尊重。得不到基本信任，是最大的不尊重，人格上是一种受辱，情感上是最伤人心的。对科技人员的信任和尊重，与一般人还有不同，它包括几方面的含义。一是能力上的肯定，相信他们能够创造价值，实现价值，只要提供必要的环境和条件。二是方法上的恰当，相信他们会是走在时代前列的人群，即使某个时段某些人的观念确需要转变更新，但不能硬扭，要给他们留有必要的时间和空间。三是政治上的认同，相信他们热爱国家，献身事业，是自己人，是“工人阶级的一部分”，是同心同德的好同志。

改革开放初期，有些50岁左右的中年科技骨干对汹涌而来的科技体制改革浪潮缺乏思想准备。因为“文化大革命”浪费了他们10年的宝贵年华，科学的春天中，非常紧缺的科研条件又主要给了受冲击最大的一批老专家。进入80年代后，应该轮到这个年龄段的人了，但没想到却成了科技体制改革的对象。他们中的一些同志不太理解，抱怨运气不好，报国无门。对这种情绪，社会上，包括某些领导，有鄙弃蔑视的，觉得这些人觉悟太低；有急躁简单的，主张干脆断其粮草，逼其下海。但是，光召同志出自对这些同志的了解、信任和爱护，总是在充分理解的基础上，热情关心，耐心引导，积极支持。在一次院工作会议的总结讲话中，他不用讲稿

（这是他的习惯，非正式报告从来不要别人准备稿子。而且，越是这样即席即兴式的讲话，越精彩！），专门讲中年人的问题。首先，他从西北高原生物所由于缺乏医疗费，全体职工已有5年没进行过体检以及一位中年早逝的优秀科技人员的事迹谈起，之后他说："在中国科学院还有许多在自己工作岗位上默默奉献的中年同志，有科学家，也有管理人员和工人，他们置家庭、健康于不顾，为了发展国家的科技事业，在极其困难的条件下，努力工作，有的甚至牺牲在出差的路上。""在临终的时候，他们仍然关心党和国家的科研事业，叮嘱家属不要提出更多的要求。""每想起这些，我心里都非常难过。这一代为国家做出奉献的中年人，是我们科学院的科学魂！没有他们在各自岗位上的奉献，今天的科学院就不会存在。""作为院领导，我们有责任为了他们的健康、生活和工作，要尽最大的努力去改善他们的条件。"同时他又希望大家理解"我们国家和民族当前的状况"，"有些事还力所不及"，还需要"精神支柱的力量支撑"。并指出：中年一代是科学院的骨干力量，"就像是一个家庭的当家人。这个家庭还有老人，有小的，老的和年轻的都对我们寄予了极大期望。我们有责任把中国科学院这个大家庭发展下去，……把中国的科技事业搞上去……中国科学院21世纪的前景将取决于我们中年一代目前的努力。"光召同志以战略家的卓识，希望大家看到科技发展的时代趋势和双重动力，看到经济社会发展的规律和需求；以深切的关怀和耐心，引导中年一代转变观念，去积极开拓、创新和创业，不要左顾右盼，消极等待，不要把自己的志向归结为拿到一个高级职称，这个志向太渺小了。为了说明社会发展的规律、时代发展的特点和科技人员应有的创造能动性，他甚至从猴子变人谈起。之所以如此苦口婆心，是因为他坚信科技人员的基本觉悟，尊重科技人员自己的选择权利。正是在他的指点、劝导、鼓励和具体支持组织下，打响了用科学技术改造中低产田的“黄淮海战役”，创建发展了联想等一批高新技术企业，建设了一批“开放、流动、竞争、联合”新机制的基础研究基地，许许多多科技人员在新的事业中实现了报国之志和自身价值。

20 世纪 80 年代末，那场政治风波之后，社会上对科技知识分子不信任的思潮霎时间有所抬头。有人说：知识分子的尾巴翘得太高了，该收拾收拾。于是，有人在“反对全盘西化”的旗号下，又开始挥起“左”倾大棒，认为喝过洋墨水的人是不会同心的。于是，在某些部门和单位，对海外留学人员开始出现异样的眼光，刚刚开放不久的留学大门，有半开半掩、甚至关门之虞。这些对知识分子不信任的论调，极大地挫伤了广大科技人员的积极性，部分科技工作者更感到一种人人自危的心理压力。就在这种情势下，光召同志在一次公开讲话中，讲出了自己的看法。他说：“我认为，中国科学院的广大科技人员，是值得信赖的！”随即，根据光召同志的意见，中科院明确宣布出国留学的政策思路不变，这就是：“支持留学，欢迎回国，来去自由。”这些讲话和政策，在今天看来，太平常、太自然了，但是，在当时的政治环境下，讲者需要巨大的胆识和勇气，要冒极大的政治风险，闻者会感到无比的亲切，得到莫大的鼓舞和力量。时至今日，许多科技工作者谈起这件事来，对光召同志仍然充满着深深的感佩之情。

三、“要加速培养造就年轻人才队伍，这是关系未来发展的重大战略”

在科技人才队伍中，三四十岁的年轻人朝气蓬勃，最富于创造性。这是普遍的共识。但是，由于“文化大革命”动乱的影响，造成了长达10年的人才断层，在20世纪80年代后期，问题十分严峻，成为科技发展瓶颈中的瓶颈！作为中科院的主帅，光召同志对这种壁垒最感焦虑。1985年，当这个问题还未严重到引起广泛关注的时候，刚担任副院长的光召同志就敏锐指出：“要创造更好的条件，吸收优秀年轻人才进入到研究领域来。”这是关系我们“能不能发展、能不能生存的一个严重问题、关键问题”。并说：“除居住条件外，一个更重要的条件是让青年人有更好的工作条件，打破论资排辈。”1987年，作为院长的光召同志，在提出新时期的办院方针、明确院的发展战略之后，立即对人才问题进行调研，做出部署，于1990年提出并亲自主持召开了全院青年科技人员工作会议。这不仅是中科院有史以来专门召开的青年科技人才工作会议，在全国也是首次。会上，他代表院党组明确指出：“队伍建设，尤其是青年一代科技队伍的建设，是关系中国科学院未来的重大战略问题。”“我们必须要在10年之内，逐步把第一线的科研工作转交给年轻的一代”，“顺利完成科研重担的代际转移”。根据这一战略目标，会议从政策、策略到具体措施上，做出了全面部署，为90年代中科院代际转移的成功实现打下了坚实基础。1994年，根据新的情况，他又进一步倡导提出了引进科技带头人才的“百人计划”项目。他说：“科学院已有3万多青年，每年还在进，数量并不少。但是，目前很缺乏带头人才，包括学术、技术和管理上的带头人才。为此，院将启动一项培养、优选跨世纪学科带头人的工程。”在全国科教界，有目标、有计划地实施带头人才的培养引进工作，这还是第一次。

光召同志不仅以战略家的眼光，对青年科技队伍的建设做出前瞻性的思考和部署；而且，一贯以大爱之心，给优秀的青年科技人员以深切的关爱和严格的要求。对优秀年轻人才，他不仅在工作上放心放手“给位子、压担子”，打破常格，大胆使用，而且从细微之处，从思想、感情和生活各方面给予关怀。对院内外的许多优秀青年科学家，他都亲自谈话，乐意把更多的时间留给年轻人。他们也都希望“找光召谈谈”，期望从他亲切的目光中享受关爱，从他睿智的思想中汲取营养。记得大概是1990年，有一次我随光召同志去中关村某所参加一个纪念性的庆祝活动，会上还有请他讲话的议程。会前，一位当时已小有名气的青年科学家打来电话，“想同光召谈一刻钟”。我向光召报告后，他说“好吧”。会议开始不一会儿，那位同志就到了，光召离开会场，到旁边的一间小办公室，交谈了起来。从一般工作，谈到那个同志的研究领域，兴致极浓。半个多钟头过去后，我提醒他：会上安排他讲话的时间快到了。他说：你去告诉他们，这里没谈完，会上的话我就不讲了。就这样，他与这位年轻同志谈了一个多小时。像这样的例子还有很多。1991年7月，对国际上刚刚提出的纳米科技领域，我们在中关村外专公寓组织了跨学科的青年学者战略研讨会，为期3天，他仅因到国务院开会离去半天，其余时间，从早到晚，全跟大家“泡”在一起。也就在这次会上，经他亲自倡议，成立了曾一度颇具影响的“青年创新联谊会”，涌现了一大批青年院士、企业家和科技领导人才。

如果有人以为光召同志对年轻同志只有呵护、关爱，没有要求、教育，那就错了。实际上，他对年轻同志要求十分严格，总是强调德才兼备。而且，越是对可能成为领军者的带头人物，要求更高更严，对德的考察往往放在首位。他常讲：“对青年人，既要热情爱护，还要严格要求。要使他们认识到光靠年龄优势是不能接好班的。必须在品德和水平两方面都达到高的水准”。他很欣赏爱因斯坦对居里夫人人格评价的那一段话。90

年代初，在一次出差途中，他问我对一位年青同志的评价，我如实说了自己的看法。他说：在现在的青年人中，寻找有才干的人不难。但要找到做事踏实，为人正派，品质、业务都不错的人，还是比较难的。而只有德才都上等的年轻人才，才能成为我们事业的未来脊梁。后来，他问到的这个同志，成为我院的一位高层领导。2004 年春节期间，我向他推荐中国科大一位研究工作做得非常突出的年轻教授。他第一句话就问我："他人品怎么样？"我举了两个事例作为回答，说明这个年轻同志人品也不错，他高兴地同意见他。在后来的交往中，他给这位年轻教授不少的指导、鼓励和支持，并主动提名推荐他获得了"求是"大奖。

四、"充分调动各类人员积极性的方针是不能变的！"

作为战略型的科技领军人物，光召同志总是十分准确地捕捉问题的关键，善于抓住重要的事、重点的人，在工作中及时做出重点部署。但是，他在抓重点的同时，又善于从大系统的角度，以辩证的思维，关注到各个方面，并预见到各方面的发展态势，及时做出动态调整。在人才工作中，他的这个特点更显突出。因为他有个理念：人是最可宝贵的，但人也是最易被伤害的。因此，在强调重视骨干队伍、青年人才的同时，他总是不忘"调动各类人员积极性"，这几乎成了他常说的一个"口头禅"。

还是在 1985 年 1 月的那个讲话中，在讲完关于中科院发展的战略构思、重大谋略之后，他说："最后再讲一点，就是要充分调动各类人员的积极性。""每种工作，只要是整体所需要的，都要受到尊重，都要有正确的社会评价。"他很反对当时某些人的说法："科学院只需要二分之一的人就够了。”他告诫“我们自己不能制造这样的舆论”，因为“人的能力虽然有大有小，但只要充分发挥出来了就好。”在那个曾经以金钱衡量一切价值的年头，光召同志以人为本的思想充满了多么深厚的人文关怀！他当时提出，我们“要把老同志安排好，把中年同志安排好，要给青年人才创造更多的条件，要形成一股统一的凝聚力”。1989 年，他在一次会议上再次强调：“在中国科学院，采取充分调动各类人员积极性的方针是不能变的，要尽最大的努力让各部分同志都能各得其所。”但是，怎么才能做到这样呢？

在 1989 年纪念中科院建院 40 周年暨年度的工作会议上，他对此做了较为全面的阐释。他说，中科院目前有 9 万名职工，其中，科技人员达 5.6 万人，他们是我国现代化建设的宝贵力量。如何全面调动这支队伍的积极性？他指出：一是必须正确地执行党的知识分子政策。包括政治上信任他们，为他们创造良好的工作和生活条件，创造百家争鸣的学术环境。二是要对各类人员的工作按其工作的性质给予恰当的评价。不要用一种工作的价值标准去评判另外一类工作，尤其不要横向攀比。他说：在一些发达国家，没听说哪个大企业的经理认为大学教授比经理在社会上更受人尊敬，美国的大学教授也决不去问王安的收入是多少。正是基于这样的观念，后来他提出了“一院两种运行机制”的管理模式，正确地处理并有力促进了基础研究及技术开发应用两类不同性质工作的健康发展。三是要对几代科技人员，针对各自的情况，以不同的政策和方式，加以关心和帮助，在对科技界的老前辈、正在艰苦奋斗的中年一代以及决定未来的年轻一代各自做出分析之后，分别提出了支持的政策思路。四是对从事管理、技术支撑和后勤服务等岗位的同志，在充分肯定其贡献后，也出台了具体关心措施。光召同志的这个思想是一以贯之的，直到十几年后，他在中国科协任主席时还在强调。2004 年，他在科协全委会上，讲了访问哥伦比亚大学时的一次经历。有天晚上，所有的教授都去给一个人祝寿，这个人只是系里的一位老技工。他说："一般教授过生日，只有和他关系好的教授去。但这个技工过生日，全体教授都会到场。这就说明，在一个社会里，一个人是否受到尊重，根本上并不取决于他职位的高低，而是看他对社会的贡献。"

我所知道的周光召先生

邝宇平*

周光召先生是我敬重的师长。20世纪50年代，周先生研究生毕业留在北京大学任教不久，就成为我和其他4位同学的本科毕业论文导师。在他的指导下，我们研究了在轧钢过程中钢材内热应力的分布，他带领我们一起深入分析每一阶段的计算结果，通过这项研究，我们学会了微分方程的数值解法，锻炼了分析问题的能力，这在我毕业后的研究工作中起了积极作用。

1955年，我毕业后被分配到兰州大学任教，和周先生再见面时已是26年以后了。这期间，我听说他去了苏联杜布纳联合核子研究所，并在粒子物理方面做重要的工作。20世纪60年代，我在学习、调研电弱理论过程中查阅文献，发现他是国际上最先独立提出轴矢流部分守恒（PCAC）的物理学家之一，后来又听说他被调到保密单位做“两弹”的研制工作，也做出了重要贡献，还建立了闭路格林函数的理论方法，我对他的这些成就非常钦佩。1981年，我在美国Cornell大学访问期间，忽然有一天周先生

* 中国科学院院士，清华大学高能物理中心学术委员会主席

来访，师生重逢，非常高兴。Cornell 的同行都知道他创建了 PCAC 理论，知道他在粒子物理理论方面有很高的造诣和成就。大家热情地接待了他。我和颜东茂教授还陪同他和夫人参观游览了 Cornell 大学和 Ithaca 市的国家公园，我向他介绍了我的研究工作和生活。

在相当一段时间里，人们重实用技术而轻基础研究。周先生高瞻远瞩，为基础研究的生存和发展做了许多努力。他积极支持帮助清华大学恢复物理系，重建理学院，并亲自出任理学院院长，使清华大学由工科大学逐步还原为研究型的综合性大学，从而有望通过努力逐渐恢复清华大学理科优良的学术传统，并有望最终建成真正意义上的一流大学。

周先生为将中科院理论物理所办成一个面向全国、甚至世界的开放型研究所，做出了非常大的贡献。20 世纪 80 年代以来，该所为全国理论物理工作者提供了一个日益完善的与国内外同行交流切磋的平台。多年来，我们作为理论物理所的近邻、开放所的成员，近水楼台先得月，经常从那里获得宝贵的学术前沿信息，对开展研究帮助很大。

周先生不仅在大环境方面为基础研究创造条件，还对大家具体的工作开展十分关心。我有幸在工作有所进展时得到他的关注与鼓励；而当工作开展遇到困难时也能得到他的关怀与帮助，对此我非常感激。我知道，这一切都出自他对中国科学事业振兴的高度关切和期待。

往事与祝福

苏肇冰

一

尽管我和光召的接触现已变得越来越少了，但只要想到一些往事，一种亲切和感激之情不由而生，我愿意把沉睡在我记忆中的一些美好的回忆尽可能地写一些出来献给他的八十寿辰。

我不常写回忆文字，是因为我语言文字的表达能力很差。现在我自己的年纪也不小，许多往事都快要忘记了，写下来的文字难免因为记忆不清而不够准确。此外，就老年人的心理而言，在对过去往事的回忆中，常会有一些不自觉的自我倾斜，不是故意的，但有时难免把自己说的好一些。我想，我在下面的文字中就会有这样一些缺点甚至是错误，希望光召、文中提到的诸位和读者同志们见谅。

要开始写，就会碰上一个称呼的问题。在北大时期，物理系的同事们常连姓带名地以全名相称。记得那一天，我第一次去上班，光召到门口来迎我，在院子中忽然遇到邓稼先，我惊奇地戏称：“咦，邓公也在这。”光召笑着对我说：“公，是资产阶级的称呼，我们这都称老邓。”从此，我开始了称呼光召为“老周”。多年过去了，我和他相继到中科院理论所，理论所的同事们都称呼他为“光召”，这就发生了一个有趣的现象，每次我见到他，脑子里就同时出现两个称呼，不知道称呼他什么为好，有时甚至会有点不知所措。时间长了，我自己定了一个规则，只在跟他们两个人单独见面时称呼“老周”，和其他人在一起时称他为“光召”。尽管称呼他“老周”的时间越来越少了，但我不会忘掉这个称呼，它见证了我跟他相处的那段难以忘怀的时期，它也记载了我自己生活在那个年代的一段历史。在本文中，为了前后连贯，我都用光召这个称呼。

二

当年在北大的很多学生晚上都要找地方上自习。我发现，物理系的系图书馆虽然离我们宿舍很远，倒是一个好地方。一天晚上，我们很多同学聚集在系图书馆门口等开门，有一位高年级的同学站在门前眉飞色舞地讲着：“上次他开门来晚了，我把他剋了一通。今天他如果再晚来，我还要剋他。”随即，一位年青人匆匆而来开了系图书馆的门，并没有迟到。后来，我知道那位眉飞色舞讲话的人叫黄念宁，那位匆匆来开门在系图书馆值班的叫周光召，这似乎是我第一次见到他。在以后的时间里，我知道光召是一位非常优秀的青年学者，当时他是彭桓武先生的研究生，后来他留校任教。在我大学三年级前后，在办公楼礼堂举行的一次社会主义建设积极分子的报告会上，光召是其中的一位报告人。在我残留的记忆中，他讲述了如何克服各种困难做好科研和教学工作的一些事迹，为了克服他的高血压症，他每天坚持三千米长跑，在繁忙的工作之余提出了从微观电动力学到宏观电动力学的研究论文。后来听说，他教我们电动力学时同时也在外系教大课。他既要承担这样繁重的教学任务，还要做好他的科研工作，实在是很不容易的。

在上理论力学课时，吴林襄老师告诉我们，Lagrange 所著的《分析力学》一书一张图都没有，我们在他所教的分析力学中受到了很强的形式理论训练。在王竹溪先生教我们的热力学课程中，这种物理学中的形式演绎训练又得到了加强。光召电动力学课程的讲义更是对电动力学清晰和透彻的整理和总结。这些教导使得我在大学理论课的学习中得到了很多的形式演绎的训练。至于像黄昆先生教我们普通物理时，他所着力强调的那种从简单到复杂、从现象到物理本质的思维和分析问题的方式，则是我在多年以后才慢慢有所领悟的。光召教完我们一年电动力学后，没有来得及主持我们的口试，可能是因为他忙于去 Dubna 的准备工作。等我再次见到他时，我已留校任教了。

高崇寿是我们年级最优秀的同学之一，我能有幸和他一起在光召的指导下做一点粒子物理的研究，这对当时的我确实是一件喜出望外的事情。大学毕业前后的两年多时间里，正是“教育革命”的年代，我承担了系里繁重的教学行政工作。在科学研究上，除了自己找一些文献看看以外，基本上处于一种盲流的状态。在我做好胡宁先生课程辅导工作之余，我集中了尽可能多的精力在光召的指导下学一点粒子物理，做一点研究，可惜时间太短了。

在那一段时间里，光召是每星期六来一天，照常是我们三个人进行讨论，常常是整一个上午。光召告诉我们，科学讨论和合作研究是非常重要的，在讨论中要最大限度地吸取对方正确的看法，改进自己对问题的理解，在正和反的辩论过程中要使双方的科学思想都能不断地得到提高。他向我们提到李–杨的合作，也提到 Gell-Mann 的名字。Gell-Mann 应是一位非常善于讨论和合作研究的杰出科学家，他的绝大部分工作都是和别人的合作，如 Gell-Mann 和 Low、Gell-Mann 和 Pais、Gell-Mann 和 Bruekner、Feynman 和 Gell-Mann 等（当时，他关于八重态的文章还没有见到，他关于夸克的文章也还没有发表，这两篇文章都是他一个人署名的）。他又说，讨论的过程应该是讨论的双方或几方思想竞赛的过程，要比对方想得快、想得深，这是一种激烈的思想交锋，这样才能使讨论得到升华，不仅可以学到东西，而且可能从讨论中产生新的想法。他特别告诫，不要把自己认为自己有的新想法不告诉对方。首先，你的新想法也不见得是真的新想法，应该在讨论中得到对方的检验；其次，不要怕别人学到了你的新想法，应该有信心，经过讨论，以后你从对方得到启发，你会比对方升得更高，这也是一种水涨船高的道理。光召的这些看法以及在我和他相处过程中他在各种讨论中的表现，使我不仅看到了他对科学的刻意追求，也感受到了他敏锐的思想以及渗透在他才华中的一种强烈的科学创造的抱负。

因为学校教室很挤，我们常要到处找寻讨论的教室。记得有一次，我们在俄文楼的一个小教室中讨论，讨论完我们三人从楼里走出来，在临湖轩草坪的小道边碰到了周培源先生。周老见到光召非常高兴，我发现他似乎对光召的情况非常了解，问长问短，问寒问暖，问了他的工作情况也问了物理系对他的安排。他也知道高崇寿和我正在光召的指导下进修。后来的一段时间里，我逐渐地有这样一种感觉，光召在北大的成长和发展是得到了周老的亲切关心和支持的，他是以北大教师的身份去 Dubna 工作的。光召回国以后，北大坚持要把他的关系留在学校，同时每周花一天的时间来北大工作，这些安排很可能都是与周老的坚持分不开的。

三

不知道是不是高崇寿忙于教研室其他工作，每当在食堂里吃过午饭，在我记忆中常常是我一个人送光召上331路公共汽车（不知是否有误）。在他上车前，我们经常在物理大楼到中关村警察岗亭之间的一条非常安静的柏油路上走上好多个来回，这条安静的柏油路现在已经面目全非，变成了喧闹的中关村大街的一部分。在那条小道上，我们几乎无所不谈，他告诉了我他如何赢了和Smorodinsky的争论，谈了他在Helicity方面的工作，比起Jacob和Wick，他没有讨论对π-N散射振幅的应用算是个憾事。他也谈到，他用不到一个星期的时间就完成了PCAC的工作。他有这样一个概括，一个好的理论物理工作者要了解实验，要有好的推理技巧，在这二者的基础上形成高屋建瓴的科学观念（或者说观点）。就像读了伟人的格言不会成为伟人的道理一样，要真正地消化。光召在那一阶段给我们的种种教诲，能否真正在自己的思想上和行动中得到实现，是取决于自己的思想方法、性格特点、科学水平，特别是个人素质，所以这种种往事的回忆永远是伴随着一种惭愧的心情。

在这条宁静的小道上，他还不时地向我提到一个理论工作者要为国家牺牲自己的爱好和兴趣，甚至要生活在一个很艰苦的环境里。他谈到了，费米领导的第一个反应堆的一次突然的停堆事件的原因是由理论家Wheeler找到的；Feynman和Rosenbluth作为美国“二战”时期一些最优秀的年轻人中的两位被输送到Los Alamos；甚至像Dirac这样的“纯”理论家在“二战”时期也为机场安排出入空港飞机的运筹做了一个 value function……他和我们谈到的这类故事非常多，有的是在三人讨论后谈的，有的是在这条小道上谈的，还有更多的是在以后谈的，它们的前后次序我已记不太清楚了，包括所谈的内容都可能有误。光召的这些谈话不同于那些政治思想教育的教条，对当时的我还是很受教育的，一个年轻人在还没有或正在迈开他的人生之旅的时候想一些这样的问题，受一些前辈事例的教育是非常有益的。

在那一段日子里，高崇寿几次向我说，你看光召的眼睛里边有不少红红的血丝，我们都不知道，甚至也没有深想在星期六以外他在做什么，但我们都感到一种精神力量，而光召是这种精神力量的身体力行者。记得在那次光召简短而又激动人心的讲话中曾这样讲到，不少同事们曾为不能发表文章而感到遗憾，今天是我们这个集体向全国人民和全世界交了一篇大文章。是的，就是这样一批又一批的无私奉献者不断地在为国家的荣誉默默无闻地作出他们的贡献，光召的夫人也是其中的一位。如果我没有记错的话，郑爱琴女士是一位优秀的生物化学家，她当年在东郊的一个研究所工作，尽管当时没有像现在这样的堵车，但由于交通工具还是不够发达，而他们两个人的工作单位又相距十分遥远，为了支持光召的工作，更为了这一个激动人心的事业，她毅然决然地放弃了自己的科学研究。她克服了种种专业上的困难，凭借着她深厚的外文功底和丰富的研究经验，很快地成为了一位杰出的资料工作者，也就是说成为了这个默默无闻、无私奉献的群体中不可缺少的一员。

四

记得光召向我介绍闭路格林函数时，是从一个关于 Rossland 不透明度系数的推导开始的，他把这个正比于温度 4 次乘方不透明度系数用闭路格林函数语言透彻地写了一遍。光召有这样惊人的能力，他一边和你讨论，他自己也一边想同时也一边写，包括一步又一步的符号运算。当讨论完时，他也就写成了一篇文章的初稿。这个不透明度系数的推导，虽然只是一个 reformulation，但是是一个很好的关于闭路格林函数的介绍，以及一个典型例子的说明。他的这份手稿写在一个练习本上，这个本子似乎还保存在我的书柜中，一次又一次搬家，这个本子我还留着。

在中国物理学会庐山会议快要散会的时候，我接到通知，说是我被入选去参加教育部组织的出国访问学者英语考试。等我从庐山下来，见到几位也是入选的弟兄们，他们一个个已经抱着录音机啃了好久英语了。我因为时间不够就抓紧时间背诵一些英语词汇，很快地也进入了这种紧张准备的状态。在考试前，周莹——光召的女儿，找我们每个人做了一次个别辅导，我记得她当时刚从二外毕业。这次个别辅导对我帮助是很大的，至少是心理上的帮助，因为我已经有二十多年没有参加过任何考试了。周莹是一位才资出众的女孩，至少可以从她打乒乓球中看出来，她是靠反映速度来打球的，我记得我看过她打球，但不记得是否和她打过。她可能没有念完高中就被下放当了工人，总算幸运，作为工农兵学员她被招入了第二外国语学院。对于那个时代，现在回过来，不管怎么看，至少使得我们国家损失了两代人，也损失了这两代人对国家应该做出的辉煌贡献，周莹就是其中的一个。我通过了这次考试，多少有点意外。那一天我到光召家里想告诉他考试结果，其实他早已知道了。在说话的过程中，忽然间，郑爱琴端了一小碗面条给我，其中还有个煮鸡蛋。后来那次考试的结果被有关方面作废了，但这段往事却残留着一些似乎还很清晰的片断在我的记忆里。

在从化会议开会前，光召问我去不去做一个关于闭路格林函数的报告，当时我很惊讶，因为这是在改革开放初期规格很高的一次华人国际会议，从国外来的多数是有一定知名度的场论和粒子物理学家，所以我也有点胆怯，我考虑再三告诉他我还是不想去，会上的报告是由光召自己做的，听说反映是很不错的。实际上那个时候我虽然已经在跟着光召做，但我的进步是非常缓慢的。我和光召关于闭路格林函数的第一篇和第二篇文章，即关于闭路格林函数场论的可重整性以及 Ward-Takahashi 恒等式对于闭路格林函数的推广，全是光召做的，我只是跟着演算了一遍。在经过了一段较长的时间，我才在他的循循帮助下开始进入状态。

一天，他告诉我，他把理论物理所最优秀的两位理论家郝柏林和于渌请来一起做闭路格林函数，这可以看出光召对闭路格林函数这项工作是非常认真的。对郝柏林和于渌我已久慕其名，早在 60 年代，他们就和他们的同事们一起在国内推动量子多体理论的发展，在刚刚开过的庐山会议上我还听过他们的长篇综述报告，曾和他们有很愉快的交流。那个时候，我还没有到理论物理所，我十分欣喜能有这样的机会与科学院优秀的科学家进行合作研究，而这次合作研究也应该是我新一阶段研究工作的开始。事实上，这一项由光召推动的合作研究也开始了我和郝柏林、于渌之间渊延至今的友谊，*Physics Report* 的那篇文章正是这种合作，也是这种友情的见证。我不仅从他们两位身上学到了许多的科学知识以及带有特色的研究工作作风，而且也在他们的支持和推动下从不喜欢参与到参与了不少的科学活动。

当我第一次出国访问回来，郝柏林和于渌已为我准备了好几个研究生，在此之前我还没有带过研究生呢。过一些时候，光召的两位对凝聚态有兴趣的学生也常来一起讨论，这一堆学生就成为了我当时生活中不可缺少的一个部分，但同时随着光召承担的责任越来越多，工作越来越忙，我能和他讨论的时间也急剧下降。记得有一次，他在二龙路的一个医院里小住，我和他的学生一起到他的病床边去讨论，当我和他谈到在最低 Landau 能级电子的动能被冻结住以后，只剩下了两个 guiding centre 坐标起作用，他就提醒我：为什么不能把这一对 guiding centre 坐标看成是一对正则变量？这使我第一次感觉到了二维平面上的分数量子霍尔效应实质上是一个一维体系，这也成为了我以后理解量子霍尔效应现象的一个基本出发点。这次饶有趣味的讨论是在上世纪 80 年代的中后期，在我记忆中自此以后似乎再也找不到与光召这样深入的讨论了。

我刚到理论物理所时，因公出差向单位报销路费和食宿似乎是天经地义的事情，从不想钱是哪来的。一直到有那么一天，当时在基金委工作的王鼎盛同志到理论物理研究所来下“毛毛雨”，说是不再支持理论物理的重大项目。我那时才领悟到，我们的科研经费是需要基金来支持的，我更不知道我们国家在这么几年来在增加基础研究的投入方面做了很多事情，我也才刚刚晓得这个可能得不到基金委进一步支持的基金项目是光召领衔的一个全国性的项目。事实上，那一段时期，光召和何祚庥、郝柏林、郭汉英、于渌等许多同志为扩大理论物理所的影响和筹措理论物理的经费以及为全国理论物理科学的发展做了大量的工作。就在失去基金委的有关支持的同时，光召已经在科委的国家项目方面为争取对理论物理的支持做了很好的准备。后来，光召要进入中国科学院的领导岗位，必须超脱与理论物理学科利益密切相关的具体事情，需要更多的人来参与这些服务于理论物理界的种种事情，我才被逐渐地卷进一些社会活动中。从此，理论物理所对我来说不再是一个世外桃源，不再是科学研究的人间天堂了。

光召承担的社会责任越来越重，我自己也逐渐地忙了起来。非常难得，有时会有这样一个下午，我骑出了熙熙攘攘的中关村，在静静的运河边悠闲地踩着我的自行车。宽敞的河床中，流着似乎见不到头的运河水，经过了一座跨桥又是一座跨桥。有的时候，门卫还会给你找点麻烦，找电梯也要花一点时间。在那些时间里，我不谈“工作”，也不谈“项目”，而是海阔天空地和光召聊着，有国家大事，有科学趣闻。在这些聊天的过程中，像往常一样常能看到光召思维中闪耀的一些独有的火花。微风吹动下的运河水正荡漾着夕阳的反光，投射在河岸杂草坡上，人和车的身影在变得越来越长，我又回到了运河边上。我轻快、惬意，穿行在夜幕降临前的夕阳余晖中，不时地回味着这下午的美好时光。

五

记得在北大当学生时，看到过一张大字报，上面引用了光召在年轻时期的一句话（我相信这只是一个意思，而不可能是原话）：日本出了一个汤川，出了一个朝永，就把整个日本的理论物理带起来了。这是从大字报上看到的，可能不是事实，但却给我留下了很深的印象，长久的记忆。光召在他的研究生时代，就以他的才智掌握了当时量子场论中一场深刻变革的前沿发展，他在 Dubna、在众多世界一流的苏联科学家面前，作为一个中国的年轻人，闪烁了明星般的光芒。因为祖国的需要，他搁下了年轻时期的憧憬，投“笔”从“戎”，自力更生，发奋图强，冲破障碍，为我国的事业建功立业。当他再次回到理论物理的科学研究中时，大家对他充满着期待和希望。但是又因为科学院发展的需要，他过早地离开了研究工作的最前线，投身于整个国家的科学发展事业。我们年级的大学同学，非常幸运地得到了许多名师的教诲，他们有黄昆、虞福春、吴林襄、王竹溪、郭敦仁、周光召、杨立铭等，理论班的还有周培源先生、朱洪元先生。但就我个人而言，光召对我的影响最深，这也许是一种缘分吧。饮水思源，值此光召 80 华诞之际，写下一些片断的回忆献给光召，祝愿他身体健康，永葆青春，也祝愿郑爱琴女士身体健康，长寿幸福。

周光召先生给我的一封信

吴　可*

周光召先生是我的博士生老师，在博士生阶段，培养了我，把我带进了理论物理的一个新的前沿研究领域，使我终身受益。

1964 年我进入大学，学习数学。读了不到两年书，1970 年分配，先后到农村劳动和中学教书。1978 年才有机会参加“文革”后第一次研究生入学考试，由于我的数学知识仍然停留在大学二年级水平，无法被中科院数学所录取。当时中科院理论物理所刚成立，在扩大招收研究生，有幸成为理论物理所的研究生。入学后，所学的课程和开展的研究工作偏重数学与数学物理。1983 年，在准备博士论文答辩时，突然发现，原来的导师只能指导基础数学的博士生，不能作为我的博士论文指导教师，于是陷入进退两难的境地。当时可以带博士生的导师不多，转导师的选择可能也很有限。

为难之时，正好周先生从国外回来，到理论物理所主持工作。有人向周先生建议收我为他的博士生。转导师都要有一个重新入学考试过程，周先生对我并不了解，也需要对我进行考察。我们做量子场论方向研究工作

* 首都师范大学数学系教授

的理论物理的博士生，必考的科目是量子场论，然而我没有系统学过；如何进行考试成了一个难题。“文革”中知识分子遭受了种种不公正的待遇，被迫放下书本，停止了正常的学习和研究，理论物理所老师们对此都很了解，这时都愿意帮助我，让我能得到继续学习的机会，周先生也不例外。但是，帮助不能失去原则，博士生是要做科研的，要有成果才能毕业，必须要掌握足够的基础知识和具有一定的科研能力。

很快，周先生打破了尴尬的局面，找到了方法。我收到了他的一封信，信中他给我提出了考试的题目，它不是普通教科书上的题目，而是由一篇最新学术文献中延伸出来的研究问题。在信的开头，周先生开门见山，直截了当地提出了要研究的问题，他写道：“听说你们在念 Witten，我认为他文中的 ω 和三级陈类有关，”这里，“在念 Witten”是指在念 E. Witten 的文章，那是 Princeton 的 IAS 刚刚出的一篇预印本，由正在理论物理所访问的外宾（IAS 的 S. Adler 教授）带来；ω 表示 Witten 的文章中的一个重要结论，用公式写出来，记成 ω；“三级陈类”是指第三陈特征类。周先生信中的第一句话，就指出了问题的本质所在，即“和三级陈类有关”。随即周先生就给出了一个公式（由于公式很繁，此处就不抄录了）。

在指出问题的本质之后，周先生用了一页多纸，来解释他对此问题的理解和如何能得到该结果的一些细节的分析，相当于一个非常详细的提示和研究提纲。

在信的最后，周先生告诉我们如何进行博士生入学考试的问题。他写道：“如你做好了，我想以此作为你场论考试成绩。”信签署的日期是 1983 年 5 月 24 日。周先生还亲口告诉我，在做这个问题时可以问任何人，可以和任何人讨论，完成时间是一个月。这是一份真正的开卷考题。

经过了一个半月的努力之后，在理论物理所老师们的帮助下终于得到了结果，发现 Witten 的结果有误，正确的结果的确与第三陈类有关。尽管没有完全按照周光召先生的要求，周先生还是接受了我作为他的博士生。周先生的考卷提出了一个全新方向，其中问题的彻底解决，是经过以周先生为首的不同单位几位研究人员的共同努力，揭示了 $2n+2$ 维上的陈类与 $2n+1$ 维上的陈-Simons 第二示性类以及 $2n$ 维上的非阿贝尔反常之间的内在联系，进而开辟了规范场上同调等方面的研究，得到许多新结果。一年多后，这一组工作被国际著名理论物理学家 B. Zumino 称之为是“北京小组”的成果，被他大段地加以引用。最后这项成果于 1988 年和 1989 年分别获得中科院自然科学奖一等奖和国家自然科学奖二等奖。

周先生在接受和培养我的过程中采用一种新的博士生入学考试方法。和现在通行的两门业务课闭卷入学考试相比，它侧重于考查一个人研究能力，而且考试的过程是一个进一步学习提高的过程，更是一个开展研究工作的过程，我在这个过程中得到的收获也是非常显著的。但现行的对于博士生入学闭卷考试是把中国的应试教育推到顶峰，浪费人力物力，不仅无用而且有害。从此以后，在中科院理论物理所我所在的研究小组，这种考博士生的方法一直被沿用下来，直到 1998 年。之后，管理部门大力提倡“管理出质量”，行政权力大大超越了学术考虑，我们再也顶不住了，只好停了下来。

20 多年过去了，我也换了工作单位，搬了很多次家，很多东西都不见了，包括很多算稿，但是周光召先生的信一直和我在一起，它将伴随着我，走完我一生的科研教学之路。

我的恩师周光召

吴岳良*

在周老师80华诞之际，作为学生的我情不自禁地想起当年仰慕老师的学识和成就而报考中科院理论物理所研究生的情景以及多年来在老师的精心培育和关爱下学习和研究的难忘历程。

一

第一次听到周光召老师的名字还是在我大学三年级的时候。那时南京大学的龚昌德、蔡建华等知名理论物理教授，在谈到我国理论物理界的概况时都曾不约而同地提到周光召，并带着很敬佩的语气谈及他的学问。从那时起，我便了解到：周老师是著名理论物理学家彭桓武先生的得意弟子，是我国理论物理学界研究水平最高、理论功底最深的中青年科学家。他不仅为我国第一颗原子弹爆炸成功起到了理论先行的关键作用，而且早在20世纪50年代，他就在粒子物理领域做出了一系列杰出贡献，包括：

---

* 中国科学院院士，中国科学院理论物理研究所所长

最早提出粒子的相对论性螺旋态，并是著名的 PCAC（轴矢流部分守恒）理论创始人之一；较早在重子衰变中证明了 CP 破坏的一个定理；较早注意到 K 介子和 π 介子之间的对称关系等。他在苏联杜布纳联合核子研究所工作的 3 年时间内（1957～1960），发表了 30 余篇论文，引起了国际同行的高度关注，成为当时蜚声国际科学界的青年理论物理学家。然而，60 年代后，他的名字却突然消失。后来，人们才知道，1960 年，正当他在粒子物理前沿领域取得一个又一个重大成果时，得知苏联突然撤走所有在华专家的消息，便主动请缨，要求立即回国。1961 年，他为了祖国的国防和原子能事业，毅然抛弃了自己热爱且已取得极大成功的粒子物理，回到了祖国。从此，他开始隐姓埋名，参加了从未接触过而又最为保密的原子弹研制工作，而且一干就是 18 年。一直到 1979 年，他才被调到刚成立不久的中科院理论物理所。后来，他的名字和成就才逐渐被人们了解。我在大学时，同学中还流传着这样的说法：周光召聪明过人，是一位天才，他的大脑比计算机还要算得快。后来我才得知，那是指周老师巧妙地用最大功原理证明了著名的“九次计算”，结束了原子弹设计过程中近一年的争论，为原子弹的研制成功做出了突破性贡献。从那时起，周老师的成就和传奇深深地吸引了我，也使我向往他所在的中科院理论物理所。因我了解到那里聚集了包括彭桓武、周光召、戴元本、何祚庥、郝柏林等多位中科院学部委员（院士）和一批优秀的青年理论物理学家，在我心里，已把理论物理所当作我国理论物理研究水平最高的学术殿堂。从此，我把进入理论物理所跟随周光召老师学习和研究理论物理作为在大学期间奋斗的一个目标。1982 年，我鼓足勇气报考了理论物理研究所的研究生，这一年正好戴元本院士作为杰出校友应邀参加南京大学 80 周年校庆，最后经戴老师面试推荐，我如愿以偿，考上了中科院理论物理所的研究生。

二

第一次见到周老师是在理论物理所举行的研究生与导师们见面的座谈会上。因理论物理所当时主张研究生第一年不固定导师，不按照报考时所填导师来分配，而是让老师与学生有一个相互了解的过程后再双向选择，这样老师和学生都有更大的选择空间，尤其可以让学生更加明确自己感兴趣的研究方向和想要选择的导师。周老师在座谈会上鼓励大家说：你们是伴随着改革开放由全国统考选拔出来的青年学生中的佼佼者，是幸运和希望的一代，愿你们珍惜这来之不易的机遇，发奋努力，勇攀科学高峰。理论物理只有世界第一，没有第二。要做出国际一流的科研工作，一定要瞄准国际上的科学前沿，眼界一定要高，要敢于跟国际上最优秀的理论物理学家去竞争，而不要去跟自己周围的同学和同事相比。

周老师第一次单独与我见面并不是在理论物理所，而是在当时的华中工学院（即现在的华中科技大学）。那是 1983 年寒假，当时我在那里参加由郝柏林、于渌和苏肇冰老师主讲的“相变和重整化群”工作月研讨班。周老师特邀到会，并在百忙之中约见我，当他看出我紧张的心理，便先问了我参加研讨会和在研究生院上课的情况，这样待我慢慢地消除了紧张状态后，和蔼而认真地说：理论物理研究是一项艰苦的工作，从事理论物理研究至少要做好三方面的充分准备：一是要对理论物理有强烈的兴趣，这样才能激发一个人的好奇心去探索自然界的基本规律，并发现别人没有注意到的问题；二是要对自己有足够的信心，这样才能敢于突破前人的工作，不迷信权威，做出创造性的研究成果；三是要对科学有献身的精神，这样才能勇于攀登科学高峰，不怕吃苦，真正为理论物理事业的发展做出自己的贡献。他特别提到，国外活跃在前沿和做得最好的年轻理论物理学家很多都是没有星期天的，一个人光靠先天的聪明，不靠后天的努力也是做不好理论物理的。说完，周老师问我有没有自信做到这几点，我点点头回答可以。尽管当时我对这几点的认识并不很深，但感觉自己都能做到。我还在等着周老师接下来考我物理问题，只听他说，那就行！接着又说，老师和学生既是师生，也是朋友。听到这话，我都不敢相信自己的耳朵，这就面试通过了？更让我感到惊讶的是：师生关系怎么成朋友关系？我简直不知如何回答，因以前在家受到的教育是“天地君亲师”、“师徒如父子”等观念，经常听父辈们讲的是有关“一日为师，终生为父”的感人故事，其中印象最深的故事情节是：即使是当了皇帝，见了老师也得下轿相迎。因此，在我心目中，老师一直是最受尊敬的长辈。而此时，当我第一次听到周老师这样一位让我仰慕已久的科学家，而且年龄比自己的父母还要大的一位长辈，不仅仅愿意接收我作为他的学生，还要把自己当成朋友，真是太受宠若惊了。不由想起小时候父母的期许：若能遇到一位好老师比父母都重要，尤其对一个在农村成长的孩子。当时，心里深深地感到自己是多么幸运，遇到了一位最好的老师。我已来不及多想，就激动地向周老师表示，一定会发奋努力，不辜负老师的期望，还急切地请他布置研究课题。他最后嘱咐说，你还在研究生院学习，先把基础打牢，回所后再开展课题研究也不晚。

1983 年秋，我从研究生院回到了理论物理所。当时，理论物理所刚刚成立不久，正处艰苦创业阶段，只有几间平房。不光是研究生没有办公室，就连老师们也是共用几间办公室，有的最多有一张桌子。周老师当时作为理论物理所所长，也只有半间板房办公。当时所里没有研究生宿舍，我们暂时被安排在招待所过渡。即使是那样的学习和生活条件，我们都还是深深地感到是多么幸运成为理论物理所的研究生！当时大家只有一个信念，就是跟时间赛跑，努力拼搏和攀登科学高峰。回所后不久，周老师很快给我布置了研究课题，探讨自由电子激光。杨振宁先生曾告诉他，国际上自由电子激光研究正处于前沿，并预见将来可能会在生物、材料甚至国防等很多领域具有广泛的应用前景，建议理论物理所关注和开展该方向研究。周老师让我与谢彦波一起开展研究，并至少每星期讨论一次，尽管他作为所长工作很忙。

在最初讨论时，周老师除了给我们讲解自由电子激光的基本原理和主要研究目标，包括如何实现在紫外线和 X 射线波段的激光，他重点指导我们做研究的方法。他首先给了我们一本最新的预印本，教我们如何查找文献和进入科学研究，并告诉我们，要从最新进展的论文阅读起，若遇到不清楚或不详细的地方再倒回去查找和阅读论文中所引用的相关论文，这样可以更快地了解该领域的进展，进入前沿研究领域，同时还可培养自己独立思考，而不是一开始就按着论文原来的思路去考虑问题。每次讨论时，他会先听我们简要汇报对上一次遗留问题的研究进展和我们自己的一些理解。接着，他常常是拿过一张白纸从最基本的原理开始推演，不看任何参考书和文献，并一边推一边指导我们说：自由电子激光涉及的基本理论无非就是麦克斯韦电磁场理论和电子在电磁场中的运动，以此作为出发点和理论依据，我们应能研究得到一切物理结果，然后再与实验结合。

讨论中，我注意到周老师在写下麦克斯韦方程和电子运动方程时，不是按照通常在脑子里记住的方式默写下来，而是用推导的方式写出那些方程，有的方程的正负号还是在最后填上的。于是，我好奇地问老师是用哪种方式记公式的，他说，这不能靠背，若是靠背来记住那么多物理公式，就算是记忆力最好的人，时间长了也会忘记，但如果把基本物理概念和各种物理量的关系弄清楚了，就算忘记了具体的形式，也可以从最基本原理再推导出来。他的这番指导，给了我极大的启发。在以后的讨论中，即使我把一些必要的数学公式和物理方程，有的甚至是老师前一次推导出来的结果，整理好后提供给他，他还是常常习惯于从头开始推导。尤其是一旦把物理问题弄清楚变成数学物理模型后，他从来不照着已有文献的思路和方法考虑，甚至也不按他自己以前已经采用过的方法，因这样有可能会找到更巧妙、更简单的方法，不仅可验证已有的结果，同时还可能给出更清晰和更简明的物理图像，得到更有意义的结果。

在周老师的这些学术思想和方法指导下，我们对自由电子激光的研究很快有了一个简单和清晰的物理图像，形成了一些新的想法。但为使学习和研究更加深入，他安排我们与当时国际上做得最好，从美国回北京访问的余理华博士讨论。要产生紫外和软 X 射线波段的自由电子激光，还需要有合适的种子激光，然后再利用自由电子激光的倍频效应才能获得。为此，他又利用在友谊宾馆开学部年会的机会，引见我们向王淦昌先生等学习和讨论，了解国内激光器哪些可作为种子激光。这也是我第一次和唯一的一次，有幸与我国著名实验物理学家“两弹一星功勋”王淦昌先生在一起交流讨论，他给我留下了反应敏捷、和蔼可亲的深刻印象。要真正实现自由电子激光，必须建造电子同步加速器装置。这时，周老师又专门写一纸函给我，建议我们登门拜访我国加速器专家谢家麟先生，当我们到谢先生家并说明来意后，谢先生热情地给我们讲解电子同步加速器的基本知识和有关情况，了解实现 X 射线自由电子激光对加速器能量等的要求。周老师还让我们登门请教加速器专家方守贤先生，使我们加深了对做自由电子激光实验的了解和当时在实验上要实现它的难度。就这样，在周老师的指导下，我从对自由电子激光物理原理的研究、新的理论方案的提出到对实验装置的了解，受到了一次较全面的科学研究训练。由于电子同步加速器一时无法建造，我们的理论研究也暂作了一个小结。但通过这一课题的研究，从学习查文献开始，到学习如何做研究工作，都得到周老师耐心细致的指导，特别是从他那里学到了思考问题、提出问题、分析问题和解决问题的方式方法，以及如何从基本理论出发，把复杂的物理问题转化为简单的数学物理模型，再通过求解分析，建立起清晰的物理图像。

在跟着周老师的学习研究过程中，他还常给我们讲一些探究学术的方法。因我们知道他在理论物理许多领域都做出了重要贡献。有一次，我向他请教如何才能使研究领域和研究工作做到“既宽又深”。他深有感触地说：当一个人有了一定的研究基础后，以“先深后宽”的研究途径会更有效。他进一步解释说，如果一个人同时在几个研究领域或研究方向上开展工作，虽然每一个领域或方向都会取得一定的进展，但一个人的时间和精力有限，若要面面俱到，会使得每一个研究课题都不可能研究得很深。因此可能会出现的现象是：每个研究方向的工作不断在同一水平上重复，虽然保持了宽的研究领域，但研究工作很难达到一定的深度。相反，若是先选定一个突破点，开展深入研究，并能取得突破性成果，成为这个研究方向的专家，然后再在新的方向开展研究，就有可能达到“深和宽”；因为当一个人在某一方向取得成功而有了很好的研究积累后，就会掌握到好的研究方法，形成好的思维方式等等，特别是会使得一个人思考问题和观察问题的起点一开始就会变得较高。由此，再开拓其他领域或方向时就会很快使研究工作提升到同样或更高的水准，这样就有可能实现以点带面、触类旁通的效果，最终达到“既宽又深”的目标。

1984 年春，周老师又让我进入另一个课题方向开展研究：探讨正反粒子变换和左右宇称反演联合对称性（CP）破坏和第六个基本粒子顶夸克性质的研究，这是当时粒子物理最热门的研究方向。事实上，它仍然是目前粒子物理研究的前沿课题。这个研究课题属于粒子物理的唯象研究，要求紧密联系实验进展。他让我计算 K 介子衰变中直接 CP 破坏的大小，并把它与当时国际上正在寻找的自然界中的第六种基本组元——顶夸克联系起来。当时实验和理论对直接 CP 破坏的研究已近 20 年，但在实验达到的精度范围内（百分之一至千分之几），仍然不能确定直接 CP 破坏的大小。他提示说，做唯象研究首先要了解已有的进展，包括已有的文献分析，别人做了哪些假设和近似，是否合理。他让我考虑所有只要与基本理论不矛盾的可能性，而不要受已有文献上所作分析和假设的局限。通过分析研究，我们很快就注意到，如果直接 CP 破坏小于千分之几，顶夸克质量必须大于中间玻色子质量（80GeV），并很自然地允许达到 200GeV。而当时，顶夸克的质量被普遍认为远小于中间玻色子质量。并且日本在 80 年代初，还专门建造了仅 40GeV 能量区的高能加速器，试图寻找顶夸克，结果一无所获。尤其在当时（1984 年）还出现了一个小插曲，即在欧洲日内瓦核子研究中心，曾发现中间玻色子的那个实验组报道声称发现了顶夸克，其顶夸克质量约在 40GeV。当周老师得知这个消息，我们赶紧做进一步深入分析，并得出结论是：若顶夸克质量真被确认为 40GeV，那么要解释小的直接 CP 破坏，必须引进第四代更重的夸克，由此，提出四代夸克模型。尽管到目前为止，实验并没有排除重的第四代夸克和轻子，然而，实验报道的结果很快被否定。一直到 1989 年，美国费米国家实验室才首次将顶夸克质量极限改变过来，发现它应大于中间玻色子质量。事实上，直到 1994 年，美国费米国家实验室才最终发现了顶夸克，其质量约为中间玻色子质量的两倍。

通过这个课题的研究，我不仅从周老师那里学到如何进行唯象分析、理论研究以及如何将理论与实验紧密结合，而且从跟他的学习和讨论中初次领悟到了关于对称性和对称破缺物理思想的重要性，同时还从他那里学到了勇于思考、不迷信权威，甚至对一些实验结果也不能完全轻易相信和敢于追求真理的科学精神。记得在这一过程中，他曾讲了一段难忘的经历。那是 1957 年，他被国家派往莫斯科郊区的杜布纳联合核子研究所从事粒子物理研究，当时作为社会主义阵营，在那里聚集了一批苏联、中国、越南、朝鲜以及来自东欧各国的粒子物理和核物理学家。在他刚到那里不久的一次各国物理学家聚集的学术讨论会上，一位苏联教授在会上报告了对粒子自旋问题的研究成果，周老师觉得这位苏联教授的观点明显不对，就站起来用俄语阐述了自己不同的观点，那位苏联教授用不以为然的目光看了他一眼，接着很不高兴地说道："你的观点没有道理!"，周老师面对权威的这种回答，并没有直接辩驳，会后，他默默地研究了三个月，一步一步地严格证明了自己的学术观点，并先后把研究结果写成"极化粒子反应的相对论性理论"和"静质量为零的极化粒子的反应"两篇论文，发表在苏联的《实验和理论物理杂志》上。从那以后，这位教授不得不另眼看待和佩服来自中国的年轻科学家。不久，美国科学家也得到了相似的结果，这就是高能物理领域著名的"相对论性粒子螺旋态"理论问世的过程。讲完这段经历，周老师深有感触地说：要让别人瞧得起自己，就必须拿出令人信服的理论证明，做出比别人更突出的研究工作，既要向比自己强的同行专家学习，又不要轻易相信权威，要有自信。他的这些话一直鼓舞和激励着我。尤其当我在 20 世纪 90 年代初研究 CP 对称性自发破缺模型时，遇到的类似学术争论，当时我联想起周老师讲过的那段经历，便用了半年多的时间考证和研究，撰写了近 80 页的长文来证明模型的自洽性，并完整地探讨了 CP 对称性自发破缺的双黑格斯二重态模型，最后的研究结果发表在美国《物理评论快报》上，该模型后来被国际同行专家称为模型 III 2HDM。

三

从研究生院回研究所学习、研究很快就到了一年，那是 1984 年秋，正当我们的研究兴趣越来越浓，研究工作深入进行时，按正常硕士研究生的培养计划和攻读博士研究生的要求，我们又要开始预备博士研究生的考试和硕士论文的撰写，很多时间将要花在博士考试课目的学习和硕士论文的准备上。周老师得知这种情况后，决定让我们采用硕博连读的方式，免去撰写硕士论文，把博士生考试简化为对研究工作进展报告的考核和面试的形式，考核优秀者可直接攻读博士，5 年就可申请答辩毕业。这样可缩短整整一年时间培养一名博士生，这在当时，不仅可为每一位博士生争取到一年的宝贵时间，也为更快更好地为国家培养年轻优秀的新一代人才尝试了一种新的模式。直到今天，理论物理所仍然采用硕博连读这一有效模式。

就这样我成为了理论物理所最早的一批硕博连读生，并有幸继续在周老师的指导下进行学习和研究。为了能在博士阶段开展系统性的理论物理研究，我以极大的兴趣选择了周老师指点的几个博士论文方向之一——量子场论的整体拓扑性质，作为自己博士论文的主攻方向。但这个课题与以前两个研究课题不同，不仅需要有量子场论的现代物理基础，还需要有微分几何和拓扑学的现代数学知识，而我并没有学过微分几何和拓扑学。周老师看出我的疑虑，随即鼓励我说：学习新知识的最好方法是在研究过程中学，边学边用，不仅可学得更深，理解得也会更透，并进一步鼓励说，在科学发展史上，理论物理和数学的发展是密不可分的。实际上，这也是他自己的深切体会。当时，他正带领我国一批青年理论物理学家开展这方面的研究，并已注意到美国普林斯顿高等研究院年轻的威腾教授所写的关于量子反常和拓扑性质的论文中的不完整处，周老师和合作者用两种不同方法研究了量子反常的拓扑起源（更详细的介绍可参阅郭汉英研究员和吴可教授的回顾文章）。

遵循周老师指点的方法，我一边钻研他与合作者的最新论文，一边及时补上所需的数学知识。他依然保持每星期至少讨论一次的习惯，每与他讨论一次，总会有一些新想法产生。在讨论时，我真切地感受到老师视我们为朋友，于是，紧张和拘束也就没有了，可以想到什么问题就问什么问题，不用担心问的问题太简单或是错了。他经常讲，只有通过不断与别人讨论，不断问自己问题，才会把研究做得深入，把问题想深想透。讨论中，他更是激励我们勇于思考，自由探索，不怕失败，敢于突破。由此，我们常常大胆尝试各种想法和方法，当然有的被他很快判断是行不通的，有的最终被证明是走不通的。而在探讨如何推广 Chern-Simons 示性类，研究规范场拓扑性质时，有一个大胆的想法被证明是非常有效和成功，即把流形底空间的坐标空间和纤维丛的参数空间（或群流形的参数空间）看作是一个更大的“广义坐标空间”，可以很自然地给出广义 Chern-Simons 示性类和递推关系式的非常简单的推导及其他的物理应用。在数学上，这种做法初看起来并不是很严格，但最终被证明是可行的。另外，Virasoro 代数对超弦理论的构造起着重要作用，尤其是它的中心项可被看做是一种反常项，周老师直观地告诉我们，对于 Virasoro 代数的中心项，应该既可用代数方法推导，也可用拓扑方法推导，经过几次推导证明，结果发现他的想法完全正确。在推导有规范场存在的非线性 σ 模型的反常作用量时，我用了很长的篇幅进行推导，而他非常巧妙地利用左右手征对称性质的矩阵表示和量子反常的拓扑性质，很简洁地给出了反常作用量的最一般形式。

总之，在跟周老师学习和研究过程中，不仅能学到他对物理唯象的直觉和深入浅出的学术思想，而且能学到他在数学物理研究方面的技巧和化繁为简的学术方法。

四

周老师除了很重视我们的学习和研究外，更关心我们的身体健康。他常跟我们说，不要在研究生阶段就把所有的冲劲都用完，在刻苦钻研的同时，要劳逸结合，锻炼好身体，真正需要全力拼搏的时候是在你们博士毕业后。在做博士后研究阶段，会把你们放到理论物理的国际舞台上去锻炼，那时更需要你们有充沛的精力和健康的身体，要敢于与你们同时代的国际上最优秀的同行去竞争、交流和合作。他不仅仅是这么说，还常常在星期天讨论结束后带我们去饭店改善伙食，并说这是他向他的老师彭桓武先生学的，因彭先生当年也常常带他去改善伙食。有的时候他干脆带着我们到饭店讨论和用餐，因为当时理论物理所没有可讨论的合适地方，在他的半间办公室讨论时，经常会被找他的人或电话打断讨论的思路。

他非常关心所里研究生的身体锻炼，记得夏天的时候，由于理论物理所板房二楼顶层较热，我们研究生都是先到当时的计算所食堂买了晚饭，回到板房小院外面的乒乓球台和一些木头墩子旁，站着用餐，周老师常常在他的办公室听到大家吃晚饭时的热烈讨论和朗朗笑声，他时常会走出来关心大家的伙食情况和讨论的话题，并关心大家是否每天参加体育锻炼，有好几次他还和我们一起打乒乓球。

周老师还经常在讨论会前后或中间休息时，给我们讲一些著名科学家成才、发现和发明的故事，激励我们独立思考和自由探索。不仅如此，他特别关注科学家如何对社会和经济发展起作用，关注高科技怎样影响一个国家的国计民生，关注科技创新对强国富民的重要性。那时候，我常常听他讲这方面的实例。记得有一次，他特别提到美国的一位华人高能物理学家，利用他在高能物理领域学到的处理大量数据的能力，通过处理贝尔电话公司收集到的大量电话线路信息帮助解决了查找电话故障的难题。

最让我记忆犹新的是，1986 年底，在我和周老师讨论如何准备撰写博士论文后，他语重心长地对我说：博士毕业后，你就要开始独立工作，在以后的人生中，可能会面临多种选择，但一旦国家需要你做出某种选择，你是否能服从国家的需要？我记得我当时的回答让周老师感到很满意，他接着说：当然，要放弃自己感兴趣和爱好的事业是一件很痛苦的事，但一个人对自己祖国所做出的牺牲和贡献，国家和人民是不会忘记的。这一年，周老师作为我的入党介绍人，我光荣地加入了中国共产党。事实上，周老师不仅这么说，更是这样做的，他不止一次放弃了自己感兴趣和爱好的事业，服从了国家的需要。50 年代末，他为了祖国的国防事业和强国之梦，放弃了 60 年代粒子物理发展的黄金时期和摘取科学皇冠的良好机遇，毅然回到祖国。80 年代末，他为了中科院的发展和整个国家的科学事业，又一次放弃了改革开放后他经过近 10 年努力已步入国际前沿的理论物理事业。

1987 年，我顺利完成了博士阶段的学习，当答辩委员会主席中科院学部委员朱洪元先生宣布我以优秀的成绩通过博士论文答辩并表示祝贺时，我对周老师 5 年精心培育的感激之情无法用语言表达，特别是他几乎把自己所有的休息时间和星期天都用来指导我。当年，又经周老师介绍，得到了李政道先生的鼎力推荐，我获得了赴德国做第一期博士后的机会。在国外从事研究工作的近 10 年中，周老师仍然一直关心着我的研究进展，他多次写信，或趁他到国外访问时通过电话保持着与我联系，在我工作最需要帮助时，又总是得到他的鼓励和支持。

周老师无论是在科学上做出的杰出成就，还是为我国国防事业立下的丰功伟绩，以及为我国科技人才队伍建设和科技创新发展做出的巨大贡献，都是值得我们永远敬仰的。他科学求真的态度、精益求精的学风、顾全大局的胸怀、严谨谦虚的作风、奖掖后进的用心、乐观旷达的性格，都是值得我们永远钦佩和学习的。

拔尖创新人才的成长之道

朱邦芬*

不知不觉，我们尊敬的光召学长已届耄耋之年，已从事物理工作 55 年了。夜深人静，我凝望着光召在清华大学读本科时的成绩单，遥想光召当年为了多学一点知识而主动要求晚上管理图书馆的场景，思绪万千。回顾光召先生半个多世纪来科学研究的历程，清华的广大师生深深以他为荣。记得光召曾殷切期望清华学生："能在中国的历史上留下一页的人并不多，希望清华的学生中能多出些可以毫无愧色地写在中国的历史上的人。"光召无疑是能在中国的历史上留下一页的人。此时此刻，研究以他为代表的一代人的成才之路，探索大学如何为祖国培养更多更好的拔尖创新人才，我想大概是光召愿意看到的一份生日贺礼。

和杨振宁一样，光召在考大学以前并没有学过物理，虽然他的数学成绩非常优秀。抗战时光召在重庆南开中学读书，1946 年初回到湖南，因没有合适学校读完高中的最后一年，他于是以同等学力的身份报考大学，被清华大学先修班（相当于预科）录取。受到美国原子弹爆炸和同学陈砾的

* 中国科学院院士，清华大学物理系主任、清华大学理学院院长

影响，光召选择了物理专业。由于原南开中学安排最后一年上物理课，光召在考大学之前没有学过中学物理，那么光召是如何成长为一位出类拔萃物理学家的呢？

首先，他在努力奋斗中逐步建立起高度自信心。1947 年，光召由清华大学先修班保送到物理系读本科。当年物理系汇集全清华一批入学考试成绩最好的同学，其中不乏许多非常聪敏、非常优秀的同学。光召感到自己物理基础不如一些同学，可是他并没丧失自信。怀着对物理学强烈的兴趣，光召比别人更努力地去学习。晚上系图书馆没人管，他愿意去管，由此可以坐在图书馆里多学一点。他抱着只要比别人学得更苦就一定能赶上去的信念，每天头一个走进系图书馆，最后一个离开。在踏踏实实的奋斗中，他渐渐地在同学中脱颖而出，而这进一步更增强了他的自信心。50 年代末，在杜布纳联合核子研究所工作期间，他与苏联权威教授观点相反，提出“相对性粒子螺旋态”理论，这标志着他已建立起高度自信心，成为杰出的物理学家。最近光召在清华论坛报告中指出，“善于学习和高度自信是富于创造力人才重要的品质。刚开始工作的年轻人善于学习但往往缺乏自信。而在科研工作中，缺乏自信又急于求成的心态容易形成创造性障碍，这也是热衷跟踪和模仿的重要原因之一。”中国教育传统中，“自以为是”是贬义的，然而养成高度自信心，确实是拔尖创新人才成长的必由之路。培养学生批判性思维的习惯，逐步使学生建立起自信心，是我们在培养学生中必须加强的一个环节。

其次，当年老清华物理系贯彻叶企孙先生的物理教育思想——“只教授学生最基本知识、理论与实验并重、重质不重量”，在此理念下，光召得到了很好的课业培养。老清华物理系本科阶段必修课较少，“四大力学”

不是必修课。由于1948年12月清华园业已解放，以后两年半中政治活动比较多，而大学一年级期间又无物理选修课，因此光召在大学四年学的基本上是物理必修课程。从成绩单看，大学一年级他修了普通物理（6学分，即每周讲3次，每次1学时，为时一年），普通物理实验（2学分，即每周做1次实验，每次3小时，为时一年）；大学二年级：力学（6学分），电磁学（6学分），电磁学实验（2学分）；大学三年级：热学（6学分），热学实验（1.5学分），物性论（4学分）；大学四年级[①]：光学（6学分），光学实验（4学分），电子学（3学分），电子学实验（2学分），无线电学（3学分），无线电实验（2学分），原子物理学（6学分），近代物理实验（4学分），论文（8/3学分）。显然，他在本科阶段学的物理课程主要是最基本的普通物理和中级力学、热学、电磁学、光学、原子物理学和物性论；其中实验课所占的比重相当大，前三年每学期都有实验课，而第四年有4门实验课。课程虽然比较基本，但教学却很扎实，学生有比较多的自学和想问题的空间。这种"重质不重量"的教学对光召以后的科学成就不无影响。例如，20世纪60年代在探索原子弹的爆炸原理时，他们的计算无法重复苏联专家讲解原子弹的教学模型中的一个关键数据。为解决这个疑难，光召构造了一个理想模型，假定某一理想的"原子弹"在受冲击波压缩的过程中没有任何耗散，按照热力学第二定律，估算可能做的最大功。在彭桓武先生的支持下，光召进行了比较严格的最大功估算，证明了苏联专家那个教学模型的数据有误，并因此做出了重要贡献。

---

① 大学四年级学分的定义与前三年不一样。这里把原成绩单上的学分除以3，与前三年比较，实验课的学分计算翻番

最后，良好的学术环境。给光召授课的许多教师是名师。在本科阶段，对他影响最大的老师是叶企孙和王竹溪先生。教光召热力学课的王竹溪是一位非常优秀的理论物理学家，作风非常严谨，对学生的要求也非常严格，所以上他的课要非常聚精会神才能学好。除了课本知识，王先生非常认真、非常严谨的学风也对光召影响很深。叶企孙先生讲的物性论，最大特点是理论和实际联系得很好。中国物理学和现代科学技术的奠基人之一的叶先生是一位伟大的爱国者，是王竹溪、彭桓武这些老师的老师。他极其关心爱护年轻人，给学生一种很亲切的感觉。叶先生的人格魅力和为中国物理学发展的奉献精神是对光召一种深刻的身教。1951 年，光召以优异成绩大学毕业，并进入清华研究院读研，师从彭桓武教授。当时彭先生从国外回来不久，他所从事的量子场论研究，属于当时物理学研究的前沿，光召当彭先生的研究生，无疑很快进入到理论物理最重要的一个领域。1952 年院系调整，光召跟随彭先生到北大继续研究生学业，于 1954 年毕业。“桃李不言，下自成蹊”。这批名师的爱国主义精神，多做贡献、科学求真的态度，关爱扶植后进的用心和淡泊名利的胸怀，为光召所钦佩并成为他此后半个多世纪人生历程的楷模。此外，一批非常优秀同学之间的互动、互相帮助、互相激励，也是促使光召健康成长的良好环境之一。

清华园中的 6 年学习，为光召 55 年的物理研究奠定了基础，给他留下美好的回忆。1982 年，在一批老清华物理系友的呼吁下，在邓小平同志亲自关心下，清华大学物理系在中断 30 年后重新恢复。光召认为清华物理系应有自己特点，建议改名为“现代应用物理系”，并亲自兼任系主任（1984 年 4 月至 1988 年 2 月）。1985 年清华大学理学院恢复，光召又兼任理学院院长直至 2008 年初。1997 年以杨振宁先生为名誉主任的清华大学高等研究中心成立，光召担任顾问，并建议聘请聂华桐教授任中心主任。20多年来，在光召不懈的关心和亲自主持下，清华物理学科以至理学院各个学科得到了长足的进步和发展。光召十分关心清华青年学生的成长，多次以自己切身经历为同学讲为人为学之道。他曾经说过，“我一直希望自己成为一个对社会有用的人，对成败得失并不是非常在意。尤其是，我不闹情绪，不管遇到什么困难都始终努力，即使做不到，也并不为此而烦恼，因为我已经做了该做的。现在很多人非常爱计较，对待挫折和面临选择时，缺少一颗平常心，不能淡然处之。”他的这句肺腑之言正是“自强不息、追求卓越”的清华精神的生动写照。他的这种平和的心态也是他获得成功的一个因素。

我个人有幸多次得到光召的亲切教诲，与他第一次交谈更令我难忘。20世纪80年代末，光召是中科院院长，我在中科院半导体所工作。有一天所里突然通知我，说周院长要来看我。我记得光召带了院里多位领导同志来到我们研究室，亲切地问我工作情况，勉励我做出更好的研究成果；而我却十分紧张，也不记得自己说了些什么，只是深深受到鼓舞和感动。以后我多次得到光召的帮助和关怀，多次听到光召睿智的演讲，受益匪浅。2000年我调到清华工作，与光召接触更多了一些。如今我担任清华物理系系主任和理学院院长，培养毫无愧色地写在中国历史上的更多人才，是光召的殷切期望，是历史赋予我们的神圣使命。

大家风范——最幸福的爱国者

潘建伟*

光召院长是我们学习的楷模。早在 20 世纪 50 年代，年轻的光召先生就提出了粒子自旋的螺旋态以及流代数理论，在国际物理学界引起了巨大震撼。然而在祖国最需要他的时候，他又全身心地投入到实验物理当中——为我国原子弹、氢弹的成功研制默默地奉献了自己的青春。在我读高中、上大学的时候，我坚定地选择理论物理作为就读大学的专业，其中一个方面就是受到了许多爱国科学家感人事迹的影响，光召先生是对我影响颇大的物理学家。在中国科学技术大学读书时，我相信不少同学、系友来读理论物理，就是受到了光召先生的影响。他的事迹和言论给我以启迪，他的行动和成果给我以激励。

首次有幸见到光召院长并近距离聆听他的教诲是 2004 年的事了。还记得那天是他从瑞士出访回来的第二天，光召院长时差还没有倒过来，应该是非常累的。时任中国科学技术大学党委书记的郭传杰教授把我带到光召院长家里，让我向他汇报和介绍我们研究小组在量子物理和量子信息方向

* 中国科学技术大学教授

上的研究进展。光召院长对此兴趣颇浓，原来安排半个小时的谈话，延长到一个多小时。他对量子科学的关注和对我们科研进展的重视，让我深受鼓舞。后来，他对我们小组的研究工作颇为认可，作为中国科学技术大学的名誉校长，提名我为“求是杰出科学家奖”的候选人。在此之前，获得该奖项的多是包括“两弹元勋”和“神舟五号”功臣在内的杰出科学家，光召院长的鼎力推荐让我倍感老一辈科学家对年轻人的呵护和关怀！

2005 年，中国科协在新疆举办年会，光召院长是我“求是杰出科学家奖”的科学成绩介绍人，在我获得该奖之后，他拉着我的手，语重心长地说：“你从此以后做事情要低调一点，安心做学问，不浮躁，要潜心于你的研究工作。”在荣誉面前如何保持本色，在成功面前如何去迎接更大的挑战，他当时跟我耐心地谈了很多。转眼又是 4 年过去了，每当我在科研上克服重重困难，在量子信息和量子物理的理论前沿和实验前线获取成绩时，我都能体会到光召院长谆谆教诲的内涵，而且我也时时感受到光召院长对我的关怀。

光召院长今年已 80 高龄，新中国成立时他只有 20 岁，他经历了中国苦难、振兴、强大的年年岁岁。他本来是卓有成就的理论物理学家，为了国家需要马上就投身到核武器研制；如此的从容转身，饱含着他对实现国家强盛和追求民族利益的执着。无论从哪个角度看，光召院长都是我们年轻人的楷模。在我心中，他极具大家风范，也是这个时代最幸运、最幸福的爱国者！我们衷心地祝福敬爱的光召院长健康长寿！

周光召与中国科学院青年创新联合会

吴乐斌* 吴建国**

“为什么要成立青年联合会，就是要在这中间找到志同道合的人，这样才能互相交流、互相鼓励，才能为了一个共同事业承受所出现的挫折、困难，才能形成一种精神力量。就是要有一个群体来共同艰苦奋斗，发展科学，振兴中华。现在科学分得很细，人少了不行。有一批人这样做，就会带出一种社会风气，对更年轻的人产生很大影响，中国的科学事业就逐渐起来了。”

——周光召在1994年11月7日中国科学院青年创新联合会学术研讨会上的讲话

周光召同志在许多年轻科学家的心目中，既是一位尊敬的领导，又是一位慈祥的长辈；既是一位权威的导师，又是一位贴心的引路人。我们曾经在他身边工作，有时充当了他和青年科学家之间的部分桥梁。本文仅就我们经历的中科院青年创新联合会的一些事情做一回顾，但文章一下笔就

* 中国科学院生物物理研究所中生北控生物科技股份有限公司董事长，曾任中国科学院青年创新联合会副会长、秘书长

** 中国科学院行政管理局局长，曾任中国科学院青年创新联合会常务理事、副秘书长

感到已很难用文字完全描绘出当时激情燃烧的感觉了。在此先向读者们致歉了。

1991 年 6 月，中科院科技政策局战略远景处在中关村的外国专家公寓组织召开了中科院纳米科技研讨会。时任中科院院长的周光召同志到会全程听取了会议报告，并在会议结束时做了重要讲话。他指出，科技创新要靠青年人，而创新是会遇到困难和阻力的，青年人单枪匹马是难以完成科技创新的，必须要联合起来才能形成创新的力量。为此，他提议由希望电脑公司赞助，科技政策局战略远景处组织，成立由优秀的青年科学家为主体的中科院青年创新联谊会（后来改名为青年创新联合会）。一个在光召同志亲自号召下并倾注了他的思想、心血的由青年科技人才组成的团体由此诞生了，在中科院的改革与发展中展现了活力，十几年后发展为中科院青年联合会。

经过青年科学家的酝酿与推举，希望电脑公司的总经理周明陶出任了第一任会长，战略远景处的吴乐斌出任秘书长并承担具体的组织工作。创新联合会设立了理事会和学术委员会，理事会负责日常活动，每月由一位理事全权组织安排本月的活动。每月第一个周五晚上在固定的地点（先定在中关村外专公寓，后改在中科大厦的中科俱乐部）举行活动，活动通常都由一位主讲人做主题报告，然后进行自由讨论。学术委员会负责全年学术的活动安排，通常每年要举行一系列的学术报告会或专题研讨会。

创新联合会聚集和涌现了许多优秀青年科学家。青年创新联合会学术委员会主任委员白春礼，时任化学所研究员、副所长；副主任委员马颂德，时任自动化所研究员、副所长；副主任委员陈章良，时任北京大学教授、副校长；副主任委员冯长根，时任北京理工大学教授；学术委员会委员李静海，时任化工冶金研究所研究员；马志明，时任应用数学所研究员；陈肇雄，时任计算所研究员；李国杰，时任计算所研究员；郭雷，时任系统所研究员；张泽，时任物理所研究员；陈霖，时任科大研究生院认知开放实验室研究员、主任。青年创新联合会理事会成员：有相当一部分后来被评选为中科院院士或出任了省部领导。

一、通过青年创新联合会了解青年科学家

光召每年至少两次参加青年创新联合会组织的研讨会，听取和参与会员们的讨论。春节前后一定会参加青年创新联合会的新春联欢会，与会员聊天，向大家表示新年问候和鼓励。光召同志曾明确指出，在创新联合会中，领导与青年科技人员可以直接沟通，不经中间环节或程序，这是我们相互间联系的捷径。当一些青年科技人员的事业发展到关键的时刻，光召同志则通过创新联合会给予及时的、策略的指导和支持。光召同志还经常通过青年联合会秘书长吴乐斌了解一些青年科学家的工作情况。1994 年 9 月 1 日，《人民日报》刊发了“中国青年科学家奖”候选人名单，其中 8 位是创新联合会的成员，占了候选人的一半，吴乐斌高兴地将这一情况向光召同志做了汇报，光召同志听后平静地说：“我关心的是青年科学家们实在的东西，他们实际工作的进展如何，他们在做什么，做出了什么”。当光召同志获悉马志明与李静海在创新联合会里认识并共同推进了颗粒液体二相流的研究工作时，表示了赞许。

二、通过青年创新联合会为青年科技人才成长和成功补给精神能量

创新联合会每年都举行一些跨学科或前沿性的学术讨论，光召同志几乎每次都自始至终听会，并讲话或与青年人交流。他的讲话，自然朴实，但寓意深刻、立意高远，针对性、启发性强，成为青年科学家们重要的精神食粮。他的讲话即使今天听来，仍然具有重要的指导意义。例如，在1994年11月6～7日的学术研讨会上，他说：

“在任何时代，在最困难的情况下，中国都有一批青年把振兴祖国作为主要任务而不是把生活待遇作为主要因素。拿科学界来讲，早在1015年，科内尔大学的留学生讨论如何把现代科学引入中国而成立了科学社，随后一些人回国后在大学里讲授科学，成立了中国第一个图书馆，创立了第一本科学杂志，开设了第一门物理学课程。正是因为每个时代都有这样一批人根据时代特点这样做了，中国才有今天。我相信现在也是这样，这都是因为有一种精神力量在支撑。在物质条件方面我们二三十年内是赶不上发达国家的。当然随着经济的发展这些会有所改善，但是在相当长的时间内我们的工作条件、生活条件均比不上西方发达国家，我们要靠这些来吸引人才是做不到的。对于中国，一是要有一种精神，另外确实要有一批志同道合的青年。为什么我们要成立青年联合会，就是要在这中间找到志同道合的人，这样才能互相交流、互相鼓励，为了一个共同事业才能承受所出现的挫折、

困难，才能形成一种精神力量；就是要有一个群体来共同艰苦奋斗、发展科学、振兴中华。现在科学分得很细，人少了不行，有一批人这样做，就会带出一种社会风气，对更年轻的人产生很大影响，中国的科学事业就逐渐起来了。另外，发展中国的科学有它的客观条件，你现在要赶上去不能照抄。人家做什么，我们就做什么，那只能永远跟在别人后面，而我们的目标是要超过他。中国这么大，至少要平起平坐吧，中国这么多人口，应该要有与人口、经济相应的科学地位。但现在条件只能如此，要达到目标必须走一条独特的路。所以在中国要发展的话，我们的科学家，除了具备科学家的素质，还要学一些哲学，要有战略思考，特别对年轻一代来说要这样。事物总是不平衡地发展。较差地方有可能超过好的地方，这是客观规律。因为条件太好，常常懈怠、自满，一些权威也不易听取意见，难免发展停滞。而在一些条件差的地方，有了一个好的战略也许能找到一些独特办法，解决一些最困难的问题，能较快发展上去。对中国科技工作者，有一点很重要，就是要充分建立自信，在我们的国土上，在困难条件下，只要敢于不断地去攻克困难，又有自己独特的战略，就有可能成功。要从实际出发走自己的路。这点在体育上已经有了突破，敢去拿世界冠军了！在体育上中国在50年代已敢在乒乓球上拿世界第一。在科学上也要找一个像乒乓球这样的适合中国特点的项目。做科学研究，常常在要突破的时刻总是感到困难极了，常常要动摇，想改一个方向，其实成果就只差一层纸了。我自己也有过这样的经历，有好几次，成果几乎要拿到手了，但当时动摇了一下，半年后别人做出来了，结果其实简单得很，这就是缺乏自信。我们强调创新，创新首先要学习别人，什么都自己弄，也快不了。我们现在有许多人，只会去学习，什么都学，模仿本事很大，如果没有在这个基础上去拿一个世界第一的决心、信心，是没有用的，特别做基础研究，是没有用的。市场开发要想做得最好，只会模仿也不行，现在高技术必须有自己的知识产权，还必须做到世界最前列，这样你的性价比才最优、才能领先。联合是战略中重要的一点，弱者战胜强者，必须联合，这是明显道理，尤其在其他条件不具备的情况下。”

三、发挥“联合”作用

在青年创新联合会的这些活动中，大家结下了友谊。一人有难，大家分担。正如光召同志在创新会上说的，创新是一项充满阻力的事业，只有大家用联合起来的力量才能克服这些阻力，达到创新的目的。杨桂生同志是国内培养的博士，从事工程塑料的研究时任上海杰事杰材料新技术公司总裁，中科院化学所研究员。他深深地感到，如果我国不尽快发展自己的工程塑料产业，国外的工程塑料产品将大举占领我国市场，到那时，我国的经济利益和民族尊严将受到严重威胁。而我国的科研潜力、实力在计划体制、机制的约束下，将可能坐失发展工程塑料产业的良机，他痛感这是对民族的犯罪。于是，他只身来到上海，想探索一条新的发展道路。他以化学所的技术和他本人的技术入股，和其他投资者共同组建股份制企业来实现技术的转化。创业伊始，压力和非议劈头盖来，当时部分所领导认为他是“乱创新”，要把他从所里开除。这期间他几乎难以支撑。这时，光召同志获悉后表示，要爱护、引导、帮助青年人创业，创新联合会的成员们专程到上海为他出谋划策，打气鼓励，终使他挺过了这一难关。后来，当地政府、中科院和有关部委领导都肯定了他的发展方向，杨桂生创办的上海杰事杰材料新技术公司现已成为业内的知名企业。

杨明江，我国“文革”后自己培养的第一代博士。他在中科院力学所从事激光研究。当他获悉我国优质钢板主要靠国外进口，而我国钢铁企业派人到国外学习非但未学到技术而受气的情况后，他很受触动。他说，我就不相信外国人能做到的事我们中国人做不出来。杨明江博士把他工作的进展及时地向创新会报告，创新会的骨干们曾连续几夜讨论他的工作，他的精神鼓舞了大家，大家也为他增添了干劲。他潜心研究，在激光的波长问题上找到了突破口，新的激光毛化技术问世了。这一技术跃居世界领先水平，使我国的优质钢板变进口为出口。

陈肇雄博士对我国信息产业的发展有一种高度的责任感、使命感，充满了激情，有一番抱负。他在机器翻译领域取得了重大进展，赢得了投资者的浓厚兴趣。他是创新联合会初创时的“元老”之一，当他遇到困难时，大家给他帮忙；他受到挫折后，大家给他鼓励。在光召同志的关心和启发下，他以机器翻译为核心技术创办了华建公司，创出了一种新的发展模式。

在中关村外专公寓或在吴乐斌当时借住的中关村 67 楼 8 平方米的单身宿舍里，创新联合会的骨干们有时彻夜讨论直至凌晨，此般激情在相当程度上源自于光召同志的关怀或启发。

在光召同志的带领和影响下，当时科技界和中科院的一些领导都亲自参与了青年创新联合会的活动。路甬祥院长和光召同志曾同任名誉会长，多次参加创新联合会的活动并做重要讲话。科技部徐冠华部长、惠永正副部长、林泉秘书长，国家专利局高卢麟局长、国家自然科学基金委袁海波秘书长出任顾问，时任中共中央办公厅调研室副主任的于维栋同志、国家外国专家局局长马俊如同志、国务院发展研究中心技术经济部部长邓寿鹏同志出任荣誉会员，中科院领导张云岗、郭传杰、竺玄、曹效业同志出任荣誉会员，特别是张云岗、郭传杰同志长期发挥了指导和领导作用。中科院青年创新联合会后来发展为中科院青年联合会，当年的许多骨干已不再年轻甚或退休，但是，青年创新联合会作为光召同志科技思想的载体之一和行为表达产物之一，它在青年科学家中激发出的智慧、活力和激情不仅仅属于过去，它所绽发的光彩还将闪耀于未来。

周光召院长与中国科学院人才队伍建设

张志林*

人才是科技事业的根本。周光召院长于1987年担纲中科院院长后，首先面临的一个基本问题就是中科院的科技队伍是否还有潜力，潜力往何处引导，科技队伍如何发展与建设。其实，这就是科技人才观、价值观以及科技发展观问题。光召院长既明确反对科技队伍知识陈旧已成包袱的论调，也反对脱离社会需求单纯强调科技队伍自身潜力发挥的思想。再三强调，我国已经实现了发展的战略转移，科技服务于经济与社会发展已经成为新时代科技人才的价值方向。中科院只能从符合国家发展战略价值标准的角度认识、挖掘自身潜力，重组、优化自身功能，以奉献社会发展的成就显示自身的价值。他认为，中科院的科技队伍是具有优良学风和爱国主义情怀的知识分子队伍，是具有适应国家战略需求重组潜力、发挥优势、服务社会的最值得信赖的优秀人才，是国家的宝贵财富。中科院要为国家发展而重视科技人才，要尊重知识，尊重人才，尊重科学，要重视科学精

* 中国科学院老科技工作者协会副理事长，曾任中国科学院人事局局长、中国发展战略学研究会秘书长

神与文化的传承。

光召院长语重心长地指出：“中科院一定要发挥院内所有人才的积极性，要把积极性调动到适应国家需求的不同方面，在新的历史阶段做出新贡献。”对此，光召院长从尊重科技发展的规律与国际科技竞争趋势出发，立足于我国国家发展的现实与需求，并结合中科院自身的实际，明确提出了中科院的办院方针：“把主要力量动员和组织到为国民经济和社会发展服务的主战场，同时保持一支精干力量从事基础研究和高技术创新”。同时提出了“按需求导向，注重不同的科技活动，实行不同的引导机制”的总体原则。

“一院两制”办院模式的确立，从战略层次上为所有科技人员到科技经济价值链的广阔领域发挥潜能指明了方向，冲破了唯科学研究光荣的局限，引导出科学研究、技术研究、技术开发、科技成果产业化等凡符合国家战略需求的科技事业都光荣、都重要、都需要特殊才能的理念。新的理念打破了人才需要劣汰的政策束缚，形成按需挖掘潜能实现分流的人才管理思路。新的思路为“倒三角形”结构的科技队伍迅速向“正三角形”结构的调整奠定了思想基础，迈出了发挥科技人员潜力、加速科技队伍改革与建设的步伐。在中科院党组领导下，光召院长不断关注、指点人力资源建设与改革，先后推进了科技人才建设的一系列措施。

一、改革研究所领导体制　优化科技人才管理模式

院党组决定，中科院系统率先实行所长负责制。实行 7 年后，所长、党委书记们对实践的结果进行了总结，一致认为：“取得了积极的结果：

①实现了所长对科研业务、行政管理的统一领导、全权负责，从根本上解决了由于领导体制形成的责权分离，使研究所在全国经济、政治体制改革中，形成科研、开发与国民经济需要密切结合的新体制，增强了活力，提高了发展和应变能力。②建立了研究所强有力、高效能的科研、行政指挥系统，做到指挥灵、决策快，办事效率高，工作效果好。③从领导体制上，保证了'党管党'，党委集中力量抓党的建设和思想政治工作，有利于党组织政治核心作用的充分发挥”。所长与党委书记之间建立了新型的、密切合作的工作关系，从不同角度，和衷共济，齐抓共管，同挑重担，做到“三分三合”：职责上分，思想上合；工作上分，目标上合；制度上分，关系上合。所长、书记们深深体会到，根本在于要有博大的胸怀，宽宏的肚量，容人之长，取人之长，补己之短；帮人之短，解人之难，共同进步；互相帮助，密切配合，以诚相见。这些宝贵的经验，至今具有鲜活的生命力。

二、强化领导班子建设　提高领导干部素质

光召院长明确指出：研究所领导班子的状况决定研究所人才的建设与科技事业的成败，提高领导班子素质是人才建设的关键。必须把强化研究所领导班子建设列为人力资源工作的重中之重。

实施领导干部任期制。从制度上保证了干部“四化”方针和“废除干部职务终身制”决定的贯彻落实；切实加速了中科院研究所领导班子的“四化”建设，增强了领导班子的活力。光召院长要求：在宣传实施任期制的必要性、重要性的同时，实施领导班子换届中，一定要坚持辩证法，不

急于求成，不知难而退。在传统“干部终身制”习惯的影响下，实施干部任期制度的改革，困难不言而喻。我们严格按照光召院长的指示精神，坚持明确的换届指导思想、工作程序、班子的职数和选配干部的基准；并建章立制，使之规范化、制度化。在领导班子换届中，严格把握“坚持标准，严格考核，按需调整，保持连续”的原则。既重增强活力，也重保持连续；既重德才素质，也重工作实绩；既重个体素质，也重群体结构。同时组织力量，邀请部分研究所所长、党委书记系统总结研究所领导班子建设的经验。比如，按照“公开、平等、民主、择优”原则，选拔所长的经验；研究所领导班子结构优化的内涵；优选干部中，用人所长，因人适用的经验；干部能上能下形成风气，保证在动态中优选干部的做法；班子成员优缺互补，相长相容，发挥班子最佳集体效能的经验……并使之升华，健全、完善相关的规章制度，推动领导班子建设改革、创新。

强化后备干部队伍建设。我院在优选、优配干部，加强领导班子“四化”建设，保证新老干部交替正常化、制度化中，后备干部发挥了重要作用，得到了中央组织部的肯定。后备干部队伍建设经历了从“要我搞”到“我要搞”，从为了“报名单”到为了“挑重担”的过程。随着改革深化，后备干部队伍建设不断遇到思想阻力，如：“实施所长负责制，后备干部队伍建设是‘虚工’”；“市场经济，选聘干部，无需建立后备干部”；“实行干部任期制，后备干部不为下一届班子接受，没意义”；“后备干部，由党委负责党政共管，困难很大”；等等。通过锲而不舍的调研，用成功的实践经验，消除误解，化解矛盾，循序渐进，一步一个脚印地推进，最终形成了共识，取得了实效。同时，拟定了《后备干部工作条例》，经院党组批准下发执行。制定了我院测评局所级干部及其后备干部的考评量表，对院部机关局处干部和研究所所处级干部进行了测评。

努力提高领导干部素质。一是建立、实施领导干部上岗培训制度。这是基于新选任的领导干部大部分是来自科研一线的“硬专家”，需要增加软科学知识，提高宏观管理能力；任职时间较久的领导同志需要学习、补充领导工作的理论、新思维、新方法。建议一经提出，立即得到光召院长的肯定，明确指出这一举措重要，并亲自为我院第一期上岗培训班的领导干部上了第一堂课，这为以后形成制度，延续至今奠定了基础。二是应用案例教学于领导干部培训，鉴于中科院的局所级领导干部具有较高的知识水平，在沿用科学的、传统的、成功的培训方法的同时，补充了案例教学的新方法。为此建立了课题组，请善于深入思考、勇于开拓探索的领导干部参加，开发了一批针对性强、启发性强的案例。在组织案例研讨中，突出理论联系实际，切实组织领导干部学习现代管理理论，结合研讨案例，形成了自学、自导的具有特色的教学方法，受到好评。

三、实施人员按需分流　激发科技人才多种潜能

伴随中科院深化改革所进行的结构优化、机构调整以及科技与经济结合的新领域的创建、发展所触发的队伍重组，是中科院人员按需分流的基本动因。其实质不是简单的压缩编制，裁减人员，而是整体队伍结构的重组，个人知识结构的再创造，促进各扬其长，人尽其才的改革措施。①实施领导、引导、疏导的措施，拓展渠道，强化引力。按照光召院长倡导的“要调动所有人的积极性，调动到适应国家需求的不同方面”，我们以人尽其才，专达其功，事求其成为目标，把握“先开渠，后放水”，“边开渠，

边放水，先完成的阶段工程先受益”的原则，重视疏导、耐心、细心。采取自荐、招贤等办法，积极、稳妥地推动人员分流，逐步取得了实效。如：在基础研究中突出重点、择优支持、队伍精干化的前提下，部分从事基础研究、应用基础研究的人员走上国民经济建设主战场；一些优秀人才毅然带着科技成果创办高技术产业或支援边远地区；一些人带头创办第三产业；在人才济济的地方难于尽展其长的人到急需用人的单位，以新的面貌，做出新成绩。②挖掘人才潜力，改革人事管理制度，实行招聘、应聘，自荐、推荐，考试、考核，双向选择，平等竞争，共同发展，共同受益。③采取多种形式进行智力交流。创建了为市、县选派科技副县（市）长制度，一年就选派二三百人次，架起了沟通中科院为地方服务的一座座桥梁，加速了科技成果向现实生产力的转化。④创办培训业务，为提高分流人员的业务、专长、水平服务，为人员储备献力。⑤推动院属单位建立人才交流组织，与院早已建立的人才交流中心联网，携手开展多项服务。

四、开辟科技服务经济领域　树立新型科技人才榜样

中科院在加速科学研究的精干化、前沿化、国际化发展的同时，光召院长带领从科技创造、传播扩散、运用营销等知识流的多环节与产学研各类社会主体的互动上，开创了技术服务经济的新领域、新模式。其中包括培育高新技术产业、首办科技园区、引导产学研结合、探索院地合作机制、与大企业紧密合作、科技服务农业以及诸如黄淮海地区中低产田治理、黄金攻关会战等针对国家重大发展问题开展的跨所跨学科联合攻关。这为科技人才智慧的发挥开辟了新领域，树立了科技服务经济社会发展的

新型人才成长的榜样。其中最具代表性的如：在光召院长的直接倡导、关怀、呵护、指点下，柳传志毅然离开管理工作岗位“下海”，搏击风浪，成为享誉海内外的现代高科技企业家。王震西研究员带领成功合作的团队，带着历经艰辛取得的科研成果，亲历了科技成果产业化的全过程，硕果累累。当我国粮食生产出现 3 年徘徊时，中科院向国务院提出在黄淮海地区进行中低产田治理的建议。李振声院士带领中科院 25 个研究所的 400 位科技人员，与地方政府联合，与兄弟单位合作，投身冀鲁豫皖，成功地开展了大规模的中低产田治理工作。李振声也因此成为立足国家战略层面、引领多学科交叉合作推进我国农业发展的战略科学家。

五、实施人事工资制度改革　为调动各类人员积极性服务

为落实人才队伍改革与发展的设想，中科院采取了一系列人事制度改革的政策措施，为调整科技队伍结构、充分发挥各类人才潜在价值发挥了重要作用。

推行人事工资制度配套改革。从服务于中科院整体改革和深层次结构调整出发，扩大研究所的自主权，调动各类人员的积极性，试行了以工资总额包干，专业技术职务分级，推行职员职级制和工人考工定级为主要内容的人事、工资制度改革，得到光召院长的认同、指点和全力支持。他亲自带领我们到国务院，将这项改革列为第一项向朱镕基总理汇报的内容。“中国科学院实施人事工资制度改革试点是成功的，应尽快扩大试点范围”。这是当时的人事部和研究所的一致呼声。试点结果表明，这一改革有利于精干、优化队伍。在此基础上实行了全员聘任，制定了各类人员的聘

任、解聘、缓聘和辞退的制度。这一改革有利于建立激励机制，有利于专业技术职务聘任工作正常化、规范化和制度化。

改革人才机制，凝聚、重用优秀青年人才。中科院设立了所长择优基金扶持原始创新；实行了青年实验室制度，设立青年基金，试行博士后制度；制订了“双百计划”吸纳人才；制订优秀拔尖留学人员管理办法；破格选拔青年优秀人才进入学术领导岗位，赋予学术带头人地位；建立院级有突出贡献的中青年专家评选制度；对优秀青年科技人才实施晋升职称“特批”制度；等等。在光召院长领导下实施的一系列举措产生了综合效果：舒缓了由于历史原因造成的青年人才短缺，人员老化，后继乏人的问题。

光召院长的科技人才观、价值观对中科院改革、发展发挥了重大的历史作用。他缜密系统的科学思维方法和高尚的爱国情怀，必将成为激扬科学人奋进的不竭动力。

五、求真唯实——光召的科学精神

“科学态度的基本要求是严肃认真、一丝不苟、客观公正、实事求是。科学态度和一切弄虚作假、假冒伪劣、欺上瞒下的作风是针锋相对的。科学态度是当前中国社会所特别需要的。科学方法要求唯实、求真。”

（1999 年 8 月在中国科协机关和各直属单位作《科学技术是第一生产力　是建设精神文明的强大力量》报告）

“科学精神有许多内涵，但我认为最重要的还是‘求真’、‘唯实’，也就是‘追求真理，实事求是’。”

（2001 年 11 月在科学技术与精神文明第二次论坛上的讲话）

“学科学的人也要学一些哲学，学一些艺术，至少要有所了解，使精神生活更加丰富，这将有助于提高创新能力，树立明确的人生目标和价值观。”

（2000 年 1 月 26 日在中国科协五届五次全委会议上的讲话）

以科学精神促进经济社会发展的倡导者和践行者

张玉台*

1988 年 6 月 10 日，我又回到中科院，向光召同志报到，从此作为副秘书长，有幸在周院长的直接领导下工作 6 年多。1995 年 1 月我被调往中国科协任党组书记，仍与兼任着中国科协副主席的光召同志有着密切联系，特别是 1996 年 5 月他被选为中国科协第五届全国委员会主席、2001 年 6 月又连任第六届主席后，我又一次能够在他直接领导下工作，直至 2004 年 10 月被调往国务院发展研究中心。在长达 16 年多的时间里，我有机会与光召同志直接接触，受他的领导和教诲，获得了终身受用的巨大教益。

光召同志是一贯倡导弘扬科学精神的科学家和科技界领导人。1996 年 2 月，在中央宣传部、国家科委和中国科协首次召开的全国科普工作会议上，他以中科院院长的身份，做了题为“加强科学普及，弘扬科学精神”的讲话。在阐述了坚持科学态度和科学方法的基本要求之后，他将科学精

* 国务院发展研究中心主任，曾任中国科学院副秘书长、中国科学技术协会党组书记

神概括为“坚持科学态度，采用科学方法，不畏艰难险阻，不断地追求真理、进取创新，努力在社会实践活动中求得对客观世界的状态和结构、运动和发展的规律性认识，并用它作出预测，指导进一步的实践，去改造客观世界和主观世界”。这个讲话，在科技界乃至全社会产生了重要的影响。在后来的多种场合，他表示科学技术不仅是第一生产力，科学态度、科学方法和科学精神已经成为精神文明和先进文化的重要组成部分。光召同志特别倡导求真唯实，他说，“从毛泽东同志提出‘实事求是’，邓小平同志提出‘解放思想，实事求是’，江泽民同志提出‘解放思想，实事求是，与时俱进’，到胡锦涛总书记号召全党‘大力弘扬求真务实精神，大兴求真务实之风’，都始终贯穿着辩证唯物主义和历史唯物主义的科学精神。弘扬科学精神是人们提高科学文化素质的灵魂，是科技工作者推进科技进步和创新的本质要求和行动指南”，“彻底的科学精神的内涵非常之丰富，最根本的概括还是追求真理、实事求是，就是求真唯实。求真唯实讲了很多年，讲起来很容易，但是做起来非常难。”

光召同志不仅倡导科学精神，而且自觉地将弘扬科学精神与促进经济社会发展结合起来。从一位对“两弹一星”事业做出重大贡献的科学家，到担任中科院院长、中国科协主席等科技界领导职务，直至当选为全国人大常委会副委员长，走上国家领导人岗位，他的视野越来越开阔，活动舞台越来越广袤，这种品格和特质也越来越鲜明。在与他长达 16 年的交往中，光召同志将科学精神融入中国特色社会主义现代化建设的实际，为推动科技和经济社会发展、推动全民科学素质提高、推动科协事业发展做出了重要贡献，给我留下了深刻的印象。

一、坚决贯彻落实党和国家科学发展的重大决策

从1996～2004年，正值党和国家从提出实施可持续发展战略到提出贯彻落实科学发展观的历史时期。从这样一个角度，我亲历了光召同志如何以科学家的真知灼见和国家领导人的胸怀，为党和国家做出贯彻落实科学发展观的重大战略决策而大声疾呼，反映科技工作者诉求的历史进程。

光召同志担任中国科协主席后，在中国科协第五、第六次全国代表大会上两次做工作报告；两届全国委员会的10年间，每年在一年一度的全委会议上做工作报告或在闭幕式上发表讲话；1999年起中国科协每年举办大规模的学术年会（现为中国科协年会），他做过两次大会报告和六次开幕词；他作为中央党校教材《当代科学技术》主编和特聘教授，多次为省部级和厅局级班学员讲课；10年间，他先后赴全国近百个城市，为当地党政部门、科研单位、大专院校、企业的领导干部、科技工作者和青年学生做科普报告近200场。在这些讲话、报告和授课中，坚持可持续发展理念、实施可持续发展战略在内容上占了相当突出和主要的比重。他深情地回忆起我国几代科学家从新中国成立开始就致力于国情研究，长期在沙漠、高山、草原、黄土地、盐碱地、矿山、江河湖海进行资源探测、环境观测、生态保护，以及污染和灾害的防治。正是他们，于20世纪80年代首先在我国提出要正确认识国情，重视人与自然的协调和可持续发展，提倡资源节约型的生产方式和生活方式。光召同志在为这些科学家当年的呼吁已经成为全社会共识和中央决策感到欣慰的同时，强调“现在我们离改善环境，根本改变发展模式，实现经济社会全面、协调和可持续发展要求的差

距还是非常之大，面临的任务仍然十分艰巨”。他一再告诫，“鉴于我国人口众多、资源相对缺乏的国情，不可能按照发达国家已经走过的道路和已有的社会模式来实现现代化目标，而必须从现在起就创建有别于西方的道路和模式，走中国特色可持续发展的社会主义道路；要根据中国独特的人口、资源、环境条件，不超过环境承载力率的许可范围、不影响子孙后代的生存条件，保护生态和改善环境，提高资源利用率，促进人与自然协调发展；在世界上率先形成节约资源、保护环境、利用最新科技成果的生产方式，率先实现可持续发展的战略目标，建设高度健康文明、实现社会公平发展的现代化国家”。他号召“中国的科技工作者必须以对中华民族和全人类长远利益负责任的精神和态度，不仅在自己所从事的科技工作和生产、管理工作中带头按照可持续发展的原则处理问题，而且要用各种方式向党政领导、有关部门和全社会广泛宣传可持续发展思想，提倡走可持续发展之路”。这些高瞻远瞩、语重心长的呼吁，表达了一位正直、有远见的科学家无比关切国家全局和长远利益的拳拳之心。

作为一位科技界领导人，他在许多场合多次强调科技工作要协调发展，处理好科学与技术，任务与学科，重点与一般，近期与长远，应用与基础，集中与分散，科研与教学，老年、中年与青年科技人员等关系，全面调动全国各地区、各行业、各单位和各类科技人员的积极性和主动性，把他们的积极性调动到国家需要和科技前沿的方向上。他十分崇敬钱三强先生在核武器研制大工程中那种完全没有部门之见，把自己研究所最得力的干部无保留地输送给国防部门，对外单位有潜力的青年像本单位人员一样给以同样的关心、推荐和使用的崇高精神，号召大家以大局为重、以全局为重，局部服从全局，团结协作，做到全国一盘棋。2003 年，党的十六届三中全会提出了要在我国经济社会发展中贯彻落实科学发展观的重大战略思想。在 2004 年以“协调发展”为主题之一的中国科协年会上，光召同志指出：“当前科技工作中也存在着许多不协调的问题，比如在为经济服务工作中重生产线和先进设备的引入，轻消化吸收和自主创新；片面理解科技，忽视了科学与技术既有紧密联系，又有质的区别，忽视了科学理论、科学思想、科学方法和科学精神在文化、哲学和建立科学人生观中的重要作用，也常常在强调科技为社会发展服务时忽视科技自身的发展；在科普工作中，比较重视科学知识的普及和实用技术的推广，帮助群众改善物质生活，对全面提高公民科学素质、促进人的全面发展注意和落实得不够；在科技工作管理上，重科技立项和研究基地的硬件建设，轻学风、科学道德和科学精神的倡导，开放流动和学科交叉不易实行，部门分割、行业分割、条块分割仍然严重，造成了资源浪费和低水平重复；在科技成果评价上，重近期论文数量、轻长远实际效果，重个人名次、轻团队贡献，使科技人员急功近利、追求数量、不讲质量，分散单干、不愿协作，个别人甚至抄袭剽窃、伪造成果，败坏科技界的学术风气。”他认为，这些重要问题都需要我们以科学发展观为指导，认真加以研究和解决。这个紧密联系科技界实际贯彻科学发展观的讲话，通过新闻媒体在社会上传播，产生了广泛的社会影响。

二、为推动建设创新型国家奔走呼吁，建言献策

世纪之交，党中央、国务院将增强自主创新能力、建设创新型国家作为重大战略决策。光召同志从国家民族的前途命运与科技发展的内在需要

相结合的高度，深刻理解提高我国自主创新能力的必要性和紧迫性，在多种场合强调“发达国家不可能重视发展中国家的权益，维护既得利益的强权与要求重新公平分配的新兴国家之间，冲突和矛盾都是不可避免的。我国要平稳地渡过和平发展这段时期，只有加强自己的核心竞争能力，而自主创新能力就是国家最重要的核心竞争力。一个国家自主创新能力越强，越能开展国际合作，越能和别人一起形成一个双赢的局面；反之，越没有自己的力量，就越会受制于人。要想自立于世界民族之林，就必须要有自己的原创力，不断提出创新的思维，创新的产品，创新的管理方法，创新的体制和机制等等”。他一贯认为：“科学精神的主要特征之一，是认为具体真理都有一定的适用条件和范围，因而可以突破，加以创新。新理论可以扩展真理，使之适应更大范围，受到更少条件的约束。创新精神乃科学精神的重要组成部分。”他号召“科技界和广大科技工作者自觉肩负历史使命和光荣责任，树立实现国家现代化的远大理想，树立民族自尊心和自信心，从个人、局部、眼前利益的束缚中解放出来，从满足于跟踪、模仿、外围打工的桎梏中解放出来，大力加强原始性创新、集成创新和在引进先进技术基础上的消化、吸收、再创新。我们要努力开创知识前沿的新领域，为我国和世界科学发展做出重大贡献，要在若干重要领域掌握一批核心技术，拥有一批自主知识产权，造就一批具有国际竞争力的人才、企业和品牌，为我国经济社会发展和国防现代化建设提供强大的科技支撑。在创新这个问题上，不应该有权威意识，要树立自信心，开展严肃的学术争论，发展学科交叉融合，促使新思想不断涌现，新人才迅速成长”。为此，他指示各级科协及所属团体要努力营造贯彻“双百”方针的学术氛围，提高学术活动的水平和质量，活跃学术思想，为提高自主创新能力，推动我国科学技术事业的不断繁荣发展做出新的贡献。

光召同志十分重视运用世界科技发展史和一些国家、企业的创新实例，通过实事求是的精辟分析，激励我国科技界增强创新意识和民族自信心。在1999年中国科协首届年会上，他以“历史的启迪和重大科学发现产生的条件”为题做大会报告，在“实事”方面，不但介绍了世界科学中心由英国向德国又向美国转移的历史，以及基因双螺旋结构的发现经过，同时也不忘提醒爱因斯坦发现狭义相对论时只是一个专利局的职员，并没有受到大学或研究机构的重视，处于一种不得志的状态；德国是在第一次世界大战中失败后经济特别困难的情况下代替英国成为世界科学中心的；第二次世界大战后最伟大的科学发现——基因的双螺旋结构不是在新的世界科学中心美国，而是在遭受战争严重破坏的英国卡文迪什实验室发现的。正是在这种对客观事物进行全面、仔细观察的“实事”基础上，光召同志进一步“求是”，分析了重大科学发现的8个产生条件，得出了物质条件在重大科学发现和重大科学工程实现上都只是必要条件，而非充分条件；要从20世纪科学发展历史中那些以弱胜强、后来居上的范例里吸取经验、建立信心的结论。他认为，“自信不足，不敢碰难问题，满足于跟踪模仿是巨大的思想障碍，我国科技界仍然存在缺乏自信的现象，很少有人敢于提出国外没有提过的问题”。这个报告，对鼓励科技工作者肩负历史使命，树立民族自信心，攀登科技高峰产生了重大作用。在2001年中国科协年会的讲话中，光召同志在谈到科技创新中客观环境与主观能动性、外因与内因的关系时，又将“实事”对准了芬兰和诺基亚公司，在介绍了他们崛起和发展的情况和经验后，“求”得了世界科技快速发展必然导致经济结构和国际分工的不断调整，为做好准备、乘势而上的国家、企业和部门提供以弱胜强、发展开拓的良好机遇；在相同的外部条件和激烈竞争环境下，发展的质量和速度主要由内因决定；内因中人才是第一位的，人才的知识结构必须多样等规律性的认识。他还强调，“我国研究工作的物质条件还相对不足、需要提高，但是研究工作的组织管理水平更需要提高，科技界的思想更需要解放，科学态度和科学方法更需要普及，科学精神和科学道德更需要弘扬”。这个讲话，也给与会者留下深刻启迪，在科技界产生了广泛共鸣和影响。

光召同志对创新的实质和内涵有着独到和深邃的理解和实践。他在中国科学院院长任内，就按照“依靠、面向、攀高峰”的科技工作方针，对全院从事基础研究、应用研究、技术开发的3类科技力量做出科学配置和管理，创造性地提出实行“一院两制”方针，支持应用开发型研究所面向市场，创办实现高新技术产业化的企业乃至具有自主知识产权和国际竞争力的企业集团。担任中国科协主席后，他一贯和反复强调，创新必须将知识转变为产生经济和社会效益的产品和商品，要贯穿于创意、研发、生产、销售的各个环节，形成企业、大学、研究机构、中介组织、政府部门乃至金融机构相互作用的网络体系。在求是科技基金会对获得重大理论和实践成果的杰出科学家和团队的评选表彰工作中，他特别强调获奖人应当具有创新的战略思维、高度的社会责任感、凝聚人才的魅力和科学管理能力，建立和领导产学研、老中青密切结合，跨部门、跨学科的科研团队，从基础研究认识规律开始，密切结合生产实际，既发展相关学科领域理论，又解决企业发展的关键技术和工艺问题，取得重大经济社会效益，帮助企业成为技术开发主力军。这种体现创新本质含义和内在要求的科技奖励，在国内众多的科技奖励中独具特色，产生了十分重要和广泛的影响。

光召同志对科协及所属团体的体制机制改革十分重视，大力推动。他从坚持科协作为科技工作者的群众组织和党领导的人民团体的性质、宗旨出发，反复强调“要切实树立科技工作者在科协工作中的主体地位。科技工作者是科协得以存在和发展的基础，紧密联系、充分依靠广大科技工作者是科协的力量源泉和最大优势”，“各级科协要从党的群众路线的高度，把‘建家’作为长期的基础性工作，把依靠科技工作者作为根本的工作路线和工作方法，把科技工作者满意不满意作为衡量工作成效的根本尺度”。他一再告诫我们，“科协是一个没有部门观念的群众组织，我们没有本身的特殊的利益，我们要为之奋斗的是国家的利益、民族的利益”，“从事科协工作的同志心胸一定要宽广，要能够联合更多的单位、更多的部门来一起做好科教兴国的工作”。关于学会改革，他认为“重要的在于思考和研究科技团体得以产生的原因，以及后来得以存在和发展的规律性东西”，“要在自觉接受党的领导，围绕全党全国工作大局开展工作的同时，进一步树立以人为本的思想，突出广大会员和科技工作者在团体中的主体地位，真正做到了解会员和科技工作者的需要，竭诚为会员和科技工作者服务，‘为实现会员共同意愿’而开展活动，建设好‘会员之家’和‘科技工作者之家’；要坚持民主办会，走自主活动、自我发展、自我约束的道路，建立既适应社会主义市场经济发展、又符合团体自身发展规律的组织体制、运行机制、工作方法和活动方式，不断增强凝聚力、影响力和实力”。对科协所属事业单位的改革发展，光召同志也十分关注，给予帮助指导。他曾先后 4 次到重庆市科学技术协会所属的电脑报社视察指导，鼓励报社坚持改革，推动《电脑报》发展成为全国发行量最大的计算机科普报，成为年销售额超过 5 亿元、年税后利润超过 6000 万元的科普集团，并成为全国文化体制改革试点单位。光召同志还鼓励《电脑报》的同志开拓思路，促成《电脑报》与国际知名科普期刊《科学美国人》的合作。在光召同志的热心支持下，引进《科学美国人》版权、同时保持浓郁中国特色的高端科普月刊——《环球科学》于2006年1月创刊。

三、为实施人才强国战略殚精竭虑，不遗余力

21世纪初，党和国家做出实施人才强国战略的重大决策，将实施科教兴国战略、人才强国战略和可持续发展战略作为全面建设小康社会、开创中国特色社会主义事业新局面的重要战略部署。光召同志为全面实施人才强国战略呕心沥血，发挥了不可替代的特殊作用，做出了重要贡献。

青年科技人才是光召同志密切关注和付出最多的群体。早在担任中国科学院院长时，光召同志就十分关心和重视青年科技人才的成长，把培养青年人才放到极其重要的战略地位，并在具体政策中给予特殊考虑。担任中国科协主席后，他面对的青年科技工作者行业更多，学科专业更广，工作性质包罗万象，工作单位所有制向非公领域拓展，人数更是呈数量级增长。针对21世纪以人才为核心的综合国力竞争的严峻形势，以及“文化大革命”前毕业的科技人员全部退休等对科技人才队伍造成的影响，光召同志大声疾呼要更加重视青年科技人才工作，他身体力行，率先垂范，并要求把帮助青年科技人员更快更好地成长摆到中国科协及所属学会工作更加突出的重要位置。在他的倡议和推动下，中国科协在与中央组织部、人事部继续联合评选和表彰“中国青年科技奖”获奖者的同时，还在每年一度的年会上向在实用工程和推进科技成果转化中做出重要成绩的青年科技工

作者颁发“中国科协求是杰出青年实用工程奖”和“中国科协求是杰出青年成果转化奖”。光召同志还直接面向广大青年科技工作者做了许多提携、扶植的工作。在中国科协年会和全委会的讲台上，他多次语重心长地鼓励和勉励青年科技人员成才，既肯定他们包袱很少，敢想敢干，因而可能最有创新的活力，又告诫他们“科学研究没有捷径可走，必须刻苦学习和锻炼，不断地尝试、失败、再尝试、再失败，经过千锤百炼，最后才可能取得成功。只有在心理、身体、知识和能力各方面作好准备的青年，才能在关键时刻抓住机遇，实现理想，做出重大科学发现的成果”。

光召同志对青年科技人才不仅热情关心爱护，而且严格要求。他不仅希望他们成为科学高峰的攀登者、先进生产力的开拓者，还要求他们成为先进文化的传播者。先进文化中很重要的一个内容是科学精神、科学态度和科学方法，另外一个重要内容是科学道德和科学伦理。他说：“现在我们有相当一部分青年科学工作者已经是各级科研机构的骨干力量，也是高等学校科研、教学的骨干力量，他们必须具备科学精神和科学态度，具有高尚的科学道德。如果只有科学知识的训练，而没有文化和道德的素养，这样一支科技队伍不可能承担中国现代化建设的重任。从最近几年发现的情况看，科技界的科学道德需要继续大力提倡。在科技队伍中虽然只有少数人或者极少数人在科学道德上发生严重问题，但是也值得我们提高警惕。特别是在市场经济环境中，在一种急功近利情绪的推动之下，稍不注意，一些不道德的行为就会泛滥，青年科技工作者必须加强自律，沿着健康正确的道路成长。”

光召同志强调要认真做好留学归国人员的工作。在出访中只要时间允许，总是愿意与海外中国学者见面，主动约请或应邀与当地中国留学生和学者座谈，向他们介绍国内的形势，了解他们的学习、工作和生活情况，帮助他们解决思想上的困惑。他说："中央对于吸引海外人才回国创业制定了很多很好的政策，这对你们回去发挥作用是十分有利的。但你们也要认识到，有些问题的解决需要一个过程，不可能所有的问题都解决好了才回去。回国创业就是要克服困难，在困难的条件下做出成绩，在这方面，你们要向钱学森、钱三强等老一辈科学家学习。"中国科协实施"海外智力为国服务行动计划"（"海智计划"）后，光召同志以极大的热情予以支持。他多次会见回国参加"海智计划"联席会议和出席中国科协其他活动的海外科技人员，并把他们就国内科技与经济社会发展有关问题提出的一些重要建议亲自批转给有关部门领导，对海外科技人员提出的一些重要问题也迅速请有关领导研究解决。许多海外科技人员都把光召同志视为自己"尊敬的师长"和"贴心的朋友"。原在国外留学的优秀学者白春礼、袁亚湘、邓中翰等，都是在光召同志直接关怀下在国内得到发展，成长为科技管理、科技攻关和产业化的重要骨干的。

科协是党和政府联系科技工作者的桥梁和纽带，应当成为"科技工作者之家"。在领导中国科协实施人才强国战略中，光召同志十分注意全方位地贯彻落实党和国家这一重大决策。除了将重点放在扶持青年科技人才上面，他还关注着转制科研院所科技人员、非公企业科技人员、边远地区和在艰苦岗位一线工作的科技工作者、离退休科技工作者，乃至受到暂时挫折或不公正待遇的科技人员，要求科协组织针对各种情况做好服务工作，体现"家"的温暖，促进科技界的和谐。他赞同和支持中国科协在评选表彰"全国优秀科技工作者"工作中采取"雪中送炭"而不是"锦上添花"的方针，将重点放在边远地区和在艰苦岗位一线工作的科技工作者这个群体。他认为,“随着改革的深入,非公有制经济吸纳的科技人员越来越多,层次也越来越高。他们是我国科技人员队伍中一支非常重要的力量。要采用有别于在国有企业中的工作方法,努力反映这批科技工作者的要求,更好地发挥他们的作用,而且引导他们关心全国科技发展和国家整体利益。”他强调,要特别重视做好离退休科技工作者的服务工作,了解他们的需求,进一步发挥他们的作用。“有很多科技人员由于年龄的关系退出了科技工作的第一线,其中有相当一部分同志身体状况不错,有较高的专业技术水平,相对于我国当前整体科技人才资源在数量和质量上偏少的状况,他们仍然是国家十分宝贵的人才资源。如果我们把眼光放得宽一些、远一些,他们在社会上,特别是对西部地区来讲,还有发挥作用的空间。只要我们把这件有意义的工作放到重要的议程上,充分发挥大团体的优势,一定能够做出成绩来。”

四、为提高全民科学素质做出开创性的贡献

光召同志一贯十分重视科学教育、传播和普及工作,从爱国主义与科学精神结合的高度,反复强调提高全民科学素质的重要意义。他认为:“全社会都应当认识到科学技术是第一生产力,人才资源是第一资源,公民素质是第一国力。必须充分认识和重视公民素质的重要作用,努力推动全民族的思想道德素质、科学文化素质和健康素质明显提高,形成全民学习、终身学习的学习型社会,形成全民采取科学态度,采用科学方法,尊重科学精神的风尚,促进人的全面发展。”他强调“科学精神、科学态度和科学方法不仅是科技工作者在当代科学前沿攻关的必需,尤其是提高全民族整

体素质的急需。一个盛行弄虚作假、假冒伪劣、欺上瞒下，听任愚昧迷信和反科学、伪科学活动肆虐的民族，是没有希望的民族，根本谈不上开拓创新和到世界民族之林去竞争。还要看到，公民科学素质不会随经济发展和人们物质生活的改善而自动提高。多年来，我国国民经济持续快速健康发展，人民物质生活水平的提高有目共睹，但公众科学素质水平的变化与经济快速增长相比显得很不相称。在这个意义上，提高全体公民的科学素质更具有必要性和紧迫性。”

科普工作是科技工作者的天职，是科协及所属学会的重要工作。光召同志从 1996 年初在全国科普工作会议讲话以来，一直反复强调，“以往的科普工作比较侧重于普及科学知识，并取得了较好的成绩，相比之下，在普及科学方法、宣扬科学态度和弘扬科学精神方面则比较薄弱。鉴于科学方法、科学态度、科学精神对于人类社会的发展，以及对于人们工作和生活所具有的普遍意义，必须对此予以格外的重视。”他大力支持中国科协常务委员会促进自然科学与社会科学联盟专门委员会和各地科协开展破除愚昧迷信、反对伪科学的系列活动。中央提出构建社会主义和谐社会后，他又指出科协要从建立和谐社会的高度，进一步提升科普工作的层次，丰富科普工作的内涵，始终高举科学旗帜，促使公众逐步形成用科学方法认识世界，用科学态度处理事务，用科学精神指导行动。

长期以来，我国对提高公民科学素质缺乏规划，教育部门、大众传媒和科技工作者团体开展的科学技术教育、传播和普及工作往往各自为战，缺乏协调配合和紧密的合作。1999 年国庆 50 周年前夕，光召同志主持召开中国科协常委会议，讨论通过了向党中央、国务院呈报的《关于实施全民科学素质行动计划的建议》。2002 年 2 月，国务院办公厅复函，要求中国科协牵头，会同有关部门制订《全民科学素质行动计划》。经过以光召同志为组长、中央和国务院13个部门、团体参与的领导小组的努力，完成了计划起草并报送国务院。国务院于2006年2月6日发布了《全民科学素质行动计划纲要》，从此，我国对公民科学素质建设有了第一个中长期规划，提高全民科学素质成为国家行为和社会行动，进入了蓬勃发展的历史时期。

在光召同志80华诞之际，谨以此文表示对他的深深敬意和衷心祝贺。

周光召治学点滴

于　渌*

20 世纪 50 年代末 60 年代初，我在苏联哈尔科夫大学学习时，经常翻阅《实验和理论物理杂志》（ЖЭТФ），发现几乎每期都有一篇甚至两篇名叫 Чжоу Гуан-чжао 的文章。我看不懂那些研究粒子物理前沿的文章内容，也不知道作者的中文名字，但内心充满了崇敬。回国后才知道那就是对我国基础科学研究和国防事业做出了杰出贡献的光召同志，当时年仅 30 岁左右。见到光召是 70 年代初，杨振宁、李政道先生开始回国访问做报告时，近距离接触则从 1977 年开始。

那年在科学会堂召开全国科学发展规划讨论会，光召找到郝柏林和我，主动提出要合作进行统计物理方面的研究。对我来说，这是个意想不到的惊喜。能直接向光召学习，是非常难得的机会，但也感到担心：我能跟上他吗？光召的学长胸怀和谆谆善诱使后来的合作过程非常愉快。

与光召在业务上密切接触有两段时间：一段是 1977～1979 年，我到美国作访问学者以前，与郝柏林一起，在光召指导下将闭路格林函数用于研

* 中国科学院院士，中国科学院物理研究所、理论物理研究所研究员

究动态临界现象；另一段是他从美国和欧洲访问回来，到我去意大利国际理论物理中心工作以前，与苏肇冰一道，在光召指导下，用闭路格林函数研究无序系统，特别是自旋玻璃理论，撰写有关闭路的综述文章。这两段经历，给了我难得的机会，从近处看到一位大师如何做学问。

光召主张“以我为主的创造”，给我留下非常深刻的印象。科学靠积累，任何人都在先人构筑的基础上向前走，但如何迈步，很有讲究。“闭路”起源来自 Schwinger，光召时常向我们提到。事后去查原文，才知道 Schwinger 只是提出了正、负两支回路组成闭合时间回路的想法，而整个理论框架，从生成泛函、费曼规则、非微扰计算、输运方程等，都是光召自己的贡献。他敏锐地感觉到“闭路”提供的潜在可能性，可将平衡和非平衡态的理论统一起来，于是充分发挥他对量子场论各种理论工具运用自如的专长，很快构建了新理论的框架。

光召不满足于理论形式本身，更重视解决具体物理问题，除了激光、等离子体这些典型的非平衡系统，他特别注意到当时刚发展起来的动态临界现象理论，这也许是他找郝柏林和我参与这项工作的直接原因。临界现象中长波涨落很重要，在光召带领下，我们很快发现闭路是描述这类现象非常自然的理论框架，序参量和守恒量可以统一描述，通过 Ward-Takahashi 恒等式自动联系起来；当时被广泛应用的包含“非对易性”的 Martin-Siggia-Rose 经典场论是闭路格林函数的“超玻色”极限（场量子非常多而成为经典场），一切都“各就各位”。研究过程中发现，正则运动和耗散分别通过广义朗之万方程实系数矩阵反称和对称部分表述，后来又多次被人“再发现”。

据说，物理学家朗道有一个习惯：别人的工作他认为有意义的，通常都要用自己的观念和方法重推一遍，往往导致更深刻的理解和新的思路。这也许是许多大师们治学的共同方法。与光召合作研究的过程让我领略到，他是怎样“做”物理的。常有的情形是：我们一起讨论一篇文章，或一个不清楚的问题，光召在下次见面时就会从闭路的框架出发，在稿纸上演示如何推出预期的结果。郝柏林和我在临界现象方面做过一些计算，读过相当多的文章；在哈佛我和 Sampolinsky 同一个办公室，对他在自旋玻璃方面的工作有所了解，但听到光召用闭路框架推导有关的结果，往往感到理解往前进了一大步，豁然开朗。

“身先士卒的将帅”，科学研究中，特别是理论研究中，学术带头人的作用是毋庸置疑的。与光召合作的这两段经历使我亲身感受到，一位杰出的学术带头人如何以“言”，更以“行”带领一个比自己年轻、缺乏经验的团队冲锋陷阵，在科学上拼搏。光召不时给我们讲些著名科学家治学的故事，激励我们努力攀登，但更多的是一马当先，直接带领我们前进。

80 年代初，彭桓武先生曾经数次带我去见钱三强先生。除了商讨凝聚态、统计物理研究和学术活动的组织外，钱先生还讲了很多他在法国留学期间的故事。有一件事对我印象特别深刻：他说，居里先生平时很忙，对实验工作的具体指导不多，但有时亲自和他们做实验，特别是亲自动手带领他们清洗反应器，从里到外，一丝不苟，使学生们受益匪浅，终身难忘。

做实验是从清洗反应器开始，做理论就是推公式。光召第一次找郝柏林和我，就是从推导闭路的基本公式开始的。我们问他，有没有参考文献可以阅读，他想了想说：有几张手写的算稿，在苏肇冰处，可以看看。我们从苏肇冰那里借来了算稿，这就是我们在闭路方面的“启蒙读物”。

与光召合作的过程中有压力，因为他走得快，自己经常跟不上。有时商量了下一步做什么，还没来得及做完计算，光召就已经有了结果，心里当然不安。但他从不计较个人贡献多少，始终充满合作的热情，毫无保留地和我们讨论，分享他最新的研究心得。他是带头人和平等待人的合作伙伴，也是合作的受益者，从我们“愚蠢的问题”和“敲边鼓的评论”中得到启发或找到新的灵感。往往懂得更多的人更善于学习。

1979 年我去哈佛作访问学者，合作联系人是 Bert Halperin。事后，他戏谑地说：“于渌是我的‘老’博士后（Senior Postdoctor）。”“老”是对的，我比他大 4 岁；“博士后”不对，我从没有获得过博士学位，也没有做过正式的博士生导师。与光召合作的这两段时间给了我一个难得的机会，补上了这一课。虽然没有把许多东西真正学到手，但从光召身上看到和感受到的科学大师的治学精神是终身难忘的。

我跟随周光召先生进行科学研究

高崇寿*

周光召先生是我的老师，1956 年我在北京大学物理系学习时，周光召先生给我们全年级 120 位同学讲授电动力学课程。从 1962 年起，苏肇冰和我在周光召先生指导下从事场论和粒子物理理论的科学研究，以后我又和周光召先生合作进行场论和粒子物理理论的前沿科学探索。

20 世纪 60 年代，通过高能物理实验发现了大量的不稳定粒子，粒子的运动、相互作用和转化都显示出新的现象和特征。国际上在该领域的前沿理论研究主要集中在强相互作用色散关系理论和 Regge 极点理论的探索方面，美国和欧洲的著名学术期刊，如 *Physical Review* 等发表了大量该领域的理论学术论文。周光召先生对我和苏肇冰说：“你们现在进行高能物理理论的探索研究，要注意了解和关注这方面的国际进展，但你们更应从事粒子物理对称性理论的研究。从事对称性理论的研究所用的数学工具与强相互作用色散理论及 Regge 极点理论所用的数学工具完全不同，前者比后者要困难得多，但如果你们直接从这里开展研究，很快就可以达到国际上

* 北京大学物理学院理论物理研究所教授

这个领域的最前沿。”实际上，到1963年，国际上场论和粒子物理理论的前沿研究工作重点已经转向粒子的对称性分析和对称性理论方面。按照周光召先生的指导，我们直接从事粒子物理对称性的理论研究。完成了第一项研究工作之后，我继续在新粒子的对称性分析和新粒子的分类方面进行唯象的探索理论研究，这些工作为以后探索建立强相互作用粒子的相对论性结构模型理论准备了基础。

理论物理的科学研究，首先要看到研究的主战场，认清研究的前沿。20世纪50年代，周光召先生在杜布纳联合核子研究所工作期间，就在场论和粒子理论研究的前沿主战场开展研究，并取得重要的成果。他提出了螺旋态的概念，研究了螺旋态的运动规律，在粒子理论方面有重要的影响。他是轴矢量部分守恒规律的主要提出人，该规律是粒子运动演化的重要性质，在粒子理论的发展方面有重要的影响。苏肇冰和我开始做场论和粒子物理理论的探索研究时，周光召先生直接把我们领到当时该领域的主战场，进行粒子物理对称性理论的研究，很快到达了前沿。

1978年，全世界9个高能物理实验组的实验验证了SU(2)×U(1)电弱统一理论，提出SU(2)×U(1)电弱统一理论的三位科学家获1979年诺贝尔物理学奖。1978年起，周光召先生和我共同研究电弱统一理论在原有的实验已经确立的SU(2)×U(1)理论基础上进一步扩充的可能性。指出电弱统一对称性最简单的扩充有三种，即SU(2)×U(1)×U(1)对称性、SU(2)×SU(2)×U(1)对称性和SU(3)×U(1)对称性，进一步证明了如果考虑把SU(2)×U(1)电弱统一理论扩充为SU(3)×U(1)电弱统一理论，从普遍的物理要求出发，存在而且只存在两种可能的方案。国际上许多学者探讨了SU(3)×U(1)电弱统一理论，但都只研究了其中的一种方案，另一种方案还没有人发现、提出和研究过。周光召先生和我提出并系统地研究了新的 SU(3)×U(1) 电弱统一理论，指出如果电弱相互作用具有这种 SU(3)×U(1) 对称性，则要求温伯格角满足一个很强的约束条件 $\sin 2\theta_w \leqslant 0.250$（现在实验值为 $\sin 2\theta_w = 0.23119 \pm 0.00014$）；在弱相互作用中还存在一种新的守恒量 S_w，它是与一种整体对称性对应的守恒量，在对称性破缺后仍然保持守恒；理论还预言应该存在更多的规范玻色子和费米子，质量很重，并且其中有些粒子电荷的绝对值大于 1，由于新的守恒定律限制，它们之中有许多会表现为相当稳定的粒子，这些都可以在实验上进行检验。这四种扩充方案中哪一种正确还有待未来实验的检验。1980 年，我们又发展建立了包括轻子和夸克的 SU(4)×SU(3)×U(1) 模型。

周光召先生既是我的合作者，又是我的老师。我们的合作研究，是真正的、实质性的合作研究。两人一起讨论研究，有时要推导、计算分析，就分头做推导、计算分析，再合在一起讨论研究，最后总结整理。1978 年，我们常常每星期要合作讨论几次，进展很快。1979 年秋，我去美国访问研究，但和周光召先生的合作研究仍然继续，只不过所有的讨论和交流都是通过邮寄信件进行，那时信件从北京到美国大约要 9 天，因此一次讨论交流来回大约要 20 天。这样的越洋合作研究持续了一年，最后我们合作建立的包括轻子和夸克的 SU(4)×SU(3)×U(1) 模型的论文还是由我起草初稿，由周光召先生定稿发表的。

周光召从事物理工作55周年及对中国科学院理论物理研究所的卓越贡献

欧阳钟灿*

2009年喜逢著名理论物理学家、我国科学技术工作的重要领导人、理论物理所老所长周光召先生80华诞，也是周光召先生从事物理研究55周年，在此，我们怀着十分敬仰的心情，简要回顾周先生55年来在物理学上的成就及对祖国科学教育事业的贡献，尤其是对他在“两弹一星”的历史功勋及作为理论物理所的老所长对办所方针、理念等方面做出的卓越贡献，做一介绍，以期对今后我国理论物理及基础研究的发展起到积极的指导意义。

一、惟楚有才于斯为盛　而立之年威震杜布纳

周光召先生1929年5月15日出生于湖南长沙。父亲是很有造诣的工程师，曾任湖南省公路局局长，抗战时期，在大西南领导修建了不少公路。受家庭影响，周先生在中学的时候最早想学工，认为工程对社会很有

* 中国科学院院士，曾任中国科学院理论物理研究所所长

用，也容易找到工作。后来在考大学的那年（1945～1946年），美国原子弹爆炸，受进步学生陈远影响，认识到原子弹的重要性，决定学物理，并于1946年考入清华大学先修班，1947年由先修班保送到物理系学习。期间，接近进步学生，阅读辩证唯物主义及描述解放区的书，参加学生运动，在地下党同学影响下，树立了一定要为解放了的中国做事情的决心。在学习上，他非常勤奋、刻苦，花费的时间比同班同学要多几倍。叶企孙先生和王竹溪先生曾是他的授课老师，他们的人格魅力和教学思想对他产生了极大影响。王竹溪先生是一位非常优秀的理论物理学家，其治学之严谨，对学生之严格，让周光召先生受益终身。正是基于王先生的课程，他打下了日后在统计物理前沿研究做出重大贡献的基础，他从王先生身上还学到了做科学的基本态度——认真和严谨。叶企荪先生是一位为中国物理学的发展献出了全部身心的爱国前辈，曾在抗战期间为八路军做炸药，讲课中总是理论和实际相结合，令周光召非常敬佩，并悉心掌握叶先生讲授的一切知识点，由此打下了他日后从理论研究迅速转入应用物理研究的科学方法论基础。

1951年周光召先生以优异成绩大学毕业，并进入清华大学研究院读研，师从彭桓武先生。彭桓武先生原籍湖北，正是这对楚籍师生的结缘，诞生了后来对我国核武器发展做出重要贡献的传奇故事。当时，彭先生与合作者在量子场论方面的研究成果已经享誉国际物理界，他所从事的量子场论研究，属于当时物理学研究的前沿。与此同时，彭先生还担任中科院近代物理所副所长职务，同时肩负着为我国核物理事业培养人才的重任。彭先生带研究生，注意训练学生的科学眼光，激发他们的创造力，鼓励他们独立思考，自己提出问题，解决问题。学生们从他这里，不仅秉承了他既能搞基础研究，又能搞应用研究的特点；又学习了他民主的科研作风和耿介旷达、不计名利的品格。在彭先生指导下，周先生很快进入到理论物理最重要的研究领域。

1952年，周光召先生光荣加入中国共产党，同年全国教育系统院系调整，他跟随彭先生到北京大学继续学习研究，于1954年毕业，同年8月任北京大学物理系讲师。

1955年，以毛泽东同志为核心的第一代党中央领导集体，根据当时的国际形势，为了保卫国家安全、维护世界和平，高瞻远瞩，果断地做出了独立自主研制“两弹一星”的战略决策。苏联派专家帮助中国进行核武器方面的研究。

20世纪50年代，苏联在杜布纳成立联合核子研究所，聚集了当时社会主义阵营国家的许多科学家进行高能物理研究，其设备和科研力量在当时居世界领先水平。1957年春天，年仅28岁的周先生被国家派到杜布纳联合核子研究所，借助这里的一台大加速器从事原子核物理的研究。他经常同苏联、越南、朝鲜、中国以及来自东欧各国的核物理学家们一起进行学术讨论。周光召先生虽然年轻却善于独立思考，不盲目迷信权威，并且勇于怀疑已有的研究结论。有一次讨论会上，他对一位莫斯科大学教授在高能物理前沿的一个课题，相对性粒子的自旋结果提出异议。这位权威及其同事对一个年轻人提出不同看法不屑一顾。当时周光召先生是中国组的负责人之一，王淦昌先生是主要负责人，为了不让苏联人看不起，周光召先生用了近100天的时间独立研究与分析，严格地证明了苏联专家结果是不对的，这使权威们无话好说，不打不相识，他们也因此和周先生成了很好的朋友。这个故事在杜布纳研究所引起了很大震动，从此苏联专家对中国人非常尊重。正是有这么一段经历，走上领导岗位的周先生始终教导我们要对年轻的、一些落后国家的人要非常尊重，不要随意地看不起人家。

从 1957 年 2 月到 1961 年 2 月，在杜布纳的 4 年里，也是周光召 27 岁到 31 岁而立之年，凭着对科学的执著追求与创新求索的精神，周先生在国际著名学术刊物上先后发表了 30 篇学术研究论文，27 篇发表在 *JETP*，3 篇发表在 *Nucl. Phys*，几乎全部是他一个人独立或以他为主完成的，这在众多杜布纳研究人员中是非常杰出的成就，因此两次获得联合核子研究所的科研奖金。他在“极化粒子反应的相对论理论”、“静质量为零的极化粒子反应”等研究领域取得了一系列重要成果。他在“关于赝矢量流和重子与介子的轻子衰变”的研究中，完整并解析地论证了赝矢量流部分守恒定律（PCAC），成为世界物理学界公认的赝矢量部分守恒定理的奠基人之一。当时国外报道称：“周光召的成果震动了杜布纳。”

二、隐姓埋名以身许国　两弹元勋功誉华夏

1988 年 10 月 24 日，我国改革开放总设计师邓小平在高能所听取已是中科院院长周光召的汇报，并在参观北京正负电子对撞机后，发表了重要讲话。他说：“过去也好，今天也好，将来也好，中国必须发展自己的高科技，在世界高科技领域占有一席之地。如果 60 年代以来中国没有原子弹、氢弹，没有发射卫星，中国就不能叫有重要影响的大国，就没有现在的国际地位。这些东西反映一个民族的能力，也是一个民族、一个国家兴旺发达的标志。”我们相信，站在邓小平身边的周光召先生听到这一席话一定是百感交集。

当年，周光召先生在杜布纳的科研正取得突飞猛进的时候，中苏关系却阴云密布。1959 年 6 月，苏共中央给中共中央发来通知，撤走所有在华的专家。中国已经开始的原子弹事业面临着巨大的困难。中央决定，派自己的优秀科学家参加原子弹计划。1960 年，当时正在苏联访问的中科院原子能所所长，中国原子弹的负责人钱三强来到杜布纳，和杜布纳的中国科学家进行了一次长谈。钱三强的这次谈话，给周光召留下了至今难以忘怀的印象，他后来说，当时对他的震动是难以言说的。随后的党支部会上，他们给当时的二机部部长写了一封信。信中这样写道："作为新中国成长起来的科学家，我们时刻准备放弃我们的基础研究，接受国家交给的任务，我们深信，中国一定能够造出自己的原子弹。"1961 年 2 月，周光召奉召回到祖国，担任了二机部九院理论部第一副主任。和彭桓武、邓稼先等一批科学家一起，进入中国原子弹研究核心部门，开始了 10 多年隐姓埋名的生活。

大约在新千年到来、"两弹"解密时期，CCTV 采访八一厂密片厂的曾在原子弹研究基地负责记录的工作人员，结果没有找到任何参研科学家的身影。出于安全考虑，当时有一严格规定，不允许拍摄科学家。周光召后来回忆，从杜布纳回来后，国外的很多好朋友听不到他们任何消息，甚至传说他们在回国途中飞机因爆炸逝世了。

在原子弹攻关任务中，周光召先生承担了大量的工作。1961 年至 1962 年初原子弹设计曾一度陷入困境。理论计算得到的炸药爆炸后在内爆过程中产生的压力总是小于在原子弹设计的初期一份苏联总顾问口授的一份简要记录中留给我方的数据，当时负责力学的专家担心计算结果有错，于是进行了 9 次反复计算，但结果还是与苏方数据不同。这就是著名的"九次计算”，原子弹设计一时陷入了困境。科学家们在A方案和B方案之间徘徊不前、举棋不定时，彭桓武先生请周光召复查邓稼先小组B方案的计算数据。周先生在检查时发现，年轻人的计算无可挑剔，问题出在表述方式上，而不是结果有误。为了这一方案万无一失，周先生从炸药能量利用率着手，求出炸药所做出的最大功，从理论上证明了用特征线法所做的计算结果的正确性，从而对B方案流体力学现象有了透彻的理解。数学家周毓麟等研究了有效的数学方法和计算程序，经过计算，其结果和特征线计算结果完全相符。原子弹理论设计终于从迷雾中走出来。

据参加原子弹研究的黄祖洽院士回忆：在中国第一颗原子弹试爆时，两位科学家负责人，邓稼先去了基地，周光召留守北京。1964年10月15日，在罗布泊高高的铁架上，中国第一颗原子弹已经安装就绪，等待起爆。就在这时，周光召接到前方指示，要求他把一些重要的过程重新计算一遍。就在原子弹爆炸的头一天，为了试验万无一失，周总理、张爱萍将军不太放心，才有这临阵的紧急命令。周光召率领大伙经过缜密的计算和深入的检查，给前方提交了非常坚定的报告结论：除有人力不可控制的因素之外，我们的原子弹成功率是大于千分之九百九十九！

在钱三强、彭桓武、王淦昌、郭永怀、周光召等一大批优秀科技工作者的不懈努力下，同参与“两弹一星”研制工作的广大干部、工人、解放军指战员一道，怀着对新中国的满腔热爱，在当时国家经济、技术基础薄弱和工作条件十分艰苦的情况下，自力更生，愤发图强，依靠自己的力量，用较少的投入和较短的时间，突破了原子弹尖端技术，于1964年10月16日成功爆炸我国第一颗原子弹。

第一颗原子弹爆炸成功之后，在彭桓武、朱光亚主持领导下，邓稼先、周光召组织科技人员在总结前一段研究工作的基础上，制定了关于突破氢弹原理的工作大纲：第一步，继续进行探索研究，突破氢弹原理；第二步，完成质量、威力与核武器使用要求相应的热核理论设计。黄祖洽、周光召、于敏三位理论部副主任分别带队，开展了对氢弹理论设计的多路探索。

正当科学家们在氢弹攻关中忘我拼搏的时候，一场史无前例的狂风席卷了中华大地，一夜之间，彭桓武被戴上“资产阶级思想的典型”的帽子，周光召成了“推行刘少奇资产阶级路线的代表”，邓稼先被抄家，钱三强受批判。“文化大革命”刚开始的时候，周光召在单位受到的冲击最厉害，因为他于1957年就出国了，未经历过“反右”斗争，说话很直率（这个优点一直保留到今天，即使后来他成为国家领导人也未改变!），加上出身不好，被红卫兵抄了三四次家，许多珍贵的照片都丢失了，替他们照顾小孩子的岳父母也不得不返回乡下。那个时候，周光召一方面要接受批判，一方面依然得抓紧氢弹的研究工作，其困难可想而知。作为氢弹研制组织工作的负责人（邓稼先全面负责，周光召实际上是第一负责人，于敏也做了很多领导工作），周光召知道，如果中国的氢弹不能爆炸，他们的历史使命就没有完成。危难时刻，得到周恩来、聂荣臻、陈毅等中央领导同志的强力支持。1966年，研制人员准备做一个原理性实验，以此验证氢弹设计原理的正确性。12月份，于敏和周光召到了现场，聂帅也去了。由于周先生属受批对象，住在一个干打垒的房子里面，很冷。聂帅去以后，就请周光召他们搬到楼房里，并特别询问周光召的哮喘病怎么样。聂帅的关怀温暖着周光召的心，感动的泪水霎时充满了眼眶。自此，即使在冲击最厉害的情况下，周光召始终坚守着一个信念：一定要完成氢弹的研制，否则就对不起国家。原理实验成功后，中央决定尽早在1967年实现实弹爆炸。从基地飞回北京的路上，就传来了关于上海1月夺权的事，当时全国相当混乱。回来后，周光召先生就带领一个小组到上海进行离核氢弹的设计。他们坐硬卧火车，周先生因哮喘只能戴口罩睡觉，这个设计实验成功后，周先生就靠边了，直到1969年，经再三审查，也未查出周先生有什么问题，才让他做所长，得以继续研制氢弹。经过科学家的忘我拼搏，1967年6月17日，我国第一颗氢弹成功爆炸。

多年后，周光召先生在接受记者采访时，曾这样回顾当年研制核武器的历史："和所有爱国志士一样，中国科学家也有一个心愿：希望中国繁荣强大。新中国成立后，尽管我们已经取得了较高的成就，但我们在世界上，还是被很多人看不起。因此，研制核武器就成为科学家们报效祖国的一种方式。毛泽东和陈毅都曾讲过，有了核武器，我们的外交工作才好做，也是这个原因。"

是什么动力激励周光召他们这一代知识分子能够在国家与个人都受到冲击，在十分困难的条件下做出"两弹一星"的重大贡献？这就是彭桓武先生经常教导大家的林则徐的著名诗句"苟利国家生死以，岂因祸福避趋之"。这种不顾个人得失的高尚爱国主义情操，正是中华民族历经艰难，终能生生不息的精神源泉。

三、周光召与理论物理研究所

20世纪60年代初，理论物理研究被列入国家自然科学规划，1978年"科学的春天"之后的6月中科院理论物理所诞生了，彭桓武先生担任首任所长。1979年底，周先生调到中科院理论物理所，1980年当选为中科院学部委员（中科院院士），1982年任中科院理论物理所副所长，1983年7月，任理论物理所所长（至1990年）。连续九届任理论所学术委员会委员，现任第九届学术委员会名誉主任。周光召先生对理论物理所的历史、现在和将来都产生了深刻的影响。

彭桓武先生大力举荐周光召任理论物理所所长。彭桓武先生曾经告诉我们，由于钱三强先生在给国务院的报告中将他指定为所长，该报告又得到邓小平的批准，所以他勉为其难担任了首任所长。从“两弹”研制的过程中，他对周光召的领导组织才能非常认可。1982年8月，彭桓武在向卢嘉锡院长写的第二份辞职报告中，是这样推荐周光召继任所长职务的：

> “近日来，原二机部九院九所所长周光召同志调任我所研究员一事已定。经与所内院内各有关同志商议，大家均建议由周光召同志继任我所所长职务。周光召现年53岁，1951年清华大学物理系毕业，做研究生，1954年在北京大学毕业，后即任北京大学讲师。1957年被派驻莫斯科联合核子研究所参加科研工作。他在粒子理论中做出很好成绩，受到国际同行的尊重。1961年调回国参加二机部九院核武器研究，对核武器的理论基础和理论设计的方法具有建树。历任理论部主任、九院理论所即九所所长等职。1980年被选为中科院学部委员。近年来又在粒子理论和统计物理理论方面工作。”
>
> “周光召同志是我的研究生（1951～1954），后又长期和我一道进行核武器的理论研究。他具有优秀的学习成绩，经过国际竞争性的基础科研锻炼，也经过迫切任务性的国防科研锻炼，能体会和处理理论与实验、科研与实用的结合问题。除工作富有创造

性和学风严谨外，他还具有较强的组织能力、一定的行政领导和对外斗争、联系的经验。所以，为进一步发展我所的工作，我现在正式建议由周光召同志担任我所所长，并免去我的兼所长职务，我仍留在理论物理所研究员的岗位上再挣扎几年，做力所能及的工作。”①

当年成立理论物理所时，时任中科院副院长的钱三强同志对理论物理所所长的人选问题曾经强调：“理论物理研究所的所长，应当具有世界级高水准的科学价值观和敏锐的学术眼光，能够高屋建瓴地出点子，领导和组织科研；他不但要精通物理学，还要融会边缘学科的最新成果，他的思路应当活跃在学术探索的最前沿。”因此，彭桓武先生认为周光召是继任他做理论物理所所长的最佳人选。

1984 年，周光召先生在彭桓武先生的推荐下担任理论物理所所长，同时任中科院副院长，1987 年 1 月任中科院院长、党组书记。1982 年 9 月，在党的第十二次全国代表大会上，周光召当选为中共中央候补委员。

提出“开放、流动、竞争、联合”的办所和办院方针，引领理论物理所发展。周光召先生任理论物理所所长期间，将当年研制“两弹一星”的团队精神带到了理论物理所，倡导学术民主，推动了我国理论物理的发展。为理论物理所创造了一个学术民主、开放、流动、竞争、联合的软环境。

“开放、流动、竞争、联合”的思想最早提出是周先生在担任理论物理所所长期间，在这一运行机制下，中科院数学所与中科院理论物理所于 1985 年成为全国第一批开放所，它们的成功运行为后来国家重点实验室

① 理论物理研究所文书档案. 1983-1-1.3，4

的创立提供了重要经验。

2008 年，在理论物理所建所 30 周年之际，周先生就办所思想回忆说："理论物理所从成立以来，就是希望为全国的理论物理工作者服务的，不仅它本身聚集了一批理论物理学家，还邀请了全国主要的一些理论物理学家作为学术委员会的委员；同时也希望建成一个平台，能够加强全国的理论物理界的合作，共同发展中国的理论物理的事业。理论物理所特别强调要办成一个开放的研究所，所以她是中科院第一批开放研究所。开放的意思首先就是对国内各大学、各研究所的理论物理学工作者开放，同时也逐步对国外同行开放。理论物理所从彭先生开始，就是本着这样一个方针办所的。我是继承彭先生的思想来办这个所的。"

曾经担任理论物理所第 1～3 届开放所学术委员会主任的戴元本先生回忆说："我所从 1985 年开始成为开放所，面向全国开放。当时由周光召同志兼任所长，在他的提议和倡导之下，我所确定了目标：将我所建设成一个开放流动，面向全国的一流研究所。1985 年，中科院组织评估组对理论所的学术基础和能否开放进行评估，认为理论所有条件成为我国理论物理研究的基地，并且能够成为一个开放所，完成开放所应起的作用，因此，1985 年 11 月召开了第一次开放所学术会议。"

按照周光召先生的指导思想，理论物理所作为开放所采取了一系列重要措施，主要包括：①组织开放所学术委员会。委员 2/3 是来自所外，1/3 所内，常务委员会成员的组成为所内所外各占一半，两位学术委员会副主任均来自所外。②面向全国接受访问学者和客座研究员，并给予经费上的资助。③经学术委员会讨论，成立一些重点研究课题，并且开展面向全国的学术活动。20 世纪 80 年代和 90 年代前期，当时国内各个研究单位的经费都很紧张，组织学术会议很困难，甚至出差的经费都成问题。理论物理所举办一些面向全国的学术活动，在当时很受欢迎，发挥了很大作用。这种开放的传统一直延续至今。④建立博士后流动站。开放所成立前一年（1984 年）就建立了理论物理博士后流动站，成为开放所很重要的活动之一。理论物理所是全国最早成立博士后流动站的单位之一。⑤订阅理论物理方面的国际期刊，包括一些国外的原版期刊。

作为开放型研究所，理论物理所把联合全国的理论物理学界的力量共同发展中国的理论物理研究作为首要任务。为此，理论物理所每年用开放经费支持若干个开放研究课题，所内外研究人员均可申请。开放课题分中心课题及非中心课题两类。30 年来，全国有 30 多所大学及研究机构的研究人员参加了开放课题研究。

理论物理所开放办所方针薪火相传，为历届所领导坚持发扬，也为年轻一代理论物理所人身体力行。1996 年，理论物理所引进的第一位杰出青年，利用他获得的杰出青年基金（那时只有 30 万元）发起组织“跨世纪物理学前沿高级研讨会”常设会议，得到彭桓武、周光召等老一辈理论物理学家的积极支持、参与，一直发展成为今天中国物理学会著名的“全国秋季学术会议”。

正是在周光召提倡的开放办所方针的指导下，1998 年，理论物理所成为中科院创新工程试点首批 12 个单位之一。2004 年，理论物理所被中科院遴选为首批进行国际评估的 4 个研究所之一。在路甬祥院长的支持下，2005 年 9 月成立了以诺贝尔物理学奖获得者、美国 Kavli 理论物理所所长 David Gross 为主席的第一个国际顾问委员会。在此基础上，美国 Kavli 基金会将亚洲第一个 Kavli 研究所，于 2006 年 6 月落户理论物理所，成立了中科院 Kavli 理论物理研究所（KITPC）。截至目前，KITPC 已成功运行 7 个项目，将理论物理所面向全国开放提升到面向国际开放的新的历史发展阶段。

开展国际交流合作，增进与李政道先生和杨振宁先生的友谊。周光召先生在杜布纳工作期间的研究成果引起了国际物理学界的极大关注，60 年代，坐落在日内瓦的欧洲核子研究中心邀请的第一位中国科学家就是周光召。1964 年，在美国召开的国际高能物理会议，首次邀请了两位中国人参加，其中一位也是周光召。因此，著名华裔科学家、诺贝尔奖获得者杨振宁教授和李政道教授，从 50 年代末就开始关注周光召这位新中国培养出来的科学家。两人在第一次返回祖国时，都希望会见这位只闻其名未谋其面的青年物理学家，后来，他们一见如故，很快成了好朋友。70 年代末 80 年代初，周先生受邀首次访美时得到了杨振宁先生和李政道先生的热情接待，并一起合影留念。

周先生担任理论物理所所长期间，倡导广泛的国际交流。周先生凭借自己在国际上的知名度以及与海外华人物理学家的友谊，为理论物理所邀请到了许多国际上知名的同行专家来所交流与合作。

1984 年 12 月，在周先生的推进下，理论物理所负责筹办了著名的“杨振宁-米尔斯规范理论学术研讨会”。1986 年 10 月，在周先生的积极推动下，中国高等科技中心在理论物理所中关村小院挂牌成立，李政道先生担任中心主任。该中心的宗旨是，以建立国内外研究机构和科学家之间的联系，鼓励、帮助中国科学家在国内做出有世界水平的研究成果，为全世界科学技术交流和发展做出贡献。

2008 年 6 月，在理论物理所建所 30 周年所庆庆典会上，李政道、周光召、杨振宁亲密地坐在一起，共同祝贺理论物理所建所30周年，让所有与会人员感到无限的欣慰。事实上，从1995年首届华人物理学会到杨振宁、李政道两人分别举行的80华诞庆祝会，周光召都亲自主持，同他们亲密坐在一起，成为华人物理学家亲密团结的一道靓丽的风景线。

“理论物理若干重大前沿课题研究”助我国理论物理渡过难关。1987年12月至1991年12月，理论物理所作为第一承担单位，联合中科院高能物理所、北京大学物理系等单位争取到国家自然科学基金委“理论物理若干重大前沿课题研究”项目，5年100万元的支持，周光召先生作为该项目的主持人。该项目在当时经费非常紧张的情况下，帮助了我国理论物理事业度过了困难并取得了很好的成绩。

从理论物理所科研档案中查阅到当年该项目申请的意义是这样阐述的：“理论物理学立足于全部物理实验的综合，以演绎和数学推理的方法，揭示物质世界的基本规律，说明并揭示实验事实，预见新的现象，推动整个物理学乃至自然科学的发展，并为辩证唯物主义的宇宙观、世界观提供科学的根据。理论物理的研究成果，是原子能、半导体、信息、激光、航天、电子等新技术和高技术的理论基础，是促进整个社会精神文明的重要因素。训练有素的理论物理队伍，又是国家的一支战略预备队，必要时可以用来解决重大的国防和建设问题。美苏两国和西欧各国拥有强大的高水平的理论物理队伍。在我国的情况下，以适当力量重点支持一支高水平的理论物理队伍，并联合国内理论物理界的优势力量，共同开展理论物理重大前沿课题的研究，做出一批在国际上有影响的高水平工作，使我国的理论物理在一些基础好、力量强的领域里，首先进入国际先进行列，有着十分重大的意义。”

“理论物理若干重大前沿课题研究”重大项目正是按上述的思想和原则组成的。参加项目研究工作的有中科院学部委员 5 人，教授或研究员 12 人，副教授或副研究员 14 人，并有相当一批优秀中青年学者参加。其中的许多人是发表过几十篇，甚至上百篇研究论文的理论物理工作者，有的还是国家奖及其他奖获得者，国际学术组织成员，国内外学术会议综述报告人，国际性刊物综述撰稿人，研究工作有相当积累、基础好、经验丰富，是一支学术力量雄厚，反映我国理论物理研究水平的队伍。

在该项目中提出的理论物理学几个重大前沿课题是：①非平衡系统中混沌理论的研究；②凝聚态理论中若干问题和量子多体理论；③共形不变系统、量子场论及其大范围性质的研究；④粲粒子物理及粒子物理标准模型的检验；⑤重味粒子及万亿电子伏特能区的物理。

自 1987 年底项目执行以来，共完成了 420 余篇科学论文（其中已在国际主要刊物发表 186 篇，国内主要刊物发表 136 篇，国际会议报告 69 篇），出版英文专著译本、编辑专题或会议文集 9 本。已发表的一批有分量的研究论文，反映了我们在学科的研究上取得了某些实质性进展，引起了国际同行的关注和重视，在国际竞争十分激烈的情况下，为我国理论物理学研究在国际前沿争取一席之地做出了一定贡献。

特别指出的是，在该项目执行期间，不仅取得了以上具体研究成果，而且培养了一批青年科学人才，其中一些人已成为年轻的学术带头人。据不完全统计，在此期间共有 15 名博士后人员、58 名博士生、73 名硕士生先后不同程度地参加到项目的各个课题的研究工作中（其中 23 人获得博士学位，40 人获得硕士学位），由他们参加完成的学术论文占整个项目完成论文总数的比例相当大。该项目的执行，为我国理论物理学界培养了一批为数可观的优秀后备人才，其意义是深远的。

该项目取得的成绩，从一个侧面反映了我国理论物理学工作者多年来在困难环境中始终坚持不懈为国奉献的精神，表明了这支队伍已具备占领国际科学前沿的实力。

倡导在人才流动中培养人才。周先生担任所长期间，十分重视高级科技人才的选拔和培养工作，注重克服人才培养中的“近亲繁衍”弊端和人才使用上的沉积浪费现象，强调人才流动，在流动中培养人才。提倡为国家培养人才而不是单为本单位培养人才的思想，主张本单位培养的优秀人才大部分输送到最能发挥作用的地方去；明确规定，在本所获得博士学位的人员不能直接留所，需到国内外其他单位做一两期博士后，才可以申请做本所的博士后或竞争固定科研职位。

这一人才培养理念得到了理论物理所几代所领导的认可和继承，这使得理论物理所始终保持一支精干的科研队伍。其中多位研究人员是由理论物理所自己培养，在国外工作多年甚至十年后，经平等竞争回所工作的。

在理论物理所期间带领的前沿研究工作。周光召先生在理论物理所任研究员期间，亲自参加了所内两个不同研究方向的课题，研究成果均获国家自然科学奖二等奖。其研究领域之广，在国内理论物理界是不多见的。

1）量子场论大范围研究项目，项目起止时间为 1983 年 4 月至 1986 年 12 月，1989 年获国家自然科学奖二等奖。主要完成人有周光召、郭汉英、侯伯宇、宋行长、吴可、侯伯元、王世坤。该项目在量子场论大范围性质的研究方面，展开了较深入系统的持续研究，研究了规范场理论及其有效作用理论，特别是有关反常的大范围性质。在国际上首先得到规范不变有效作用“反常”项的正确形式、存在条件；$2n$ 维空间的非阿贝尔反常、

$2n+1$ 维陈-Simons 示性类与 $2n+2$ 维阿贝尔反常之间的联系，$2n$ 维非阿贝尔反常的整体形式；推广了陈-Simons 示性类，得到广义陈-Simons 示性类和超度公式的一般形式，并进行规范群的上同调分析。

2）统一描述平衡与非平衡体系的格林函数理论研究，项目起止时间为1978 年至 1989 年，2001 年获国家自然科学奖二等奖。主要完成人有周光召、苏肇冰、郝柏林、于渌。该项目系统地分析了这类格林函数的理论结构，提出了一套有效的理论表述方案，并将它应用到临界动力学、非线性量子输运和无序系统等具体问题中，澄清了一些重要的理论问题，得到了一些新的结果。

继续关心支持理论物理所，指引我国理论物理发展。周先生在担任中科院院长以及中国科协主席和国家领导人期间，一直关心着理论物理所的发展。

2005 年 9 月，理论物理所成立了以诺贝尔物理学奖获得者、美国 Kavli 理论物理研究所所长 David Gross 为主席的第一个国际顾问委员会，周先生作为顾问委员会成员之一继续关心理论物理所的发展。每次 2～3 天的会议，从早 8 点到晚 8 点，他都亲自参加讨论，听取汇报，用周先生的夫人郑老师的话，这比他参加其他的会还辛苦。正是有周先生的积极参与，他的好朋友 David Gross、原法国科学院院长 E. Brezin、费尔茨奖得主丘成桐等国际顾问委员都能次次参加理论所的国际顾问委员会会议。正是有这样一个一流的国际顾问委员会的支撑，2006 年 6 月，美国 Kavli 基金会将中科院理论物理研究所作为她的资助成员之一，成立了中科院卡弗里理论物理所（KITPC），从此理论物理所更加国际化。

周先生从国家领导人岗位退下来以后，2007 年 3 月，他接受理论物理所的聘请，作为理论物理所第九届学术委员会名誉主任，继续支持理论物理所的发展。

倡导理论物理要开展交叉学科研究。2003 年 4 月 15 日，理论物理所“新世纪科学论坛”的系列报告活动在北京中关村拉开帷幕。周光召院士在首次论坛上做了题为“发展交叉学科，促进科技创新——纪念 DNA 双螺旋发现五十周年”的报告。报告会由国家基金委主任陈佳洱院士主持，论坛主席李政道教授专门致信祝论坛取得圆满成功。周光召院士在报告中详细介绍了 50 年前 F. Crick，J. Watson，M. Wilkins 等人经过多次探索最终发现 DNA 双螺旋结构的过程，为理解分子的断裂和修复，基因的复制和遗传以及物种的变异和进化提供了基础。他特别强调，这一重大发现是由物理学家和生物学家合作完成的，向人们揭示了这样一个道理：交叉领域研究是科学发展的源泉和新生长点，只有掌握了前人总结的全部关键知识，又不盲从，才能站在巨人的肩上，抓住机遇，实现突破。因此，应当改进我们科研群体的人文环境，从舆论和政策上反对近亲繁殖、权威把持，坚持人人平等，使大家敢于竞争，善于合作，从而为科学研究工作创造良好的人文环境。

在 2004 年 6 月 1 日举行的理论物理专款 10 周年纪念会上，周先生发表了语重心长的讲话，北京地区有 200 多位物理教学科研工作者亲聆了他对我国理论物理发展提出的建议。

①要有一支队伍。要培养一大批最杰出、优秀的科学家。在老一代科学家不同风格的培养训练下，得到全面成长的队伍。②必须要有学术争论。要在年轻科学家之间，在年轻和年长科学家之间，要有真正的毫无保留学术批评和学术争论，只有在争论过程中真理才能越辩越明，很有可能

在反对的意见中产生新的科学成果。③要有一些帅才。要有一些特别杰出的个人，或者是叫天才。年轻科学家要脱颖而出，要逐渐发挥重要的作用。欧洲在20世纪初，像相对论和量子力学，都是一些最杰出的、年轻的科学家起了主导作用。普朗克发现量子论的时候40岁；爱因斯坦做出最重要贡献时，只有26岁；玻尔提出原子论的时候也就30多岁；量子力学创始人之一海森伯先后师从索末菲、波恩和玻尔3位大家，又有泡利这样的优秀学友帮助鞭策，25岁左右就取得了举世瞩目的辉煌成就。因此，如何发现那些特别杰出的人才，并使其能够成长，是今天中国能不能够很快发展的一个很重要的因素。

2008年5月，在理论物理研究所建所30周年之际，周光召先生对中国理论物理提出了如下期望：

1）理论物理对其他学科的发展发挥作用。周先生认为：任何一门大的学科都有理论和实验，这两部分都非常重要，不可或缺，而且互相促进发展。曾经有人讲过，没有革命的理论就没有革命的实践，我想这句话在任何学科都是一样的，如果没有理论的指导，实践就会是盲目的。反过来，实践是检验真理的标准，如果不与实验很好地结合，这个理论就会变成一个空洞的理论，也不会起什么作用。所以理论和实际的结合是非常关键的。理论物理要在其他学科上面发展、发挥作用的话，一方面要通过现有的理论去分析其他学科出现的实验现象或者发现，进行理论总结，将其系统化，上升到新的理论，同时也通过实验反过来检验现有的理论思维是否正确，通过与实验结合，利用现有的理论去预见一些新的现象。这样，一方面考验理论的正确性，另一方面又为发展新的理论提供技术支撑。所以从学科的角度，理论和实验必须紧密结合。

与应用有关的很多学科是从物理学分出来的，像力学、与电子有关的科学、与光和激光有关的科学都是物理学的分支。这些分支学科也需要建立起相关的理论。

理论物理人培养的学生不应该、也不可能全部留在像理论物理所这样的单位工作，而是要深入到其他的方面。现在我们有化学物理、生物物理、地球物理、还有很多的应用学科：像电子学、激光、核物理、等离子体物理等等，这些学科都要利用物理的理论来使其发展，或者说共同发展新理论。更多的受过理论物理训练的年轻人，他们无论是从事化学也好，生物也好，地学也好，天文也好，还是应用科学的其他方面，都应该可以找到自己的用武之地。从事其他学科的人，他们都有很多的长处，如果与他们很好地结合，相互交流、学习，共同促进，会在那些领域创造出一些新的成果出来，大有发展的可能。

2）理论物理对国民经济产生影响。理论物理的应用面是相当广的，关键就是从事理论物理研究的人，是不是用这种思想来影响他们的学生，他们的学生愿不愿意从事那些方面的工作。彭桓武先生就是一个榜样，他是搞纯粹理论物理的，研究场论、量子力学等，可是在他影响下，他的学生几乎都从事过相关的应用工作。比如，从原子核反应堆到核武器，他的学生都有涉猎。王竹溪老师的研究领域是纯粹理论物理的统计力学，但他也解决过像炼钢过程中间热传导等应用问题，就是说，每一方面的工作都有很多应用需求。但关键问题是，我们有一些从事理论物理的同志，被理论物理本身迷惑住了，理论物理的规律是很吸引人的，或者说很美的，他钻进去以后就忘记了理论物理是从实际中发展出来的，而且今后的发展还要靠与实际结合。理论物理的应用可能性很广，甚至包括经济方面。有不少原来学理论物理的人，后来在美国华尔街从事金融方面的工作，他们就有很多的创造性，其中也用到了一些很现代的理论物理思想去解决一些复杂的、与金融相关的一些问题。通过理论物理的学习和研究可以训练人的思维的方法、运算的方法和逻辑思想，这些思想和方法的应用很可能产出一些创造性的成果。

当然还有一些是物理学的规律，与应用有关的多半是一些比较成熟的理论，如力学，牛顿力学到量子力学，都是很成熟的理论。又如现在的纳米科学发展是很前沿的，就需要量子力学的理论去解释，去发现。在纳米这个尺度，存在什么现象，有什么可以应用的地方，这些都是大有可为的。要鼓励更多的同学向这个方向发展，否则理论物理本身的发展也会受到局限，脱离了整个社会的发展，那它自己也发展不起来，优秀学生也不会来再学理论物理了。所以，一定要把理论和实践的关系处理好，把理论和应用的关系要处理好，互相促进，理论物理才能更好地发展起来。

3）理论物理所要在国内外物理学界发挥作用。理论物理所要秉承其原来的办所宗旨：开放、流动、竞争、联合。今后更加要强调的是学科之间的交叉融合，国内外科学家之间的交流，互相之间要形成一个良好的关系。

科学是没有国界的，属于全世界的。理论物理是由全球科学家共同来发展的。中国理论物理科学家应该更好地跟国外科学家合作，这样才能够加快全世界理论物理学的发展。

4）建议“开放、交融、求真、创新”为理论物理所新时期办所理念。在理论物理研究所建所 30 周年之际，周先生向该所新一届领导班子提出了建议：“新时期理论物理研究所应以开放、交融、求真、创新为办所理念，要始终保持向国内外开放，创造学科交叉融合、各地来所研究人员平等交流、关系融洽的环境，达到追求真理，实现持续创新的目的。”

在周光召老所长的建议下，经过全所职工的充分讨论，决定以“开放、交融、求真、创新”作为理论物理所新时期的办所理念。理论物理所将继续保持对国内外开放，创造学科交叉融合，人员相互交流，关系融洽的环境，达到追求真理，实现持续创新的目的。不断营造“自由、宽松、争论、合作”的学术氛围，形成“团结、和谐、协力、发展”的研究所创新文化。

四、结 束 语

周光召先生无论是作为著名理论物理学家、“两弹元勋”，还是作为科技界高层领导，无不显示出他渊博的学识、出众的才华、无私奉献的科学精神和统揽全局的战略眼光。他在科学上做出的杰出成就，为国防事业创建的丰功伟绩，为科技界做出的巨大贡献，为培育人才队伍和推动自主创新付出的努力，都让我们由衷地钦佩。他严谨的学风、求真的态度、谦虚的作风、高尚的境界、顾全大局的胸怀、奖掖后进的用心、乐观旷达的性格，永远值得我们学习。他是当之无愧的科学泰斗、科技界的掌门人。

第三陈类、“量子逻辑”及新文化

郭汉英*

一、叫我“光召”

早在大学期间，就听说周先生的名字。原子弹试验成功后，又听说周先生功勋卓著。

与周先生的最早接触，是在1978年庐山物理会议期间，那是物理学界在“文化大革命”浩劫后的第一次盛会。会议期间，他常与中青年物理工作者交谈，询问工作，悉心倾听。当时，声名显赫的周先生正值中年，眼光独到、思维敏捷、英气内敛。我们这些新手与他接触，难免有些拘谨。“不要客气，叫我‘光召’。”微笑着的一句话，拘谨气氛很快打消。

1980年初，全球华裔高能物理学家在广州从化温泉聚会，我与周先生又有多次接触。只要有人拘谨，马上就会听到“不必客气，叫我‘光召’”。

几年后，周先生从国外访问研究回来，受彭桓武所长委托，在理论物理所主持工作。那时，著名物理学家戴元本任一室主任，协助戴先生的我，与周先生接触较多。几乎每次有人称他“周所长”、“周老师”，都会听

* 中国科学院理论物理研究所研究员

到“叫我‘光召’”。

1983年夏，周先生出任所长。后来，又出任科学院副院长、院长，人大常委会副委员长，科协主席、名誉主席等，身居高位。回所时，大家仍亲切地称呼他“光召”、或者“老周”。

二、规范场与第三陈类

记得1978年在庐山物理会议上，有人与他谈及把规范场的观点用于引力理论的研究，得到他赞许的眼光。

由于种种原因，规范理论的研究在国内开展得很晚。记得著名物理学家李华钟先生和郭硕鸿先生来京介绍规范理论的进展，曾受到严词非难。70年代初，戴先生组织对规范理论进行系统调研；并以他为首开展关于微扰QCD的研究，很快就在国际领先；然而，由于“下放”，又不得不停下来。著名数学家和数学物理学家陆启铿先生首先用纤维丛联络论研究规范理论，并得到非阿贝尔规范场的磁单极解。这与杨振宁先生回国介绍规范场的积分定义有关，但比杨先生与吴大俊先生关于磁单极的论文要早。在杨先生的影响下，国内关于经典规范理论的数学性质等研究逐渐开展起来，取得一些成果。李华钟先生曾代表几位学者就此在广州从化会议上专题报告；后来，他还撰文专门做过介绍。

用规范场的观点来研究引力理论，国内开展得较早，这也与杨先生的影响有关。不过，杨先生所考虑的相当于齐次洛伦兹群，这是不够的。而且，别人也早有文章。后来，周先生提及，引力场没有质量，应考虑无质量场最大的时空对称群——共形群，探讨如何把引力场方程改写为与共形群相关的规范场形式，含义深刻。

另一次交谈，涉及规范理论中的磁单极和瞬子。在谈到它们分别与第一与第二陈类有关时，周先生提出：第三陈类会有什么物理？要知道，第三陈类至少应定义在六维空间上，而物理时空只有四维。提问简捷、而又大胆！

然而，这一“第三陈类”之指，恰恰指向几年后极其重要的、规范反常的拓扑起源问题。

1978 年夏，理论物理所成立。由功勋卓著的著名物理学家彭桓武先生任所长、著名学者何祚庥先生任副所长。经彭先生聘请，陆启铿先生和著名数学家冯康先生等，一直来所兼职并指导研究生。1983 年春，早在陆先生指导下得到硕士学位的吴可教授，正准备有关非线性演化方程延拓结构的博士论文答辩。然而，有人突然提出，按照规定陆先生只能指导数学学科的研究生。这样一来，吴可的博士论文不仅答辩成了问题，导师也成了问题。

当时，正值著名物理学家、普林斯顿高等研究所的阿德勒（S. Adler）教授来访。他带来著名物理学家和数学物理学家、后来获得 1990 年费尔兹奖的威滕（E. Witten）教授刚刚印发的两篇预印本。威滕研究了有关反常有效相互作用与规范不变性等问题，不少研究人员对此感兴趣。那时，仅就场论方面，周先生在从事陪集规范场、孤立子、超对称场论等研究的同时，也非常关注“反常”问题。很快，周先生要吴可检验威滕的 4 维规范不变的反常有效作用量。威滕写道，他的结果是用试探的方法得到的。其公式极长，无任何规律。周先生明确指出，这个公式应该与第三陈类有关，并写下思路。他告诉吴可，作为开卷考核，可与任何人研讨。

几经研讨，吴可终于运用陆先生的非线性联络论的方法，得出结果，发现威滕有误。正确的 4 维规范不变反常作用量很有规律，确实通过 5 维的陈-塞芒斯（Chern-Simons）第二示性类，与6维的第三陈类有关。事实上，在4维非阿贝尔反常消除条件中，出现规范群三个生成元之求迹，而只有在6维空间上由第三陈类表示的阿贝尔反常，以及与之相应的陈-塞芒斯形式才会与此项有关。于是，周先生“第三陈类”之指，指出了方向、点出了实质，开辟了反常拓扑起源这一重要研究领域。

然而，文章的发表却困难重重，并令人“啼笑皆非”。经周先生定稿的文章投到国外一家著名杂志。久等之后，却被“拒绝”，理由是与当时已经鼎鼎大名的威滕的结果不符。周先生亲自主持答辩。我们指出，威滕给出的规范不变反常有效作用量不是厄米的，显然不对；并给出正确结果的详细推导。最后，才被接受。然而，文章一发表就发现：所有的Simons都被改为Simon。当时，陈-赛芒斯形式刚刚在物理杂志上出现。大概是编辑自以为中国人的英文太糟，把Simon错拼改为Simons。不久，我们把有关结果推广到任意维数，并给出新的结果。文章寄给了该杂志在哈佛的编委。久等之后，又被拒绝，理由是大部分结果已由哈佛知名学者得到。后来收到有关预印本，上面的日期比我们稿件快递出去的日期晚了好几周；只得“哑巴吃黄连”。这两次遭遇，是后来将有关文章几乎在国内杂志发表的主要原因。

我们发现，$2n$维上非阿贝尔规范反常通过$2n+1$维上局域的陈-赛芒斯形式，与$2n+2$上的陈类之间相联系。事实上，$2n$维上的非阿贝尔规范反常的全微分可由$2n+1$维上局域的陈-赛芒斯形式的规范变换得到，而后者的全微分恰恰就是$2n+2$维上由陈类表示的阿贝尔反常；因此，$2n$维上非阿贝尔反常的相消，自然取决于$2n+2$维上由陈类表示的阿贝尔反常之间的相消。与此相应，反常有效作用量与陈-赛芒斯第二示性类的组合联系密切。于是，不同维度空间上的陈类、陈-赛芒斯第二示性类，以及与反常有效作用有关的推广的陈-赛芒斯示性类等等，构成规范群上同调系列；有关规范场上同调分析等研究也就自然开展起来。经过共同努力，出了一批高水平的成果，在国际上领先。

1984年秋天，美国科学院院士、著名物理学家楚米诺（B. Zumino）教授来访。他是这个领域的主要开拓者之一、国际上公认的权威。他很快发现，我们的结果远出乎他的意料。他在留言簿上写道，我不知道我还能讲些什么是你们所不知道的，并表示希望交流合作。其实，当时得到的结果也出乎该领域的一些著名数学家的意料，如法捷耶夫（L. Faddeev）和盖尔范德（I. M. Gelfand）等等。法捷耶夫引进的规范场上同调，与局域陈-赛芒斯形式密切联系，与我们的工作相比、在反映整体性质方面有所欠缺。该领域的活跃研究，导致弦理论家发现10维上超弦反常相消的条件，迎来“超弦革命”。

吴可自然成了周先生的博士生，不久就以新的课题通过答辩，并出国从事博士后研究。随后，周先生又继续指导当时还是博士生的吴岳良教授等，继续在有关领域进行研究，在规范群的上同调、共形代数、瑟塔真空等，进一步得到有意义的结果。同时，周先生还指导研究生从事CP破坏等研究。

2007年来访的著名弦理论家班克（T. Bank）教授听说我们曾发现威滕有误，大为惊讶；经反复解释，仍半信半疑。的确，在一些人心目中难以想象大名鼎鼎的威滕会犯错误，更难想象的是威腾的错误居然被中国人更正。

其实，纵贯科学史，没有一个科学伟人过去没有犯过错误，成为伟人后不会再犯错误。道理很简单，伟人也是人。科学史如此，整个人类文明史也同样如此。善于发现错误，从错误中学习、调整，才可能避免更大的错误、才可能取得成功。何况，有些错误往往伴随着、甚至会误打误撞地导致巨大成功；至于错误的发现与纠正，甚至需要经过几代人的努力。20 世纪首屈一指的物理学家爱因斯坦曾是这样，量子物理大师玻尔也曾是如此。直至今日，一些伴随着他们的巨大成功的错误，已成为束缚着诸多学者的桎梏，而一些学者却不仅毫不知情，反而为之辩护。在国际物理年，著名物理学家、诺贝尔物理学奖获得者温伯格（S. Weinberg）以《爱因斯坦的错误》为题，撰文纪念爱因斯坦。温伯格极其敏锐地分析了爱因斯坦的种种错误，甚至连带玻尔。然而，仅就这篇文章而言，他也有疏忽，甚至是错误。

早在前面提到的庐山会议和从化会议上，周先生所关注的范围已非常广泛。从粒子物理到凝聚态物理，从引力理论到统计物理等等，周先生都曾涉及，而且多有重大建树。周先生极其善于从长远、大局着眼，从具体问题入手；不忌言偏差和错误，并且善于发现偏差和错误，善于不断进行调整。这或许是周先生能够与诸多学者合作，能够在多个领域建树的重要原因之一。

三、“量子逻辑”

2000 年底，正值普朗克提出作用量子观念 100 周年，中国科协举办纪念报告会。周先生“回顾与展望——纪念量子论诞生 100 周年”的主题报告，闪烁着广袤而又深邃的学术思想。他认为：“量子现象十分奇特，用经典逻辑和日常经验无法理解和接受”。“虽然我们还未完全懂得量子力学，但在量子力学中蕴含着丰富的辩证思维，……只有通过量子逻辑才能理解从一个时空奇点可以创造整个宇宙，理解单个量子可以实现自身的干涉。”他强调：“当前创建新理论的探索在向两个方向进行，一个方向围绕宇宙的起源、发展、标准模型的拓展和相互作用力的统一。……另一个方向围绕量子力学测量和解释问题进行，设计并进行了一批新的薛定谔猫和EPR佯谬实验，实验的成功证实了量子力学的预言，同时开辟了量子信息的新研究领域。”

当前的物理学，不仅大体上“创建新理论的探索在两个方向进行”，而且，原有的理论基础正面临挑战，特别是在宇观尺度上，挑战是空前的。

精确天文观测不断揭示着我们的宇宙是“暗”的，正在加速膨胀；并不渐近于平坦的闵可夫斯基时空，却很可能渐近于常曲率的德西特时空。这样一来，以闵氏时空及其局域化为基础的爱因斯坦相对论体系就面临根本疑难。如果把占所谓宇宙总能量百分之七十几的“暗能量”解释为爱因斯坦最早引进、后又放弃的宇宙学常数，并作为基本常数，这就意味着物理学进入了宇观尺度的时代，以宇宙学常数为标志。那么，宇观物理是否有新的运动学？这一至关重要的问题必须面对。如果事实的确如此，涉及宇观尺度的观念和规律，都需改变。

另一方面，实验和理论的进展不断证实量子力学的预言，开辟着新的研究领域。然而，新进展要求重新考察量子力学的物理诠释，进一步完善量子理论。

在如何诠释量子力学的问题上，至今莫衷一是；甚至出现投票区分多寡的情形。一次国际会议上，不投票者略少于半数，赞同哥本哈根诠释者已占少数，“多世界理论”得票最多。然而，这些赞同者又有几位会料到相对论宇宙论正受到尖锐挑战，如果连我们的宇宙为什么会加速膨胀都束手无策；何以谈及“多宇宙”或“多世界”的量子行为？

为了诠释实验室中的量子力学实验，为了包括对象、观测者与仪器、并考虑实验室环境，不仅要涉及整个宇宙，还需要涉及“多宇宙”的行为。而至今尚没有自洽的量子宇宙理论。这表明，量子力学的物理诠释远远没有完成。

所谓“量子化”，就是通过确定的方法，得到对应于经典理论所描述对象的量子理论。然而，对于同一经典物理对象，不同的量子化方法会得到不完全等价的量子系统。如果认为量子物理比经典物理更为基本和普遍，就需要从量子角度给出所有的基本原理和可观测量，诸如哈密顿量、作用量等所有的基本物理量和物理规律，并通过“退量子化（dequantization）”或“经典化”的途径，给出经典极限。近年来，在这方面虽有进展，却远没有完全做到；而且，经典极限也会不唯一。另一方面，对于传统诠释而言，没有时间反演不变性的量子测量，又如何用在一定条件下具有时间反演不变性的薛定谔方程进行描述？

周先生认为，“测量过程的理论可能在现有量子力学的能力范围之外。”他强调，“将观察对象和观测仪器作为一个量子系统，测量过程引起波函数相干性的破坏和坍塌，是一个突变的过程，同时测量过程遵从物理的守恒定律。”“对量子测量过程，必须在量子力学方程中加入类似耗散的因子，才可能研究去相干过程。”看法明确，进一步表明了观点：量子力学需要发展。

“只有通过量子逻辑才能理解从一个时空奇点可以创造整个宇宙，理解单个量子可以实现自身的干涉。”对于这两个极端，如何统一处理“退相干”？统一处理“观察对象和观测仪器”？试图将这两个极端作为量子系统统一于量子逻辑，这是深信其存在的一个长远目标。

量子逻辑虽然早已提出，但至今未能完全摆脱经典逻辑，并没有完成。在量子力学不断发展，特别有关测量理论发展的基础上，进一步建立并逐步完善完全区别于经典逻辑的“量子逻辑”。试图解释“从一个时空奇点可以创造整个宇宙”，至少要建立自恰的量子引力和量子宇宙论，消除经典奇点、揭示宇宙创生的实质。要完全理解“单个量子可以实现自身的干涉”，要完善“可能在现有量子力学的能力范围之外”的“测量过程的理论”。进而，不断尝试对从宇宙创生到单个量子自身干涉，能否给予一致的和自恰的理论和诠释。

面对精确宇宙学的挑战，为了逐步建立并完善这样的“量子逻辑”，需在精确宇宙学不断揭示物理学在宇观尺度上的基本特征的基础上，考察宇观尺度的运动学，进而考察引力和宇宙学及其量子理论。如果宇观物理确实会遵循新的运动学，例如德西特群不变的狭义相对论，那么，不仅有关的动力学需要进一步考察，引力理论和宇宙学也必须重新考察；引力和宇宙的量子理论也必须与此一致。另一方面，需注重理论分析与设计最新实验及其结果，探讨如何完善量子力学基本公设的框架，考虑对象、观测者与仪器以及环境的量子力学行为和量子测量的特征，给出基本物理量和原理自足、在逻辑上一贯的量子理论与诠释。在此基础上，探讨这两个方面是否有可能相互结合。

毋庸置疑，对这一可能存在的目标的追求，极为长期和艰巨，充斥着艰辛、失败和风险。必须善于在这一过程中不断地汲取、调整和驾驭。

同在 2000 年，超弦理论家在夏天“弦 2000 年”的会议上，由后来在 2004 年获得诺贝尔物理奖的格罗斯（D. Gross）、威滕和超弦理论家达夫（M. Duff）汇总与会者的建议，以“‘世纪疯狂’——下一个千禧年的物理问题”为题，提出“物理学 10 大基本问题”。第一个问题是格罗斯提出的与“人择原理”有关的无量纲参数能否计算的问题。第二个问题是威滕提出的：“量子引力如何有助于解释宇宙起源问题？”

同样涉及量子理论与宇宙起源，周先生“量子逻辑”之指，目标大胆、哲学思想明确。

四、学术争论推进科学发展

在纪念量子论诞生100周年的报告中，周先生反复强调："不同意见的争论是发展科学的重要推动力。"他指出："量子力学是在百家争鸣的环境下不断发展的。"理解奇特的量子现象，"需要丰富的想象力，需要理论和实验的紧密结合，需要不同观点的交锋和争论。反对的意见，如薛定谔猫和EPR佯谬，尽管未达到原提出者的目的，但是对量子力学的发展起到了重要的推动作用，开辟了全新的研究和应用领域。"他详细地回顾了为量子力学的建立和发展做过重要贡献的大师们之间的激烈争论：爱因斯坦、薛定谔等对量子力学的怀疑，对玻尔、海森伯为首的哥本哈根学派的诠释的质疑，以及玻尔等对爱因斯坦等的回应。他还回顾了在同一阵营内的激烈争论。虽然是回顾历史，周先生强调的是对于科学发展而言，活跃的学术思想与不同意见的争论的重要性。前面已经提及，不仅在量子理论建立初期，而且直至今日，争论一直不断。更为重要的是，现在已不再停留在思想实验上，完全可以在理论指导下，通过高精度的实验来推进理论的发展。

在物理学发展的进程中，一直伴随着不同意见和观点的争论。仅就物理学总的发展而言，就一直存在"还原论"还是"非还原论"的争论。

早年对量子场论微扰论的建立做过杰出贡献、晚年又研究生物物理的著名理论物理学家戴森（F. Dyson）曾经尖锐批评"把物理世界还原为一组有限的基本方程"的还原论，对科学发展不利。温伯格则与戴森的批评针锋相对，公开宣称"我自己的工作就颇具戴森所称的还原论风格"；并对是还原为有限的方程、还是原理等表达了自己的看法。温伯格的观点在高能物理学家、弦理论家中很有代表性。不过，有许多高能物理学家虽基本同意温伯格的观点，但又不认为弦理论家所追求的“万有理论”（theory of everything）有现实意义；彼此之间时有激烈交锋。

在“非还原论”者中，著名物理学家、诺贝尔物理学奖获得者安德森（P. Anderson）很有代表性。凝聚态物理学家一般赞同安德森的观点。他的一篇著名文章，引用马克思的量变引起质变以及海明威与菲兹杰拉德的对话来结尾：更多则不同（More is different）。安德森反复强调复杂性的层次（lev-el），认为在不同层次，由于“更多”因而会涌现出新的规律。这无疑是极其重要的。俗话说，“三个臭皮匠，胜过一个诸葛亮。”讲的就是这个道理。事实上，至少统计规律虽然依赖于但不能归结于个体规律。然而，何为复杂性的层次？如何定量描述？层次之间如何过渡？安德森并没有明确阐述；而是采用了“设想”或者“大体”这样的字眼；其结论也基本上是哲学概括。其实，复杂性的研究尚待深入，复杂性及其层次如何准确描述并没有解决。不过，对于量子力学在各层次是否普适的问题，安德森则是默认的。

这类不同观点之争论，既反映物理观点和学术思想、又体现着科学方法和科学精神，且涉及哲学观点，构成物理学极其重要的部分，对物理学的发展起着非常重要的作用。诚然，物理科学毕竟不是信仰。作为探索一大类自然规律的一系列没有完成的思想逻辑体系，物理学一直处在既充满混乱又不断完善的进程之中，不断接受检验、在确定认知事实的基础上，不断更新基本观念和基本原理，探求新的规律。这一发展过程不可或缺，使得物理学能够在逻辑上不断以更为紧凑与完美的方式，解释更多的认知事实。这是一个不断地“实其事、并求其是”的实事求是的过程。

往往被忽略、却甚为重要的问题是科学认识的主体。一般以为，当然是科学家个人。毫无疑问，科学家个人的作用非常重要。但是，科学认识的主体不仅仅是个人。不同观点的争论，不仅对于“实其事”、而且对于“求其是”，都至关重要。不仅关于量子理论的争论是如此，关于“万有理论”、还原论、人择原理等的争论亦如此。即使一般认为是爱因斯坦一个人创建的广义相对论，也同样如此。从爱因斯坦的成功中澄清其混乱甚至错误，花费了几代物理学家的精力，至今尚未完成。至于有关实验研究，越来越多的事实表明，由优秀个人整合的科学群体的作用越来越重要。

周先生强调，“学术民主和自由争鸣是繁荣科学的唯一途径。”针对国内的学术气氛，他指出，进行学术批评应该是再正常不过的事；但国内却行不通。特别是批评权威，几乎成了真空。他多次呼吁不要一旦权威或领导发话，就不许别人讲话、也没有人敢讲话。他对现今学术界存在的“急功近利”、学术腐败等种种弊端多次进行抨击，尖锐地指出：科技界需要反思。

偏见比无知离真理更远。所谓学术权威和自认内行的领导的偏见更会带来压制、方向性偏差，危害极大。至于一些自认权威甚或领导者，无学有派、霸气十足，以种种蹩脚哲学代替科学，丝毫谈不上对真理的追求。时至今日，一些号称唯物辩证法、实质是僵化的形而上学机械论和狭隘经验论，到处套用的系统工程模式等，或者以所谓的哲学原理代替科学思维，或者以过于简单科学模式甚至工程模式，来框套科学研究、科学技术的发展，这些对于科学发展和社会进步的危害极大。另一方面，对于“文化大革命”浩劫中唯意志论和庸俗辩证法泛滥，以及强权哲学、斗争哲学的厌恶，忽视哲学思维的庸俗哲学、种种时尚思潮涌动，完全漠视科学与哲学的互动。不久前，一位学者真诚地问道：“什么是学术思想？”单纯追求“成果”，甚至可以获得知名奖项，而对于学术思想、哲学思维的忽视，却到了这等地步。

以周先生等为代表的老一辈物理学家和科学家，重视学术思想、科学方法和哲学思维；重视学术民主、科学精神和对新文化的追求；既有成功和超越的喜悦，也有失败或者落后的教训。对此，应该进行总结和研究，结合物理学与科学的发展，进行分析、批判、继承和弘扬。这必然会对我国科学技术的发展，以及文化建设和社会进步大有裨益。

五、民主、科学和新文化

正当我们祝贺周先生80华诞，衷心祝愿周先生健康长寿之际，恰逢国际天文年，爱因斯坦诞辰130周年，五四运动90周年，以及新中国诞生60周年。

400年前，伽利略开始用望远镜进行天文观测，开启了人类借助望远镜探索宇宙的纪元。李政道先生的“以天之语，解物之道”，概括了“探索我们的宇宙”对物理学的重大作用。对于伽利略的伟大人格和科学成就，爱因斯坦不仅盛赞，而且赞赏这些成就所体现的主导思想。他在1953年写道：“竭力反对任何根据权威而产生的教条，而只承认经验和周密的思考才是真理的标准。”（《为德雷克英译伽利略的〈对话〉所写的序言》）短短的两句话，包含着对所谓权威之教条的蔑视、对于真理标准的科学判断。这恰恰是从伽利略到爱因斯坦所极力争取的学术民主，以及他们身体力行的科学方法和科学精神，也恰恰反映在文艺复兴诞生的近代科学，与社会进步相伴的两个密切相关的方面：民主与科学。

回顾以往，爱因斯坦的错误及对量子力学的质疑和反对，导致了爱因斯坦自己也想象不到的后果。展望未来，即使爱因斯坦有最为辉煌的成就——狭义与广义相对论及将宇宙作为一个整体探讨，也必然迟早被超越。这是真实的物理学和天文学，这是真实的科学；也是历史的必然。把科学模式化、圣殿化，当成标签，其实是对科学的歪曲乃至亵渎。

周先生在世纪之交时指出："物理学将在21世纪继续发展，并发挥重要作用。我国科学家应当在21世纪为物理学的新进展做出重要的贡献。" 2008年9月，在中国科协第十届年会上，周先生语重心长："青年科技工作者是基础研究创新队伍的主力军，是提高我国原创力和核心竞争力的希望所在。我们希望他们自强、自信，求真唯实，不畏艰辛，以独创的理论思维和全新的实验手段实现突破。"

中华民族几千年灿烂文明具有极其丰富的内涵、对近代科学的启蒙和发展起着重要作用。否则，以太说不会与元气说如此相似，提出"互补原理"的量子论大师玻尔也不会如此青睐太极图等。就源于农耕、强调生冲和与反的古代辨证论而言，与源于争辩的古希腊辩证法相比较，不仅毫不逊色、且有质的不同，并融合在诸子百家的学说与实践之中，渗透在社会生产、生活、文化和宗教等各个方面。然而，近代科学毕竟没有在东方诞生。反而，近代内忧外患，备受凌辱，战乱连连，民不聊生。历尽半个多世纪的浴血奋斗之后，在60年前才迎来新的纪元。

批判地继承传统文化，追求民主与科学、建设新文化，实施中华民族的伟大复兴，这是极为艰巨的长期过程。周先生"自强、自信，求真唯实，不畏艰辛"的寄语，闪烁着传统文化精华的内蕴，实施着对新文化的追求和铺垫；指出只有"以独创的理论思维和全新的实验手段实现突破"，在不断发展的科学技术领域，中华民族才能自立于世界民族之林。

“君子有三畏：畏天命，畏大人，畏圣人之言；小人不知天命而不畏也，狎大人，侮圣人之言。”……对比“竭力反对任何根据权威而产生的教条”，对比“只承认经验和周密的思考才是真理的标准”，近代科学精神毕竟与这类圣人之言背道而驰。早在春秋末年曾子对“天圆地方”的质疑、早于牛顿约2000年的“力行之所以奋也”、2000年前出现的“小儿辩日”、早于伽利略约1500年的“闭舟而行不觉舟之运也”等等，尘封千年，无以深究。究其原因，等级森严的封建专制、独尊“三畏”之类经典的思想、文化和道德束缚，首当其冲。

在追求民主和科学、以新文化为旗帜的五四运动，青年学生反对丧权辱国的爱国精神进一步呼唤民众觉醒，中华民族顽强挣脱着数千年的思想、文化和道德枷锁。不过，总会有一些“三畏”君子，以弘扬传统文化为名，一味宣扬“在圣贤的光芒下学习成长”；“最具有普适性”，具有“穿越时空的永恒的价值”、“超越时空”的“永恒道德规范”等。不问“是不是历史”、不问“是不是真实”，奢谈“我们的需要”；这是重祭精神枷锁的造神闹剧，也是对中华灿烂文明的亵渎。这表明，对民主和科学、新文化的追求和发展，至今任重道远。

无论在基础研究还是在应用研究队伍之中，以周先生等为代表的老一代科学家在半个多世纪的科技、教育和文化生涯中，为伟大祖国的复兴，或取得重大成果、或功勋卓著。他们以民主与科学的不断发展为己任、对新文化的建设不断铺垫，耕耘传承、开创突破。他们的理想、实践和追求，继承了他们的先进前辈，为后人树立了榜样。

批判地继承传统文化和世界上一切文化的精华，以民主与科学的不断发展为己任、对新文化的建设不断铺垫，耕耘传承，开创突破。这应是一代又一代学人的共同理想、实践和追求。

屹立于世界民族之林的中华民族，不断追求着思想解放，追求着民主、科学，建设着新文化，只有这样，传统文化和世界上一切文化的精华，也将会随着中华民族的伟大复兴，得以继承、新生和弘扬。

周光召——践行科学精神的典范

郭传杰*

20 世纪 90 年代初，伴随经济体制的快速转型，社会上曾一时怪象丛生，什么“水变油”，什么这“功”那“派”的，夹杂在金钱至上的拜物风潮中，扰得民众目不暇接、思想混乱。与此相应，学术界的浮躁现象、不端行为，也开始迅速滋生蔓延。

1995 年末的一天，光召院长把我叫到他的办公室，对我说：“马上要开全国科普大会，他们要我讲个话。你给准备一下吧。”我问他想讲什么，他说：“就讲讲科学精神吧，再不抓抓，不得了的！”话语之间，焦虑之情溢于言表。因为那几年中，他在各种场合已多次提到过这个问题，只是没有机会系统地讲，所以我又问，“这次怎么个讲法？”他似乎早有成竹在胸，就说：“还是要强调科学精神的社会价值和现实作用，也要挖挖当前出现这些问题的深层原因，再讲讲科技工作者的历史责任，提出一些要求。”随后，他站了起来，习惯地把双手抄在背后，在办公桌前的那块不大的地方来回踱步，像是对我讲，又像是自言自语，思想的清泉自由地流淌开来：

* 曾任中国科学院党组副书记，中国科学技术大学党委书记

我们这个社会，科学精神不足是有历史缘由的。虽然我国古代的科技有不少值得骄傲的东西，但近现代系统的科学技术是发源于欧洲，我们晚了二三百年才逐步引进的。知识的引进还比较容易，但科学的观念、精神、传统，要引进就不那么容易了。再加上我们原有的文化积淀很深，理性的成分本来较少，移植就更难些。

近代以来，凡是在社会变革转型较激烈的时候，难免有的人发横财，有的人遭破产，一些缺乏科学知识、不了解科学和社会发展趋势的人，往往产生神秘感和不安定感，不能掌握自身命运，于是感于今生，期于来世，就到迷信活动中寻求心理安慰。这就是封建糟粕沉渣泛起的社会历史根源。辛亥革命后，上海出现过所谓“灵学会”，出版《灵学丛志》，北京出现“悟善社”，各地的占卜、算命、念咒、扶乩、炼丹、说鬼的，风生水起，无奇不有，也曾搞得乌烟瘴气的。李大钊、陈独秀发起的《新青年》举起科学民主的大旗，进行了有力的批判。

当前进行的经济体制转轨是场很深刻的社会变革，社会上各种思想必然会有所反映。我们这些搞科学的，就要举起科学的旗子，扬正祛邪。科学有了不起的精神力量！科普仅传播知识不够，更要重视传播科学的思想、方法，弘扬科学精神。当然，这是个长期的任务，要有长期的思想准备。(《加强科学普及，弘扬科学精神》，1996）

接受任务后，我就去卞毓麟家，找他商量。他当时还是北京天文台的研究员，写过不少天文科普著作，有很多资料。根据光召同志的思想和思路，我们边学习讨论，边起草，光召同志上面的这一段谈话都写进了稿子。稿子拟成后，送光召审定。他以习惯用的2B粗铅笔，密密麻麻地做了认真修改。不久，第一次全国科普大会在京召开。光召同志跨越时空、言词犀利的讲话，在会场内外引起强烈反响。弘扬科学精神的呼唤，在新的历史时期，再次成为时代的强音。

光召同志对于科学精神，不仅理解深刻、独到，而且在践行、坚守和引领方面，更是全面的、一贯的。只要看看光召同志工作、生活的几个侧面，就能知道，他不仅是坚持科学精神的典范，还是我们这个时代高举科学精神的卓越旗手。

一、求　真

真理就是客观规律。一个真正的学者，他的使命就是探求规律、追求真理；他做事的基本原则，就是遵循规律，照规律办；他的喜乐、他的享受就寄托在这种追求探索的过程之中。光召同志说过，“我认为，科学精神最重要的还是求真、唯实。”无论做科学还是做领导，光召同志总是把“规律”放在最基本的位置上，予以追寻和坚守。

1987年5月下旬，院政策局指定我和另一位处长陪同光召同志到沈阳分院调研。那时，我刚从化学所被调到院机关才十几天，这是我的第一次出差，也是几十年来印象最为深刻的出差之一。其原因，一是当时我原本很不情愿被调到院机关，拖了5个月才不得不离开化学所的实验室。我很怕跟领导接触。在沈阳三四天，我没跟院长说过一句话，直到回到北京机场，院长问我“这次跑了不少所，印象怎么样？”我才结结巴巴开口说了几句。二是这次调研，我听到了很多原本不知的道理。当时，中关村办了不少公司，社会上有“骗子一条街”的说法。有的科学家讲：院领导这么做，我看也是迫不得已的“曲线救院”之策。我那时对为什么要鼓励科技人员“下海”办公司，也颇为不解。在调研期间，光召同志针对科技人员的观念问题，每次参观座谈，每次大会讲话，都是苦口婆心地讲科学技术和经济社会发展的客观规律，强调“要看到本质的东西”。

例如，讲为什么要进行科技体制改革时，他说：

> “一个人要生存，要发展，必须要有营养。而营养的取得，只能通过耕耘、劳动，去主动获取。那么，科学发展要资金，要设备，要人才，这些‘营养’从哪里来？不能想象，这些会自动地来，它也必须通过努力去主动获取。因此，科学技术必须解决好与生产的关系，与教育的关系，通过耕耘努力，获得必要的资金、设备和人才。我们不能脱开事物发展的客观规律去想事情，做事情。”（《周光召院长在上海各所负责人和部分科技人员会上的讲话》，1987）

他逐一剖析美国、德国、日本和苏联等几种不同模式的科技与经济关系，分析我们的国情、院情，就像论证粒子物理中的一个新理论那样严谨，最后得出结论：“现在，我们必须奋斗出一个中国的模式。”

以这种不容置疑的严谨逻辑思考问题，在客观规律的航道上探寻、实践，这是光召同志讲话做事的一贯风格。早在1989年，在纪念中科院建院40周年讲话中，他就强调，我们“必须遵循科学技术发展的自身规律”。经过分析，他系统性、创造性地提出了科学技术发展的“两种动力”观点。进而又指出，这两种不同动力驱动的工作，既关系密切，又有诸多不同。以科学家自由探索为动力的工作，主要目标是自然界各种物质及其运动的基本规律，认识自然界和人类社会的相互作用；以国家意志和社会需求为主要导向的工作，主要目标是发展经济，并通过市场的需求和反馈促进科技进步。它们具有不同的特点与价值观，服从于不同的发展规律，各有不同的运行机制。因此，必须采取不同的价值标准和管理体制。他把这一观点运用到科技体制改革和科技管理的实践中，正确地制定了中科院新时期的办院方针，提出了“一院两种运行机制”的办院模式，发展了中国科学院的基础研究事业，开创了高技术产业，推动了中国科技体制的改革与发展。

说实在的，以前，我只知道搞科研就是找规律，要按规律办事，不知道做管理也有客观规律可循。也很少听领导说到“规律”二字，经常听到的是，某项工作不是“根据××领导的指示精神”，就是“根据什么什么的需要”，与客观规律无关。光召同志是我听到的第一个经常讲规律、强调按规律办事的领导。而且，后来从一些文件资料中看到，在高层科研战略管理工作中，光召同志从 1984 年走上副院长岗位时，就开始强调要认识规律，要按规律办事。规律是什么？就是“是”，就是“真理”。追求真理，遵循规律，这是科学精神最为基本的内涵。所以，光召同志把“求真”作为科学精神的第一要义。

说真话，求真理，按规律办事，不仅要有识，更要有胆。在社会生活中，常常有人知道真理、真相，但就是不敢讲、不愿讲，因为讲真话有时得付出很高的代价。光召同志年轻的时候，在杜布纳联合核子研究所从事粒子物理研究，提出了“相对论性粒子螺旋态”理论，就是面对苏联权威教授，提出不同学术见解后，继续深入研究的结果。多年以后，光召同志说：现在，求真、唯实讲了多少年了，每个人都很清楚，但真正做到却很困难。为什么呢？他批评道："如果受到某种利益驱动，我们就做不到追求真理。你敢在学术会议上开展真正的学术批评吗？不敢！因为你想申请当院士，就害怕得罪了院士。"光召同志在学术工作中不趋避利害，敢讲真话，追求真理，在管理工作中，一样如此！1989 年那场政治风波之后，社会上有些人对科技队伍产生过严重的不信任。光召同志适时地站出来说："我认为，我们的广大科技人员是值得信赖的！"这句话，今天听来如此平常，但在那个时刻，是何等掷地有声！给广大科技人员多大鼓舞！而在彼时比刻，如果没有无私的胸襟和大无畏的政治勇气，是不可能道出这样的真话的。

二、创　　新

创新是当今时代的需要、特征和强音，也是科学精神的核心要素之一。光召同志在工作中、生活上，时时处处实践着求新的精神。许多人都有一个共同的感觉：喜欢听光召的即兴演讲或谈话。在严谨逻辑思维的基础上，总有新意，说的总是新话、实话，绝对听不到时下盛行的那些空话、套话。听他自己的即兴报告，比听他念别人准备好的稿子，要享受得多。

关于创新，光召同志有过许多精辟的论述。他说：

> "科学的本质就是不断创新，不断追求，从相对真理逐步逼近绝对真理。"他在我国科学界最早指出："基础研究中，谁走得最快，谁就是第一。……科学中只承认第一，没有第二。老是模仿，跟着做，是没出路的。""想要有所创新，首先要善于学习，

要知道科学界已创造出什么知识，在此基础上，建立自己的自信心。自信心是很重要的。……中国人老是跟着外国人后面走，这是缺乏自信的一种表现。但自信不是盲目的，而是建立在科学的基础上。另外，要有科学的怀疑精神。”（《周光召在科学技术与精神文明第二次论坛上的讲话》，2001-11，《科学时报》）

1996年，有一次光召问一个生物学家：植物细胞有全能性，拔一根植物的枝条插在地上，有的就能长出一棵新的来。动物复制行不行？那位生物学权威说：不可能，这已有结论了。但这个谈话之后不到一年，动物克隆的成果就问世了，于是，我们很多生物学家也紧跟克隆热。由此，光召同志感叹地说：“我们的科学家应该多一点科学的怀疑精神，敢于提出新问题。当然不是怀疑一切，而是科学的怀疑。”

最近十几年来，光召同志对创新的规律做过许多深入研究，有很多独到的见解。他多次讲道：

在艰苦的环境中未必不能产生重大的科学发现。20世纪有些最重要的科学发现都不是在当时物质条件最好的实验室产生的。爱因斯坦是在专利局当小职员时发现狭义相对论的，当时他想去一家学校工作，可是那个学校没要他。量子力学20年代在德国提出时，正是德国经济条件最困难的时刻。DNA双螺旋结构是在二战后的英国发现的，它虽然是战胜国，但因受战争影响，经济也相当困难。科研的产出，特别是重大的科学发现，并不与经费投入的增长呈简单的正相关。当然，在物质条件好的地方，也有做出重大发现的，但绝不能说只有在物质条件好的条件下才能做出重大发现。真正关键的是创新的人才和创新的文化环境。宽松的人文环境是重要的条件。创新需要想象力和主动性，需要强烈的兴趣和自由思考的空间，需要有内在的紧迫感和自主的动力。重大的创新不可能在被动的压力下产生出来。我始终坚信，基本的物质条件具备后，更重要的是精神（《周光召院士谈科学与创新》，2004-6，“理论物理专款”十周年会议）。

光召同志的这些鲜明而深刻的观点对目前的我国科技界，振聋发聩，有着极大的现实针对性。

对于创新，光召同志不是仅仅做出理论家的分析和洞察，而且总是在实践工作中不断做出战略部署和具体推进。20 世纪 80 年代早期，是他从体制、管理创新的高度，亲自推动倡建了联想、三环等我国第一批高技术企业，提出并创建了第一批开放流动的基础研究开放实验室；90 年代初，是他最早重视青年创新人才问题，1991 年就提出要用 10 年完成科研骨干的代际转移使命，并最早提出了我国的创新人才引进计划——“百人计划”。1991 年 7 月，在光召同志直接关心下，为瞄准科学前沿，鼓励学科交叉，优化创新氛围，我们组织了我国第一次纳米科学技术的战略研讨会。会议在中关村外专公寓召开，参加者全是来自各所的当时已初露头角的青年科学家，有白春礼、李国杰、马颂德、李静海、王震西等。我当时在计划局分管战略规划方面的工作。因此，会议由我主持，共开了 3 天，光召同志亲自参加了两天半。他跟大家一起讨论，总能提出新的问题，研讨非常热烈。最后，还在光召同志的建议下，成立了“创新联谊会”。以全新的组织机制，活动了好几年，在中科院内外产生了广泛的积极影响，在联谊会的成员中，涌现了相当一批院士、企业家和科技管理人才。

三、唯　实

光召同志指出，唯实和求真是科学精神最根本的两个方面。“科学的规律来不得半点虚假。一切都必须从客观事实出发，从客观的条件出发。”在光召身上，一切都显得那么实实在在、朴质无华、理性淡定，找不到一丝一点的虚假作风。

在分析物理学的研究规律时，光召同志说：物理学的发现和理论成为客观科学真理的唯一证据是科学实践，即被不同科学家在相同条件下所重复验证的实验事实。对微观现象的实验观察常常出现许多意料之外的结果，我们必须依靠真实可靠的实验结果加以修正才能得出正确的结论。

光召同志十分鼓励创新，不要迷信权威。但是，他坚定地认为，突破旧的理论是有条件的。

“因为，旧的真理在它自己的适用范围内始终是真理，是不可能被打破的。如爱因斯坦要打破牛顿定律，只能在速度极高的时候才能成立，在通常速度条件下，牛顿还是对的。”“随意打破权威和迷信权威，都不是实事求是和追求真理的科学态度。”他很反感社会上有人打着科学旗号的忽悠骗钱行为，常说：“科学创新是一个不断积累、认识不断深化的过程。”“现在，有的人随意去打破常规，动不动就宣称自己‘打破了能量守恒’，诸如永动机、水变油之类。这是我们社会里一股急于求成浮躁之风的反映。这些人连最基本的知识也没有，没有任何科学根据。”（《周光召在科学技术与精神文明第二次论坛上的讲话》，2001）

对于科技工作者，光召同志在鼓励他们做出创造性成果的同时，总是告诉他们要脚踏实地，实事求是。他说：

“真正的伟大成功者，总是少数。世界冠军能有多少呢？一项只有一个。所以，一方面要激励大家去奋斗，要去攀登科学高峰，同时还要告诉他：如果当不了世界冠军，你能不能做一个正常的公民呢？能不能为社会也做出贡献呢？我们的教育有没有让广大青少年做好这种思想准备呢？我看，我们的宣传和教育，鼓励成名成家多，但忽视了告诉他们，成功需要经历艰苦的脚踏实地的奋斗。你只要去看看科技发展的历史，就知道绝大多数科学家都是非常艰苦努力的，每天工作都在十几小时以上，要经历无数次失败，才能够有所成功，而且还要有合适的机遇。”（《周光召在科学技术与精神文明第二次论坛上的讲话》，2001）

在领导管理岗位上，在制定方针战略和政策过程中，光召同志十分注意调查研究，总是强调结合国情、院情实际，绝不把政策的基点放在想当然上。1987年，光召同志就任院长时，科学院的经费十分窘困，有的研究所连基本工资发放都有困难。大家都对国家增加经费寄予极高期望。在这种情况下，光召同志一方面积极向中央和有关部门反映、争取，但同时又以十分理性、清醒、务实的态度，做基层科技人员的工作，既不是盲目乐观，吊大家胃口，也不是跟着一起吵吵嚷嚷，丧失信心。1987年末，在上海分院的一次座谈会上，他对所长们说：“这次‘十三大’虽然把科技的重要性提到了首位，但明年的科技经费，我看依然不可乐观。因为，这里有国家财政实际困难问题，也有社会对科技重要性的实际认识水平问题。科学技术如果只在理论上认为很重要，但社会上实际没感觉，经费就不可能有实质性增长。要让社会真正认识到科技的作用，这也是我们的历史责任，我们这一代人都要去努力。”第二年，果真如光召同志所料，科技经费增长甚微，其中事业费是零增长。

光召同志不仅在决定战略大事时注重实际调研，实事求是，他在处理与人有关的问题时，更是强调要符合规律，符合实际。那个年代，有不少激进的做法和口号：什么“断奶”下海，什么“不换脑袋就换人”。光召同志是众所周知的十分坚定的改革派，但他十分反对这种伤人的说法和做法。有一次，一位所领导也按当时社会上时髦的提法，说他们想给部分人“断奶”，“逼一逼他们”。光召当面明确地指出：“我们不能那样做！”他在大会小会上多次指出：对我们的科技人员，要充分信任他们，要对他们愿意为国家经济建设和科技发展做贡献的根本积极性有足够评价。目前，他们中的确有些同志还想不通，思想没转个弯来，甚至有怨言，有情绪。这正是我们要做工作的地方。对知识分子，要引导他们自己想通。想不通，没有自觉性，是不行的。没想通，宁可等等，再做做工作，不能硬逼。他在指导、领导我院研究所的改革时，既态度坚决，又强调稳妥；既强调遵循客观规律，更强调对人的尊重。因此，那个时期，虽然改革力度很大，但留下的后遗症较少。

四、协　　同

20 世纪 90 年代，光召同志在一次报告中，对科学精神归纳了 7 个要点。其中，他说：“科学已成为社会的主要实践活动之一，是社会有组织的群体活动。因此，团队精神、民主作风、百家争鸣等都是科学精神的组成部分（《瞭望》，1999 年，第 44 期）。”他还说：“科学精神中很重要的一点就是协同进化，合作发展。”将团队协作精神明确纳入科学精神的范畴，这是光召同志与一般纯学者有所不同之处。

一般认为，科学精神主要包括求真、实证、创新开拓、理性质疑这些基本内涵。光召同志为什么认为协同也是科学精神的组成部分呢？我理解，这与他对当代科学技术前沿发展的时代特点、科学技术及经济社会密切关系的深刻洞察有关，也与他当年参与“两弹”研制的个人经历相关。当今，科学技术的交叉综合发展已成为日益鲜明的时代特征，靠个人的才智所能攻克的科研难题会越来越少；科技工作社会化的深度与广度也非昔日可比，与经济社会密切相关的重大科技问题的解决必须依靠多学科团队的通力合作；越来越多的科学证据揭示，在自然界和社会生活中，协同进化发展是客观世界的普遍性规则。因此，团队合作精神，既是客观世界本真规律的反映，又是当代人们从事科学活动必须遵循的客观要求。把协同合作纳入科学精神的内涵并加以强调，这是光召同志适应时代的进步，对科学精神理论认知的新发展。

2004 年，光召同志在总结剑桥大学卡文迪什实验室的启示时指出：

> 中国科技工作目前正处于物质条件最好的时期，但这不能成为原始创新的充分条件。要敢于竞争，更要善于合作。创造轻松的意见交流和信息沟通的环境，是启发创造性思维的必要条件，是知识管理、创新文化建设的一项重要职责。要创造一个科学团体内部不同学术思想通过竞争、选择、优化、融合机制而不断进化的自学习自组织发展模式。创新团队一定要通过提高科学道德水准和保护知识产权，达到和谐与协同。相互合作不仅可以提高

资源的利用效率，而且能够碰撞出更多的思想火花。目前，我们的科研环境还不理想。因此，要从政策上改进评价体系和经费分配方式，改革个人收入与科研课题经费挂钩的作法。科学家获得报酬主要不应来自项目提成，而应来自较高的固定工资，这是对他们的信任和支持，能让他们冷静、持续地从事科研工作。要抑制急功近利及课题单干的倾向，从舆论和政策上，反对近亲繁殖、权威把持，坚持学术问题上的人人平等。(《周光召院士谈科学与创新》文集，2004-6，“理论物理专款”十周年会议）

发展科学的环境中，管理民主与学术自由，是必须的文化元素。官本位、学术垄断，同创新是天生格格不融的。光召同志深刻理解宽松、民主的氛围对于科技创新人才成长的重要意义，并在领导工作中全力推进，在日常生活中身体力行。在领导岗位上，他是大“官”；在学术上，他是大权威。但是，他一以贯之的平实、平和、平等作风，给认识他的每一个人都留下了不会磨灭的印象。现在，无论社会上还是学术界，不称呼“某某长”、“某某座”，轻则不高兴，重者还可能给你穿小鞋。但大家对光召，无论老少，似乎都是直呼其名，显得格外亲切。在领导班子开会时，气氛极其活跃融洽，不同意见可以自由表达，光召或是倾听，或是同样插话讨论，谁都不感到拘束。不过有一点，一旦光召对某个议题在充分讨论后做了结论，大家总是心服口服地自觉认同。

在学术性会议上，他那平易近人的作风和充满睿智的谈话，使他总是成为会议的活性点。1992 年 7 月，在他的思想倡导下，我们创办了香山科学会议，第一次会议我是主席。记得会后我向他汇报两天会议的情况，他给予极大鼓励，并进一步指导说：也不能总搞无主题讨论。学科交叉，也要注意抓住焦点的科学问题，讨论才能深入。他的及时点拨犹如醍醐灌顶，对香山会议在初创时期的健康发展极为重要。为了体现学术民主，推动百家争鸣，香山会议当年规定参会者以圆桌形式就座，不设主席台，无论是领导、权威，还是普通研究生，在学术讨论中，大家一律平等，只服从真理。对这个“游戏规则”，开始有的同志还有点担心：“光召来了怎么办？”后来的多次实践证明，这个担心完全多余，光召非常支持这个规则。有一次，光召到了会场，随意坐在一个年轻同志身边。这是来自某个大学的博士生，不认识光召。当他知道这就是周院长后，就起身想换个位子。光召笑着说：“就这儿坐吧，没关系的。”随后就问他研究什么领域，并跟他亲切地讨论起来。那个同学后来非常轻松自如，没有任何拘束感。其实，在光召同志的内心，最讨厌官本位之类的东西，最惬意的就是这种学术环境：思想解放，学术自由，人人平等。因此，在香山会议正式向社会宣布的那次大会上，他的致词一别平素的理性风格，充满激情地说：希望香山会议长命百岁！

五、科学精神与人文情怀一身璧合

许多在光召同志身边工作过的同志都有一种感受：接受光召的观点或工作任务，常常不仅出自下级对上级的职责服从，而是源自一种由内而外的认同与自觉，这其中，除了理性真理的征服力量外，还有一种人格力量的折服作用。在光召同志身上，常常有两种力量在同时发挥着作用。面对光召同志，我们常有一种“困惑”：他是一位学术建树极高的理论物理学家，但他却最早、最坚决、最有力地推动了我国高技术产业的诞生和发展；他在思想与作风上都是一位典型的学者，但同时又是一位影响深远德高望重的成功领导。这些看似矛盾的方面，在光召同志身上怎么能结合得如此自然和完美？

2008 年下半年，理论物理所邀约一些曾在光召身边工作过、现已退下负责岗位的同志开了个小会，商量纪念光召同志 80 寿诞的事情。大家深知光召同志的秉性，并听说他已经谢绝了多个部门单位为他过生日的好意，因此，议出了一个极其俭约的方案。会后，本书主编徐冠华和理论物理所所长吴岳良委托王玉民同志和我去给光召同志汇报一下。11 月中旬的一个下午，我们来到光召家里，汇报了一下大家的想法。没想到，他的第一反应是："不搞！不搞！我一向不赞成搞这种活动。现在，金融危机在全球来势这么猛，我们应该考虑的是，它给我们造成什么样的影响？我们科技界应该为国家出点什么主意，做些什么事情？你们如果召集个小会，讨论讨论这些事，我倒是很同意的。"我和玉民同志听到这番话，彼此交换了一下眼色，心里虽然为不好完成大家委托的任务有些困扰，但又一次为光召同志的崇高境界和博大胸襟深深感佩！

1983 年，彭桓武先生在推荐光召接任理论物理所所长时写道："他具有优秀的学习成绩，经过国际竞争性的基础科研锻炼，也经过迫切任务性的国防科研锻炼，能体会和处理理论与实验、科研与实用的结合问题。除工作富有创造性和学风严谨外，他还具有较强的组织能力、一定的行政领导和对外斗争、联系的经验。"（《中国科学院理论物理研究所文书档案》，1983）2009 年 5 月，杨振宁先生谈到光召时说："他的成功一部分在于他的天赋，但是，我坚信，有很大一部分在于他所具有的中国文化背景。"他"是一个完美的儒家思想的践行者"。

2004 年 9 月，光召同志应我们邀请，给中国科大数千学生作报告。他以理论物理学家那缜密的思维和战略科学家宏大的视野，结合世界科坛上科学大师们的人生经验以及他自己的实践经历，旁征博引，纵论《选择人生》。他说：

> 选择是人生最重要的事情。人的自由就表现在人能够自主选择。人类从被选择到自主选择，经历了漫长的历史进程。要做到自主选择，必须了解社会发展的规律，适应当时的社会环境，并在思想上、能力上、身体上做好充分的准备。
>
> 如何做出正确的选择？怎样才能把握机遇？这主要取决于是否有正确的价值观。人的最高价值在于：人的智慧和技能在社会的传播和繁衍，在于对真善美的追求，在于为人类社会的进步做出贡献。回顾百年来现代科学在中国的传播和发展历程，振兴中华是几代科学家共同的历史使命，是追求中国社会不断进步的动力，是当代年轻人奋斗的力量之源。希望同学们要以这样的使命来选择人生："不安于小成，不囿于小利"，勇敢地肩负起振兴中华科技教育、攀登世界科学高峰的神圣使命！（《选择人生》，2004-9）

"道出从来壮士情。"光召同志的报告在科大师生中产生了强烈的共鸣。其实，这就是他本人科学人生的真实写照。在科学精神方面，光召同志作为杰出的科学家和科技领军人物，他是一面旗帜；在人文精神方面，光召同志作为对国家和人民有着深厚大爱的爱国者，他也不愧是一面旗帜！我想，正是这两面旗帜的珠联璧合，成就了我们所认识、所景仰的光召同志。

智识分子：周光召

饶　毅*

学者是否好，不看外行人的仰慕，而在业内者的口碑；

伯乐是否好，不看其千里马数量，而在其眼界和作用；

领导是否好，不看在位时的权势，而在退位后的声誉。

写批评文章容易。但是，颂扬做过领导的人，容易怕误解而胆怯。8年前写了几段停笔，到写的对象已多年不任领导职位的现在完稿。

我非常佩服周光召先生：他是中国近30年最杰出的科技界领袖。他是一位有多种才华、成就卓著的智识分子。

周先生成长于外敌入侵年代，工作在动荡年代，成就于中国较多方面条件很差的阶段。

周先生经历丰富、成就卓著。他既在理论物理研究方面有建树，也对核武器发展起了重要作用，横跨基础科学和应用科学。在他担任行政领导后，又为中国科学和技术的发展起了重要作用。他的经历和成就，在中国极少有，世界也不多见。

* 北京大学生命科学学院院长，北京生命科学研究所资深研究员

周先生从未改变其学者本质。他长期对科学有本能的好奇。和他交往过的国内外科学家，都不难体会他知识渊博、思想深刻。他很关注并了解一些生命科学研究，不仅满怀兴趣，而且提出有趣和有见解的问题。

周先生任人唯贤，支持了多种人才。他选拔的中科院副院长，来源不限于科学院，包括大学和其他不很受关注的科研单位。他的做法，被事实证明有先见之明，且影响了北京大学、自然科学基金委、科技部、中国科协等。

周先生特别支持年轻人。中国的有些领导（可能相当大的部分）把职位当成权力，把自己当成利益分配者。而周先生发现和支持很多年轻人，判断他们的专长，看重他们的才华和人品，了解他们的需要，支持尚未得到广泛认可的一线科学工作者和技术发明者。

周先生担任领导，不是做官、而是做事。他任院长初期，国家领导因为对经济发展的理解和眼光有限，公开表示不支持中国发展科学，特别是基础科学。周先生忍辱负重，不仅尽量开展工作，保持中国科学的基本力量，而且坚持进行改革。也许可以说，中国科学院近 30 年以来最重要的改革措施之一是确立所长负责制。这个改革，对于中科院的发展，迄今仍然起到重要的作用。缺憾的是，迄今教育部门仍未能够进行类似的重要改革。

周先生还客串过风险投资家。20 世纪 80 年代到 90 年代初，中科院因为多种原因鼓励部分科技人员参与经济发展，他们创业过程中常需中科院支持。企业发展到一定规模，会希望周先生参与决策。“联想”便是其中的一个成功案例。在当时的情况下，中科院能支持联想这样一个大型企业，是很大的成功。其中几个关键时刻，中科院冒了相当大的风险。风险投资，不可能次次成功，却需要几次大的、关键性的成功。周先生的客串，即使一些专业风险投资家也很钦佩。

周先生敢于承担风险和责任。1989年6月，他亲自送多位访问中国的国外科学家去机场，不仅用语言说明国际交流对中国的重要，而且以自己的行动感动国外科学家，使他们迅速恢复与中国的学术交往。他还直接找国家领导，得以保证在中科院内没有展开整肃。一般在这样的时候，只顾自己利益，做官者是跑得越远越好，而另外一些人可能简单激动而于事无补。周先生在夹缝中果敢而稳妥地处理好许多事情。为了中国的科学事业，在紧急时刻，他亲自对外对内做的这些事情，个人风险很大，而迄今知情者不多。

周先生考虑全局利益而不拘于局部利益。这在我国各级领导职位者中比较少见。他自己是清华的本科生、北大的研究生，以后在科研院所。他支持的人和事业，不限于他领导的部门，当然更不局限于物理相关的专业。仅就我所知，他支持过多位生命科学领域从事基础和应用的研究者。

周先生支持人和事，并非次次都对。任何一个像他一样支持过这么多人和事者，也不可能都对。他的出发点首先是出于公心的挑选，而且总体而言，他的成功率较高，失误率较低。

周先生有机遇好的时候，也有机遇差的时候，他都尽可能做好。可能很多人会想到他机遇好的时候，但他任院长时期的中科院，在国家重视、经费支持和社会环境等方面，都不能算好。中科院和大学很多人出国，有些所最强的中青年大部分走了。所长能继续维持就不错，甚至难以找到好的所长。而周先生不仅坚持了，还做了必要的、至今在起作用的改革。这让人联想，如果当时有更好的机遇，周先生可能带来较大的量和质的飞跃。

我和周先生的交往始于1995年。对人的尊重不该来源于权力地位或者收入，而是真才实学和为人。在以前，我也年轻气盛过。对于担任官职的，我先不信其能力，对于那时国内宣传的学者，我更怀疑是否夸大。因为我无物理学专长，不能判断物理学家，最早使我认识到周先生是杰出物理学家的，不是报刊上对“两弹一星”的报道（因为中国报刊的可信性还有待改进），而是偶尔读到李政道说的：像周光召这样的物理学家，不仅在你们里面，就是在我们里面也是佼佼者。在周光召成为中科院的领导后，有一次在国外，我听到他和李远哲同台发言，我觉得他的内容更令人印象深刻（当然这样一次比较，不能全盘否定李远哲先生）。

鲁白、梅林和我 1995 年开始到中国做一些工作，首先得到周先生支持。那时，我们仨皆为助理教授。但是，周光召和许智宏老师着力支持我们开始做的两件事情（在上海办实验室和在中国开小型高质量科学会议），都长期延续：上海的实验室以后融入中科院神经科学所；分子和细胞神经生物学会议，1998 年第一次在北京召开后，后移师香港，迄今已经 11 年，可能还是中国最有交流成效的科学会议。

德国科学家施瓦茨和我主持中科院上海交叉学科研究中心时期，我也听说德国马普学会对周先生的赞誉。对于王晓东主持北京生命科学研究所这个科学体制改革的试验，周先生不仅了解情况，而且在危机时刻大力帮助。

写这样的短文，是记述简单的感受，希望让接触中国科学家还不多或不全面的人看到中国更多的方面。中国是由努力工作的人、不工作的人和做负面工作的人组成的。也许各个国家都是这样，但是相当多的人担心中国后两类太多了。那些有才能而又诚心为中国工作的人，他们的成就和风范激励我们更多的人尽力为中国进步而努力。对于我个人来说，决定全时回国，可能内心在一定程度上也与受周先生这样的科学家感动有关，他们都在艰苦情况下在国内做出非凡的工作的。而我们的条件，至少是硬件，比那时好多了。看到在中国科技界从领导层到基层都有令人钦佩者，应该增强大家对中国发展的信心。

希望更多的人能从周光召先生的实践中体会其精神，能多做一些我们时代条件所允许的更好的工作。

弘扬科学精神的一面旗帜

郭曰方*

周光召是享誉中外的一位著名科学家，也是我敬仰的一位老领导。从1987年到1997年他在中国科学院任院长期间，我在《中国科学报》任总编辑八年半，一直在他的领导下工作，从他身上学到了很多东西。其中，使我感受最深的是，作为一位大科学家，他不仅在科学研究方面为国家做出了杰出贡献；而且一贯重视科学精神和科学文化的传播。这主要表现在3个方面：一是他一贯倡导科学与民主决策，提倡百家争鸣；二是善于听取不同意见，作风民主；三是重视科普宣传工作，并身体力行。

他在论述科学精神时曾经做了这样精辟的概括：①科学认为世界是不依人们的主观意志决定的客观存在，要求正确认识客观世界的运动，因此客观唯实、追求真理是科学精神的首要要求；②科学认为世界的发展、变化是无穷尽的，因此认识的任务也是无穷尽的。不断求知是科学精神的要求；③科学要追求真理，不盲从潮流，不迷信权威，不把偶然性当必然

* 中国科学院文联主席、中国科普作家协会副理事长，曾任中国科学院院机关党委书记、《中国科学报》总编辑

性，不把局部看作全体，科学的怀疑精神也是科学精神的组成部分；④科学认为具体的真理都是相对真理，都有使用的条件和范围，因而是可以突破的，新的发现将拓广原有的真理，使之适用于更大的范围和更少的条件限制，创新精神是科学精神的重要组成部分；⑤科学又认为，相对真理是不断逼近绝对真理的，绝对真理是由相对真理构成的，在每一具体真理适用的条件和范围之内，它是不能违反的，新发现的真理必须包含原有真理的内容，创新应在继承的基础上进行，继承一切为科学方法所证明的客观规律和正确理论，是科学创新精神的重要组成部分；⑥科学已成为社会主要实践活动之一，是社会有组织的群体活动。因此，团队精神、民主作风、百家争鸣等都是科学精神的组成部分；⑦科学不仅要认识世界客观规律，创造新的技术和新的知识，而且要参与社会的变革，促进社会的进步，要从理性的认识发展到变革的实践，这也是科学精神的要求。（瞭望，1999，（44））。简言之，可以归纳为：严肃认真，客观公正；实事求是，勇于实践；独立思考，基于证据；坚持真理，修正错误。

《中国科学报》在科技新闻报道中始终把弘扬科学精神、强调科学新闻的科学性作为一项重要的指导方针。例如，从1986年4月开始，在报纸上围绕三峡工程是否上马的问题，开展了广泛的讨论，为推动我国科学决策的民主化进程，调动和发挥科学家在国家建设中的咨询、参谋作用，产生了积极影响，受到国家决策部门和科学家的欢迎。又如，针对建国40年来我国在经济建设上的多次失误，科学家在广泛调查研究的基础上，完成了一系列国情研究报告，以严谨求实的科学态度，深刻分析了我国人口、资源、粮食、生态环境等不容忽视的制约因素，探讨了国民经济长期持续、稳定、协调发展的方针和对策，部分文章在报纸上发表后，引起强烈反响。这些报告于1990年9月由《中国科学报》汇编成《国情与决策》一书，交由北京出版社出版。在此期间，报纸关于科研道德、科研体制改革、科研成果鉴定、科技开发与成果转化的重大问题的讨论，都在读者中产生了良好影响。1987年，新华社记者李希光在北京对出席第三世界科学大会的科学家的调查证明，80%的科学家认为在中国的各家新闻媒体中，《中国科学报》的科技新闻报道最可信。

周光召对科技新闻报道工作十分关心。他多次提出，科技新闻的报道要努力做到全面、准确、及时，并积极倡导在科学院设立科星新闻奖，经常接见科技新闻工作者，鼓励他们写出好的新闻作品。许多新闻工作者都说，中科院有一种浓厚的民主空气，院领导没有官架子，很容易接近，待人随和。我想，这与周光召的民主作风，乐于听取不同意见是分不开的。

周光召不仅重视科技新闻报道工作，而且非常关心对公众的科普宣传工作。他在《中国科学报》创刊40周年时亲自题词："普及知识，提倡争鸣"。鼓励科技人员在搞好科研工作的同时，努力做好科学普及工作。他说，科技是普及性的事业，公众不仅要了解科学知识，还要了解科学态度、科学方法和科学精神，明白滥用科技对人类带来的不良影响，去反对那些惟利是图、利用科技做危害人类的事情。他还说，没有宏大的、高素质的、掌握先进知识和技术的劳动者队伍，科技成果就不可能真正转化为现实生产力。他多次强调，科学普及工作是一项非常艰巨的劳动，应该让全社会了解这项工作的劳动价值绝不低于在科学研究方面发表论文；从事科普工作的同志也要对自己的劳动价值有充分的认识和估计。

他不仅是科学普及工作的领导者，还是科学普及工作的践行者。为了提高全民族的科学文化素质，他经常奔波在祖国各地，给领导干部和公众做科普报告。许多年来，周光召在全国近百个城市做科普报告近200场，涉及的领域非常广泛，包括国家与地方科技发展战略、资源环境、人才培养、重大科学问题的诠释等，深受广大听众的欢迎。

周光召作为一代科学大师，在弘扬科学精神和科普宣传工作中率先士卒，身体力行，为广大科技工作者和科普工作者树立了学习的榜样，在我们面前竖起一面光辉的旗帜。胡锦涛总书记指出："科技创新和科学普及，是科技工作的两个重要方面。广大科技人员特别是两院院士要承担起向全社会传播科学知识、科学方法、科学思想、科学精神的重任。"让我们紧密团结在以胡锦涛同志为总书记的党中央周围，坚定不移地贯彻落实科学发展观，为提高全民族科学文化素质做出应有的贡献。

周光召是坚持科学精神的楷模

李喜先*

科学共同体在认识自然的精神活动中，形成了由科学知识、科学思维方式和科学精神3部分构成的科学文化——精神文化的核心部分。在科学文化中，科学精神具有广泛的含义，概念更为精深，主要包含：求实精神、质疑精神、自由探讨精神、创新精神、谦虚精神、无偏见精神、不诉诸权威精神以及真诚合作精神等。因此，可以说，科学精神是科学文化的精髓，它不仅在科学社会中，而且也在整个人类社会中具有普遍的重大意义。

中科院院士周光召就是坚持科学精神的典范，他系统地宣扬科学精神，身体力行地遵循科学精神，带头维护科学精神。

一、系统地宣扬科学精神

周光召十分强调科学精神的重大意义，并系统而全面地阐释科学精神，是一位大力宣传科学精神、弘扬科学精神的科学家。

* 曾任中国科学院科技政策局研究员

在许多学术场所，他认真地宣扬科学精神。大约在1986年，在香山举行的一次讨论会上，他做关于“科学精神”的报告，对科学精神进行了系统而全面的阐释。这还是我初次听到科学精神的详细内容，虽然时日已久，但当时的情景仍历历在目，讲解的内容还能记得其大意。他认为，科学精神应包括：求真精神、唯实精神、质疑精神、自由探讨精神、谦虚精神等。

1996年，周光召在第一次全国科普工作会议上做了“加强科学普及，弘扬科学精神”的报告（《中国科学报》，1996年2月14日），其中又论及科学精神还包括：求实和怀疑精神，平等与民主精神，反对专横和垄断，既要创新又要在继承中求发展，以及坚持团队精神等。

后来，在多次会议上，他反复强调，科学精神最主要的是要坚持“求真”、“唯实”：求真表明科学研究就在于揭示出隐藏在自然界的奥秘，发现其规律，因此追求真理也就成为科学家要达到的唯一的最终目标；而求实在于科学家对认识客体的观察、试验等都必须确实而不能虚构，才可能得出真实的结论。

二、身体力行地遵循科学精神

周光召为人谦虚，认真遵守科学共同体形成的道德规范，努力提倡质疑精神，塑造人人自由平等地探讨学术问题的环境，身体力行地遵循科学精神。

首先，他在中国科学院院机关倡导并带头营造自由讨论问题的良好氛围。如在一次院机关大部分领导人都参加的科技发展战略讨论会上，他坚持科学精神的态度就是很好的例证，迄今使我记忆犹新。在这次会上，他论及战略问题时，多提到一些具体方法。当时，我便说，那些不是战略问题。而也有一些与会人员认为，方法也是战略问题……可是，光召却笑着说，这些问题都可以讨论嘛！不同的观点都要发表出来……这表明，在遇到实际情况时，他就能够真正坚持自由平等地探讨学术问题的科学精神。

在学术会上，他总是以科学家的身份参加，坚持“在学术面前人人平等”、自由探讨的科学精神，主张各抒己见。由此可见，他是在认真地遵循科学精神，为学术讨论营造良好的氛围。

1985 年 2 月，我调入院机关后，长时间在科技政策局工作。在院领导中，周院长在负责全院工作之外，还分工主管科技政策局的工作，因而有更多的机会与他接触。尽管他历任的职务、被授予的职称很多，但最适宜的还是称他为科学家或物理学家，而且在我见到周围的人群中，几乎都不称他周院长，而习惯叫他光召。

他经常到局里来了解情况，询问一些问题。特别是，我总是见到他面带笑容地与人自由地交谈，即使是讨论到一些难于回答的问题时，他也只是谈谈自己的观点，而不强加对方接受。还有，在许多场所，也可以与他自由地探讨问题。一次，在中关村外专公寓一起聚餐时，我问他：“一些知识宽深的物理学家往往在老年阶段研究哲学，而且成了知名的哲学家，不过您还没有进入老年阶段。中国缺少大哲学家，您的知识又很渊博，喜不喜欢研究哲学？”他想了一会说：“研究哲学太难了吧！”总之，他给人的深刻印象，就是能平易近人地与人探讨各种问题，处处保持谦虚的态度。

三、带头维护科学精神

周光召尽管在科学界有很高的学术地位，但他不抱偏见、不以权威自居，而是带头维护科学精神。

1997 年，有一个最生动的实例表明，他是维护科学精神的典范。当年，我申请了第 75 次香山科学会议，主题是“论中国科学政策”，周光召和徐冠华为此会的首席科学家。5 月 27 日，在讨论会上，有周光召、陈能宽、郝柏林等院士和一些知名科学家，共 30 多人参加。当讨论到对一些学科的政策时，光召就说：“我看‘冷聚变’就不宜搞了……”当时，陈能宽院士立刻就说：“光召，你在科学界是泰斗，可不能说‘冷聚变’就不宜搞了，国际上有很多新进展……”接着，陈院士就拿着一大堆资料上台报告了一番。光召马上就申明：“有这么多研究进展，我刚才讲的话，就收回吧！”这再次使我亲自看到，在众多知名科学家参加的学术会上，尽管国内外对“冷聚变”确有很多争论，但他表现出了谦虚精神、自由探讨的精神。

香山科学会议就是中科院和国家科委共同发起的以弘扬科学精神为宗旨的学术会议，作为发起单位的领导人周光召起着表率作用，以实际行动真正坚持香山科学会议的科学精神。事实一再地表明，科学家周光召是真正坚持科学精神的楷模。

感佩周光召同志的科学精神与高尚品格

张　杉*

光召同志在理论物理上的探索和成果，特别是为发展我国“两弹”事业做出的重大贡献，享誉中外；他热爱祖国，无私奉献，淡泊名利，求实创新，也为科技界所认同和尊重。因而他被世界上包括美国、俄国和欧亚等10多个国家科学院选聘为院士，也是迄今为止我国享有最多国家科学院院士称号的一位杰出科学家。

不唯上，不唯书，凡事从大局着眼，从实际出发，认真遵循客观事物的发展规律，促进科技工作的持续发展，是光召同志1988年主持中科院工作以后，对中国科技的又一重大贡献。他没有按照当时个别领导人曾要求中科院工作重心转向经济效益，而是以科学家的严谨态度，实事求是，发扬民主，广开言路，提出了大胆改革、求实创新的符合国家长远发展的科学战略和科学规划，正确地处理了科学发展和国家当时需求的关系。根据当时的形势要求，提出“一院两种运行机制”，既坚持重视基础科学的研究，也大力推动科技向生产力的转化，并成功组织创办了一批科技企业，使全院广大科技人员各得其所，得到适当安排，也保护了他们的切身利

* 曾任中国科学院新闻发言人、新闻办公室主任，《中国科学报》海外版主编

益。记得当时对联想等院办企业，光召同志曾多次调研，同办企业的科技人员一起探索，并且嘱咐我们有关工作部门要尽力支持这些新生事物，大胆突破一些旧有的禁锢，保护和促进他们成长壮大。如今事实已经证明当时决策的正确。应该说，中科院当时在面临诸多巨大困难的条件下，通过大胆改革，采取了一系列正确措施，科技工作实现了“软着陆”，也真正体现了科学发展观的精神。

光召同志不仅是科学精神楷模且为人品格高尚。他虚怀若谷，海纳百川，严己宽人，生活简朴，从不居高临下傲视他人。我在院部工作多年，同他接触较多。在他面前，我们中无论长幼，特别是年轻人，都可以畅所欲言。说对了，会受到赞许；说错了，会同你平等讨论。他是一位著名科学家，又身居高位，但他尊重周围每一位同志和他们的智慧。在大家心中，他不只是领导人，也是一位可敬可亲的长者。由于工作的关系，我接触过众多国内外科学家，特别是身居海外的许多著名的华裔科学家，如杨振宁、吴健雄、任之恭、林家翘、陈省身、田长霖等，无不对我谈及光召同志在中国科技工作改革开放中提出的战略和措施，尤其是对光召同志的人品，给予极高的评价。那时一些外国驻京的新闻媒体，也都喜欢来中科院采访，他们为光召同志会见时的平易近人、诚实坦率而感动。90 年代初，我被外派访问海外留学人员，光召同志特意向我交代，要尊重在海外的留学人员，相信他们是热爱祖国、热爱科学的，要尊重他们根据不同情况有自己对工作和生活的安排，要允许他们来去自由，希望他们为科学做出贡献。有容乃大，光召同志的指示，受到广大留学人员的热烈欢迎，振奋了他们的学习精神，取得了很好的效果。

光召同志的科学实践和科学精神，特别是他的高尚品格，是永远值得我们尊敬和学习的典范和榜样。

六、德厚光照——光召的学格人品

“从五十年代开始，中国科学院形成、保留的一些光荣传统和作风，如以国家任务为重、集中优势兵力、大兵团作战、不计个人得失、团结协作的精神等，这些要不要继承？我想在新形势下我们不仅应该继承，而且要发扬。现在存在一个问题，即是我们丧失了一些五十年代的好的传统。”

（1985 年 1 月在中科院工作会议上的讲话）

“上个世纪最重要的科学发现，不是都在条件最好的实验室产生的。在条件不够好的地方而能够产生重要的科学发现、技术发明，我想关键在于精神力量。”

（《重在提高精神素质》，《光明日报》，2004 年）

“人仅靠聪明是走不远的，没有苦干精神也是不行的。”

（2003 年 2 月在中南大学研究生学术年会上的讲话）

周光召同志的科学精神与人格魅力

孟　辉*

“大多数人说，是才智造就了伟大的科学家。他们错了：是人格。”

——爱因斯坦

在郭传杰同志的《践行科学精神的典范》一文中写道，在光召同志身上常常有两种力量在发挥作用：“他是一位学术建树极高的理论物理学家，但他却最早、最坚决、最有力地推动了我国高技术产业的诞生和发展；他在思想与作风上都是一位典型的学者，但同时又是一位影响深远德高望重的成功领导。……许多在光召同志身边工作过的同志还有一种感受：接受光召的观点或工作任务，常常不仅是出自下级对上级的职责服从，而是一种从内而外的认同与自觉，这其中，除了理性真理的征服力量外，还有一种人格力量的折服作用。”著名物理学家、诺贝尔奖获得者杨振宁先生则评价说，“周光召是一个完美的儒家思想践行者，而不像美国、欧洲和俄罗斯

* 科技部科研诚信建设办公室顾问，曾任中国科学院院士工作局领导成员

的许多物理学家那样咄咄逼人。”

本文试图通过光召同志在人生旅途中经历的一些平凡或不平凡的事情，探寻他如何能够使理想与现实、原则与宽容、权力与人格、理性与情感、物理学家与科学战略家等看似矛盾的方面结合得如此自然和完美。

一、求真之旅，泰然自若

光召同志具有一位杰出科学家所具有的良好的素质，包括对科学的兴趣、严谨的治学态度、在科研中的民主平等和在生活中的淡泊名利等。这些与其受到的良好家庭教育与熏陶、老一辈科学家的言传身教以及他自己的道德修养都是分不开的。

1. 从数学少年到新中国的科学家

光召同志生长在一个温馨、重教而又无拘无束的家庭。他的父母常买书给孩子们看，鼓励孩子们要有自己的主见，也很少用戒律来约束他们的行为。正是在这样的成长环境中，周光召和兄弟姐妹们从小时候起便不仅接受知识的灌输，更开始树立自由的思想，形成独立的人格。

周光召在重庆南开中学度过了青少年时期。由于他自幼不喜读古文，上国文课几乎成了负担，更惧怕那位十分敬业的国文教员；但他却是学校知名的数学少年，帮助同学完成数学作业是常有的事情。少年周光召的数学天赋，早已引起了数学老师唐秀颖的注意。在唐老师的关注和指导下，钻研数学成为周光召的一种乐趣，并成为伴随其以后工作与生活的重要元素。

周光召报考大学第一志愿因国文成绩欠佳未果，但却被第二志愿的清华大学先修班录取，那时他还没有读完高二。在清华园，素有中国科技奠基石之称的卓越教育家、科学大师叶企孙、王竹溪教授成为引导青年周光召走向科学殿堂的最早的引路人；而当时已享誉欧美物理学界的彭桓武先生则是他在北京大学读研究生时的导师。用光召同志自己的话说，这些大师学问之博大精深、治学之严谨，爱国之忠诚，成为自己毕生受用的心灵财富。

1946～1949 年间的清华园，学生运动的声浪时常打破校园的宁静。那时的周光召对于中国即将迎来新世纪已经有了深入的了解，并在一些好友的影响下参加了学生抗议活动。当 1949 年解放军进入北平驻扎在清河时，周光召怀着对新中国的美好憧憬，只身前往部队驻地探望，并受到部队首长的关心与鼓励，从而坚定了他为新中国奉献毕生的决心。1952 年，光召同志加入了中国共产党，迈出了自己为人类最崇高理想而奋斗的重要一步。

2. 求真品格小试锋芒

1954 年前后，中国为了学习苏联社会主义建设的经验，派出了大批学生留苏。光召同志当时在北京大学任讲师，由于自己的勤奋工作而多次受到表彰，单位曾三次推荐他赴苏深造，但都因家庭和社会关系原因未被主管部门批准。当后来有人问起光召同志当年对这件事的态度时，他说："那时我想只要努力工作就可以了，并且自己已经得到了肯定，因为如果我不优秀他们也不会推荐我。所以我有着很平常的心态，去了更好，不去也没有什么。"此后，由于他工作不断取得优异成绩，在 1955 年 6 月被推选为中共北京市第一次党的代表大会代表。

1957年，光召同志作为中方工作人员被派往苏联莫斯科杜布纳联合核子研究所工作。他在此期间经历的一件事曾被广泛流传：在他刚到杜布纳不久的一次学术讨论会上，他对苏联一位知名教授的研究结论提出了完全不同的见解，对这位不知名的中国青年的意见，会上的专家当然不认同。周光召经过3个月的研究求证，证明了那位苏联学者研究结论的错误。这件事之后引起了苏联学者对中国人的注意。在日后的合作中，周光召和那位苏联专家建立了友谊，成为好朋友。这件事发生在当时、在一个科学大国苏联的国土上，一位来自新中国的年仅28岁的青年讲师竟然敢于挑战权威，并最终证明自己是正确的，这有着太多的意味，包括中国人的才华、自信、无畏乃至民族自尊。光召同志后来在谈及这件事时说：自己提出的不同意见遭到反对是很自然的事情。一个大国看不起小国、弱国是很平常的。当年我只感觉到对方有些看不起中国人，这使我很不甘心。学术讨论本身就应该是一个平等、自由的学术空间，讨论和辩论才应是正常的。既然我看出那个结论存在问题，就要把它做到底，也算是为中国人争口气吧。他说，当年辩论的结果当然会对那位苏联学者有一定影响，但科学家只为探求科学真理，不过多注重个人尊严，这是一种科学精神和高尚品格的体现。这也说明，只有良好的科学环境才能够造就出真正的科学家，这方面对我们国家来说更为重要。他话锋一转又指出，在国际科研合作中，我国的科研人员也一定不能用居高临下的态度对待来自其他发展中国家的学者。这番话，也反映出他的价值观并不为庸俗的人际关系或狭隘的民族主义思想所束缚。

1959年，光召同志作为在杜布纳工作的中国专家组的党支部书记，一次被苏联人破例邀请参加了一个党的会议。当他发现会议的内容之一是对中国进行批评和攻击时，为了维护国家尊严，愤然退场以示抗议，并向我驻苏使馆进行了汇报。中、苏两国关系破裂后，苏联撤回了在中国的援助专家，停止了一切合作协议。光召同志这时毫不犹豫地做出了人生中的一次重要决定——他带领中国专家组的同志向祖国表示，为了国家的利益，愿意放弃自己的专业，随时听从祖国的安排。随后，他们中断了在苏联的工作，于 1961 年 1 月回到了祖国。

在苏联的 4 年，是光召同志的研究工作取得丰硕成果的时期。而那时使他感受最深的还是苏联科学界不仅有许多优秀的青年科学家，更可贵的是他们的学术民主和宽松的科研环境。在几十年后的今天，光召同志仍在多种场合不断强调、呼唤中国学界要树立健康的学术风尚，净化学术环境，并为此进行着不懈的努力。

3. 科学研究举重若轻

光召同志回国后，于 1961 年初迈入第二机械工业部九所，从此开始了他的核武研究生涯。在原子弹研制过程中，由光召同志领导的专家组负责解决与爆炸力学有关的技术问题。当时由于我国科技人员的计算结果与苏联专家提供的粗略数据不一致，计算组一直昼夜不停地工作，直到第九次计算，两种结果仍然对不上。接着，所有计算材料被送给光召同志核算。两个星期后，光召同志的计算结果出来了，证明苏联专家的数据是错误的。据当年核武试验计算组组长、现第二炮兵部队的孙清和将军回忆，当时光召同志提交计算结果时话语平静、声调不高，就像完成了一道算术题。但实际上，这一验证在关键时刻起到了决定性的作用，成为原子弹设计中的一个转折点。

十几年后，由两位美国人撰写的《中国原子弹的制造》一书描述了这次核算："周在检查时发现，问题出在表达方式上，而不是结果错了。尽管他自己也觉得没有必要挑结论的毛病，但他又觉得应该把这些数据核实一下，以便使其他人信服。于是他发挥其特长，并大胆地提出了一个新的理论来验证这项计算结果。这一理论得到了彭桓武和其他老科学家的支持。"（约翰 • W. 刘易斯和薛理泰，第 144 页）。这里所说的"新的理论"即是著名的"最大功原理"。之后，光召同志在领导了由胡思得、孙清和为组长的研究团队，为解决在实际应用和产品生产进程中出现的问题，又创建了"聚焦公差理论"。

在我国第一颗原子弹试爆前，由于突然发现一种材料中的杂质超过了原来的设计要求，周恩来总理要求重新计算一下试爆成功的概率，二机部领导要求在 8 个小时内计算出结果。经过光召同志和同事们连夜的紧张运算，第二天上午，一份计算报告呈送到周总理面前："经计算，我国第一颗原子弹爆炸试验的失败率小于万分之一。"

1964 年 10 月 16 日 15 时，第一颗原子弹爆炸成功！

这些事，都体现出光召同志超常的智慧和肩负国家重任的使命感、责任感还有他那平常淡定的心。

二、爱国之心，无私无畏

光召同志除了从事核武研制等重大的科研工作，还长期担任科技界许多重要的领导职务，并经历了"文化大革命"、改革开放等重要的历史时期。他无论是在科研一线还是在各种社会活动中，都坚持爱国、求实、民主的原则，为自己的人生观、价值观和事业上的追求而无私奉献，并表现出无私无畏的精神。

1. 良知与谬误的冲撞

在60年代中期，科技界贯彻由聂总领导制定的“科研工作十四条”精神，对“大跃进”带来的对科学态度、科学方法和科研精神的破坏及产生的影响进行了纠正。为了贯彻“十四条精神”，保证国防绝密任务的完成，同时也是严格执行保密纪律，光召同志对干扰科研工作的行为进行了坚决的抵制，这令许多当时和光召同志一起工作的同志感到由衷的钦佩。

九所的老同志都记得，“文化大革命”前夕正是氢弹研制的关键时刻，在那个空谈政治的年代，单位的政工干部有时会被派来参加研究组的活动，以体现“党的领导”。一天开会时，光召同志看到了几张陌生面孔。当他得知这些同志是来听取小组讨论的，几乎不假思索地说：“这里不需要旁听，请离开吧！”组里的同志都知道老周平时十分直率，有什么想法会立刻说出来，况且他执行的是保密规定，但对他不客气地对政工干部下“逐客令”却感到不安。其实光召同志不会想不到这些，但考虑到时间紧迫，他必须用全副精力确保完成绝密任务，并严格执行保密纪律。

又有一次，单位为了“突出政治”，要求在“六分之五”的工作时间去唱革命歌曲。光召同志发话说：“不要管他们，继续工作！”

光召同志的这些做法虽然有充分的理由，但事情却远不那么简单。凡是经历过中国政治运动的人，都知道当时的政工部门就是党的象征，掌握着许多人的命运。光召同志的言行很快引起一些人的注意，于是有人找上门来责问周光召：“为什么你们不唱革命歌曲？为什么不突出政治？”光召同志以他惯有的平静语调回答说："完成任务就是最大的政治。"

1966年6月，"文化大革命"风暴来临。大字报在九所灰色大楼的墙壁上、楼道里铺天盖地，直贴到光召同志办公室的门上："打倒反动学术权威"，"周光召反对政治挂帅"，"一评、二评周光召的反动思想"。此时，在北京大学也出现了"打倒苏修分子、叛徒周光召"的标语和大字报。造反派一次次要求他接受革命群众的批判，红卫兵、军管会先后抄家有三四次之多。对于那时的场面，曾有这样的记载：

> "周光召小心翼翼地推开办公室的门，生怕把大字报碰撕一个角，招惹更大的麻烦。红卫兵冲进周家，翻箱倒柜，到处搜寻。本来，在这狭小的天地里，书籍资料堆放得满满的，需直起腰侧着身走路。这一抄家弄得满地狼藉，竟无插足之地。周光召深夜回家，发现自己的论文手稿遍地撒落，他急忙到书籍杂物堆中寻找，可是翻来找去，只剩下20来张'零头'。他拿起被踩破的手稿，用手轻轻抚平。望着那模模糊糊的字迹，他心如刀绞，就像有人用粗暴的手，抓住他的心揉捏。"(《聂帅与周光召》)

在抄家期间，有一件事深深地刺痛了他的心。本所一位领导的当了红卫兵的孩子一天来到周家，竟然当着他的面向老人的脸上吐唾沫。周光召当时的惊愕、愤怒与屈辱充斥全身。对人格的如此侮辱简直让人的尊严全然毁灭。

在"文化大革命"的动乱年代，大字报、批判会和抄家、靠边站都没有动摇光召同志的精神世界。在政治压力面前，坚持科研、排除干扰要冒很大风险，甚至付出高昂的代价，但光召同志做到了。对于同志们提出的自己工作中的缺点和不足，他会认真地检查，但他从来没有屈服于可能导致科研工作受到影响的压力。

2. 实事求是，有胆有识

俗话说，一朝被蛇咬，十年怕井绳。经过“文化大革命”磨难后，一些人接受了“教训”，因此很少再发表不同意见。但光召同志求实与忘我的科学家品质始终没有改变，即使是在 1968 年。

1968 年，九所根据上级指示搬迁到“大三线”的四川省。周光召理解搬迁“三线”的战略意义，按照领导指示，携妻子和女儿随着搬家的人群悄然登上了开往成都的“闷罐车”。到达成都后，他们被安排搭乘一辆运货的卡车，趴在高高的货物堆上，在一边是山，另一边是山涧的窄窄的山路上向高处盘旋前行。他们的身体只能躺在货物之上，双手紧紧抓住周围的货物，毫无安全可言。那噩梦般的行程，几近死里逃生的经历，使他们全家至今难忘。

光召同志一家到达四川桐梓一个偏僻的山村后，和许多科研人员一样，被安排住进了筒子楼。光召同志很快发现，这里根本没有工作条件，造成大批人员闲置；同时，也缺乏基本的生活保障，使科研人员和随行家属的生活非常艰难。更严重的问题是，他们承担的武器研制任务不可避免地陷入了停顿。眼前的现实使周光召心情十分沉重，他意识到，搬迁的盲目性将造成国家紧迫的国防科研任务的耽搁，造成人力资源的巨大浪费。这种情况使光召同志无法再保持沉默，他向上级反映他们目前的处境和意见，要求重新考虑搬迁决策的正确性，这就引起一些人的不快。上级部门先后为研究所更换了好几任党支部书记，而交给他们的主要任务之一就是说服光召同志同意搬迁。尽管如此，光召同志坚定的态度一直不曾改变。

这件事对光召同志以后的发展到底产生过什么样的影响人们不得而知。但多年以后条件仍然不能具备，全体科研人员最终回迁北京。这些，无疑都是最有说服力的历史结论！

无论是在九所还是在中科院，群众看到光召同志坚持实事求是，在一些关键的历史时刻无私无畏，有胆有识，因此都对他更加拥戴。

3. 运筹帷幄，开创新路

光召同志后来担任中科院的领导，在自己的科研道路上做出了牺牲。而他在科技工作的组织与领导岗位上，同样表现出敏锐的洞察力和决断力，为中科院的生存、改革与发展做出了历史性的贡献。

80年代初，国外科学技术飞速发展、国内科研投入严重不足、科研秩序亟待整顿。1984年光召同志来到中科院，深入各研究所进行调研，认真听取各界对中科院改革与发展的意见和建议。翻阅那些年代的院长会议记录，页页记载着当年新、老院领导呕心沥血、步步谋划、为改革发展大计费尽了辛劳。1985年光召同志以副院长的身份在全院工作会议上第一次讲话并向全院同志吐露心声。他说，虽然他还带着忐忑不安的心情上阵，但是当他看到普通的科技人员因劳累过度而昏倒在工作岗位上，他看到在中科院有很多勤奋敬业的同志，他增添了信心和力量，他们是中科院发展的真正动力。1987年他主持工作后，根据国家发展的整体战略和科技投入的实际状况，首先把稳定队伍、调动全体人员的积极性放在全院工作的首要位置上。他鼓励全院职工说：中国的科技力量和素质比一般的发展中国家要强得多。只要真正把积极性调动起来，把科技潜能释放出来，把科技、资源和人力很好地结合，就能在世界上找到我们应该走的道路，来发展我们的国民经济和科学技术，摸索出一条独立自主的中国科学发展的道路。他和领导班子共同为使中科院尽快恢复生机、加速发展，统一认识，统一思想，形成全院上下合力为此做出了不懈的努力。

光召同志不仅重视学科的建设和发展，尤其重视基础研究工作。他指出，学科的发展一定要按比例分阶段进行。同时，必须组织精干的力量开展基础研究和高技术跟踪。他亲自领导创建了按照“开放、流动、联合”面向全国的第一个开放实验室。他说：“开放实验室是未来科研组织的雏形，是‘国家队’的重要组成部分，是一种试验，如果成功就很有价值。要特别强调它们对国家的意义。要真正办成全国科学家的科学院。”光召同志在多种场合强调要严格遵循科学发展规律办事。他说：“从科学发展本身、从世界任何国家的情况来看，基础研究的队伍必须有进有出，不断地要有新生的年轻力量进入到基础研究的队伍中来，又要不断有在基础研究方面工作了 5 年、10 年，有了科学研究工作的经验，有了新的规律性的认识和发现，有了新的技术的一些人，从这里连人带技术转移出去发展产业，这是任何一个国家发展基础研究都必须遵循的一个办法，这样它才是一支有活力的队伍。”（1988 年基础研究工作会议上的讲话）

事实证明，正是这全国第一个开放实验室的建立，为我国基础研究队伍的重整和发展起到了重要示范带动作用。

光召同志深知在当年科研经费紧缺的国力面前，中科院也必须承担为经济建设做出贡献的责任。他积极探索创出一条全新的科技与经济结合的新路。1988 年 1 月他指出：“在我们国家目前的情况下，还存在另外一条路，就是像王震西、屠焰、柳传志同志所走的路，我相信这条路很有希望。再过 5 年、10 年，大家将会看得更加清楚，这条新生的不断发展的路，它将会在中国高技术的发展中起到越来越重要的作用，最终起到决定性的作用。我想，他们的经验也将进一步证明这条新路是有希望的，而且会成为发展高技术及其产业的主要的道路。”

他指出：“对中国科学院来说，就是要为开拓和发展我国的高技术产业和推进技术科技进步做出重要贡献。这两类工作的性质不同，特点和发展规律也不同，价值观也不同。因此根据它们不同的特点和发展规律，采取不同的评价标准和方法，采取不同的运行机制、管理模式和管理体制，才能进一步推动这两类不同工作的发展。经过一段时间的酝酿和研究，我们把这一基本想法归纳为‘一院两制’。”（1988 年 1 月中科院工作会议讲话）

他和领导集体共同创建的“一院两制”不是一种暂时的应急的措施，是博取美、苏、法、日等各国之长，根据中国的实际情况创造出的自己的模式，既符合当时中国的现实，又有利于完成所担负的历史使命，是应时代需求而确定的一种较长远的发展道路。联想控股有限公司董事长柳传志曾回忆说，联想集团在当时极其困难的条件下能够生存与成长，主要是因为有周院长树立的引路的大旗。

总之，中科院从遭受“文化大革命”破坏到恢复生机以至发展壮大，是几届中科院领导和全体中科院人共同努力、顽强奋斗的结果，她应该在中国科技发展史上占有辉煌的一页，而光召同志的领军韬略和战略指挥才能及其所做出的贡献，更不会被历史忘记。

4. 恬淡人生，甘于奉献

1999 年 9 月 18 日，我国包括光召同志在内的 23 名科学家被授予了

“两弹一星功勋奖章”。在掌声和鲜花中，光召同志多次表示：“‘两弹’有功人员远远不止几十位，为此抛洒心血甚至献出宝贵生命的，是一大批默默无闻的人。我是个很普通的人，如果把制造原子弹比作撰写一篇惊心动魄的文章，这文章是工人、解放军战士、工程和科学技术人员不下 10 万人写出来的，而我只不过是十万分之一。”

光召同志的家庭和无数“两弹一星”研制工作参与者的家庭一样，为我国的国防科技事业做出了巨大的牺牲与贡献。光召同志 1961 年从苏联回国后，即全身心地投入到核武研制工作中，从而使家庭的重担完全落在他的夫人郑爱琴女士身上。对于郑爱琴女士，人们称她具有“双重的贡献、别样的风采”。

在《中国原子弹的制造》一书中，记载着这样一段话：“中国通过阅读外国文献学到的东西使他们了解了热核反应所需要的材料，并且在 1964 年至 1965 年冬季，他们建成了一种主要热核材料——氘化锂-6 的生产线。”（第 193 页）郑爱琴女士和她在国防科技情报资料战线的同事，正是大量“外国文献”的收集者和翻译者，他们也为我国的核武器研制工作做出了重要贡献。

郑爱琴女士本是一位出色的生物学家，正值她所从事的生物学领域尖端项目——胰岛素研究工作进入关键阶段时，由于光召同志工作性质的需要，她放弃了自己心爱的专业，来到光召同志所在单位担任情报翻译调研员。她不仅努力学习和尽心尽责地工作，而且独自一人带孩子、做饭，承担起家庭生活的全部负担，用行动给光召同志以极大的支持。她尽管身体瘦弱，却十分坚强，任劳任怨。至于他们的爱女周莹，九所的很多同志都感到，那是个让人心疼的孩子。当时由于父母工作紧张，常常顾不上她，使周莹在小小的年纪便锻炼出很强的生活自理能力。很多人都记得当年小周莹端着饭碗到食堂打饭的情景。有时遇到父母出差，她一个人做家务，自己搬煤气罐上楼。周莹从小用功读书，完全靠个人的努力学习、工作。唯一的一次例外，是九院的工厂招工时，光召同志为年仅 16 岁的周莹报名，使她当上了工人。以后她通过考试进了大学，通过考试出国留学。“我们对她的学习几乎没有过任何帮助，主要都是靠她自己。”光召同志说到女儿的成长，时常会流露出歉疚之情。

光召同志的奉献精神，从自己的家庭为事业做出的牺牲中也得到突出体现。在事业和家庭、亲情面前，他只能把亲情深埋在心里，别无选择。而光召同志的妻子和女儿对核武研制事业的支持与奉献，同样功不可没。

三、以人为本，身体力行

光召同志在人生经历中的起伏跌宕，使他对人性、人生和个人道德修养等问题经常进行深入的思考，并得到许多启示。例如，他曾指出，“以人为本”并不仅指领导对下级、对民生问题的关注与关怀，首要的问题是涉及人的立身之本。每个人都应把自己的价值看得很高，要有自尊、自信，要有一种人格，要坚持做人的准则。中国工程院副院长杜祥琬院士在谈到光召同志的贡献时，也特别赞扬他对于人的关怀：光召同志的人生是一位杰出的物理学工作者最完整的人生：首先他是一位极具创造力的科学家，然后成为一个庞大的科技团队的带头人，在关心青年人的成长，帮助中年人解决困难以及发挥老年科技人员的作用等方面都做得十分突出。

1. 感悟人生，传递真情

在光召同志“文化大革命”期间遭受批判最厉害的日子，他的人生观、价值观受到了强烈的冲击，曾一度感到苦闷和茫然。那些日子，就在多数人要划清界限、怕受牵连的情况下，一天，他的办公室进来一位年轻人，他说他叫李茂生，是一名普通的技术员，他们平日来往不多。他对光召同志说：现在的“文化大革命”是一场群众运动，贴大字报都是上边布置的任务，不写也不行，其实好多群众心里是清楚的，并不情愿那么做。他说，光召同志，你以前没有经历过这样的运动，没有经验，千万不要想不开，事情都会过去的。光召同志此时真是百感交集，特别是意识到周围有着许多明辨大义、仁厚朴实的同志。人在危难、孤寂之时，最需要的是理解和安慰，这是多么宝贵的真情！

在氢弹原理试验完成后，进入第一颗氢弹的原理设计阶段。当时也正是“文化大革命”时期上海造反派夺权“一月风暴”在全国掀起的高潮时期。有一次光召同志带领九所几位同志到上海华东计算所出差，一天在工作之余，设计组织组长刘成安和周光召一起散步，他当着光召同志的面毫无顾忌地表达他对“文化大革命”、对江青一伙的愤怒与不满。在那“文化大革命”最激烈的年月，如果一旦被告发，不仅会坐牢甚至有性命之虞。这些同志的真情与正直和对自己的信任，使光召同志从心底里感激，并受到极大鼓舞。他感到自己几乎已经到达冰点的心得到了温暖，开始重新认识人生、社会，并有了更大的勇气去面对困难，顶住压力。刘成安回顾当年的情景时说：“老周当时告诉我：‘无论出现什么情况，咱们一定要把工作做好。’”

更令光召同志难忘的是，20 世纪 60 年代初，主管科技工作的聂荣臻元帅在得知他患了哮喘病后，专门派人给他送去水果。1966 年底，当他们完成氢弹原理实验，向聂帅汇报工作时，聂帅见到光召同志后的第一句话竟是问他的身体怎么样，问他在“文化大革命”中受冲击的情况，并关照他从‘干打垒’搬进建好的楼房（他后来还是没有搬）。聂帅的关心自然、真诚，至今光召同志每谈起来都十分感动。

光召同志一直相信人性与真诚的力量，并用自己的真情关心人、帮助人，以自己的真诚感染人、打动人。一次光召同志搬家，被安排出车的司机平时对专家学者都是冷冰冰的，因此车子迟迟不见到来。一个多小时后，当司机看到光召同志在门口默默地等待，并且对他的迟到表示体谅时，他的态度马上发生了 180 度的转变。而经历了“文化大革命”这样的政治运动，光召同志十分了解政治运动可能给科学事业发展造成的损失。在光召同志担任研究所和中科院的领导职务后，在工作中总是力所能及地避免和减少政治运动给科技事业和科技工作者队伍带来的冲击和影响，以他的胆识与智慧保护着科学家正常的科研工作，维护着这支队伍的稳定，甚至在 1989 年“八九风波”时，为了使正在来访的外国专家安全离境，他亲自找人设法联系机票，使他们很快离开了中国；也是在他的努力下，使国外很多科学组织不仅没有中断与中科院的联系，而且保持科技合作与交往使科研工作没有受到影响。当年的一些留学生，至今深为光召同志始终坚持“来去自由”的政策所感动。多年来，光召同志周围的很多同志都感受到他对人的尊重与关怀。从院士到青年科研人员，从秘书到司机、警卫，得到过光召同志夫妇各种指导与帮助的同志难以计数，并留下许多感人的佳话。

2. 重视人才成长，传播科学精神

光召同志长期担任各级领导职务。他酷爱读书，也以此影响和带动了周围的很多同志。在九所期间，他对青年同志严格要求，并以身作则，使研究组这个团队形成了多读书、读好书、多思考的风气。在工作中，他鼓励年轻人讲真话，发表自己的观点，充分发扬学术民主，促进青年人更好地成才。

光召同志在担任中国科学院院长后，对人才非常尊重，并为他们创造发挥作用的条件与空间，甚至为此顶住很大的压力。例如，当中国科学院刚成立“科海”、“联想”、“三环”等公司时，很多“下海”的科研人员被认为是没有本事、想利用国家的资金发财的人。而光召同志深刻地认识到科研人员的价值取向及特长会有所不同，对他们同样应给予信任和尊重。事实也证明，发表 SCI 论文多的人，未必比像柳传志、王震西等这样的科技型企业家对社会的贡献更大。

在光召同志担任两届中国科协主席期间，更是利用这一重要岗位，以各种形式宣传科学精神，促进科技界形成良好的风气。中国科协 2003 年、2004 年的学术年会，便分别以“中国科技工作者的历史责任”、“以人为本，协调发展”为主题。在会议上和其他各种场合，光召同志直言科技界存在的不协调问题，勉励青年人要自尊、自信、自强，群策群力，以科学态度处世，以科学方法求真，以强国富民为职责，以振兴中华为己任，并号召科学家要与贫困地区的人民站在一起。

光召同志在大力宣传科学精神的同时，更注重自己的身教作用。在光召同志担任中国科学院院长后，就再也没有新招研究生，也没有再用“博士研究生导师”的头衔。他发表文章的数目急剧减少，直到停止发表理论物理的研究论文。正是因为自己的严肃作风，2005 年在乌鲁木齐召开的中国科协年会上，他直言不讳地说，做官和做科学研究不能兼得。

光召同志对我国的国防科技事业和科技战略决策与管理工作做出了巨大贡献，但他从不居功自傲。他多次表示，很多事情是在特定的历史条件下进行的，一个正确的决策也不都是一个人想出来的，一定是有几个人或者一个集体，体现的是大家的智慧。例如，“可持续发展”的概念便是由我国地学方面的一些老专家提出的，自己不过是向他们学习，在自己的岗位上宣传他们的思想。而随着时间推移，事情在发展，后来者可以根据当时的情况修订前边的政策，或者改变前面的决定，这是事物发展过程中的必然。

光召同志无论是从事科研工作、担任科技领导工作还是退居二线后，始终以自己可能的方式促进我国科技事业的健康发展。从 1998 年起，他连续担任科学技术部“973”计划专家顾问组组长，参与我国重大基础研究计划的制定和促进原始创新工作；他还是科学技术部科研诚信建设工作专家咨询委员会的专家，呼吁在科技工作者中大力宣传科学思想，弘扬科学精神，提倡团队精神；他多次走进大学，以美国著名物理学家巴丁等著名科学家的事迹勉励青年学子，希望他们为人生的自主选择做好思想上、能力上、身体上的准备，并且“不安于小成，不囿于小利”。在 2009 年 12 月举行的纪念聂荣臻同志诞辰 110 周年座谈会上，光召同志再次呼吁要真正做到“尊重知识、尊重人才”，克服一切不符合科学发展规律的陋习，使我国的科学水平发展到一个新的阶段……

3. 注重人文关怀，待人宽厚包容

光召同志看人从不僵化，总是用发展的眼光鼓励并帮助周围的同志成长进步。他认为人无完人，只要生活在世界上就不会没有错误和缺点，关键是每个人要对自己有清醒的认识，要有自信心。既要了解自己的长处和短处，尽力克服短处，也不必苛责自己，只要自己努力、尽职尽责就可以了。他在多种场合强调要尊重每个人的选择，注意保护他们的兴趣和个人能力。

在核武研制时期，一般要求参加者“只准进不准出”。有一年，一位技术骨干因为家庭原因等，要求调离工作单位，返回陕北老家。对这位同志来说，留下，则意味要与未婚妻中断关系。光召同志认真听了这位大学生的陈述，要他再仔细思考一下，如果确实有困难，可以帮助他向领导申请离开。后来，光召同志说服了单位领导，使这位技术员如愿回到了地方工作。这位同志至今对光召同志的恩情念念不忘，每到逢年过节都会送来自己的祝福。

光召同志对一些曾经反对过自己的同志，只要不违反原则，照样会想办法帮助他（她）们解决困难。有一位曾经在“文化大革命”中激烈反对过他的同志，找到光召同志，要求调到另一个研究室工作。光召同志在了解了情况后，为其调动做了安排。对于曾经参加过造反组织但很早就觉悟的同志，光召同志也和他们成为好朋友，有的至今还与光召同志保持着联系。

光召同志待人谦和、主张人人平等，无论是九所还是中国科学院的同志、甚至是外国学者，都有一个共同的感触，那就是他总是保持一个科学

家的心态，在他的身上看不到‘官气’。同时，他乐于听取不同意见，还鼓励提意见的同志不断提出新的见解。本文作者就曾向光召同志提出过不同意见。而正是因为自己的直言，也相应得到了光召同志更多的教诲与帮助。

作者此时想到杨振宁先生评价周光召是一位“完美的儒家思想践行者”，这一评价准确的内涵当然只能由杨先生进行诠释，但儒家思想中所强调的道德教育和人格的感召力，无疑曾熏陶和影响了我国历史上和今天的许多的政治家、军事家、战略家以及众多的仁人志士。光召同志无疑是一个优秀的科学家和科技领军人物，在学科领域探索、科技创新活动的组织以及科技人员队伍建设等方面都做得非常出色；他又是一个忠诚的爱国者，曾担任国家领导人，并在国家科技法制建设、提高全民族科学文化素养等方面发挥重要的作用；他还是一个优秀的科技战略家，为我国科学事业和经济建设的发展做出了突出贡献。

总而言之，光召同志是我国无数优秀科学家的杰出代表，在他的工作和生活中，经常表现出坦荡的胸怀、过人的智慧、非凡的胆识和突出的人格魅力。正是由于光召同志具有这样的品格与才能，使他赢得了人们的普遍爱戴与尊敬。

致谢：参与核武研制的孙清和将军、刘成安、李怀智教授，原九所干部李尚信、滕鸿森同志接受本文作者的访谈；科技部诚信办孙平博士曾给予大力协助，中国科协刘丽提供了部分资料。

胸襟坦荡的科学家

李依依*

我认识周光召先生已经20余年了。记得是在1988年中科院工作会议期间召开的一个有关仪器进口的会议上，这是周光召先生刚担任院长不久，我第一次见到他。我们研究所希望买一台电镜，他却说要买国内还没有的仪器，我一听就和他争论起来，说他不了解情况就定调子，这是我对他的第一次印象。但是在以后的接触中，我认为他很有能力、有知识、不仅有自然科学的理论，而且政治思想理论也很高，对他每年在院工作会上的讲话总感到有新意，收获颇大，从根本上扭转了我的看法。

1989年“六四风波”过去没有多久，当时上级党组织没有什么指示，而对知识分子的不满和贬低的思潮，使知识分子一时间又戴上了莫名的紧箍咒。在这时候光召院长来到了沈阳，给各所的职工代表做报告。他明确地指出，中国的知识分子是一支爱国的、可以信赖的队伍，要支持他们大胆地工作。他的讲话，使我们倍感亲切，一时间豁然开朗，大家的情绪也高涨起来，掌声经久不息。在那段日子里，他能够站出来讲话，如果没有

* 中国科学院院士，中国科学院金属研究所学术委员会主任、学位评定委员会主席，曾任该所所长

很高的思想觉悟，没有为真理、为维护党和国家的知识分子政策而无所畏惧的精神是不会讲这番话的，事实证实了他的高瞻远瞩。这件事使我对他异常敬佩，此后我很愿意向他请教，愿意向他反映一些工作中的困难和想不通的问题，总能得到满意的回答。

1994年由台北《工商时报》、高雄中国钢铁股份有限公司和新竹工业技术研究院、成功大学、东吴大学主办的海峡两岸科技学术会议——钢铁工业暨金属材料发展研讨会，邀请我们10余人，由周光召院长带队去访问交流。3天的研讨会后，我们分别参观了工业技术研究院、台湾“清华大学”、交通大学和位于高雄市的台湾“中国钢铁股份有限公司”，并应邀出席了《工商时报》的座谈会，之后参观了台北“故宫博物院”。其间，主要是光召院长和对方谈及如何通过高层建立起直接交流的渠道，只要坚持一个中国，其他事情都好谈。回来后光召院长还带领我们向王兆国同志汇报了访台事宜。

1997年在北京召开的国际超导会议，他做了一个大会发言，全部是脱稿讲的，而且英语非常流利、好听。做完报告后，我问他有什么秘诀可以脱稿演讲，他认为要在头脑中想清楚你准备讲的内容，然后，按层次表述出来。我也获益匪浅。后来，他担任中国科协主席，我是常委，经常有机会一起开会，在会上他总是让大家充分发表意见，然后归纳出来，形成决议。我们都愿意参加讨论，各抒己见，甚至争论。他总是能够透过现象看本质，全面地分析矛盾的各个方面，按照中央的政策恰当地处理好各种关系。

2005年他在新疆召开的科协年会的一段发言就是一个很好的例子。他说：“我国科学技术大发展的外部条件已经基本具备，大发展的时机已经到来。为此，我们要处理好学科和任务、基础研究和应用开发、有所为和有所不为、集中和分散、重点和全面、单科深入和交叉融合、个人和团队、老中青、产学研、科学研究和成果转化及知识普及等的关系。这些关系都是互相依存而又互为矛盾的统一体，其中的一方在某些条件下将成为矛盾的主要方面，起着关键的作用。无疑，在一段时间内，矛盾的主要方面通常是工作的重点，没有重点就没有政策，就不能有所为有所不为。在确定重点的同时照顾全面能推动非重点的一方发展，达到双赢，但重点过度膨胀则会造成对方衰退，反过来又会阻碍重点自身的发展，甚至更大的衰退，造成矛盾主要方面的相互转化。一度过分强调应用开发而忽视基础，因不掌握基本规律而没有创新的应用成果，反过来又强调基础而忽视应用，只强调发表论文而不同时着力成果转化，与社会和经济发展脱离，因而得不到社会的重视和支持，基础研究也不能持续发展。我国历史上为此曾经出现过多次反复，值得深刻总结，引以为训。”这段发言至今仍然是我们科技工作者要深思的问题，我想用它概括周光召先生对事物全面、辩证、本质的认识，也反映了他在科学院和科协工作中的一贯作风。

周光召同志的学风

郝柏林*

我自从20世纪50年代中期得以转学理论物理，就知道周光召这位杰出学者和学长的名字。然而，真正近距离、面对面的接触，是从1977年全国自然科学长远规划会议期间光召主动找到我和于渌，建议共同研究闭路格林函数开始。这次长达8年多的合作，一直延续到光召成为理论物理所的成员和领导之后。我不仅有机会同光召一起做计算，还曾两度协助他做行政工作：一次是担任他的副所长（1984～1987），另一次是接替他担任所长（1990～1994）。从多年来的亲身感受，我深知光召同志的学术作风，应当在我国现今的科学界，首先是学术界的领导层里大力提倡。如今光召同志卸去了各种头衔，步入资深院士行列，而我本人从来没有进入、现在更是远离学术“官场”，确实到了应当把自己知道的一些事情如实写给学术界、特别是年轻一代的时候。这样做，估计也不会再使光召同志过于为难。

1977年全国规划会议期间，我负责起草物理学规划的总纲。当时对于我国要不要建设高能加速器、应当搞什么样的加速器，有许多不同看法。

* 中国科学院院士，中国科学院理论物理研究所研究员，复旦大学教授

10 月 11 日上午举行物理学大组全体会议，约有 150 人参加，由我介绍《总纲》草稿。此时，头一天晚上邓小平会见美籍华人加速器专家邓昌黎并拍板决定搞大加速器[①]的消息已经传到会场。当我走向讲台时，坐在第一排的周光召拉住我的手说：“关于高能加速器，现在指挥员已经下了决心；因此不是搞不搞的问题，而是如何减少损失。你讲话要注意些。”于是我特别说到，“要使我国的高能物理和加速器事业成为屹立在青藏高原上的珠穆朗玛峰，而不是人为地放在百尺竿头的一朵鲜花。”不过，在讨论中还是有人不明白我的用心，批评我“美化加速器”。1990 年秋，光召曾就另一件事对我说过：“要注意减少损失。”我希望将来有朝一日能公开说明事情原委。

1984 年，周光召被任命为中科院副院长，他坚持每星期到所里与两位研究生讨论。当时理论物理所设在中关村第一小学对面的临时平房里，研究人员都没有办公室。我们为光召准备了半间小屋，以便与学生见面。这两位学生或许是当时所里压力最大的年轻人，因为其他导师未必每周同学生见面。带完这批学生，光召就没有再招收研究生，也没有再用“博士生导师”的头衔。他发表文章的数目急剧减少，直到停止发表理论物理的研究论文。这与目前某些学术官员“官”越大，“文章”越多，“学生”也越多，还到处打出“博士生导师”旗号的不正之风形成鲜明对照。我想，正是因为自己的严肃作风，光召同志才能够在 2005 年全国科协乌鲁木齐年会期间，理直气壮地对记者们说，做官和做科学研究不能兼得。为了做好科学院的领导工作，周光召在自己的科学研究领域是做出了明显牺牲的。

① 当时设想的是规模很大的加速器，后来改变方案，成功建设了现在的正负电子对撞机

理论物理所内许多同事，看到某些已经颁布的国家级和部委级奖励项目质量不高，大家对评奖兴趣不大。建所数年，学术委员会没有向院里推荐过一篇论文去评奖。然而，什么提职提级、退休工资、研究所评估，越来越多的事情同获奖挂钩，开始涉及研究人员的切身利益和研究所的经费数量。我不得不多次向光召说明情况，建议开始考虑推荐评奖项目。直到有一次我告诉他，某所某人的某项目也得了个什么奖，光召才松口说，看来我们也得考虑考虑这件事了。所学术委员会还是做了个尊重本人意愿的决定，只要本人不赞成就不推荐。这项规定首先用到了光召自己参与和倡导的闭路格林函数研究成果上。前面提到的那项长达 8 年多的合作研究，到 80 年代末，已经有了广泛的国际反响。所学术委员会几度准备推荐到院里评奖，光召却说，“我担任着院、所领导，叫人家怎么评？”

这组工作一直拖到光召卸去科学院院长职务之后的 1999 年，才获得了中科院自然科学奖一等奖和 2000 年国家自然科学奖二等奖。恰好 2000 年美国 ISI 为理论物理所“四人帮”（周、苏、郝、于）1985 年发表在国际综述杂志上的长篇文章[①]颁发了“1981～1998 年度经典引文奖”。如果以发表那篇综述文章来标志研究项目基本结束，那么，从项目结束到推荐评奖整整过了 15 年。这同目前有些“领导”挂名实际上没有做过贡献的奖项，运用种种手段影响评审过程，真是泾渭分明！

1985 年前后，中科院物理所曾是一处不断产生科技改革“经验”的地方。那位后来流落海外成为“民运分子”、最后客死台湾的所长，把 50 多位研究人员“挂”起来，弄得人心惶惶、怨声载道。理论物理所领导班子

① K. C. Chou，Z. B. Su，B. L. Hao，L. Yu. Phys. Repts.，1985，118（1/2）：1～131

讨论这些“经验”时，光召说：“理论所的改革要尊重人，不学物理所那套做法。”不久，院里许多研究所又兴起搞“承包”、办公司的浪潮。光召同志在所内一次小范围的会议上问，“科学院能不能有一个研究所不办公司？”我说，“明白了，那就是理论物理研究所。”我们认识到，自己是一个从事基础研究的小所，没有什么典型性，可以“不为天下先”。理论物理所的改革，始终着意发挥研究人员的积极性、创建安静的基础研究环境，没有来回“折腾”。

1987年初，光召飞到合肥去宣读改组中国科学技术大学领导班子的国务院决定，回来不久成为科学院正院长。院里提出科学研究的力量要投入到经济建设的主战场，一度曾设想全院只留下6000位（15%）研究人员从事基础研究。海内外都有学者对此表示担心。我不知道光召自己怎么想，但曾向朋友们解释说，这是“曲线救国、用心良苦”。美国*Science*杂志的一位记者就此采访我时，我笑着说：“如果真正做到，那就好了；中科院历史上还没有过15%的人做基础研究的时候。”①

光召在担任科学院领导期间，从不为理论物理所争取条件。我深知他的这一特点，向来直接去找院里其他的负责人或秘书长们解决问题。这些人是否考虑过光召与理论所的密切关系，我不得而知。然而，我总是努力提出理论物理所特有的、不易被其他单位“攀比”的理由来办事。我曾向一位副秘书长讨来40万元，参加在北郊集资建设职工住房；在苏肇冰接任所长之前，又到院里把这笔账“赖”掉。这些都是光召当时不知道的事。一个基础研究、特别是理论研究单位的学术领导人，如果自己不是一个身

① 参看：*Science*，262（1993），366

体力行、成绩卓著的学者，就不可能在同事中享有真正的威望。一般说来，理论物理做得好的年轻人都比较善于独立思考和批判思维，在许多外人看来是“调皮鬼”，不那么容易接受“领导”。就我的观察所及，理论物理所的研究人员从不在光召面前“捣蛋”。那根本原因，就是光召的学术造诣令人心服口服。记得在所学术委员会上，光召不止一次不带片纸走到黑板前，随手写出公式方程，指出症结所在。有一位晋升研究员的“提职报告”讲得很好。光召在闭门讨论中具体指出，虽然报告中用了很多新名词和概念，但是并没有真正懂透。然而，从鼓励年轻人着眼，光召还是开了绿灯。

2003 年是发现 DNA 双螺旋结构 50 年，光召精心准备了一个以提倡交叉科学研究为主旨的公众演讲。有人认为一位物理学家不应当去讲自己领域以外的题目，我倒觉得这是他作为中国科协主席分内的事情。记得在工程热物理所礼堂听完报告以后，我第一个提问题：“我想知道克里克和沃森上面有多少局长、处长管着，多久对他们进行一次评估？”话音未落，全场鼓掌。光召说，“掌声已经说明了问题”。这真是言简意赅的妙答。

在光召倡导下从事闭路格林函数研究的几年实践，使我学到了不少东西。有一次讨论广义朗之万方程的右端位势项的系数矩阵，光召要我去分析这个矩阵的基本性质。我下了不少功夫，只能证明它是一个一般实矩阵。请于渌核算后没有发现问题，我们就去告诉光召。光召又请苏肇冰做了独立验算。随后光召指出，一般实矩阵分解成对称和反对称矩阵之和，前者描述耗散运动，后者描述正则运动。我们的进一步分析表明，正则运动并不能完全通过位势表达；通常用“手”加到广义朗之万方程中的“模模偶合项”也是反对称的，也反映正则运动。光召沉思一阵后说，这就是量子场论中的 Ward-Takahashi 恒等式。这一结论见 1980 年我们 4 人联名发表在 *Physical Review* 的文章。[①]两年之后，一位美国教授在同一个刊物上发表了同样的结论，此后这一关系还多次被重新发现。

闭路格林函数实际上有三套。一套用以写出同量子场论高度一致的形式表述，一套用于实际积分的计算，一套包含推迟、超前和关联函数，用以表示各种物理量。计算高阶微扰时，三套函数都是高阶矩阵。1978 年春，我在一位病危同事的床边值夜班，用几个晚上推导出三套函数的一般变换关系。这堆繁琐的公式，在苏肇冰手里化成了简捷美丽的对易和反对易关系的嵌套。我后来把这些关系用于非线性响应理论和证明高阶关联函数之间的一些恒等式。周光召和苏肇冰有着深厚的量子场论功底，我和于渌在平衡态相变和临界现象方面有过一点经验。周光召决策把闭路格林函数首先用于动态临界现象的分析，开启了有不少后继工作的研究方向。

记得有一次在讨论闭路格林函数的空隙，我想起来 1973 年计算重正化群给出的临界指数高阶修正项时，留在心里长期悬而未决的一个问题。那时我曾相当不规范地使用小参数展开和反展开，简单地得出某些正确结果，但在推导中必须不能自圆其说地假定某些量是“常数”，微分时不去碰它们。于是在最后发表的论文中，报告了我和于渌的骨架图展开计算结果，只在文章最后简单提到另一种可能做法。我向光召请教，光召思考之后说，你计算的实际上是 Callen-Symanzik 方程的系数，那些量被看做“常数”是求偏导数的要求。这就一语点破了我们的工作与法国 Brezin 组的广为人知的论文的关系（我和于渌的文章只有中文版）。我也因此下功夫钻研

① G. Z. Zhou，Z. B. Su，B. L. Hao et al. Phys Rev，1980，B22：3385～3487

了一番量子场论中的 Callen-Symanzik 方程，悟出它其实是齐次函数所满足的尤拉方程推广到参数隐含尺度依赖性的结果，不用量子场论也可以说明白。

光召同志十分聪明，同他一起工作虽然受益良多，但也有失去了个人主动、天天当小学生的感觉。于是我把这种感觉告诉了光召，随着他“陷入”科学行政工作，我也逐渐结束了同他在理论物理上的合作，自己走上符号动力学的独木桥，最终进入理论生命科学领域。

附　　录

“人生能有几次搏”①

——致全所研究生和研究人员

亲爱的同志们：

送上一份周光召同志 1957 年 2 月到 1961 年 2 月在苏联杜布纳联合核子研究所工作期间发表的文章目录。这是光召同志 27 岁到 31 岁时的工作。提出粒子自旋螺旋态，建议赝矢流部分守恒，引入手征振幅等重要贡献，都属于这一时期。

我们每个人既然选了理论物理作为自己的毕生事业，就要立大志气，做大贡献。唯一的办法是努力拼搏，重要的条件是精神解放。要从算文章

① 周光召早年在杜布纳的合作者之一的 L. G. Zastavenko，在 1993 年给我寄来一份光召在苏联工作期间发表的 30 篇文章的目录，提议组织学术活动为光召庆祝 65 岁生日。由于光召不同意做寿，我就写了这封信，用这些材料对所内同事做了一番鼓励。“人生能有几次搏”是我国第一位乒乓球世界冠军容国团（1937～1968）的名言

多少、想提职提级、与身边不远的同行比高下等等限制我们发挥聪明才智的束缚中跳出来，想物理学中没有解决的大事，碰那些困难的问题，敢于标新立异，出新思想，同时练就扎扎实实的手下算功。

所里与光召同志年纪不相上下或稍微年青些的几位同志，或许没有像光召同志做得那样多那样好，但也都曾在远比今天困难的物质条件下奋斗拼搏过。

中国注定要在今后二三十年里富裕强大起来。“江山代有才人出，各领风骚数百年。”由中国人领导理论物理世界新潮流的那一天终将到来。希望我们的年轻人拼搏得更好！

周光召先生八十华诞感言

闵乃本*

光召先生在我心目中是最值得尊敬的前辈科学家之一。光召先生是“两弹元勋”，对“中华民族的伟大复兴”做出了杰出贡献。

我在光召领导的“973”计划顾问专家组工作了七八年。光召先生创立的科学、民主的学术氛围，使我们能够畅所欲言。“973”计划顾问专家组会议，成为我最喜欢参加的会议。

“973”计划资助系统，享有较好的声誉，光召先生做出了重大贡献。在光召先生领导下，进行了细致的调查研究，提出了“973”计划支持的基础科学研究，应该既是“国家的重大需求”，又是“重大科学问题”。这就给出了“973”计划的正确定位。使“973”计划成为有别于国家自然科学基金会的具有我国特色的基础科学研究资助系统。10 多年来，“973”计划所取得的成果、所培养的人才、所形成的团队都表明了“973”计划定位的正确性。

* 中国科学院院士，南京大学物理系教授

“973”计划专家顾问组组长周光召

汪成为*

在我国的科技界中，几乎人人都知道周光召，我当然也不例外。知道他是一位理论物理学家、中科院院长、中国科协主席，他还是一位国家领导人，是中央委员、全国人大常委会副委员长……

从我担任“973”计划专家顾问组成员起，周光召一直是我们专家顾问组的组长，在他的组织领导下，我有幸参加了部分“973”计划的谋划、执行和咨询工作。几年来通过专家顾问组内的研讨、切磋、政论、思辨和解惑，在对他“远距离”崇敬上渐渐地增添了许多“近距离”的亲切，对我而言，我们的组长不仅是一位“领导和权威”，更主要的是一位“学长和朋友”了。

在思想认识逐步取得一致、初步描绘出发展蓝图的情况下，在科技部领导和机关的支持下，周光召又花费了大量的时间和精力，发动专家顾问组制订能够体现和贯彻这一战略思路的制度和规范。

为了体现“公开、公平、公正”，首先规定专家顾问组的成员不得申请

---

* 中国工程院院士，曾任国防科工委系统工程研究所所长

“973”计划下的任何项目，避免专家顾问组的成员由于身兼“教练、裁判和运动员”而失去公信度。

为了理顺“973”计划和“863”计划的关系，多次召开专门会议，进行宏观谋划和落实具体措施。

为了体现“滚动发展、逐步求精”的原则，对“973”计划项目实施“2+3”的管理模式，即项目执行两年后，对项目的“工作状态”和“研究前景”进行中期评估，并围绕项目的国家需求和发展蓝图，根据“集中目标、突出重点、精干队伍、择优支持”的原则，调整和确定后3年的研究计划。

一、调 查 研 究

国家重点基础研究所涉及的范围和学科很广，每个学科和专业又都有自身的特点和规律，专家顾问组的成员只是某个领域的专家，因此必须强调开展调查研究、加强学习，提高自身修养。作为专家顾问组的组长，周光召的博学是有口皆碑的，但更令人钦佩的是他的学习精神和深入调研的作风。

仅就信息科学和技术领域而言，周光召曾很深入地和我们研讨我国核心芯片和新型存储器件的研制和应用状况、世界海量信息处理和搜索引擎的发展趋势、量子密码的原理和应用前景……周光召不仅关心信息科技的宏观问题，他自己还能熟练地使用计算机，亲自动手优化机器的系统配置和性能，甚至下载和试用各种新型的开发工具。我们曾随他实地考察过网络安全、下一代互联网等研究基地，并在现场听取意见和建议。

二、敬业精神

“973”计划顾问专家组是一项很累人的工作，尤其是在项目评审阶段，至少在一周内，从早到晚地连续作战，晚上还要处理有关的应急问题。在专家顾问组内，周光召是属于年长的，我虽比他年轻4岁，有时也感到已“筋疲力尽”了，当研究和评审到非信息领域的项目时，不知不觉思想就开了小差，精力无法集中。

但在专家顾问组的各种活动场合内，周光召始终是全神贯注地主持会议、听取汇报、思考问题、发表观点。很多信息领域的专家学者在完成项目申请或评审的答辩后，常常对周光召能提出如此专业的问题和十分中肯的建议而深感钦佩。

周光召是科技界的领导，公认的权威，又是我们的组长，但他从不以势压人，而是平易近人、虚心地听取各方面的意见。在专家顾问组内，我们可以与他争辩，可以否定他的意见。他常常能归纳大家的意见，在现实条件下求得最佳解。

这种敬业精神和平易近人的作风源于他强烈的使命感，源于他对“973”计划、对国家科技创新的责任心，源于他充分的信任和依靠群众，源于他具有海纳百川的胸襟。

这就是“973”计划专家顾问组组长周光召，这就是他不仅能成为我们公认的一位“领导和权威”，也成为我们的“学长和朋友”的原因。

周光召院长——科学家的楷模

林其谁*

光召院长在担任中科院的领导时对于中科院的发展起到了积极的作用。20 世纪 80 年代中期，他努力推动国家重点实验室的创建；始终关心研究所的改革，1985 年积极支持中科院上海生物化学所开展硕士研究生学习两年提前攻读博士学位的改革；1987 年为了中科院的发展促成了中央领导与中科院及部分研究所领导的对话；此外，为了顺应国家科技体制改革的需要与拨款制度改革的现实，提出了“一院两制”，在保证基础研究的同时，也造就了像联想这样的高科技企业。

1997 年 6 月，国家科技领导小组会议决定由原国家科委负责制定国家重点基础研究发展规划（“973” 计划），1998 年开始组织实施。“973” 计划实行专家咨询与政府决策相结合，建立了专家顾问组，由光召院长任组长，对国家重点基础研究发展规划的制定和 “973 计划” 项目组织实施中的重大问题进行咨询评议。

中国基础研究在 “973” 计划启动前面临不少困难，难以做出重要的前

* 中国科学院院士，中国科学院上海生命科学研究院生物化学与细胞生物学研究所研究员

沿创新工作和为解决国家重大问题发挥积极作用。“973”计划的目标很明确，要通过源头创新来促进农业、能源、信息、资源环境、人口与健康、材料等领域的研究水平，解决6大领域的国家需求。但是如何来做这项重要工作，在当时却完全没有经验。光召院长作为“973”计划专家顾问组的组长，团结与引导专家顾问组深入讨论如何全面理解“基础”与“重大”，如何有机地把二者结合起来。光召院长特别鼓励专家顾问组成员各抒己见，畅所欲言。开始时大家是“比较不清楚，有点糊涂”，到以后“时而清楚，时而糊涂”，最后达到了清晰的一致共识，很快制订出一套公平、公开的管理办法与项目评审规则，为“973”计划的正常开展与健康发展打下了非常好的基础。1998年综合评审通过的第一批15个项目起到了很好的示范作用。

“973”计划执行后在科技界有很好的口碑。光召院长不失时机地提出了给学科前沿研究开一个小口子来推动与支持前沿研究。他的建议得到科技部的支持。2000年“973”计划设立了前沿项目，这些项目后来都取得了突出的成绩。光召院长还十分重视学科交叉在科学发展中的作用。他提出先从生命科学与其他学科交叉研究入手，来逐步推动交叉学科的研究。在光召院长的建议下，第二届专家顾问组于2001年先听取了人口与健康领域专家的介绍，又指定不同领域的专家负责综合调研，最后凝练出科学问题，组成了2002年的“生命科学若干前沿交叉问题研究”项目。经过多年的实践，“973”计划专家顾问组成员也有了分工，分别负责包括前沿、交叉在内的8个方面。

“973”计划的成功开展与专家顾问组的工作分不开，而专家顾问组的工作又是与光召院长的远见卓识的领导分不开的。在光召院长领导下，

“973”计划并不墨守成规，2000年通过了由中科院上海神经所一个所单独承担“脑发育与可塑性的基础研究”项目，支持有显著优势的单位深入研究；2001年同时通过了两项人胚胎干细胞项目：“干细胞的基础研究与临床应用”和“人胚胎生殖嵴干细胞的分化与组织干细胞的可塑性研究”，推动了中国科学家在人胚胎干细胞领域的研究。

“973”计划专家顾问组是一个很好的集体，在光召院长身体力行的领导下，有很好的学术氛围与求知、求实的作风。每次“973”计划综合评审的工作量都非常大，光召院长不顾年事渐高，总是仔细地听每一个报告，并且提出学术问题，引导大家讨论。光召院长扎实的科学基础与宽广的知识面，使得他总能抓住科学问题的实质，把握住方向。由于光召院长的突出贡献，在2008年“973”计划10周年纪念大会上科技部授予他“‘973’计划突出贡献个人”称号。

高风亮节　学者楷模

孙锦山*

大学毕业之后，我很幸运地分配到大师云集的北京第九研究所工作，当时理论部以邓稼先为首的8位主任，除各自在专业上已有精湛造诣外，他们的学术民主作风、科学严谨态度、对知识孜孜求索的精神以及他们的为人处世风格，深深地感染着我们这些年轻的科技工作者。在他们的领导下，理论部各专业相互融合、密切配合，全力以赴地进行核弹理论探索和型号物理设计。

一、排除干扰　潜心钻研

我刚到所不久，研究所就进入了“文化大革命”的非正常时期。在一般工作时间，要进行政治学习和所谓的造反活动。为按时完成科研任务，很多工作只能在晚上进行。期间，作为理论部第一副主任的周光召先生也受到了很大冲击，但先生泰然处之，一如既往从事和领导科研工作。有一天，我正在十二室的办公室学习，他轻轻地走到我后面，突然问我：看什

* 曾任中国工程物理研究院副院长

么书啊？紧张得我手足无措，因为进所时就知道他的大名，也传说他的种种“厉害”。此时他就坐在边上和我聊天，更使我诚惶诚恐。那次谈话，我现在还能记个大概，大致是要我们新同志加强学习，特别是对自己非主修专业的学习。不过这次接触却给了我亲近之感。之后，他又多次指导我们如何进行核弹综合学科的科研，要求我们补充学习反应堆、中子输运理论、核物理、辐射流体力学、冲击波和爆轰波等知识，并亲自指定几本书要我们必须仔细研读。刚工作，我们对整天埋头于计算、整理成千上万数据，不断进行列表和画图表现出不耐烦，光召先生与我们闲谈时指出：同样是列表、画图，有些人就能从这些线和表中发现规律，进而研究深层次的物理机制，科研工作就是踏实、细致、从烦到简的过程，这样才能探索到科学的真理。在“文化大革命”中，他经常深入科研和生产一线，带领我们到生产部门出差，在底下的办公室、机房经常能看到他的身影。虽然院子里贴了一些光召先生的大字报，什么“只低头拉车不抬头看路”等，奇怪的是，这些“批判”反而使我们从心底里对先生产生由衷的敬佩。工作入门后，他又指导我和有关同志深入了解和研究有关物理问题，当时他冒着风险组织陈式刚、朱建士、王继海和我，进行小组式的研究与讨论，规定每个星期六下午到他办公室集合，各自介绍调研材料及内容。第一次就对我们讲要排除干扰、安心钻研和学习。期间他像大学老师一样，给我们系统讲述了诺奖成果——耗散结构理论以及李群变换方法等，和我们一起讨论这些理论可能的应用领域，对我们的报告还不时提出疑问和指出关键点。通过大家的调研和讨论，使身处十分封闭环境的我们，了解了很多世界前沿的科学技术。通过言传身教，除接受知识之外又耳濡目染了先生高尚的学风和人品。

二、学识渊博　卓尔不群

光召先生的理论物理功底深厚，思路和概念清晰，在理论、高能物理领域做出过国内外认可的出色研究成果。工作中他善于以理论物理的知识，高屋建瓴地剖析核弹动作等各类物理问题的实质和关键，他还娴熟地运用数学推导技巧，进行简洁分析、估计物理量的变化。“最大功原理”就是他运用理论分析、指导具体计算，对第一颗原子弹研制做出的重大贡献之一。含能材料爆轰是核弹装置第一驱动力，早在20世纪60年代，他就为理论部编写了“爆轰波讲义”，这是我进入爆轰物理学领域的第一本教材。除每星期半天的集中讨论外，有关爆轰的疑难问题我还经常到他办公室请教，他总是耐心、细致地讲解，有时还用笔在纸上推导，真正是诲人不倦，不仅使我受益匪浅，也指导了我后续在该领域的应用基础研究。先生在“讲义”和讨论中提到的很多爆轰物理问题，直到10多年后，基于对安全和可靠问题的日益重视，才见诸于国外文献。例如反应冲击波获得自持的条件、化学反应与流体力学的耦合、爆轰波结构、结构内物理量分布、波运动的稳定性以及反应冲击波强度增长、衰减和稳定的数值模拟方法等，这些问题的提出对后来中物院、九所的理论和实验研究工作起到了重要的指导作用。

三、学者楷模　国之瑰宝

我有幸参加工作就在先生身边，直接得到他10多年的指导和培养，受益颇多。先生除了上述学识渊博、潜心钻研、提携后辈之外，最根本的是他始终把国家利益和科学技术的发展放在第一位，并为此呕心沥血、勤奋工作。他当所长期间，为了我国核弹理论设计工作的有利开展，毫无顾虑坚持正确意见，从而保证了我国核弹研制进程。在任中科院院长期间，他多次到所、院指导工作和做学术报告，有次先生回顾在所里与大家一起工作的日子，动情地说：北京九所是净化灵魂之地。在邓稼先、周光召、于敏、周毓麟、黄祖洽等老一辈科学家的带领下，他们的学识和人格魅力感染了周围一大批年轻人，培养了一支爱国奉献、科学求实、团结奋战的科研团队。在担任人大常委会副委员长期间，光召先生在繁忙的公务中仍关心所和院的发展，还念念不忘过去九所的老同志，我们几次拜访，他都提起铁牛、李茂生、李怀智等老同志，并打听他们家庭的近况，嘱咐要对他们多关心。周先生是我们做事的榜样、做人的楷模，他享有很高的威望，但却平易近人、朴实无华。

科学巨星　良师益友

曾先才*

我虽然进九所较晚，在周光召先生的领导和指导下从事科学研究和科研管理工作，只有大约10年的时间，但是承蒙他的错爱，曾得到他的诸多指点、帮助、关照和爱护，使我受益匪浅，终生难忘。

一、初见峥嵘　高山仰止

1970年春天初到九所，听说周光召名贯北大，奋战杜布纳，硕果累累，后来主动请缨，奉召回国，潜心研究核武器理论，用“最大功原理”，一锤定音，敲定了我国第一个原子弹的理论模型，开创了我国核武器理论研究的新局面，是我国核武器理论研究的功勋人物，享誉国际的年轻科学家，对他佩服之至，十分敬仰。

分到研究室后，一日与老同志到办公楼会议室参加学术讨论。讨论中，只见一位坐在长条会议桌左端的中年人，白净的脸，眉清目秀，文质

* 中国工程物理研究院研究员

彬彬，短衣短裤，中等身材，肩挎绿军包，微笑着站起来，与大家生动活泼地讨论有关的学术问题。当时因为刚进所不久，对讨论的问题虽然云遮雾罩，不甚了解，但总感觉此人思维敏捷，见解独到，显露出一种非凡的才华。与会者对他都非常尊重，称呼他老周。我悄悄地问坐在我旁边的一位老同志他是谁，方知他就是如雷贯耳的周光召。高山仰止，景行行之。刚走出北大校门的我，虽经“文化大革命”的“洗礼”，却深知治学之难，科学殿堂之神圣，心中不由得油然产生一种对老周的敬佩之情，顿时他就像一座学术高山屹立在我的眼前。令我惊奇的是，此后见到他时，总见他口戴口罩，衣着朴素，在言谈举止上，没有名闻中外的大学者的任何一点派头。后来方知他口戴口罩，是因为花粉过敏；他在九所如邓稼先、于敏、黄祖洽等一样，都非常朴素，平易近人，大家都只叫他们的姓，叫他们为老邓、老周、老于、老黄等。一直到现在，仍然这样称呼他们。老周后来成了国家领导人，见面时我们仍然叫他老周。

这是老周最初给我的印象。

二、悉心培养　众口皆碑

后来，一边“抓革命”，一边“促生产”。由于我所在的科研组承担了国家的重要任务，事关重大，每到关键时刻，所领导都要频频前来参加讨论，对理论方案进行业务把关，最后拍板。于是，接触老周的机会逐日增多。

真正开始与老周直接接触较多的时间，是在1973年我代表科研小组赴西北独当一面地抽检核装置，负责现场处理核试验总装过程中的有关理论问题，并在核试验前随同朱光亚、邓稼先飞回北京，与老周和老于等一起向以周恩来总理为首的中央专委汇报试验前的准备工作以后。也许老周发现我还不是愚不可及的那种人吧，从此，他就开始关注我，培养我；特别是在 1975 年春以后，对我更是关心备至，悉心指点，因材施教，给了我许多帮助，令我终生难忘，感激不尽。

1975 年春天我探亲回来后，获悉在核工业部主持召开的香山九所学习班上将我定为九所临时党委委员兼任第一研究室党支部书记和指导员，惶恐不安，生怕荒废了专业，不能学以致用，便立即到学习班去找院领导和新来的党委书记，请求免去我的这些职务。新来的党委书记说，现在让我兼做政工工作是临时的安排，很快就要调人来接替我。老周已与他商定，以后主要让我做科研工作。与新来的党委书记谈完后已经是吃午饭的时间。出来正好遇上老周。老周微笑着拉我去饭馆，请我吃饭，并对我说了他与党委书记达成的协议，要我暂时先一边做科研，一边做些政工工作，对我的工作另有安排。过了几天，他又把我叫去，指定我要在规定的时间内念完几本专业书，并做作业，他要定期进行检查。后来他又多次问我一周能不能保证四天搞业务，两天搞政工，我说保证不了。于是他非常着急，见一时无法从所外调政工干部来替换我，就与党委书记研究，经党委会讨论决定，从机关派了一个干部来当副职，专职做政工工作，以便保证我能将主要时间集中在科研和科研组织管理上。不仅如此，老周还在科研方法和领导方法上给了我许多具体的指点。后来，又几次征求我的意见，想把我调到所业务领导身边，加以专门熏陶、培养。后因老周的无奈调离九所和其他种种原因，我未能如老周之厚望，实现他的培养目标。1982 年老周出国回来，调到科学院后，还曾光临寒舍，给我以激励，希望我在九所发挥更大的作用，殷切厚望，溢于言表。现在想来，对老周既甚为感激，又甚感内疚。感激的是他对我的厚爱、信任、关照和培养。内疚的是我终未能充分发挥自己的聪明才智和做出更大的努力，在九所发挥更大的作用，为九所做出更大的贡献。

老周在九所重视对年青科学人员的培养是众口皆碑的。在九所得到老周的垂爱和培养而成为栋梁之材的不乏其人。他非常注意培养人才，发现人才，知人善任。人才的培养始终是老周心中的大事。他不但心中时刻装着九所人才培养的大事，甚至还时刻关注少年英才的培养教育。记得，打倒“四人帮”后，他获知九所一科研人员的儿子，正在上小学，有特殊的数学天分，就马上与教育部联系，建议他们研究对这个小孩进行专门培养的问题。后来老周还邀我和孩子的家长与他一起到教育部参加了一次专门讨论这个孩子培养问题的会议，做了妥善的安排。老周调到科学院后，身负重任，重视人才培养的方针和举措，更是众所周知。

三、不忘国忧　情谊无价

自从我当了所党委委员后，我和老周在党委会上和政治理论学习中心组上经常见面，一起讨论九所的重大事情，学习“无产阶级继续革命理论”。在学习时，主要是党委书记念文件，大家表态。我与老周等几个专家学者委员的观点比较一致，容易说到一块儿。我们经常以提问题的方式，发发牢骚，话里话外夹带着对“四人帮”的不满和愤恨情绪。平时见面，则少不了私下里交换一些政治消息和观点，不满“四人帮”倒行逆施、祸国殃民的行径，为国家的前途担忧。

1976年清明节前，我与所里20几个同志以及王老（淦昌）去天安门英雄纪念碑前敬送花圈，悼念周恩来总理，并借以发泄对“四人帮”的不满。老周知道后，非常赞赏我们的行动。后来我接连两次又与所里的绝大多数同志浩浩荡荡地到天安门游行、送花圈，参与出版悼念周总理、字里行间声讨“四人帮”的墙报诗刊。老周也直接参加了全所规模的到天安门广场送花圈，悼念周总理的游行活动，并在车上对人说，以后就看工人阶级的态度了。所有这些活动以及传播所谓“反革命谣言”的私下谈话，当时都被所里的个别人搜集在一起，上纲上线，向时任中共中央副主席的“四人帮”成员之一的王洪文打了小报告。王洪文的批示下来后，我和几个同志被核工业部党组定为反革命。有人散布说，我是群众的后台，老周是我的后台，企图找老周的麻烦。老周毫不畏惧，不但与黄祖洽、周毓林、何桂连等一起在党委会上当面质问上级来执行王洪文批示和部党组决定的人：你们此来是何目的？是否来抓反革命？谁是反革命？你们凭什么定反革命？而且私下还安慰我，给我撑腰。后来，来自上面的压力越来越大，直接批评党委内部是否有人包庇我，党委才不得不给我办学习班，让我检讨。在学习班上老周一言未发，不但没有批判我，反而想方设法帮助我、保护我。当时真有点黑云压城城欲摧的架势，就连我母亲病危，家里发来加急电报，所党委甚至部政治部主任都无权批准我是否能回家探母，必须报经部长亲自批准方能定夺。我永远不会忘记，当老周获悉我母亲病危的消息后，在花园路六号院里搂着我的肩膀问我要不要用钱的情景。当我告诉他还不知上面能不能批准我回家时，他说：回不去，也得往家里寄点钱啊。我说：等我要用钱时再找你吧。我更永远不会忘记，第二天上午党委开会研究所谓墙报诗刊中的反动诗词问题时老周保护同志的鲜明态度。会后党委书记宣布，部长已经批准我回家了，是老周当即把我拉到一边，马上掏出 150 元钱塞到我的手上，让我马上回家。此时此刻，我欲言又止，无法表达自己对他的感激之情。只好接过钱，与他告别，怀揣感激，赶紧打点回家，匆匆向北京站赶去。

据我所知，老周当时要保护的，决不只是我一个人，而是更多的人。他心中装的是九所的整个队伍。

四、稳定队伍　旨在核武

1969 年贯彻林彪的一号命令，九所被迫搬迁到四川山沟里。因为四川缺乏大型计算机和图书资料，不具备应有的核武器理论研究条件，为了不影响核武器研究的进展，只好将户口留在四川，科研人员重回北京工作，给职工生活和科研工作带来巨大的困难。尽管如此，上面还是年年催搬迁，搞得人心思走，队伍很不稳定。老周对此焦虑不安。为了实现搬迁的目的，上面还一再更换九所的党委书记，职工都戏称每次新来的书记为“搬迁书记”。老周为了稳定这支科研队伍，每次都要向新来的“搬迁书记”阐明不能搬迁的理由，而每次新来的“搬迁书记”也总是很快就被老周和九所的职工同化，放弃搬迁的思想，与大家站在一起，从实事求是出发，想法稳定九所的队伍。记得，后来九所争得了北京临时户口，正式待遇的权利。所谓正式待遇，就是除职工子女就业和粮票要从四川寄来以外，其他享受与北京市民一样的待遇。粉碎“四人帮”后，在老周的努力下，九所党委继续积极争取解决全所返回北京的问题，做了许多艰巨的工作。1978 年老周与党委书记商量，召开党委会，做出决定，由党委书记亲自出马，派我和李怀智等协同一起，前往四川向院党委汇报回迁北京之事，终于获准将滞留四川的职工和留在四川的行李家具全部撤回了北京。而后，户口回迁的工作也取得了实质性的进展，在积极办理之中。不幸，后来罗瑞卿突然病故，按上面的指示，暂时中止户口回迁的办理工作。后来，接下来的一年多里，不但户口的问题毫无消息，而且老周等呕心沥血，为了稳定九所科研队伍，促进我国核武器理论研究发展的所有努力，却被扣以抵制三线建设，留恋大城市的帽子。所领导再次进行大换班，老周、老黄等有功之臣、著名学者也只好无奈地调出了九所。真是千秋功过，谁人曾与评说；酸甜苦辣，谁解其中味？！

五、丰功伟绩　雄才大略

提起老周，九所的科研人员几乎无一不知他“最大功原理”的丰功伟绩，无不佩服他扎实的理论物理和数学功底，敏捷的思维，严密的逻辑，严谨的科研作风，渊博精深的学识，丰硕的科研成果。其实，老周远大的科学管理战略眼光和组织管理才干也是非同凡响的。正是老周，用“最大功原理”，不但一锤定音敲定了我国首枚原子弹装置的理论模型，而且一扫“大跃进”时期形成的浮躁的科研作风和虚涨的热情，与邓稼先等一起将核武器理论研究领上了实事求是、按科学规律办事的道路。我来所后，听了不少有关老周当年亲自编写教材，给年轻人讲课和如何要求年轻人刻苦钻研，苦练基本功，激励年轻人奋勇上进的故事。我从亲身感受中也深刻地了解到了老周的这种非凡才干。老周当年在九所高瞻远瞩，从培养人才入手，要求年轻人边干边学，推方程，研究差分格式，编制科研计算程序，通过科学计算，发现和总结科学规律，指导年轻人对核武器理论进行了系统的全面的深入研究，为我国核武器的长远发展奠定了坚实的理论基础。我国能在突破原子弹原理后，以世界上最快的速度突破氢弹原理，与老周在科研管理上的这种战略思想和具体实施有密切和重要的关系。老周的这种战略思想一直贯穿到他调离九所的时候。他在调离九所前组建规划组，制订的我国核武器发展规划对九所后来的研究方向和研究工作起了非常重要的牵引和指导作用。所以，老周调离后，于敏院士曾对我说过，老周不但自己的研究工作做得好，而且有战略眼光和组织才干，能从大的原则上指导和组织科研人员开展研究工作。

六、科学巨星　丰碑永驻

周光召院士在九所先后担任过 18 年的副所长和所长职务。他学识渊博，才华出众，既是学术泰斗，科学巨星，又是我们的领导，良师益友。虽然他已调离九所约 30 载，然而，岁月悠悠，往事历历，老周当年对九所年轻科研人员的爱护、培养，对九所的建设和我国核武器研制付出的心血却仍然并将永远在九所人的血脉中流淌，激励九所的后辈奋发努力，奋勇前进，再创辉煌；他所建立的卓越功勋，仍然并将永驻九所人的心中，永远是九所人心中的丰碑。

我所了解的周光召先生

李云玲*

在周光召先生担任中国科学院院长期间，作为院机关的一名工作人员，我有幸在他的领导下工作。2009 年 5 月 15 日是周先生八十寿辰，在这个值得纪念的大喜日子里，作为他的老部下，我想借此短文表达对他深深的敬意，并祝愿他健康长寿。

一、科技战线的卓越领导者

周先生不仅是一位学识渊博、学术成就卓著的杰出科学家；是一位对研制原子弹、氢弹有重大贡献、受到国家隆重表彰的“两弹”元勋；同时，也是一位科技战线的卓越领导者。

在他担任中科院副院长、院长的八十年代后期到九十年代中期，无论对我们国家，还是对中科院，都是一段非常艰难的岁月。国际风云骤变，苏联瓦解、东欧剧变；国内发生“六四风波”，政治动荡，经济困难，社会

* 曾任中国科学院办公厅主任、党组办公室主任、新闻发言人、人事教育局局长

主义的中国面临空前严峻的考验。八十年代中期，中科院的情况也非常困难。社会对中科院的存在价值产生质疑，甚至个别高层领导也颇有微词，外部环境很差。院内也存在很多问题：体制僵化，观念陈旧；经费匮乏，设备破旧；人才流失，队伍老化；人心涣散，士气低落。面对种种矛盾和重重困难，周院长以巨大的勇气和卓越的领导才能，团结带领院、所两级领导班子和全院同志，知难而进，励精图治，发愤图强，艰苦奋斗；遵循科技、经济发展规律，根据世界经济科技发展的趋势，从国情院情实际出发，大胆改革，锐意创新，积极探索中科院改革发展之路。制订了“把全院的主要力量动员和组织到为国民经济服务的主战场，同时保持一支精干队伍从事基础研究和高技术创新”的办院方针。针对旧体制中的大锅饭、铁饭碗和部门所有的弊端，采取了一系列开创性的改革措施。提出了“一院两种运行机制”的改革模式，即对于不同类型的工作，根据不同的特点和规律，采用不同的运行机制、管理和评价体制。改革拨款制度，逐步实现分类管理。探索建立现代院所制度，实行所长负责制和所长任期目标责任制。打破封闭体系，率先建立面向全国的基础研究基金（国家自然科学基金的前身），创办开放实验室，建立开放、流动、联合、面向全国的新体制，把中科院办成全中国科学家的科学院。大力推进成果转化工作，鼓励科研人员带着成果创办高技术开发公司，孵育出联想、三环、地奥、尼赛拉等一批知名高技术企业，使开发工作真正进入经济领域，为国家发展高技术产业做出了重要贡献。

在他为首的院党组的正确领导下，中科院逐步走出困境，走上一条健康发展道路，基本完成了他提出的中科院九十年代的三大任务，即：为我国科技事业和社会经济的发展，做出无愧于科技国家队的新贡献，取得一批重要科研成果；基本实现科研第一线的重担向年轻一代的战略转移，形成一支充满创造活力的新一代科技队伍；通过探索改革，推进向新体制的转变，以适应21世纪发展的需要。正是这些工作为中科院今天的发展和辉煌奠定了坚实的基础。我相信，熟悉中科院这段历史的人们永远不会忘记周院长为中科院的发展，为中国科技事业的发展所做出的杰出贡献。他领导中科院的这段艰辛奋斗史也将永远载入中科院和中国科技事业发展的史册，为后人铭记。

二、知识分子的杰出代表

很多人都了解，周院长讲话从不照本宣科，人云亦云，而是深思熟虑，发自肺腑。在1992年度全院工作会议的讲话中他说过：“只有那些真正与群众血肉相连，真正以平等热情的态度关心和爱护群众，本人又是以身作则、廉洁奉公的领导，才能在群众中产生影响和威信。威信不是以权力为基础的，而是以道德人格为基础的。”言为心声，他不仅是这样说的，也是率先垂范这样做的。他在中科院和科技界之所以受到广泛的尊敬和爱戴，我认为，这不仅是因为他具有渊博的学识和卓越的领导才能，更是因为他有高尚的爱国情怀，崇尚真理、唯真求实的科学精神；淡泊名利、大公无私的高尚品格；真诚待人的博大胸怀。正是这种人格魅力，他赢得了同事、部属的信任和爱戴，形成了强大的凝聚力。

信任干部，关爱群众。“六四风波”之后，一些人对知识分子的政治坚定性产生疑问，社会上一些单位清查工作搞得人心惶惶。在这种情况下，为稳定中科院这支队伍，院党组及时召开所局级领导干部会，周院长在讲话中明确表示："中科院这支队伍是党和国家多年培养起来的，完全值得信赖。"由于他的正确引导，安定了人心，稳定了局面。此事今天说来很轻松，但在当时情况下，这样做确实不容易，需要有足够的政治勇气和政治智慧。

他刚就任院长那几年，中科院经费非常困难，政府给中科院的事业拨款每年仅增长百分之一点几，扣除物价上涨因素，实际是负增长，有的所连发工资都困难。当时工作条件之艰苦，生活待遇之差，今天的年轻人难以想象。一些中年科技人员由于长期在艰苦条件下超负荷工作，积劳成疾，英年早逝。周院长为此痛心不已，他在 1991 年全院年度工作会议讲话时，说到这种情况，难以自抑，哽咽良久，说不出话来，在场人员无不为之动容。他多次说过，我们中科院是个大家庭，我们中年人是支撑这个家庭的当家人，有责任把中科院这个大家庭发展下去，照顾好老一代，培养好年轻一代。为改善科技人员和全院职工的工作和生活条件，一方面他不断呼吁国家增加拨款，另一方面想方设法从各种渠道筹措经费，解决职工体检等关系群众切身利益的一些具体问题。作为身边工作人员，我真切感受到，中科院大家庭的每一部分成员，都挂在他这位当家人的心上。他满腔热情地关心科技人员，尤其关心青年人才的成长。出台了很多促进青年人才脱颖而出的政策，想办法改善他们的工作和生活条件。今天已成为科技领军人物的白春礼、裴钢、张杰、卢柯等一大批优秀青年科学家都曾得到过他的直接关怀。感人的事例不胜枚举，广为人知，不再赘述。我仅举一个他关怀老工人的例子。1990 年初，他去科仪厂视察工作时，得知一位老工人患癌症住院。在金鹤鸣厂长的陪同下，当即驱车到北京大学校医院看望这位老工人张师傅（名字不记得了）。周院长拉着张师傅的手详细询问病情，劝慰他安心治疗养病。张师傅非常激动地说，院长百忙中来看望我一个老工人，这是革命的老传统、老作风，我太高兴了，病都好像好多了。《中国科学报》想报道这件事，为此请示周院长，他说，不要报道了，我们去看人就是实心实意地看，不是为了宣传。

一身正气，两袖清风。他律己很严，从不用自己手中的权力为自己和亲属谋利益。一次，他在湖南老家的亲属给他写信，请他帮助为在北京读书即将毕业的儿子安排一份工作，留在北京。办这种事对一院之长不算难，只要他说一声，下面的人就办了。人之常情，也不过分。但他却对秘书说：这件事我不能办，只好让他们骂我六亲不认了。我在院长任上，这类事一律不能办。他的姐姐周光宇先生在上海生化所工作。周院长从来没有为姐姐的项目和经费说过话，他姐姐也从不为自己的事找他。

周院长对腐败现象嫉恶如仇。1990 年 3 月国家一个重要部门的一位工作人员多次打电话给他的秘书，想请周院长帮忙解决他母亲工作的问题。当秘书把这件事报告他时，他很生气说，现在这样强调端正党风，还这样干！我们不能助长这种风气。

1991 年上半年他在中央党校省部级培训班学习，结业时，学员互相请客送礼。他对秘书说，一边学习端正党风，一边还这样做，我们不能随波逐流。既不请客，也不送礼。但据说，反响挺好，大家认为中科院比较清廉。

淡泊名利，甘于奉献。周院长对事业看得很重，对名利看得很轻。1989 年底，院思想政治研究会拟将周院长发表过的一些言论编入《科学家格言》一书，文稿送审时，他不赞成，对送审的同志说，第一，这些算不上格言；第二，不要宣传我。有一次，一个出版社出一部名人辞书，为周院长的词条发函征求他本人的意见，他对秘书说，对这些我不感兴趣，人不能图虚名，还是多做一点实事好。还有一次，九十年代初，科学报一位记者为《明日》杂志写了一篇采访周院长的文章——《展望九十年代》，文章前言有一段介绍褒奖他的话。看后他对秘书说，我一看到这些话就头疼，我全去掉了，有人喜欢吹捧，我就怕这个。都说老年人爱听好话，我虽然也老了，但要保持清醒。

周光召先生与闭路格林函数

李定平*

1985年，我还是大四的学生（清华大学当时是五年制），当时周光召老师被清华大学聘为物理系主任。记得第一次周老师和我们这些物理系的学生座谈，他谈到对物理的热爱，对人生的看法，并希望我们毕业后能为国家建设尽每个人的力量。从系老师那里我了解到，周老师是我们中国本土培养出来的国际级物理学家，他在粒子物理方面做出过世界级的工作，并对我国两弹事业有重大贡献。

后来，我被推荐为周老师在清华大学的研究生，因而有更多机会接触周老师。周老师不仅在学术上尽心地指导我们，在生活上也对我们非常关心。记得那时，周老师已是中科院院长，工作非常忙，但周末经常请我和师兄们一起去他家讨论，之后会留下我们一起共进晚餐。

在学术上，通过和周老师讨论及旁听他与师兄的讨论，感觉到老师有非凡的物理悟性和洞察能力，对问题总是能全面地分析，并且切中要点。可惜的是，那时我还是初入物理大门，对物理没有太多的直觉和感觉。周

* 北京大学物理学院理论物理研究所研究员

老师和我们讨论物理的时候，我对谈话的很多内容还是不太能深入理解。

周老师建议我读闭路格林函数方面的文献，然后利用闭路格林函数的方法研究标准模型的相变问题。当时我拜读了周老师和苏肇冰、郝柏林、于渌的闭路格林函数文章（Equilibrium and non-equilibrium formalisms made unified. Phy. Rep.，1985，118（1，2）：1～131），闭路格林函数的优点在于它不仅可以处理平衡态问题，还可以处理非平衡态的动力学问题。当时读这篇文章并没有体会到它的重要性。和很多年轻人一样，我的兴趣转移到其他方向，因而没有深入掌握闭路格林函数理论。这成为我现在的一个很大的遗憾。离开格林函数领域之后，我做了一些当时所谓“时髦”的工作，如分数量子霍耳效应中的分数统计。最近 10 年来，我一直在做高温超导体在磁场下的相图理论，主要基于 Ginzburg-Landau 理论，研究该理论模型给出的相图并与实验比较。当在有钉扎情形下，穿透样品的涡旋磁力线在低温情况下会形成玻璃态。如果涡旋线是玻璃态，则样品是处于超导态；如果涡旋线是液态，则由于涡旋线可以运动而产生耗散，样品这时不是超导态。玻璃态理论是非常难懂的理论，到现在为止，玻璃态理论还不完善。为了解玻璃态，我读了相关的自旋玻璃理论（璃态理论中最为成熟的理论）。开始我先去了解 replica 对称破缺的自旋玻璃理论（G. Parisi. PRL，1970，43：1754），然后是描述自旋玻璃的动力学理论（H. Somoplinski，A. Zippelius. PRL，1981，47：359）。H. Somoplinski 和 A. Zippelius 的自旋玻璃动力学理论，该理论基于 Marin-Siggia-Rose 理论（PRA，1973，8：423）。实际上，闭路格林函数的经典极限就是 Marin-Siggia-Rose 理论，于是我开始真正深入地了解闭路格林函数。

为此，我阅读了一些文献和书籍，发现最近 15 年来，闭路格林函数除在非平衡态基础理论方面的应用外，在许多领域也都有非常广泛应用，如在无序系统、激光、等离子体，特别是介观物理（纳米物理）的输运很多是用闭路格林函数来研究的。

很多人对周老师在粒子物理方面的工作较为熟悉，不太了解他在其他领域的工作。周老师和苏肇冰、郝柏林、于渌老师在闭路格林函数方向的工作可以说是世界水平的工作，其重要性随时间的推移，越来越受到重视。该工作获2000年度国家自然科学奖二等奖，截至2009年1月15日，该文章被SCI收录期刊引用473次，成为利用闭路格林函数研究非平衡态方面的经典文献。Rammer在其新书*Quantum Field Theory of Non-equilibrium States*（Cambridge University Press，2007）中就引用了这篇文章。从Rammer的书可以看出，闭路格林函数已成为凝聚态理论研究者必须掌握的工具。

http://www.lookforbook.com是搜寻电子书籍的网站，输入nonequilibrium，可以发现8本书，如*Kubo*、*Toda*（Hashitsume所著）、*Statistical physics II. Nonequilibrium statistical mechanics*（搜寻时间：2010年4月19日）。但是令人吃惊的是，周老师、苏肇冰、郝柏林、于渌老师的这篇文章也赫然在列，由此可看出这篇文章已成为非平衡态理论方面的一本经典“书籍”。

我很遗憾当时没有持续研究闭路格林函数。很多刚刚进入研究领域的人喜欢做“时髦”的工作，因为“时髦”的工作比较容易发表文章。但“时髦”文章往往不能留下来（随时间推移而被遗忘）。基础性的研究则往往比较难出文章，而且其重要性在当时显现不出来，但却有很强的生命力和广泛的应用领域。

我想我的遗憾对刚刚进入研究的年轻人应是一个启示。

在周光召院长身边工作的日子里

刘克里*

我是一名在研究所工作了十几年的普通科技人员，当所领导告诉我已被推荐作为周光召院长秘书候选人时，我感到很突然。因为我既没有管理工作经验，也没有在机关工作的经历，作为秘书年龄又偏大，选上的可能性不大。后来院里通知我参加周院长出席的一次“读书班”，在会上我第一次见到了周院长，只是简单地打了个招呼，并没有什么交谈。晚上通知我去周院长房间谈话，我知道这是一次正式面试。我想，院长可能会询问我很多事情，包括经历、工作、思想、家庭，也会提出很多要求和规矩。想到白天大家谈的都是院里的重大事情，我确实知之甚少，都那么陌生，心情自然很紧张。但是第一次与周院长谈话却出乎我的意料。“做秘书你就要放弃多年来从事的科研工作，会失去你原来的很多东西，因为秘书工作每天面临的是繁杂的事务性的服务工作，你要慎重考虑你的选择，多征求一下家里人的意见。如果你愿意做秘书工作，我很欢迎，我相信你能做好，也相信我们能相处得很好。”十几分钟的简短谈话，我至今历历在目，记忆

* 曾任周光召秘书、中国科学院办公厅副主任、院信息咨询中心主任

犹新。我事先准备好的各种回答，他都没问，谈话的主题是让你在工作选择上认真考虑，是替你着想，是鼓励你。我当时的心情由紧张变为激动，我突然产生一种直觉，我遇见了一位令人尊重、平易近人、作风民主、思想豁达的领导和长者，有幸在他身边工作，我会学到很多东西。

我刚从事秘书工作时，心里没底，一切都是从头开始学起。总希望周院长多给我一些指点和要求，这样可以少出些差错。其实周院长对身边的工作人员是很理解和放手，他不给我压力，希望我在实际工作中自己琢磨和领悟，但在原则问题上却很鲜明地提出要求。我记得他第一次向我严肃提出的要求是："以后很多部门和研究所的同志、专家、学者都会与你联系，希望跟我通话、面谈，你都要认真对待，尽量安排。尤其是老同志、外地研究所的同志，他们来机关一趟不容易，想找我谈事情，你要优先安排。"其实我理解这就是让秘书要摆正自己的位置，积极认真地做好服务工作。从此以后，我每天把预约的通话、面谈的事情都一一记录下来，然后请示周院长。我们看着日程表，一项一项落实，有时工作安排得很满，只能见缝插针，甚至调整日程安排。这确实增加了周院长每天的工作强度，但这体现了他广开言路、多方面了解情况的民主作风。周院长性格内向，言语不多，尤其不喜欢讲套话、空话，给人感觉是一位很严肃的领导。时间长了，通过他的一言一行，你会感到他是一位和蔼可亲、工作作风很民主的领导。再深层次的体会就是，周院长的民主作风的思想基础是他对同事、部下、科技人员那种发自内心的尊重、信任、理解和关怀。作为周院长身边的工作人员，首先要学习他对人的尊重和理解。

作为一院之长，最重要的工作就是如何推动中科院的发展与改革。周院长在院党组会、院长办公会和各种正式会议上，充分发扬民主，善于倾听大家的意见和建议。同时为了更深入更广泛地听取各方面的意见，经常有针对性地组织召开各方面的座谈会、研讨会，其中包括科技、管理、人才、党务工作、老干部工作、开发工作和高科技产业化、机关处长座谈会……中科院的发展与改革是一个大系统，它一定是由各方面的子系统有机地组成。周院长遵循实事求是的思想路线，深入实际调查研究，掌握各方面的发展规律，使得大系统能够和谐运转。在调研过程中，周院长不讲形式，注重效果。1990 年 9 月，周院长召开了一次所长座谈会，请来了十几位所长。在会上，周院长开场白很简短："我院发展怎么做，请大家敞开思想，对院里过去的事可以敞开批评，不说好的，只说差的。意见可能不一致，没关系，一致的保留下来，不一致的以后再讨论。"参会的所长都有很高的思想水平、学术水平和管理水平，发言既系统又尖锐，作为旁听者感到大开眼界，受益匪浅。更令我印象深刻的是会议气氛，热烈、宽松、随意，所长们畅所欲言，效果很好。周院长在考虑大政方针时，总是利用各种渠道和方式听取相关人员的意见，集思广益。

周院长十分重视社会对中科院改革的看法和意见。每年春节前都组织"院友会"，邀请曾在中科院工作，现在其他单位工作的同志回娘家过年。1991 年"院友会"上，周院长向大家拜完年后讲了一段话："希望大家对中科院深层次改革提出宝贵建议。中科院在深层次改革方面还有很多不合理的地方，包括机构、年龄层次、基础、应用与经济结合等方面。你们在其他单位工作，可以从各个角度观察科学院的情况，出谋划策，帮助娘家把工作做好。"出席会议的院友们，很多都是其他单位的负责人，他们对科学院的感情是实实在在的，对科学院的情况也是比较了解的，加上他们在各单位的工作经历和经验，因此都直言不讳地发表自己的看法，气氛非常和谐，讲话无拘无束。这种请院友回娘家，“会诊”科学院的改革情况，确实是一种发扬民主作风的有效形式。

有一件事我印象很深。有一天，一位同志突然推门而入，“我想见院长，”从他那焦急的表情可见他是出于无奈。他是北京植物所年轻的科技人员，刚从德国学习回来。由于所里科研条件有限，他从事的研究工作缺少经费，实在没有办法，只好抱着试试看的心态，贸然找院长反映情况。我马上向周院长汇报，周院长放下手头的工作，请他进来谈。周院长详细地询问了该同志的实际状况和下一步要开展的研究课题，鼓励他创建青年实验室，关于启动经费可以从院长基金中解决一部分。事后周院长还叮嘱我此事处理意见的文件经有关领导和部门传阅后，尽快将结果通知本人。这位同志后来的工作干得确实不错，曾任植物所所长。这么多年过去了，逢年过节该同志都打电话给我，关注周院长的身体情况，让我代转他对院长的节日问候。我想，这位同志对周院长的尊敬之情是实实在在的，是永久的。

周院长的民主作风还体现在他胸怀大度，能够认真对待和接受别人的正确意见和批评。中科院改革很重要的一方面就是要发展高科技，实现产业化，要与国民经济的发展紧密结合。在这个过程中产生了一批院办和所办的企业，这是一个新事物，需要探索出一条新路子，自然会出现很多问题。1991 年 7 月在长春举办了中科院公司经理研讨班，周院长、启恒副院长、佛松副院长亲临会议。会议主题就是要总结这些年来中科院开发工作和高科技产业化的工作。3 天的会议，代表们充分酝酿，针对开发和高科技产业化实际运作中遇到的困难以及目前的现状、问题畅所欲言，统一思想，达成共识。会议结束时周院长做总结发言，他强调了发展高科技实现产业化是科学院发展的历史目标；要培养一支有使命感、事业心强、善于经营管理的领导骨干队伍；开发工作和高科技产业化要与社会资源结合，优势互补。在谈到出现的问题时，周院长讲："有人批评我们院领导在这个方面有急于求成的思想，这个意见是对的。有一哄而起的现象，盲目追求规模，有重数量不重质量的倾向，把事情看得过于简单，没有完全根据实际情况，在这方面强调得不够，我们需要认真总结经验教训。"会议之后，周院长更加关注中科院企业发展的研究，对有代表性的企业进行考察和调研，与他们保持热线联系。除了帮助企业解决具体问题外，重点探讨企业在创业和发展过程中的共性问题，在宏观管理方面进行适度调整。1992 年下半年，周院长与联想总裁柳传志及其经营班子有过几次有关企业发展的深层次问题的探讨。其中包括政策、体制、所有者与管理者的关系、人才、市场、股权激励机制……联想由 20 万元起家，发展成为国内外著名的高科技企业，他的成功是来自于在创业和发展的过程中不断探索、创新、总结经验教训并进行切合实际的调整。联想的成功经验也为社会提供了宝贵的财富，在联想创新发展过程中，周院长倾注了不少心血。

在周院长身边工作的日子里，感触最深的是他的人格魅力和率先垂范的精神。他为人谦和，做事低调，不摆架子，不讲排场，对自己要求非常严格。第一次陪周院长出差，我去机关后勤订票，工作人员告诉我周院长从来不坐头等舱。我以为自己听错了，回去问周院长。他说"上飞机就看书，坐头等舱和经济舱是一样的。"从此以后每次出差我都订经济舱，只是多准备几本书。周院长在候机大厅找个座位就看书，在飞机上也是手不离书，他就是这样一个普普通通的人。

有一年我收到一封周院长亲戚的来信，希望周院长能帮他从外地调到北京工作。信中提到很多困难和调动的理由，我看完来信感觉努力一下是可以解决的。我将来信交给了周院长，并等待他的意见。周院长看完信后很沉重地说：“这样的事情我已经得罪了不少亲戚朋友，但无论如何也不能从我这开口子。”中科院在京区有几十个单位，安排一个人的工作，对于一院之长来说可谓是举手之劳。平时我们都觉得周院长没有官架子，而在原则问题面前，他却时刻想到自己是领导，必须自觉以身作则。这就是令人敬佩的领导风范。

秘书的主要工作就是为领导做好服务。在周院长身边工作的几年里，除了与工作有关的事情，他很少交办我做个人和家里的事情，周院长一直住着一套旧式的三居室，后来国管局给他解决了一套房子。搬家是一件很累的事，尤其是搬家前后的收拾整理，周院长夫妇年龄又大，孩子也不在身边，我就问他“这几天让我帮忙收拾些什么东西？”周院长说：“不用，我们自己慢慢收拾，不急。”我们只是搬家当天去了几位同志，帮着搬运已捆装好的行李，其他事情都没帮上忙。周院长夫人也是我非常敬重的人，她对我的工作很理解，很支持，从来不过问和干预我的工作，也没有让我办过家里和亲属的任何事情。有时周院长在外面开会或出国，时间比较长，我打电话给郑老师，看有没有事情让我办理，她总是这样回答：“家里没什么事，我自己都能做，你工作也挺忙的。”想起这几年自己为领导做的工作不多，而领导又是这样体谅身边工作人员，真感到内疚，但更多的是庆幸自己能在这样的领导身边工作。

周院长每次收到的稿费都交给我保管，并交待他应付的钱都由这里支出。还特意交待各种会议的伙食费，一些单位送的礼品一定要付钱。我有一个小账本，把每一次支出都记录下来。前一段时间我无意中翻到了当时的小账本，十几年过去了，我也记不清了，但一看到账本上详细的内容，我就想起了当时的情形。上面记载着周院长每次灾区捐款、每次会议的伙食费、礼品费……其中有一项福建某鞋厂的鞋款。我想了好一会，才记起那是 1991 年周院长到福建出差，省领导陪同周院长参观几个企业，其中有一个制鞋厂，临走时他们送了一双鞋给周院长，原来是这笔鞋款。

周院长不仅严于律己，对身边的工作人员要求十分严格。记得当时中科院领导有一条不成文的规定，院领导出国如果没有特殊情况秘书一律不陪同。凡是院领导出国的安排、陪同都是由外事局负责。我们这些当秘书的也很理解，积极配合外事局的工作。有时秘书们跟外事局的同志开玩笑："我们是领导的国内工作秘书，你们是领导的外事工作秘书，是分工不同。"时间长了，秘书们也都习以为常。很多媒体的记者长期采访中科院，对中科院的情况比较了解，他们发自内心地对我们说："科学院是一片净土。"这是中科院的一个好传统，这与历届院领导以身作则、起表率作用是分不开的。

在周院长身边工作的日子里，使我有机会近距离接触他、陪同他，能够听到他在各种会议、在基层考察、调研时的讲话。我尽量多记录一点讲话内容，事后再细细研究、深刻领悟。同时，我也经常仔细阅读周院长在各类文件、材料上的批示，琢磨他对每件事的看法和处理意见。日子久了，你就会体会到周院长酷爱学习，善于思考的精神；实事求是地分析问题，解决问题的思想方法；尊重同志，善于听取各方面意见的民主作风；办事严谨、务实的工作态度；深谋远略、敬业为国的长者风范，对我产生了潜移默化的影响。

在周院长身边工作的日子里，虽然我学到的很肤浅，但对我来说是一生中学到东西最多的日子。